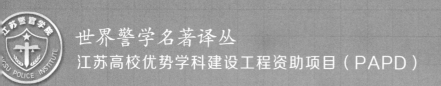

世界警学名著译丛

江苏高校优势学科建设工程资助项目（PAPD）

The Policing Web

警务网

【加】让-保罗·布罗迪尔　著　杜永吉　薛向君　译

江苏人民出版社

图书在版编目(CIP)数据

警务网/(加)让-保罗·布罗迪尔著;杜永吉,薛
向君译.—南京:江苏人民出版社,2021.9
(世界警学名著译丛)
书名原文:The Policing Web
ISBN 978 - 7 - 214 - 26037 - 6

Ⅰ.①警… Ⅱ.①让…②杜…③薛… Ⅲ.①警察—
工作—国际合作—研究 Ⅳ.①D523.36

中国版本图书馆 CIP 数据核字(2021)第 060636 号

江苏省版权局著作权合同登记号:图字 10 - 2020 - 201 号

书 名	警务网	
著 者	[加]让-保罗·布罗迪尔	
译 者	杜永吉 薛向君	
责 任 编 辑	张 凉	
出 版 发 行	江苏人民出版社	
地 址	南京市湖南路 1 号 A 楼,邮编:210009	
网 址	http://www.jspph.com	
照 排	江苏凤凰制版有限公司	
印 刷	南京新洲印刷有限公司	
开 本	718 毫米×1000 毫米 1/16	
印 张	22 插页 2	
字 数	335 千字	
版 次	2021 年 9 月第 1 版	
印 次	2021 年 9 月第 1 次印刷	
标 准 书 号	ISBN 978 - 7 - 214 - 26037 - 6	
定 价	88.00 元	

(江苏人民出版社图书凡印装错误可向承印厂调换)

致　谢

如果没有由加拿大人文理事会管理的基拉姆奖学金计划的财政支持,本书可能无法完成。我在 2002—2004 年获得了为期两年的基拉姆奖学金,这让我可以集中精力投入本书的研究撰写工作之中。这两年中,我第一年是在巴黎的国际高级研究所(Institut des hautes études de la sécurité intérieure)度过的,要感谢我的朋友和同事安妮·怀维肯斯,使我在研究所的工作愉快且富有成效。第二年是在剑桥犯罪学研究所度过的,当时的研究所主席迈克尔·汤里教授,对我特别友好,邀请我成为剑桥研究所的研究员,并在我工作期间提供支持和友谊。在研究所图书管理员海伦·克鲁普夫人的帮助下,我能够进入剑桥大学的许多图书馆,特别是珍稀图书部。大学所有的图书管理员都对我很有帮助。大学秘书萨拉·哈罗普夫人尽其所能使我在剑桥感到愉快。2004 年之后,我还得到加拿大社会科学和人文研究理事会和魁北克文化基金会的资助。我对这些资助机构表示最诚挚的感谢,没有他们,我就不可能在加拿大和魁北克开展长期项目的研究。

我的同事伯努瓦·杜邦、莫里斯·库森、多米尼克·蒙贾德、彼得·K·曼宁和乔尼·斯坦伯格读了本书的一部分内容,并为我提供了富有洞察力的评论。已故的理查德·V·埃里克森邀请我到多伦多大学犯罪学中心,在一场激动人心的研讨会上介绍了本书所表达的一些想法。埃里克森教授为这个项目完成给予大力支持和鼓励。我的同事斯蒂芬·莱曼-朗格洛斯帮助我解决了书中呈现的表格和数字格式等问题。吉莉安·普里切特夫人修改了整份手稿,使其用英语书写更有可读性,而英语不是我的母语。没有她的奉献,手稿不可能及时定稿。一如既往,我的秘书妮可·平索诺在这个项目中发挥了关键作用。我的学生助理玛德琳·兰博利和费尔南达·普拉茨帮我整理了参考书目。我还要感谢(蒙特雷亚尔大学)国际比较犯罪学中心的所有同事和学生,多年来,我曾多次与他们就我对警务的看法进行讨论。他们为我们频繁的交流提供了源源不断的动力。

在我整个研究生涯中,我在不同国家与涉及安全各个方面的警察举行了无数次会议,包括私营安全和军事警务。事实证明,这些会议总是既有礼貌又富有刺激性。警察局长、警务管理人员和各种执法机构也给予我相当多的查阅警方档案的权利,他们都全心全意地支持我的工作。如果没有他们的合作,我不会取得什么成就,我感谢他们的慷慨。

最后,我想对我的妻子妮可表示最深切的感谢,感谢她的支持和坚韧,特别是在撰写本书的最后几个月里,占用了她宝贵的时间,而这些时间原本应该完全奉献给我们自己的。

缩略语

ATF:烟酒枪械和爆炸物管理局

CBC:加拿大广播公司

CCC:加拿大刑法

CCTV:闭路电视

CEPOL:欧洲警察学院理事会

CEW:传导能量武器(电击枪)

CID:刑事调查部

CRS:(法国)共和国安全部队

CSIS:加拿大安全情报局

DEA:缉毒局/药品监督管理局

DST:(法国)领土监视局

DTI:(英国)贸易和工业部

EU:欧盟

FLQ:魁北克解放阵线

GdF:(意大利)金融警卫队

GN:国家宪兵队

ILP:情报主导的警务

KGB:克格勃(国家安全委员会)

MPD:蒙特利尔警察局

NYPD:纽约警察局

PFLS:伦敦警务调查

PSP:管有赃物

PUFP:警察使用武力的范式

QPF:魁北克省警察部队

RCMP:加拿大皇家骑警

ROTA:(巴西)圣保罗宾兵的特种部队

前　言

让-保罗·布罗迪尔

　　这本书以四个指导思想及其影响为基础,采取论文的形式,涵盖了警务工作的主要形态。其中两个思想或主题涉及所要遵循的方法论要求,其他两个则支撑本书所阐述的警务理论实质。

　　本书的第一个指导思想,是警务理论应力求叙述完整性,只有这样才能实现解释充分性这一目的。为了叙述完整性,警务理论应将其范围扩大到制服警察以外,尽可能多地涵盖警务网的各种成分。到目前为止,几乎所有致力于公共警务的研究都集中在着装巡逻方面,刑事侦查(也许是最明显的疏漏之处)是最受忽视的研究领域之一。同样,制服安保人员的活动也吸引了私营安保业研究者们的注意力。这种对制服警察的关注在两个方面被误导了。首先,它妨碍了健全的警务知识体系的发展,因为所有的警务都是透过制服警察或私营保安人员所从事的工作来观察的。其次,它过度缩小了警务创新。从社区警务到循证警务,几乎所有的警务改革都试图改变制服人员履职方式。在许多情况下,这些改革扩大了着装巡逻和刑事侦查部门之间的差距。此外,警务组织在收集分析犯罪和安全情报工作中存在的那些明显缺陷也未得到解决,或是缺少足够的决心去寻求加以补救的办法。然而,有迹象表明,这种情况开始有所改变。

　　本书第一章试图将警务理论规定为实现相对完整性所应符合的条件。本书所使用的"理论"一词具有两种相关意义。从通俗意义上讲,"理论"首先意味着对构成其主题(这里是指警务)的所涉现象进行真实的描述。从认识论的意义上说,

1

这个词指的是旨在识别其主题的独有特征并对其行为做出解释的一组假设。正如第一章所述,描述性的警务理论应该基于警务组织得以创建的历史背景,来解释不同国家的各种警务模式。它还应该分析警察工作在小说和媒体报道中的呈现形象,因为这些呈现往往和理论研究发生冲突,而且在政策制定过程中产生的影响通常并不亚于理论研究。最后,这样一种警务理论应该探讨某个特定国家警察机构各种成分的功能。为了方便后面的讨论,第一章还提供了参与警务工作的不同机构的图表。

本书认为,任何警务机构的清单都兼具试探性和开放性。考虑到潜在影响,本书最终将促使警务理论针对一个更为广泛的问题给出答案,即是什么让一个社会变得安全有序? 这个问题的大小或重要程度,也制约了关于描述性警务理论应该是完整的这一要求的实现。这就是为什么说描述性警务理论应该包含尽可能多的警务网的各种成分的原因所在。此外,使用警务网或警务集合这样的术语代替警务网络或警务系统,强调了这样一个事实,即警务机构的各种不同成分并不构成一个有机整体,而通常是独立运作的,很少有协调机制。

本书力图实现上述所列的尽可能多的研究任务。第二章致力于回顾警务在各种地理环境下的历史。它描述了有组织的警务 17 世纪在法国诞生,19 世纪在英国再造,以及后来在北美引进。第三章探讨警务和警察在小说和媒体的呈现形象。本章认为,形象与现实的交织在警务背景中如此普遍,以至于产生了所谓的"低清晰度的环境",使得事实与虚构几乎无法区分。除了第四章(将稍后论及),本文的其余部分致力于探讨警务集合的主要成分:制服警察(第五章)、刑事侦查(第六章)、政治警察和警察线人(第七章),以及私营安全(第八章)。最后一章,题为"警务的边缘",探讨欧洲大陆的军事化警务、拉丁美洲的准军事警务,以及部分作为(或曾经作为)私人保护提供者的各种犯罪组织。除了第九章之外,致力于探讨警务网主要成分的其余各章建立在研究综述和元分析的基础上,它们各自包含了不同部分,提供了最近几年我所从事的实证研究的最新结果。

本书的第二个指导思想,是需要有一个跨国方法。正如前面强调的,对于叙述完整性的要求意味着警务理论应该超越制服警察和保安人员的范围,尽可能多地覆盖参与警务工作的机构。警务机构有着不同的成分,同样地,世界不同国家也运行着很多不同的警察队伍。因此，完整性的要求也将意味着国际视角的形成。然而，这里并不打算，也没有理由和借口覆盖所有的国家，甚至是详细地覆盖几个国家，除非打算打造一部关于警务的百科全书，或是专门从事比较研究，就像大卫·贝利在《警务模式》①或者在《秩序的力量》②中所做的那样，以及贝利关于印度的研究③。鲍勃·莫比也对不同警察制度进行了比较④。然而，本书将论及一些国家的警察队伍，大卫·贝利著作中勇于体现的比较研究精神在本书中也有所体现，尽管规模要小得多。

本书所要阐述的第三个指导思想，是关于刑事司法的一个著名悖论，这个悖论也适用于警务工作。犯罪和刑事司法在若干方面彼此映衬。对该悖论做出的最初解释是所谓同态复仇法的经典（而神秘）陈述：“以眼还眼，以牙还牙。”根据这句格言，以相同的行为伤害某人，具有不同的道德和法律地位，主要取决于行为人所处的环境。挑起打斗的人是犯罪，成功结束打斗并要求惩罚的人则是维持正义。然而在这两种情况下，我们所指的是同样的暴力行为。此外，众所周知，用来赋予这种行为道德和法律资格的标准，无论是挑起冲突还是对此做出回应，是具有争议的，而且往往取决于谁成为赢家。正是由于诸如此类的原因，至少从柏拉图时代以来，刑事司法就一直被视为正义美德被玷污的一面。

在警务工作中也能够发现犯罪和刑罚正义之间的镜像效应。对于这种镜像效应，最好的解释莫过于《加拿大刑事法典（CCC）》中的一款，该款清楚地陈述了加拿大警察偶尔为之的一些行为的根本原则，这些行为被恰如其分地称为“合法的违背法律”⑤。

(2) 原则——基于公众利益，确保公职人员可以依照法治有效地履行执法职责，并且为此目的，在法律中明确承认公职人员和其他凭借自由裁量权行事的人员拥有作为或不作为的正当理由，否则这些不作为将构成犯罪。[CCC，第 25.1(2)款]

---

① 1985。
② 1991。
③ 1983b。
④ Mawby，1991、1992。
⑤ Webber，2005。

第四章全面探讨了"合法的违背法律"的意义,试图提供一种新的关于警务的定义,并且介绍了警务理论的某些元素。警察是以暴制暴的工具,这个事实一再被研究警察的学者们普遍承认。犯罪和警务是一个可逆过程的对立方面。一些有历史记录的个案表明,秘密犯罪组织执行了警务工作并且参与提供了私人保护。加拿大刑法明确指出,犯罪举报人"犯下本会构成犯罪的行为","如果公职人员指示他或她实施该行为,则该行为是正当的"[CCC,第25.1(10)款]。

用垄断、合法使用武力对警察进行标准式定义,意味着他们有权使用某种手段,除了少数例外,这种手段被当作非法而禁止社会其他成员使用。这些例外之一是医疗手术,往往被警察学者援引来类比强制性警务。通过使用武力,警察向社会提供的服务等同于病人接受的外科手术。这种比较也经常用于战争,即所谓的外科手术式空袭(通常最终造成大量平民伤亡)。外科医生所使用的暴力手段和警察与军队所使用的暴力手段存在重要区别。外科医生在医院环境中进行手术,受到严格控制,这与在战场上使用火力压制对手毫无共同之处。警察和他们的犯罪对手在交火中如何使用武器并不存在实质性差异。

本书将提出的警察定义建立在合法使用他人被禁止使用的手段这种观念基础之上。该定义旨在阐明,警察使用这些他人被禁止或合法化手段来履行职责的权力不仅包含使用武力,也包括更多的非法手段。拥有使用那些在其他情况下被视为非法手段的权力,这个概念相当复杂,将在第四章集中论述,并且在整本书中进行讨论。通过使用武力来定义警察并不意味着应该将他们想象为一群野兽,同样地,通过使用各种非法手段来定义他们也并不意味着应该将其视为一群被授予法律权力的罪犯。

本书的第四个指导思想,关乎理论的本质。在叙述的完整性与充分的理论一致性这两个认识论要求之间,可能会存在严重的冲突。随着这种描述性理论所包含的警察集合成分数量的增加,越来越难以找到一条共同的主线将这些成分结合起来。有人会认为,第四章所给出的警务定义在很大程度上适用于本书所讨论的所有警察组织。然而,人们也会发现,在警务理论中存在着不能完全解决的自相矛盾。

这些矛盾有两种类型。第一类是理论矛盾。例如,存在着这样一些警务组织，比方说城市公共部门和私营保安公司，他们依靠警察的可见性来提供安全和放心。对于其他警务机构而言，比方说安全和情报服务部门，秘密行动对于完成他们的使命来说则起着必要而普遍的作用。没有办法完全解决公开和保密之间的警务矛盾。从整体上看，这种矛盾已经嵌入警务工作的本质。第一章将会讨论这类理论矛盾的其他很多例子。

还存在第二种矛盾，这种矛盾是警务理论所特有的。毫无疑问，合法性、安全以及有关孰对孰错的标准判断之类的价值观是与警务密切相关的。它们在警务中起到的相互冲突的作用，产生了所谓的规范性矛盾（normative antinomies）。警察不仅使用一些如果别人使用会受谴责的手段，还必须与活跃的犯罪分子形成某种工作关系，他们用豁免权和这些人交换秘密情报。没有哪个警察组织可以承担因切断与犯罪分子联系而带来的损失。然而，在理想状态下，不应该通过必须和犯罪分子形成某种秘密联系，使警察工作受到玷污。

警务理论中的这些冲突只是反映了其指导思想所具有的从根本上来说相互矛盾的特性。它们对警务理论的本质产生影响，并且最终对刑事司法的所有相关理论产生影响，后者尚未在提供一个关于惩罚的合理性方面获得成功。警务理论是一个充满争议，有时又模棱两可的理论。它会受到概念上的混乱、难以驾驭、含糊不清的影响，这些东西不能被贬低为不重要。批判性理论与充满争议理论之间的区别是，前者可以把目标设定为对所批判的东西进行实质性改革，而后者只能寄望于对损害进行有效控制。在"必要之恶"这个（被滥用的）概念中几乎找不到道德慰藉。

作为本书基础的四个指导思想，共同为本书提供了一个统一的视角。在分别对它们给本书带来的统一类型（the type of unity）加以评述之前，必须谈及警务的归纳概括问题。这些概括相对较少。然而，出于解释目的，可以总结出警察的三个普遍特点，这些特点目前在很大程度上依然是无可争议的：警察最终得根据他们使用武力的权力进行定义；他们只将部分时间用于打击犯罪和执法；最近的警察创新主要是关于增加警察的可见性，尤其是通过步行巡逻。这些一般论断的特殊理论特性在于，只有用于制服警察时它们才有效。关于第一个论断，它几乎并不适用于刑事侦查部门的工作（侦探），正如我们在第四章和第六章将要看到的那样,而且必须加以充分限制才可适用于私营安全领域(见第八章)。关于第二个论断,它不能被用来描述侦探的工作,后者完全是以起诉犯罪为方向的(成功程度不一而同)。更不用说,如果将其用于安全和情报机构的工作时,这第二个论断是似是而非的。最后,就像曾经说过的那样,警察可见性只是警务的一个方面,另一个方面则是秘密行动与卧底行动。警察的可见性在至关重要的打击有组织犯罪的过程中几乎没有起到任何作用。

这些评论的结果是,提出适用于整个警务领域的概括性建议的难度与所考虑的范围的广度成正比。到目前为止,这个范围中只有制服警察这一小部分,出于对警察进行一般性概括的目的被探讨过。即便如此,也未能证明对制服警察加以概括是一件很容易的事。如果涉及整个警务领域,正如本书所尝试的,那么,提出对所有警察机构都行之有效的一般性论断就成为一个真正的挑战。这种挑战体现在以下三个方面。首先,有人尝试将警务网的各条不同主线汇集成一个综合模型。这种方法与本书所研究资料的丰富程度最为符合。模型分两个阶段提出:首先,在第七章末尾,高层和低层警务被纳入模型的初始版本;第二步,将私人安全与公共警务结合起来,以便形成更完整的,尽管有些不够详尽的模型(第八章)。其次,有关警务本质将成为持续争论的某种东西在第四章开始阐述。它建立在本章所提出定义的基础上,并且在全书中不同程度地予以展开。第三,有几个指导思想反复出现在本书的若干章节,它们在这些章节充当了联结警务网不同成分的中心思想(leitmotifs),对其进行了独立研究。我们认为比起在本书中强调一个高度淡化的要点(highly diluted point),这种方式更可取。我们首先概述在本书中反复出现的指导思想以及由此得出的一般论点。

完整性

作为完整性概念的最核心的基本观点是自我强加的(self-imposing),不需要在每一章中明确重申。这个基本观点认为,警察机构的组成部分要比制服警察多。尽管这一点非常明显,但在过去20年关于警察的研究中并不情愿予以承认。它首先使研究者们关注警务,将其作为由各种机构承担的一种活动,而不是关注警察,后者与公共警察密切相关。为了更多地强调警务是由多个行为主体执行的这一事实,研究者们创造了"多元警务"和"安全治理"之类的新型表达①。这种朝多元警务和类似概念的理论转变,实际上是以下因素的产物,即日益认识到某些西方国家私营保安业呈指数增长。公民在自助措施中的发挥作用,也有助于挑战公共警察在安全供给中的垄断地位。

　　然而,本书认为警察机构的复合特点远非仅仅是公共警察与私营安全的结合。在三个方面对此进行了强调。首先,公共警察力量的内部多样性还未得到充分的探索。最初对公共警务的关注本身就是高度选择性的,因为它几乎只包含穿制服的巡逻人员的工作。正如前面提到的,刑事侦查单位很少得到研究,他们与巡逻部门的工作关系几乎仍然是未知的。安全情报以及保护国家安全不受恐怖主义之类威胁的整个领域,本书称之为"高层警务",甚至并不作为一种研究的合法领域为警察学者们所认可。在本书的章节中,深入探讨了公共警务集合的各个组成部分。其次,考察了私营安全,这是有必要的。然而,在这里,完整性概念意味着调查的范围应扩大到参与私营安全活动的人之外,还包括由私营公司制造的警务技术。正如第八章所述,技术改变警务的潜力至少等于警务人员变化所带来的影响,甚至可能更大。第三,审查了警务的灰色地带,如使用线人和卧底特工(第七章)和有组织犯罪的作用(第九章)。雇佣警察线人的作用与犯罪活动日益隐蔽的性质(例如,洗钱而不是银行抢劫)成比例增长,而与警察合作的公民所提供的信息却是匮乏的。最后,完整性的概念意味着,至少在理论上,正在研究的警务网各部分之间的关系也是探讨的焦点。然而实践中,这是一个非常棘手的问题。在处理这个问题时,我们应该遵循一个关键原则:理想的关系不应该与现有的关系混为一谈。不应该假设在纸上绘制的网在实地会有效运行。例如,如果参与反恐的各个机构密切合作,他们就会更有效率。然而,由于各种原因,包括警察在各自安全检查级别上存在差异所造成的法律限制,目前还没有这样的协调机制。在重复每一份反恐报告提出的政策建议之前,需要说明警方对共享信息根深蒂固的抵制。在 2001 年 9 月恐怖袭击事件发生的 8 年后,同样的情报共享失败使阿德布尔·法鲁克·阿卜杜勒·穆塔拉布有可能在 2009 年圣诞节试图摧毁一架降落在底特律的飞机。

---

① Johnston and Shearing,2003;Wood and Dupont,2006。

国际视角

采取国际视角是出于完整性的要求。采取这种方法,可从两个方面来解释,这两种解释是互补而不是排斥的。即使有局限性,国际视角可以用作对抗种族中心主义的方法,以及作为发现和验证的工具。它还可以解决跨国警务和在不同国家开展行动的警察部队之间的国际合作问题。正如导言开头所说,这一国际警察合作问题将不作讨论,因为这将需要在一本已经涵盖广泛领域的书上增加一个额外的章节。因此,这本书通篇都以国际视角为背景,检验想法,评估新出现的趋势,发现警察集合中的新成分,正如下文所解释的那样。

首先,正如我们刚才所指出的,警务机构之间的理想关系不应与现有关系混为一谈。事实证明,国际环境是这一原则及其基本思想的重要试验场。英美警务的特点是普通法国家的公共警察数量相对较多。如果既包括地理意义上的警察队伍,也包括非地理意义上的警察队伍,仅在英国就有 60 多支不同的队伍在行动。加拿大有大约 200 支警察队伍。另一方面,2004 年美国司法统计局估计,美国有将近 1.8 万支警察队伍,其中大部分是市级警察;还有至少 16 个机构负责保护国家安全。相比之下,欧洲大陆每个国家的公共警察组织都很少。这些国家一般在城市部署一支国家警察部队,另一支通常军事化并向国防部负责的大型警务组织负责小城镇和农村地区的治安。一般来说,每个国家的公共警察力量不超过 5 支,通常会更少。然而欧洲人尤其是法国人,创造了"警察之间的战争"这个词,指的是地方性的地盘争夺战,这种争夺战阻碍了他们为数不多的警察队伍之间以及同一支队伍内部不同部门之间的合作和信息共享。将大量英美警务组织放在欧洲背景下分析,得出的结论是,我们在评估警务机构之间真正联网和有效合作的水平时,无论怎么谨慎都不为过。如果法国人认为他们的警察之间正在进行一场"战争",尽管他们只有两个主要的警察机构,那么在有 1.8 万多支警察队伍运行的情况下,我们应该如何从警务协调的角度来评估美国的情况呢?其他概念,例如"同意",也可能在国际背景下接受检验。

其次,还有一个问题,那就是警力的发展趋势以及估计这些趋势有多强劲的问题。正如第五章将展示的那样,在加拿大,招募女性加入公共警察部队的势头正在增强。对英国和法国相关研究的审查证明了这一点,加拿大在这方面也不例外。然而,对警务女性化问题的学术化处理有些奇怪。对于一个目前以使用武力和男性文化来界定的职业来说,雇用大量女性作为警察工作人员会产生重要的问题。然而到目前为止,该趋势主要是由女性研究的,例如英国的弗朗西斯·海登松和法国的热内维·普鲁沃斯特,她们的研究结果没有纳入关于警务研究的主流。这种学术上的割裂令人费解,应该予以纠正。其他趋势的国际传播也需要评估。这一观察结果在涉及私营保安的情况下尤其相关。人们经常断言,根据美国和英国的情况,"所有发达国家"的私营保安人员都比公共警察多。然而,在欧洲大陆和其他许多国家,事实并非如此(第八章)。

最后但最为重要的是,发展国际视角使我们能够扩大警务网的范围。使用军队维持治安在盎格鲁-撒克逊国家并不常见。在美国,《治安官动员法》(*Posse Comitatus Act*)对美国联邦政府出于执法和国内安全目的使用军队的权力进行了严格限制。因此,在盎格鲁-撒克逊关于警务的研究中,军事警务几乎没有引起人们的关注。其他国家的情况也不相同,有些国家,军队深度参与警务工作。参与方式也显示出很大的多样性,欧洲宪兵基本上是军事化的警察组织,受使用最小武力的要求约束,而拉丁美洲的宪兵师(military police divisions)和准军事部队则没有这些要求。从国际视角看,军事警务运动对私营保安的发展具有同等重要的意义。

可逆性(Reversibility)

这本书的主要论点是,在适当考虑完整性和发展国际视角的要求时,必须用一个更加全面的定义来取代目前使用武力对警察的定义。这个新定义是在第四章界定的,警察是"救火之火"、警务是"被玷污"的职业等论断,再加上"必要之恶"等概念,在警务研究和公共话语中不断出现。它们基本上指出了一个自柏拉图哲学以来就被承认的事实:犯罪和惩罚是可逆的过程,许多罪行实际上是为了惩罚目的而犯下的。随着刑事司法系统的发展,这种可逆性变得制度化。正如犯罪和刑事司法经常相互映照一样,犯罪和警察打击犯罪在很大程度上也是相互映衬的。第四章详细阐述了这些考虑因素,通过警察能够使用法律禁止其他社会成员使用的手段,对警察进行了界定。使用暴力只是这些手段中的一种,尽管它起着至关重要的作用。不用说,警方诉诸本应被视为犯罪的手段是完全合法的,并被视为合法的违法行为。警务和犯罪手段之间的实际重叠并不意味着它们完全一致。有些犯罪方式在警务中没有立足之地,也永远不会合法化。相反,警方使用了一些复杂的工具,例如截取通信,这些工具通常不会被普通罪犯使用。这样做的原因并不是因为这类拦截行为被定为刑事犯罪(事实正是如此),而是成功实施这些行为远远超出了大多数罪犯的能力,尽管有些罪犯有能力做到这一点。

我们刚才概述的定义在整本书中都得到了检验。然而,必须强调的是,它是以不同程度的明确性进行检验的。当定义的有效性存在问题时,例如当它适用于私营保安人员时,我们会深入地探讨(见第八章;另见第七章和第九章)。而其他研究人员已多次讨论过(就像制服警察使用暴力的权力一样),我们就没有必要反复谈论它了。

自相矛盾理论(Self-Discordant Theory)

上文讨论的可逆性概念适用于警务本身。相应的不和谐和矛盾概念适用于警务理论。这本书反复提出了一个关于警务理论的主张:对于某个对象,不可能有一个在大多数方面都像警务一样矛盾的片面理论。警务中存在的紧张状态,具有某种自我强加的方式,再次受困于偏颇。大量关于社区警务的早期工作形成了一种令人振奋的警务观点,通过徒步巡逻和其他强化措施提高见警率是解决公共警务大部分缺点的灵丹妙药。20 世纪 70 年代中期提出的几乎所有警务创新都有不足,这一点最初并没有获得某种特定警务创新支持者的承认,但当鼓吹的新方法实施后,这些不足就暴露出来了。举一个最著名的例子,"破窗"方法催生了零容忍警务这个"私生子"(乔治·凯林)。首先在纽约使用并传播到许多警察部门的 CompStat 方法[①]产生了可以量化的目标,完成这些目标所带来的压力导致夜间行动的"密集警务"部门的创建,以及对当地犯罪统计数据的人为操纵,以显示犯罪率正在下降。对当地犯罪统计数据的操纵最近得到了西尔弗曼的证实,他采

---

① CompStat 使用最新的计算机化犯罪数据、犯罪分析和先进的犯罪地图作为规律化、互动式犯罪战略会议的基础,这些会议要求管理者对各自领域的具体犯罪战略和解决方案负责,Silverman,2006。

访了退休的纽约警察局警区指挥官①。还可以举出其他几个例子,表明一项有前途的创新总有可能会催生更坏的后果。同样的,当某些机构,如黑水公司,参与最残酷的警务行动遭到曝光时,起初围绕私营安全领域先驱工作的乐观情绪受到了打击。这里所说的自相矛盾理论不是对尚未解决的矛盾的委婉说法,而是一种反对被净化了的社会科学的立场,最重要的是,它是一种研究方法。理论上的矛盾仅仅反映了深深植根于警务自身的紧张状态。正如在这本书的各个章节中将清晰地表达,贯穿始终的研究过程是为了揭示这些张力,并找出警务机构的应对策略。

　　自相矛盾理论不是批判理论的翻版。批判理论中经常出现的问题是,多数时候它和它所要批判的东西一样教条。最近的警务著作,例如福斯特和曼宁②以及韦斯伯德和布拉加③,提出了实践各种警务创新方法的利弊,更接近本书中追求的研究方式,主要区别在于没有以二分方式对待这些利弊。

　　虽然这篇“论文”已经成为一本很长的书,但它原本会更长。它主要研究警务组织,通过它们的历史、形象、权力和活动进行观察。有一些不同的重要问题原本是要讨论的,包括警察和法院、警察职业文化、警察越轨行为、警察问责、警务改革、民主警务和跨国警务。但很快就明白,解决这些问题是另一本书的任务。在某种程度上,撰写一篇旨在涵盖警务大部分重要方面的论文,在目前迅速发展的学术状态下,是一个范围广泛的项目,不是单一研究人员能够独自完成的。单个作者不可能阅尽警务教科书和警务手册涵盖的所有领域,因为它们汇集了许多不同作者撰写的优秀文章。单个作者所能做的就是制定一个研究计划,并尽其所能地实现它。希望这本书不够详尽的地方将被某个作者所能提供的相对统一的视角来弥补。

① Chen,2010;Rashbaum,2010。
② 1999。
③ 2006。

目　录

第一章　警察集合　1

"警察"概念　1

警务代理人　5

控制权的代理　14

理论框架的概念　19

总结　23

第二章　历史　25

警察的诞生：法国模式　26

英国警务模式　40

英国模式在北美的引进　51

结论　58

第三章　警察形象　61

警察和媒体　62

犯罪与警察小说　68

总结和讨论　79

第四章　警务理论的要素　85

最小国家和最小武力　88

论合法使用武力的非垄断性　94

警察的独特能力　98

警察使用武力范式的特征　103

警察使用武力范式中的概念对立　106

走向警务的新定义　110

结论　118

第五章　制服警察　120

冲突的提喻法　120

警察是谁　122

警察做什么　131

警务手段　146

武力　157

摘要和结论　161

第六章　警察调查　165

"知识状态"　166

调查权力　174

以证据为基础的刑事侦查分类　176

实证研究结果　184

关于刑事侦查的两种理论　191

结论　198

第七章　高层警务和低层警务　200

高层警务和低层警务:对比　201

高层警务和低层警务:运作程序　211

举报人　214

超越新型监视　223

高层警务与低层警务:综合模式　227

第八章　私营安全　231

定义、研究和历史问题　231

经验数据　244

疼痛诱导技术的案例研究　258

私营高层警务　263

理论问题　268

结论　280

第九章　警务的边缘　284

军事警务　285

法外保护　296

结论　303

结论　308

附录　政策含义示例　322

第一章　警察集合

　　在引号中使用"警察"这个词,以免预先判断它的所指,这是"警察"理论的第一个要求,以确定要说明对象的主要方面。正如该隐①所言,这并非一件容易的事。解决这个问题,通常是通过假设警务理论的合理对象是警察机构中最明显的部分,即制服警察。在我看来,这种立场似乎过于狭隘和固执,只相信感官直觉,将警察等同于一群表面上具有警察标志的人。

　　本章试图从四个部分讨论更广泛的警务领域。首先,讨论"警察"一词的各种含义及其派生词,旨在提供一种方式列出警察的主要维度,将其视为一种知识对象。第二,拟定警务图表,以区分执行公共和私人警务活动的各种正式机构和非正式团体。第三,将这个图表扩展以描述从事不同形式社会控制的各种代理人的行动。本章的这两节旨在为本书的后续章节做好铺垫。最后,对一些理论原则展开论述,以支撑我的警务理论。

"警察"概念

　　讨论"警察"理论的对象,一个很好的方法是考察这个词的所指,以及它在各种用法中的含义。"警察"一词既是一个常见的名词、动词,也可以用作形容词(例

---

① 1973。

如,在短语"警察国家"中)。

作为普通名词的"警察"

作为一个普通名词,"警察"这个词有几种意思,每种意思都指向不同的事物。这个词在整个历史过程中被赋予了多层含义,我将尽量遵循历史的顺序来讨论它的各种含义。

秩序与治理

除了柏拉图的《法律篇》(*The Laws*)涵盖了整个刑事司法领域并偶尔提及警察外,1722 年至 1729 年间居住在巴黎的皇家专员尼古拉斯·德·拉马尔,在法国出版了第一本关于警察的论文。他认为,"警察"是"秩序"(ce bel ordre)的同义词,而秩序被认为是幸福国家的基石①。"警察"还意味着"美丽"秩序的产生过程,该过程由三种治理形式组成:政治体的综合政府;王国政府的主要组成部分(如教会、军队和公民社会);以及城市政府,最著名的是巴黎②。根据拉马尔的说法,"警察"一词来自希腊语单词"poltia"(实际上是 politeia),该词源自希腊语"城市"(polis)一词。正如我们将在下一章更详细地讨论的那样,城市政府是"警察"的原始含义。除了法语之外,这个词的这种含义后来还被其他各种学派所采用,特别是德语中对警察(policey,后来为 Polizei)的传承。应该注意到,"警察"一词在最初的意义上既包括过程(治理),也包括结果(秩序)。因此,动名词"警察"从一开始就嵌入了普通名词的意义中。

科学

"警察"也是一门新科学的名称,它在德国启蒙运动时期由克里斯蒂安·沃尔夫③和冯·胡斯蒂④在警察科学(Policeywissenschaft)的名义下发展起来。与法国更具政治性的警察研究相比,这基本上是一门新的政府管理科学⑤。它的主题与现在被称为福利国家的各个分支相契合。英国警察改革家帕特里克·科尔克

---

① La Mare,1722 年,第一卷,《给国王的信》。

② La Mare,1722 年,第一卷:2;另见 Napoli,2003 年:8。

③ 1679 - 1754;见 Napoli,2003:255。

④ 1717 - 1771;见 Napoli,2003:266 - 271。

⑤ Napoli,2003:255。

霍恩也将"警察"称为一门新科学。在他关于警察的论著中,"警察"同时指的是一门新的科学及其主题,被定义为"犯罪的预防和侦破,以及……为了与公民社会的良好秩序和舒适环境而制定的内部条例有关的其他职能"①。关注犯罪是德国警察科学的创新,由包括安全在内的 8 种职能组成②。不出所料,科尔克霍恩的著作很快被翻译成德文③。

国家机构

拉马尔在论文中认为,人类的激情导致了城市秩序的崩溃,导致了法律的颁布,法律分为公法和私法④。他明确表示,根据他对这个词的理解,警察是由公法设立的,因此是一个国家机构。今天,这一限制在某些国家并不适用,在这些国家,私人警察的数量远远超过他们在公共部门的同事。然而,大多数国家现在都在努力填补私营安全运作的法律真空,因此私营安全组织越来越多地受到公法的规范,尽管它们不是国家机构。

警务人员

最后,作为普通名词的"警察",指的是警察工作人员,也就是警察组织的成员,无论是公共的、私营的还是混合组织。"警务人员"一词的用意,是强调组织维度对警察起着决定性作用。在对该词的这种理解中,警察是公共机构、私营公司(无论多小)的成员,或者与警察组织有正式联系,例如有报酬的警察线人,他们与该组织的联系通过合同正式化来确定。在后一种情况下,我们宁可谈论被招募的警务人员,也不愿谈论警察。特别是在社区警务和问题导向警务主导的时代,许多普通公民也从事各种形式的警务和自助服务。即使是在宽松的意义上,他们也不应该被视为警察。将警察视为正式组织的工作人员,意味着警察是有自己的标准和特定职业文化的专业人员。最重要的是,他们属于各种类型的协会,如正式的工会或警察协会,这些协会捍卫他们的共同利益。

---

① Colquhoun,1800:序言,第 1 页。
② Napoli,2003:259。
③ Volkmann,1801。
④ La Mare,1722:1。

作为形容词的"警察"

用作形容词会改变"警察"的意思,这取决于它所描述的对象。例如,"警车""警察专业人员""警察程序"等词语并没有表达特别的具有威胁性的含义。然而,随着我们改变抽象的层次时,从警察的态度、视角和亚文化一直上升到"警察国家",我们似乎正在将这个定语的含义转变到一种更邪恶的基调上。当用来修饰并非专业警察的人士时,"警察"一词通常带有贬义。

形容词"警察"在语义上的这种微妙变化,反映了人们对警察的深刻的矛盾心理。例如,埃贡·比特纳认为警察是一种受玷污的职业[1][2]。尽管警察在某些社会阶层中不受欢迎,但警察在英语国家的形象总体上是积极的,在对公众关于各种职业信心的民意调查中,警察通常与医生名列榜首。他们在欧洲大陆和其他地方的排名较低。还有相当多关于警察的批判性文学,可以追溯到比乔治·奥威尔、弗朗茨·卡夫卡的作品甚至更早的时候。

对警察形象作二分法评价,主要取决于四个因素。

谁在塑造警察形象。如前所述,各国的警察形象差别很大。此外,大众表达往往更积极,而文学和学术表达则更具批判性。

警察的渗透。警察在公民社会中渗透得越深,就越被视为具有威胁性。当贸易行为成为警方监控的重点时,即使是商界中最坚定的警察支持者也不太支持了。最好的警察总是别人的警察。

政治化。警察离国家越近,公民社会对他们的批评就越多。即使在民主社会的背景下,这一点也可以得到证实。在欧洲大陆,警察高度集中,离政治当局更近,他们的形象就不那么正面了。

使用武力。这是警察形象出现裂痕的最突出原因。因为警察与使用武力有着内在联系,所以他们属于一个本质上充满矛盾的机构,既神圣又遭人唾骂。毫无疑问,在非民主国家警察表现出体制性残暴,他们往往被视为压迫工具。尽管

---

[1] 比特纳关于警察的大部分著作(如果不是全部的话)都是在 Bittner(1990)中收集的。我会提到这本文集,但也会提到论文最初发表的年份。因此,"Bittner,1970/1990:94"的意思是,我所指的论文最初发表于1970 年,而我所指的页码(94)是在 1990 年的论文集中找到的。

[2] Bittner,1970/1990:94。

警察在一个国家可能比在另一个国家更加暴力,但仍可能得到高水平支持。对美国与英国进行比较,就鲜明地说明了暴力程度和公众支持程度之间会脱节。

上面列出的因素中没有包括警察的廉洁,因为它(或者说缺乏廉洁)主要说明公众谴责警察的原因,而不是公众的矛盾心理。腐败观念与警察理念相反,不言而喻的是,如果一支警察队伍被知道事实上是腐败的,那么它的声誉就会受到玷污。

当"警察"一词用作形容词时,我们对警察的表述有很深的歧义。例如,在军事用语中,"警察行动"是指战时《日内瓦公约》不适用的行动。我们将在本章的最后部分讨论警察理论发展中的模棱两可和矛盾心态。这个问题至关重要。警察现实及其模糊呈现不断地相互反馈,必须予以综合考虑。

作为动词的"警察"

警察从事的活动是警务。近年来,许多研究者声称,警察研究的目标是提供一种警务理论,而不是一种警察理论。以警察为中心的理论倾向于关注穿制服的公共警察,而以警务为中心的理论则基于对警务是一个多主体参与的多元化事业的认识。如前所述,这本书的主要推动力是从警察理论转向警务理论,因为它是由多元主体承担的。这样做会带来两个后果。首先,必须承认从事警务工作的机构相当多样化。在这一点上,现在就对整个警务机构的范围进行确定还为时过早。然而,必须从一开始就要认识到,警务的范围至少包括公共警察部队和私营安全机构。关注警务而不是警察的第二个后果是,它改变了评估警察定义有效性的基准。警察可以通过其独特的权限来定义,例如使用武力,而不考虑他们在日常活动中实际行使了多少武力。然而,当我们把警务作为一项由各种各样的代理人进行的持续活动时,我们的定义就不能局限于对公共警察将使用武力作为最后一种手段的权力的描述。

警务代理人

在拟制警务图表时,我们要跳出定义的圈子。一方面,我们似乎得先知道什么是警务,然后才能界定哪些机构参与警务工作。另一方面,如果不从经验上考察警察组织的真正作用,就很难脱离上下文来界定警务的定义。这种理论循环在实际研究工作中是可以避免的。我们可以建立在对警务工作公认的先验的概念上:提供一般的秩序和安全感,并提供免受人身攻击的保护。我们还可以通过考察社会上公认的警务组织,而不是通过构建一个全面的警务概念来开始我们的研究。假设通常被称为公共或私营警务的组织可能共享一些定义特征,我们可以从最知名的警察机构,如各种公共警察部队入手拟制我们的图表,并将其作为路标,进入没有标识好的领域,新确定的每个机构都依次作为继续向前推进的线索。这个过程是经验性的,除了在公共或私营基础上参与提供秩序和安全外,不涉及任何关于警务组织性质的理论假设。

乔治·里加科斯发展了一种"超越公私二分法"的警务类型学①。无论这种观点有什么好处,都不能理所当然地全面接受。里加科斯在对一家私营安全机构②进行详细调查后,得出了这一结论,我们在后面的章节中还要讨论。在这次初步分析警察集合的过程中,我们将保留对公共和私营警务所作的区分。随着我们走向警务的外部边缘,我们寻找共同特征的过程将暴露出对公共和私营警务区分的局限性,那些公开或秘密地履行警务职能,却没有共享公共警察机构及其私营同行的组织,其核心特征将越来越难以被发现。如果发现提供保护的机构是在法律真空或在法律之外运作的,我们便要发问,这些机构是否仍可称为警务机构。如果要彻底讨论这个问题,可能要对我们关于警务性质的假设做出重大修改。

尽管存在这些困难,我们现在可以拟制一张警务人员的图表。这张图表将覆盖公共和私营领域。它还将利用莱斯·约翰斯顿在提及公共和私营警察之间接合点时所提出的混合警务概念③。正如这里所理解的,混合警务比约翰斯顿最初设想的范围更广,混合了其他关键区别,如内部与外部安全、警察与军队、合法与法外活动等。

公共警务机构

这仍然是图表的最大组成部分,分为内部安全和外部安全。警务工作的重点

---

① Rigakos,2005:261。

② Rigakos,2002。

③ Johnston,1992。

是内部安全。然而，在当前全球化的背景下，内部安全越来越多地与外部保护接轨。跨国恐怖主义体现了这种相互联系，因为它起源于某个国家以外，但在其领土内实施，致使各国政府不知道该将其视为战争行为还是犯罪。

内部警务机构种类多样，并不总是指警察部队。以下列举的这类机构的主要类别远非详尽。例如，列出美国国土安全部应该协调的所有机构的图表，大约由132个不同机构组成。

公共警察部门

这些力量是公共警察机关组成的主要部分，包括大多数身穿制服的人员、刑事调查科（各种便衣分队）和支助服务部门（业务和行政人员）。在不同国家，公共警察机关总部设在国家、地区或大城市。欧洲大陆国家、英国、美国和加拿大分别是这三种模式的例证。在农村司法管辖区，警察部门也提供各种服务，如消防和救护车；他们还依赖规模更大的警察队伍开展刑事调查。

专门警务机构

有几种特殊的公共力量，他们在方法或目标方面都是专业的（通常两者兼有）。针对恐怖主义等威胁国家行为的国内安全和情报机构也属于这一类。对这一分类的质疑可能意味着反恐存在于警务活动之外。

一些高度军事化的部队专门从事集体暴力（暴乱）控制，更普遍的是控制人群，如法国的共和国安全部队（CRS）和德国的防暴警察（Bepo）。盎格鲁-撒克逊警务通常不派遣这样的部队。

美国和德国之类的国家分别成立了专门负责刑事调查的国家服务机构，联邦调查局（FBI）和联邦刑事调查局（BKA）。

安全和情报机构保护国家免受国内暴力威胁，如本土恐怖主义。他们的法律地位因国而异。在美国，处理这些威胁的主要是联邦调查局（FBI）这个警察组织。同样，法国领土监视局（DST）也是国家警察的一部分。在加拿大，在1984年之前国内安全局是加拿大皇家骑警（RCMP）的一部分，1984年成立了一个新的文职组织——加拿大安全情报局（CSIS），其成员不像警察那样拥有逮捕权。在英国，负责国内安全的主要机构向内政大臣负责，尽管它被指定为"军事情报"（军情五处）。虽然各国保护国家安全的机构在结构上有很大差异，但警察一般都以这样

7

或那样的方式参与这项任务。

各国还建立了专门的警察组织来执行特定的法律和法规。其中一些组织在警务方面发挥着重要作用,例如美国的缉毒局(DEA)和烟酒火器与爆炸物管理局(ATF),或者意大利的金融警卫队(GDF),他们执行所得税和其他相关立法。

专门的行政警务机构

这些机构本来可以归入前一类专门警务机构。然而,由于它们的数量和重要性,理应单列一类。正如娜拉和纽曼[1]指出的那样,相当多的政府部门都有自己的行政警务机构,如负责征收所得税和各种其他职责的部门。还有许多其他部门,如福利、卫生、教育、劳工、环境和野生动物保护等部门。最近这种警察机构的重要性在英国得到了强调。从 1997 年当选至 2008 年,工党政府创造了 3605 项新罪行(1208 项是通过立法引入的,2367 项是通过二级立法,如议会命令和法定文件)。环境、食品和农村事务部设立了 852 项新罪行;商业、企业和监管改革部及其前身贸易和工业部引入了 678 项罪行;内政部设立了 455 项罪行[2]。这些警察机构执行各种规定,还颁发特别许可证。有别于大多数其他公共警务机构,他们的共同特点是以两种不同的身份行事。首先,作为一个警务机构,试图发现违反他们负责执行的那些规定的行为。他们还被赋予准司法权(可以在法庭上诉)来施加处罚。这些处罚大多是罚款,数额可能非常巨大。然而,罚款并不是他们施加的唯一刑事制裁。根据授权,其中一些机构拥有广泛的扣押、取消抵押品赎回权和冻结资产的权利。当行政警务机构发现违法行为可能涉及犯罪要被起诉时,一般会将案件移交刑事执法机构。需要补充的是,当公共警察部门执行交通法规和各种规章制度时,他们同时扮演着警务和刑事执法机构的角色(主要是罚款)。

军事化的警务机构

欧洲大陆的国家最初是由军队维持治安的。军事力量逐步形成了军事化的警察部队。根据军事化程度,这种内部警务组织有几种变体。在一些民主国家,如法国,农村和小城镇的警务工作是由国家宪兵这支军事化的警察部队执行的,

---

① Nalla and Newman,1990。

② Irvine,2008;另见 Morris,2006。

2009 年之前它一直隶属于国防部,而不是内政部,现在它向法国内政部负责。欧洲的其他几个国家,如西班牙(国民警卫队,Guardia Civil)和意大利(宪兵,Carabinieri),也有类似军事化的警察组织,尽管它们并不都是国家武装力量的正式成员。在民主国家以外,人们发现军事化的警察机构与军队几乎没有什么不同;他们打击的是内部的"敌人",其暴力程度与武装部队对外部敌人发动战争的暴力程度相同。这些部队中最残暴的往往被称为准军事部队,这个词非常含糊,因为它被不加区分地用于官方和非官方警察部队。准军事部队在南美洲的几个国家活动。

维持军队秩序

大多数国家的武装部队都有自己的宪兵。这些内部警察部门由军方人员组成,专门用来监督军事人员。这些军事警察是国家武装部队的一部分,在正式部署到外国时与他们同行。从这个意义上说,他们的行动超越了国界。

准警察(Parapolice)

还有其他几个政府部门扮演着与警察相似的角色,并被赋予同样的权力。这些单位的成员有时穿着与众不同的制服。加拿大的反偷猎分队就是这样的情况,它们也涉及环境保护。然而,大多数准警察机构由公务员组成,针对特定政府部门的欺诈行为开展调查①。例如,当五角大楼对哈里伯顿涉嫌在 2004 年向驻伊拉克美军运送燃料时定价过高的行为展开刑事调查,由国防部刑事调查局②具体执行。

为保护国家免受外部威胁,安全部门参与搜集外国情报,执行外部安全服务。由于这些服务并不属于警方,所以这里只会提及有关基本资料。外部安全服务有两种。传统类型通常被称为间谍服务,主要收集人力情报(HUMINT),即由人力资源提供的情报。著名的例子是美国中央情报局(CIA)、英国军情六处(MI6)和法国情报总局(DGSE)。第二类外部情报机关通过各种技术来源收集信号情报(SIGINT),如收集电子情报的巨型天线(ELINT)、捕获图像情报的卫星(IMINT)

---

① 税收、福利、卫生和国防;见 Nalla 和 Newman,1991,关于这些调查单位的讨论。
② Oppel,2004。

等。这些服务中最著名的是美国国家安全局(NSA),根据 UKUSA 条约①,NSA 与澳大利亚、加拿大、新西兰和英国的相应机构联合运作。该联盟被指控对西欧大陆国家实施臭名昭著的梯队(ECHELON)间谍计划②。因此,外国情报机构不仅扮演防御角色,甚至还对外国采取特别行动。

虽然这些服务似乎与警方相去甚远,但它们在警务工作中的角色却越来越大。在打击有组织犯罪和经济犯罪的斗争中,内部和外部安全之间对接越来越多,因为它们都跨越了边界。反恐也需要警方和安全部门之间更密切的合作③。在 2001 年 9 月世界贸易中心和五角大楼遭受恐怖袭击(下文称"911")后的几个月,加拿大为社区安全机构(CSE)制定了授权立法,社区安全机构是加拿大相当于美国国家安全局(NSA)的机构,但规模要小得多。CSE 最初成立于 1975 年,是根据一项行政法令(1975 - 95 枢密院令)成立的,在没有立法框架的情况下运作。这项新立法为 CSE 的任务增加了一个新的维度,即在必要时支持警察行动。根据最近公布的加拿大政府信息,CSE 正在有效地参与警务工作。

几种混合机构也在内部和外部安全的交界处发挥作用。

边防警察

这些机构的原型是海关部门。在某些国家,由于非法移民、违禁品和恐怖分子的渗透,执行边境巡逻任务的警务机构负担加重。在法国,边境巡逻队(警察辅助边防部队- PAF)是国家警察的一部分。在大多数国家,它们是一个独立机构。

国际警察

确切地说,目前还没有任何警察机构能够像国家警察在国内跨区域行动那样,在不需要特别授权的情况下可以跨越国界行动。现在存在着致力于推动不同国家警察部队合作的组织,其中历史最悠久的是国际刑警组织,它将各大洲的警察部队联系起来,但并不依赖于成员国签署的公约④。最具潜力的组织是欧洲刑警组织,根据 1995 年欧盟成员国之间签署的一项正式公约成立(Bigo,1996 和 2000)。欧洲刑警组织主要通过收集和分享警察信息来努力提高其成员的效率。

---

① Bamford,1982 和 2001。
② Keefe,2006。
③ Brodeur,2005a;另一种观点,见 Bayley 和 Weisburd,2009。
④ Anderson,1989;Deflem,2002。

欧洲还开发了其他警察情报系统,如申根信息系统和签证信息系统(Hayes,2004)。虽然美国缉毒局(DEA)是一个国家机构,但它可能是我们拥有的最接近国际警察组织的机构,它在各国(特别是拉丁美洲)的行动几乎不受限制。对 DEA 拥有的跨国行动许可,最为合适的解释是国家权力,而不是国际法。

国际维和部队

将其列在这里只为了制定研究议程。它们由在联合国授权下在外国执行警务任务的军事单位组成。这些维和任务的目的一般是防止公开爆发武装冲突。事实上,维和行动往往是出于发起国的政治利益,比如阻止非法移民潮,或者维护某个原材料丰富的地区的稳定。尽管 2008 年仍有 16 个联合国维和行动在进行中,还有 19 个由联合国支持或指导的和平行动,但它们似乎没有像 20 世纪那样受到国际社会的青睐。

私营安全机构

与公共警务机构一样,还有内部的、外部的和混合的私营安全机构,这里将陆续论述这些机构。

私营机构的内部安全部门的结构类似于公共部门,但有一个明显例外。

多功能承包机构

这些都是最知名的私营保安公司。它们为客户提供广泛的服务,而且他们的大多数员工都穿着制服。它们在某种程度上是城市公共警察部门的私人对口单位。

专门机构——人力资源

安全机构在两个方面有专长。内部机构只有一个客户(他们所属的公司)。严格地说,这些机构是某家公司的安全部门,而不是一个独立的企业。私人保安机构也可以提供特定的服务,例如调查、警报系统和贵重物品运输等专门化服务。它们的规模可以小到一个人,尤其在私人调查方面。

专门机构——技术资源

其中一些私营公司能够提供各种监控技术,并拥有操作这些技术所需的人员。其他公司只是提供技术。大部分公司不能被称为狭义上的安全机构。它们构成技术行业的一个特殊部分,通常嵌入提供各种设备(特别是武器)的大公司中。几年来,安全技术一直是一个成长性行业。在"911"之后的背景下,可以预见,它的发展速度将呈指数级增长。不仅机场安全越来越依赖身体成像技术,大规模杀伤性武器(WMD)的威胁也在增加对化学和生物传感器的巨大需求。

知识产业

众所周知,有大量真正的"知识工作者"(knowledge worker)在私营部门工作,其中许多是退休的情报官员。鲜为人知的是,私营公司参与了数据库的开发,涉及安全的各个方面。例如,平克顿机构和兰德公司已经建立了世界上最大的恐怖事件数据库。为了美国政府,这两家数据库目前正在进行合并[1]。

私营安全机构的规模差别很大。大多数机构都在地方层面运作,但也有越来越多的大公司在国家和国际层面开展业务。在这样的环境下,内部和外部安全之间的传统鸿沟并不像对公共部门那样有意义。尽管如此,私营企业在两个领域参与了与外部安全相关的一些事情。

首先,由退伍军人创建的私营安全公司将雇佣兵作为服务进行营销[2]。例如,法国雇佣兵已经在非洲活动了很长一段时间。然而,大量士兵在冷战结束和苏联解体后复员,现在可以作为私人军事人员使用[3]。他们主要干预发展中国家,大多数雇佣兵受雇于非洲政府和政治派别或其他希望秘密干预非洲冲突的国家。在武装冲突中使用雇佣兵并非与警务无关。例如,自伊拉克战争以来,像黑水公司这样的私人雇佣兵承包商为政府官员提供越来越多的保镖[4]。在有利于外包的经济背景下,在警察部队必须重建的国家,退伍军人也被聘为警察顾问或监督员。

其次,私营企业为各种客户提供安全情报。已经有几份订阅费昂贵的时事通讯,提供安全情报。期待曾经属于外国公共情报机构的企业家逐步创建这些私人服务机构,这并非没有道理。根据定义,私人安全知识产业横跨内部安全和外部安全之间。

---

① LaFree and Dugan,2009。
② Singer,2003。
③ Davis,2000。
④ Scahill,2007。

在私营安全部门,有多种形式的混合机构。正如刚才所观察到的,混合机构可能会将与内部和外部安全有关的要素混为一谈,特别是当它们在国际层面运作时,会对内部和外部安全之间的区别视而不见。例如,政府可以与一家私人公司签约,以确保其境内和其整个外国大使馆网络的通信安全。全球化可能会使私营部门受益,因为在整合内部和外部安全方面,私营部门比国家安全机构有更大的灵活性。

其次,机构的混合性可能源于公共安全和私人安全之间的一般接合点。目前,这样的接合点与其说导致建立一种新型的机构,不如说它产生了涉及个人经营商和组织的趋势。这些趋势代表着相反方向的动向。

从私营部门到公共部门。在打击有组织犯罪和恐怖主义的斗争中,各种警方线人的重要性与日俱增。其中一些线人与警察和公共安全组织签订了合同,在类似于赋予公共警察特殊权力的例外法律制度下运作。职业告密者通常在治安和犯罪、私人创业和公共就业之间的灰色地带发挥作用。赏金猎人是另一种生活在灰色地带的私人经营者。

从公共部门到私营部门。阿尔伯特·赖斯几年前就提醒人们注意公共警察兼职的现象①。这不仅仅包括有第二份工作。"和平官员"实际上通过他们的警察工会推销他们的服务,并以私人支付的方式充当公共警察,以维持流行音乐会等喧闹活动的秩序,在这些活动中,私人警卫不足以产生威慑效果。这一趋势现在已经达到顶峰:公共警察部门现在以合同为基础,向负担得起费用的社区提供广泛的特殊服务。这些服务通常是与保险公司和私人保安公司合作提供的,蒙特利尔就是这样。

混合网络。公共警察职业起步早,退休早。他们中的许多人从事私人保安的第二职业,通常就职于内部安全机构的高层。他们与仍在公共警察部队工作的前同事保持联系。双方相互帮助,特别是在信息共享方面。这些趋势对混合形式的警务还有其他影响,这些将在本书的后面部分进行更详细的回顾。

---

① Reiss,1988。

控制权的代理（Agents of Control）

虽然有人可能会质疑将保安、情报等机构纳入上述的警察集合，但就所有列出的机构均合法运作而言，迄今制订的图表并无争议。还可以补充一些个人或团体，他们即便不违法，但行使社会控制的合法性也值得怀疑。在不预先考虑警务性质的情况下，对社会控制的研究已经表明，警务和实施各种形式社会控制的概念是密切相关的。然而，社会控制的概念比警务的概念更广泛，它并不意味着控制权是由依法行事的代理人执行的①。事实上，布莱克②认为犯罪可以被认为是一种社会控制形式，甚至将这种观点扩展到恐怖主义③。为了使我们的警务图表在其范围内准确无误，应该涵盖警务中不受管制或非法的方面。虽然警务和执法的概念在文化上是同义词，但最好使用社会控制这一术语来讨论处于警务范围边缘的各方面。我们将简要讨论两种主要的社会控制，分别是不受规范的控制和越轨执法（unregulated control and deviant enforcement）。

不受规范的控制

不受规范的控制是指在没有法律框架或在一套极其宽松的规则内进行的警务活动。这种活动本身并不违反法律；它们只是在法律或准法律真空中进行。事实上，很多公共警务领域也受到法律的松散规范，特别是在使用武力方面。我们想把对这一公共警务问题的讨论推迟到晚些时候，这里将集中讨论各种形式的社会控制，这些社会控制应用于公共警务之上，或者作为公共警务的替代方案。

特殊身份的人群

在控制享有特殊法律地位的人口方面，存在着一系列难题。加拿大原住民、美洲原住民或澳大利亚原住民只是这些人口中的一小部分。例如在加拿大，原住民长期以来一直要求自治，他们在维持领土治安方面获得了相当程度的独立。然而，在这些地区发生的大量警务活动处于混乱状态：在2008年一次有影响的事件

---

① Black，1976。
② Black，1983。
③ Black，2004。

中,代表社区某个派别行事的特别警察劫持了正式警察部门的所有成员作为人质。此外,这些民族中有影响力的成员声称,加拿大的法律框架与他们的文化格格不入,他们无法为其社区制定一个替代的规范性框架。

与人们的普遍看法相反,规范原住民并非一个只涉及少数"新世界"国家的问题。以欧洲为例,斯堪的纳维亚国家有相当数量的原住民居住在北部,在管理他们方面遇到了严重的困难。

卧底警务

第二个令人担忧的领域是卧底警务领域。如何规范警方线人尤为紧迫。有一个例子应该足以说明监管真空的程度:在加拿大最高法院最近的一项判决之前,人们认为警察通过线人和其他卧底特工买卖毒品以进行突击搜查的诱捕行动是合法的。在 R. 诉坎贝尔案①中,最高法院裁定他们并不合法,并裁定必须修改加拿大刑法才能使其合法化。该法很快就被修改了,警方线人和他们的指导者现在被允许违反毒品法律,以便更好地执行它。

内部私人保安(In-house Private Security)

在这些附加的社会控制形式中,私人保安是最明显的。从整体上看,私人保安的增长是一个巨大现象,尽管它在各国之间的分布并不均匀。由于它们的可见性和外观与公共警察部队相似,人们认为私营警察与公共警察一样在法律上负有责任。然而,很少有国家效仿西班牙,为私营安全机构的活动提供明确的法律框架②。一些并未打算规范私营保安行业的立法,如执行公民逮捕权的规则,被用来填补这一空白。虽然建立一个广泛的法律框架、允许该行业自我监管是大势所趋,但人们并不急于这样做。私营保安业不受管制的性质在内部私人保安方面尤其明显,在面临失业威胁的情况下,人们可能会被迫接受可能侵犯其权利的做法。在加拿大,监管私营保安行业的努力完全由合同代理机构承担。几乎没有关于私人内部安全的可靠数据。

---

① 1999。

② Gimenez-Salinas,2001。

私营安全的边缘

在其开创性的工作中,迪克·霍布斯和他的同事①已经证明,当夜幕降临时,市中心的大部分地区都会滑入治安灰色地带。这些是酒吧、夜总会和其他构成"夜间经济"的行业聚集的地区。这些不断爆发暴力冲突的游乐区域由私人控制,他们在私营安全的监管边缘进行交易。门卫、保镖和其他强制性力量是警方在这些无人区维持基本社会秩序不可或缺的伙伴。除了偶尔要求得到授权许可外,这种夜间控制的规范性框架几乎不存在,基本上由当地警方的各种实际安排组成。许多参与夜间经济治理的个人都在法律的边缘地带运作。

考察完各种不受规范的控制后,我们越来越接近各种非法的社会控制形式。

违法执法(Delinquent Enforcement)

"违法执法"有两层含义。首先,它指的是已知的犯罪组织成员进行的社会控制活动,尽管这些活动可能并不违法,有时存在于非暴力调解和解决冲突中。然而,成功开展这些活动所依赖的权威,主要源自犯罪组织所激起的恐惧。其次,这些词语被用来强调,当它们暗示使用暴力和胁迫时,许多(甚至大部分)活动实际上都是违法的。用"执法(enforcement)"一词代替控制,因为控制通常被定义为对违反规则的反应②。非法的强制执行不仅是对不遵守预先确立的规则的回应,还包括通过恐吓强加新的行为模式,例如为了强制保护而勒索金钱。所谓违法执法是值得讨论的,因为它揭示了守法的社会控制,甚至合法的警务,正如将在第九章中看到的那样。如果警务被理解为提供保护和一定程度的秩序,那么在许多国家,由法外力量控制的社会空间范围可能等于甚至大于合法警务组织控制的空间范围。

有一些犯罪组织和秘密社团,如黑手党、科萨诺斯特拉、三合会和黑帮,在很大程度上处于法律监管的范围之外。尽管警方针对其许多成员取得了令人瞩目的成功,但事实证明,随着时间的推移,这些组织具有惊人的弹性。这种稳定只能通过使用暴力实施内部控制来实现。从这个意义上说,这些组织代表了另一种规

---

① Dick Hobbs,2003。
② Black,1976:105。

范秩序,这一理论最早由西西里律师桑蒂·罗马诺于 1918 年提出,并由莱蒂齐亚·保利①进行了出色的重新论证。这些组织不仅有各种控制其成员的机制,而且对在意大利南部组织运作历史研究表明,它们最初作为软弱的意大利政府的替代品管理司法②并提供私营安全保护③。这项研究得出的另一个要点是,合法和非法权威之间没有截然分开,而且它们基本上是重叠的。莱蒂齐亚·保利④引用了各种可靠的消息来源,大意是,当盟军 1943 年占领西西里时,他们任命黑手党首领为市长,因为黑手党是意大利法西斯主义垮台后留下的唯一一权威力量。在意大利以外的其他国家,也可以找到合法警务与非法的强制执行之间的这种接口⑤。约翰·比蒂已经证明,18 世纪英国的"抓贼者"是被合法当局用来抓其他小偷的小偷⑥。

在社会上,有许多人要么没有受到足够的控制,要么根本没有受到公共警察或注册的私人机构的控制。其中一些对应于整个社区,这些社区主要是从移民中涌现出来的。由于很大一部分移民是非法移民,他们违反了居住国的移民法,不愿意向警察寻求保护,并视其为威胁。这样,他们就成为一些个人和帮派的牺牲品,这些人和帮派打着保护他们的幌子实施非法控制。在 21 世纪,迁徙人口激增,不仅是国家间的人口流动,国家内部农村人口向城市中心的大规模涌入,与非法移民一样不受控制⑦。令人担心的是,在一个国家生活在保留地、难民营和贫民窟的人们,越来越倾向脱离官方控制,或者只在最低程度上服从官方控制。这些人在他们的外围被残酷地过度控制,而在他们内部则控制不足。然而,也有一些临时形式的社会控制,是由既没有资格也没有能力执行法规的个人或组织强加给他们的。这种"野性控制"往往是完全武断的,甚至是掠夺性的。在这些情况下,强制执行往往是暴力的和违反法律的。

拟制的警务和社会控制图表尽管有些粗略,但已经使我们能够得出一些结

---

① Letisia Paoli,2003:120 - 130。

② Paoli,2003:162。

③ Gambetta,1993。

④ 2003:189。

⑤ 见 Varese,2001,关于俄罗斯黑手党;Hill,2003,关于亚洲帮派。

⑥ Beattie,1986 和 2001。

⑦ Davis,2006。

论,作为研究警察理论的指导方针。第一个结论是显而易见的:警务机构远比其最明显的组成部分——公共警察部队要广泛得多。自从 20 世纪 70 年代初发表了许多关于私营安全兴起的研究结果以来,这一结论已经形成共识,但现在似乎微不足道。然而,有观点认为没有必要强调私营安全的重要性,以表明将警务缩减为公共警察部队的活动是站不住脚的,这仍具有启发性。属于公共警务领域的各类机构的数量和多样性足以证明这一结论。换句话说,对公共警务本身的探索还不够深入。

其次,在对警察的研究中,最经常提及的说法之一是执法在警察活动中的作用有限。对于身穿制服的巡逻人员来说,这可能是真的。然而,这种论断没有足够重视以下事实,即警察部队中的大型单位几乎都是专门负责刑事执法的,比如刑侦部门。事实上,整个警察部队,例如美国的 FBI 和德国的 BKA,很大程度上都是致力于执法。在工作人员方面,调查人员的数量远远低于穿制服人员的数量。然而,他们作为主要力量将犯罪嫌疑人绳之以法的作用,增强了他们活动的社会意义。

第三,警务的公共领域和私人领域都是高度分化的;它们由任务不同的公共机构(如 DEA 和 ATF)和提供迥然不同服务的私人机构组成。因此,作为一个整体,涉及公共或私人警务领域的话语必然要表现出高度的概括性。虽然它们在阐述范式方面发挥了不可避免的作用,但我们也应该谨慎地对待包罗万象的理论概括,因为它们也声称适用于警察行动层面。人们必须特别批评这样一种假设,即公共警察部队或私营安全机构在其各自领域内作为一个协调的网络运作。相反,分裂而不是整合似乎是每个警务组织的规则;所吹嘘的警务伙伴关系通常只存在于纸面上。

最后,应该认识到,重组警务不仅仅是以新的方式重新配置警察部队,而这些警察部队被假定在其自身层面上以综合方式运作[1]。例如,在许多司法管辖区实施社区警务,增加了穿制服的巡逻人员和调查人员之间的差距。因此,如果这两个部门以前都没有以协调一致的方式单独行动的话,将某个警察局与另一个机构(私营安全机构)联系起来可能会进一步扰乱警察的协调。在发展安全领域的"节

---

[1] Bayley and Searing,2001。

点治理"理论时,应考虑到潜在警务网络的"节点"本身就是松散连接的部件,它们的行为可能不一致①。在我们开始多边化进程之前,警察的内部协调能力应该是我们研究议程的一部分。然而,在讨论协调问题之前,必须问一问,除了提供秩序和安全的功能外,警察集合的各组成部分是否存在任何共同之处。

理论框架的概念

接下来的章节将试图回答警察集合的主要组成部分这一问题。在其中一些章节,将提供新的实证研究结果。无论如何,我会简要描述研究中遵循的方法论。因此,将在本章最后一节讨论的理论原则具有比经验方法论更高的概括性,尽管它们对实证研究会有影响。我将简要讨论指导我工作的主要规则。因为没找到更好的词,下面的考虑可以说是最朴素意义上的认识论。

欺骗性对象(Deceptive Objects)

知识对象不会自发地向研究人员展现它们的本质。所有对象都是如此,即使是物质对象也是如此。然而,物质对象实际上并不像动物那样会躲避那些试图了解它们的人。我们可以试探性地区分被动的知识对象和积极抵制被人了解的对象,甚至使用欺骗的方式。尽管人类在某些情况下,例如当他们生病时,同意接受检查,但他们也憎恨对自己习惯的过度好奇,并倾向于将对他们的研究视为对其隐私的侵犯,或者当他们有什么需要隐瞒的时候,认为这些研究是一种威胁。在这方面,组织与人没有什么不同。面对竞争对手的商业组织和提供保护以抵御外部侵略的安全部队,如军队和警察,都积极试图抵制外部的了解。安全部队声称,保密对于他们行动的成功起到至关重要的作用,支持这一主张的理由不能完全向公众披露。有理由认为,参与斗争的政党不能透露它打算如何获胜,而出其不意的因素在冲突中起着至关重要的作用。然而,冲突各方都遵守为达成目的而不择手段的滑稽原则,这也是事实。这一原则的应用范围最好是保密的。

撇开不属于此次研究范围的军队不谈,警务领域的保密性在几个方面得到了

---

① Johnston and Searing,2003。

维护。外部了解的第一个障碍是法律。这是最重要的理由，它甚至阻碍了安全机构内部不同参与者之间的信息共享：访问保密信息并使其公开在法律上是被禁止的，可能会受到刑事制裁。安全和情报部门的行动——在本书中被称为高层警务——受到法律的保护。在一份令人大开眼界的报告中，已故美国参议员帕特里克·丹尼尔·莫伊尼汉披露了他的国家政府将信息归类为秘密的惊人范围①。保密也是一个制度政策问题。值得注意的是，欧洲大陆的中央警务组织对学术研究人员是封闭的。保密的第三种方式是威胁要对发表研究成果的研究人员进行报复，比如提起民事诉讼。理查德·V·埃里克森被警方威胁要采取法律行动，阻止他出版关于其刑事调查的书②。

还有一种更加自负的抵制研究的方法。就像记者在伊拉克战争期间被"嵌入"军队一样，公共警察部队和私营安全机构越来越多地允许研究人员在该组织内进行研究。不用说，这是一种值得欢迎的发展，对警察研究大有裨益。然而，这种公开性可能是欺骗性的，暗示着研究和宣传之间的权衡。当警方想要宣传可能为他们赢得公众认可的倡议时，他们会对研究采取从未有过的开放态度，比如使用 CompStat 开展社区警务。允许里加科斯访问其业务的私营安全机构，在其网站上也使用从里加科斯书③中精选的语录进行宣传④。智库总裁出版了一本书，书名为《准警察》⑤，与里加科斯的书名《新型准警察》（*The New Parapolice*）非常相似，并且于同年出版。相比之下，正如我们将要看到的那样，刑事侦查是警察研究中研究最少的主题（与人权一样）。在警察组织中，刑事侦查人员比巡警更有影响力，他们自己也不热衷于被调查。

警务理论应该努力弥补对穿制服的街头人员和便衣警察的研究之间的不平衡。这说起来容易做起来难，特别是当我们将高层警务从业者包括在便衣警察当中时。在调查人员和情报官员的交易中，欺骗是一种合法且不可或缺的工具；它已经成为某种职业文化中根深蒂固的一部分，这种职业文化往往不区分合法与非

---

① 美国国会，1997。

② Ericson，1981；更近的例子参见 Ocqueteau，2006。

③ Rigakos，2002。

④ Intelligarde，2008。

⑤ McLeod，2002。

法的欺骗目标：对所有外人都一样。

为克服这种情况，数据的收集应系统地建立在各种形式的三角测量方法上。这一明显的要求可能还不够。检验同一问题重复发声的元分析是必不可少的。还有一些档案和官方文件来源，供调查记者使用，但很少被社会科学研究人员利用。警方研究人员没有使用《信息获取法》，而是依赖记者的二手剪报，这些记者经历了获取官方文件的令人沮丧的程序。警察和情报人员在宣誓后向政府调查委员会提供的证词是一个宝贵的知识来源，尽管使用起来很乏味。根据在政府调查委员会的亲身经历，提交人能够证实，在刑事法庭诉讼中，那些不想回避真相的警官极不愿意在调查法官面前作伪证。这些评论的要点是，只要有可能，在实地工作之前应该先做好全面的档案工作。如果研究人员采访某位刑事侦查人员，但没有向受访者表明他已经进行了背景调查，以便至少部分核实所说话的真实性，就是在要求受访者撒谎。

悖论（Antinomies）

胡塞尔在一篇关于他最钦佩的剧作家乔治·伯纳德·肖作品的简短论文中，用非技术性的语言表达了他对现象学的看法：

[现象学]的目标是在"我生活"和"我们生活在社区"中，对科学的终极生命来源进行最激进的自我反思，以更新科学。换句话说，它的基础是对生活的激进自我解释，科学本身就是在生活中产生的，并作为服务于真正生活的过程而出现。我们的任务是发展一门科学，它将以最大可能的方式从预设中获得自由，从而彻底理解并证明自己，这是一门返回到难以置信的终极极限以确保无价的科学。[1]

这种科学观可以通过两种方式加以利用。它首先作为防范各种不加批判的信仰和预设的原则。然而，从更激进的意义上说，从所有预设中解脱需要从普遍毋庸置疑的假设中解放出来，即社会科学理论最终可以摆脱悖论，安于现状。实际上，构成警务理论基础的几个概念经过分析后就分裂成了矛盾（矛盾是由一对

---

[1] Husserl，见 McCormick and Elliston，1981：357。

相互冲突的陈述组成的,每一种陈述都可以独立地证明是正确的)。正如我们在引言中看到的,矛盾的概念是本书的核心思想之一。所有的警务理论都必须面对暴力这一核心矛盾。当警察使用暴力时,暴力同时被认为是邪恶的主要表现和维护和平与秩序的必要工具。这种悖论是政治理论的核心,在霍布斯的《利维坦》中给出了一个明确的表述:所有肆意暴力的答案在于一个人的制度化暴力。

警务理论面临着几种对立的观念。例如,杰里米·边沁在他的整个著作中都将安全置于包括自由在内的所有其他价值之上[①]。他的论点是,一个人首先需要安全才能享受自由。反对这一立场的经典论点是,安全可能会被强调到没有更多自由可以享受的地步。没有单一的争论可以决定这个问题,只有通过政治妥协才能有条件地解决这个问题。这些言论并不是为了让人们对警察的看法前后矛盾。理论上的不一致应该尽可能地解决。然而,建立理论并不是一种消毒手术。现实中矛盾的、冲突的、最终是悲剧的东西不应该被祛除掉,以产生一种静止的、自满的理论。

强度量(Intensive Quantity)

人们倾向于认为,公共警察是一种比大多数其他职业更危险的职业,警察在工作过程中按比例失去生命的次数比从事其他工作的人更多。这种想法事实上是不准确的。美国劳工统计局根据死亡人数的比例定期发布最危险职业的名单。警察从来没有入围前十名之列,伐木工人、渔民和小型飞机飞行员通常排在这份名单的首位。然而,似乎无论这些统计数字重复多少次,舆论都会坚持认为警察是一种危险的职业。

这种统计数据未能影响公众看法的例子不胜枚举。举例来说,因酗酒而死亡的人数远高于因滥用毒品而死亡的人数。然而,公众认为滥用药物比酗酒对社会的威胁要大得多。此外,与交通事故的受害者相比,民主国家的恐怖事件伤亡人数微不足道,即使考虑到美国"911"袭击等特殊事件。然而,除恐怖主义之外,没有任何威胁迫使美国政府对某种形式的有害行为宣战,除了"禁毒战争",这是风

---

① Bentham,1996。

险和反应极端不相称的另一个典型例子。重大的政府决议往往是在单一案例的基础上做出的，比如关于强制登记性犯罪者的《梅根法》(Megan Law)。

对于有限风险与其经常触发的政策范围之间的不相称，比如游说团体的行动或与受害者父母和亲属的讨价还价，给人们提供了许多解释。然而，如果这些运动没有受到远远超出其单一事件的更多事件的刺激，它们就不会如此成功。不同事件的动员能力有着很大区别。这一观察结果可以通过尝试设计一种将强度系数附加到事件上的程序来潜在地形式化。这样的系数将转化为感知到的事件频率的乘数。实际的倍增将发生在媒体空间。因此，举一个简单的例子来说明，普通入室盗窃的系数为零($1＝1$)。相比之下，凶杀案的系数要高得多（例如，$1＝100$），从字面上看，这意味着单个实际事件实际上被媒体放大到至少 100 倍。通过这种倍增过程，就社会和政治影响而言，强度系数高的单个事件将完全抵消那些一级统计频率要高得多的事件。例如，强度量（或单位）的概念能够解释，为什么尽管压倒性的统计数据显示执法在警察活动中所占比例相当较小，但警察和执法之间的联系却无法被打破。执法事件的强度系数远高于虚惊、勤务事件和报告撰写。如果其数量是根据所产生的报道故事的数量来计算的，那就大大超过了任何其他警务活动。无论强度量这个概念多么具有试探性，它强调一个事件不能被简化为它的统计数字。例如，基于其低死亡率，警务是安全的——这种说法忽视了以下事实，即事故的重要性和故意杀人的重要性之间存在根本区别。建立在这种无知基础上的理论就像试图在不考虑磁场的情况下给出关于磁铁的科学解释一样空洞。强度量的概念将在整本书中使用，特别是在关于警察形象的第三章。

总结

本章的主要目的是探讨旨在涵盖所有警务活动的警务理论应包括哪些内容。我们首先辩称，一个想要（相对）完整的警察理论应该说明当我们将"警察"一词用作普通名词、动词和形容词时所指的是什么。这种讨论试图阐明被视为一种广泛类型活动的警务与从事该活动的各种代理人（警察）之间的关系。讨论得出的结论是，必须提出"多元警务"概念，以说明除公共警察之外许多机构都参与了警务工作。其他几位研究人员也得出了这一结论。然而，"警察"一词被用作形容词时,我们发现了与警察这一术语相关的贬义含义,这主要是因为我们对使用武力的态度含糊其词。这种矛盾心态被"必要的恶"("necessary evil")这个短语捕获了,该短语通常用于最不祥的警务策略(渗透、秘密监视、围捕)。虽然关于警察的一本开创性书籍①集中探讨警务的这些矛盾方面,但目前缺乏对威胁民主的警务的各方面研究。

本章的第二部分和第三部分试图勾勒出警察集合的不同组成部分。根据是否可以明确地将这些组成部分称为警务形式,可将其分为两类。第一类简要介绍了参与公共和私营警务的各种组织的特点。第二类列出了不受规范或明显违法的社会控制形式。虽然在警务的名义下提到这些社会控制的边缘是违反直觉的,但它们仍然属于警务行动的范畴。在本书的最后一章中,会将其作为警务的边缘加以讨论。本章的最后部分致力于强调本书后面几章将要进行分析的一些理论基础。

正如本章开头所看到的,"警察"这个普通名词的各种含义在历史上都是第一次被发现。下一章回顾了警务的历史,描述了"警察"和"警务"含义的演变。

---

① Westley,1970。

第二章　历史

　　虽然有令人印象深刻的关于警务历史的文献,但这些文献中只有一部分可以被称为历史研究;大量的作品将各种警察力量(如英国警察或加拿大骑警)理想化,而其他警察力量,如早期的法国警察则被妖魔化。

　　谈到历史,警察在 17 世纪作为一个独特的机构被创造出来,有三种基本的"模式",尽管当代的警务模式更多①。这些模式分别是法国模式、普鲁士模式和英国模式。普鲁士的警察模式,指的是一门特定的科学(Policeywisenschaft)和与之相对应的政府形式(福利国家的早期版本),它从未适用于实际的警察部队,也没有作为一种自主的警务范式存在于今天②。第四种模式是在北美形成的,但在某种程度上是英国模式的衍生品。就回顾历史的目的而言,关键要对比法国(后来的欧洲大陆)和英国警务模式之间的差异。

　　本章篇幅不能详细地说明这些警务模式的诞生和发展。在本章,我们有两个目的。首先,简要讨论警察的历史,以揭示当代警务各方面的特点和主题。其次,尽管对警务问题的回答可能会因时间和空间而异,但其中一些问题比较棘手,允许采取不完整和缺乏说服力的解决方案,我们将尝试找出这些持续存在的问题。这些问题定义了警务研究要想在一段时间内取得成功必须满足的条件。我们可

---

① Mawby,2003。

② Stolleis,2000;Napoli,2000。

以从历史长河中学到很多东西,也可以从变化中学到很多东西。

本章分为三个部分:法国警务的诞生、英国警务模式、美国和加拿大的警务。在这三个部分之后,将总结历史上警务反复出现的特征和警务模式之间的主要差异。

警察的诞生:法国模式

作为一个公共机构,警察于 1667 年诞生于法国。施瓦茨和米勒研究了警察诞生之前的警务,在研究了跨越时空的 51 个不同社会之后,他们得出结论,在某种程度上求助于警察("部分或全部用于执法的专门武装力量")和求助于法律顾问("专门解决争端的非亲属律师")只是基于分工的原因,而且在最简单的社会中,由非专业的当事人进行调解是解决争端的一种习惯性的非强制性方式①。虽然警察机构是在英国重新创建的,经过了决定性和长期性修改,并取代了法国模式,但法国、英国甚至所有的警务模式之间都存在着延续性。

出自孟德斯鸠《论法的精神》中的一段摘录,阐明了警察的基本概念的主要方面。这段摘录在 18 世纪的警务学说中经常被引用。例如,让·查尔斯·菲利普·雷诺阿中将在为奥地利皇后撰写的《巴黎警察回忆录》中引用了孟德斯鸠的这段摘录。在这段引述中,"警察"一词几乎从未用来指代一群人(警察)。除了提到"警方行动迅速"外,阅读这段摘录时应在所有"警察"一词出现的情况下,在其后加上"条例"两个字。

> 有些罪犯被地方法官惩罚,有些被他纠正;前者受制于法律的权力,后者受制于法律的权威;前者退出社会,后者被迫按照社会规则生活。在行使警察权力时,是治安法官在处罚,而不是法律;在判决犯罪时,是法律在处罚,而不是治安法官。警察的事情是瞬息万变的,通常数额不大,几乎不需要任何手续。警察行动迅速,警察对每天重复发生的事情都要施加影响,所以重罚对它来说是不合适的。它总是忙于细节;因此,伟大的例子并不适合它。它有法规,而不是法律。它的人员经常受到地方法官的监视,因此,如果他们人

---

① Schwartz and Miller,1964:166;又见 Johnston,2000:6 - 7。

数太多,那就是地方法官的过错。因此,不要把重大违法行为和警察应对的简单违法行为混为一谈,它们是不同的秩序①。

短短几年后,也就是 1773 年,来自《论法的精神》的这段摘录很快在英国引起了反响。

> 警察是法学的第二大门类(second general division)。这个名称是法语的,最初来源于希腊语"Politeia",它恰当表示了文官政府的政策,但现在只表示对政府的低劣部分负责,即清洁、安全、廉价或富裕。搬运街道上的泥土,执行司法,就预防犯罪的条例和保持城市警卫的方法而言,虽然是有用的,但在这种一般性的论述中,却太卑鄙了②。

警察研究的重要主题可以与孟德斯鸠和斯密的这些语录的不同部分联系起来,包括以下五个部分。

警察自由裁量权。孟德斯鸠在区分罪犯受到法律惩罚的案件和其他直接受治安法官管辖的案件时,指出了警察自由裁量权这一长期存在的问题。尽管警察最终会失去司法地位,但正如斯科尔尼克在其经典著作《不经审判的正义》③中所强调的那样,他们援引法律并提起刑事指控的自由裁量权是准司法的。

职责多样性。孟德斯鸠坚持警察事务是"无时无刻不在的",警察处理的是每天随时发生的小事件,治安法官总是忙于细节,这预示着后来的警察学者会坚持强调需要警察干预的事件的无限多样性。对于边沁来说,"警察"这个词所表达的意思似乎"太过繁杂,不可能有任何单一的定义"④。这一立场将在所有关于警察的进一步研究中得到呼应。孟德斯鸠也提供了警察角色模棱两可的早期例证。一方面,警察必须处理性质上迥然不同的无数事件,以至于边沁后来说,这种多样性排除了对警察角色的单一定义。然而,孟德斯鸠在谈到警察时,首先对两类罪犯进行了区分,从而暗示尽管警察的职能不同,但他们与预防和打击犯罪之间存在着一种特殊的关系。执法在界定警察任务方面所处的中心地位仍然是警务工

---

① Montesquieu,1748:5、26、24。
② Adam Smith,《关于司法、警察、收入和武器的讲稿》;引自 Radzinowicz,1956:421。
③ Justice without Trial,1966。
④ Bentham,1996:198,注释 u。

作中最具争议的问题之一。

地位低下。亚当·斯密认为警察应该对政府的低劣部分负责的观点，与有影响的警察学者将警务视为一种"受玷污的职业"的倾向是一致的①②。斯密也同意孟德斯鸠和边沁的观点，认为警察活动是由发生各种不可预测的事件驱动的一系列卑微的任务，几乎没有什么意义。与孟德斯鸠形成鲜明对比的是，亚当·斯密几乎没有提到犯罪控制。他还对人类需求中的安全给予了异常低的评价。在这方面，他和边沁有很大的不同。对于后者来说，安全是人类的基本需求，其他一切都来自于此。

监视。孟德斯鸠对治安法官的职责发表了隐晦的评论。由于受警察监管的人经常处于这些治安法官的眼皮底下，因此，如果他们监管的人行为不端，就应该责怪警察当局。因此，他暗示治安法官有责任通过不断地监视来预防犯罪。这是法国警察思想中最坚定不移的主题之一。

违法（Infralegality）。孟德斯鸠断言，警察几乎不需要任何手续，因为速度是最重要的。与此类似，他认为警察依赖于规则而不是法律。与我们前面特别提到的主题一样，警察的合法性问题是一个令人关注的关键问题，法国人对警察和正式的刑事司法有两种看法。法律手续被视为对警察的阻碍，而所有的法律保障都必须提供给被指控犯有"令人痛苦"罪行的人。

我从孟德斯鸠那里提炼出的五个主题超越了法国警察的历史模式，对于今天思考警察仍有意义。

现在我们将考察法国早期的警务模式；它已经成为大量文献的主题③。然而，到目前为止，一个主要的可用资源尚未开发：它由法国警察中将（general lieutenant of police）J. C. P. 雷诺阿 1779 年赠送给奥地利皇后玛丽亚·特蕾莎的一本法国警察（尤其是巴黎警察）回忆录组成④⑤。这本回忆录的第二版被赠送给了她的

---

① 有关比特纳著作的参考文献格式，参见第 1 章注释 1。

② Bittner，1970/1990：94。

③ Clément，1866；Chassaigne，1906；Saint-Germain，1962；Pillorget，1978；Williams，1979；l'Heuillet，2001。

④ Lenoir，1779。

⑤ 这本回忆录的手稿只有两本，其中一本在剑桥大学的大学图书馆（类别标记是 Add. 4651）。这份手稿和其他法语文本中的所有引文都是由作者翻译的。

女儿那不勒斯女王。

"警察"一词的含义

"警察"一词在狄德罗和达伦伯特的《百科全书》(*Encyclopédie*)中被鲍彻·阿吉斯定义为"为地球上的所有居民,尤其是城市居民提供舒适和宁静生活的艺术"①。鲍彻·阿吉斯的定义受到尼古拉斯·德·拉马尔《警察条约》(*Traité de la Police*)的极大影响,这是一部关于警察的所有立法文本的概要,尽管它存在很大缺点,但在当时是一部可供参考的著作②。

拉马尔的警察概念的基础是,警察是国王服务的一部分,它的目标是公共利益。因此,它是公法的一个分支③。由此可见,对他来说,"警察"有三个基本含义。从最广泛的意义上说,它只是指政府,无论是整个国家的政府,还是较狭义的政府,如神职人员、军队等④。"警察"在一般和最新意义上,是指一个城市的公共秩序,例如说"一个城市的警察"不受尊重,就等同于说那个城市没有秩序。在技术意义上,可以追溯到 17 世纪初罗伊索关于法国社会结构的著作,警察指的是警察治安官建立并促进城市公共秩序所需法规给予的特殊权力⑤。在行使这项权力时,警察治安官与君主分享权力,与其说他是法官,不如说他是君主的专员。简而言之,"警察"既意味着秩序,也意味着建立秩序的权力。

拉马尔评估说,城市秩序涉及 11 个因素,即宗教,道德,公共卫生,食品供应,公共道路、桥梁和公共建筑,公共安全,科学和人文,商业,工厂和机械艺术,仆人和劳工,以及穷人。这种对警察对象的列举成为一种标准,在雷诺阿和许多其他作品中都可以找到⑥。必须强调的是,所有这些方面的秩序都应该理解为它们与国王的服务和公共利益的关系。例如,商业是警方的适当目标,因为商人在与公众打交道时必须保持诚实。米歇尔·福柯在《整全与单一》(*Omnes et Singu*

---

① Boucher d'Argis,1765。

② La Mare,1722。

③ La Mare,1722:前言。

④ La Mare,1722:2。

⑤ La Mare,1722:2。

⑥ 1779:7;又见 Foucault,1981:249。

latim）一书中对"警察"一词含义做了经典分析，他关注的是关于警察的早期文本之一①，这部著作的作者是特奎特·德·马延。他在 1611 年向荷兰国会议员介绍了他的警察计划。对特奎特来说，"警察"意味着"政府"，是一个包罗万象的概念。警察的主要目标是与国家关系中的"人"。

雷诺阿②总结了警察的概念：它是"治理人们并为他们做好事的科学"。正如塞缪尔·约翰逊的《英语词典》（*Dictionary of the English Language*）所证明的那样，"警察"这个词的意思在整个欧洲都被接受了。约翰逊博士将"警察"一词定义为"就居民而言，一个城市或国家的管理和政府"③，他说这个词是从法国借来的。正如保罗·那不勒斯在他关于法国警察的诞生一书中所强调的那样，法国警察理论学者基本上将他们对警察的概念局限于城市政府④。普鲁士思想家克里斯蒂安·沃尔夫，特别是冯·贾斯蒂，创新发展出有关警察理论的综合体，他们的警察科学（Policeywisenschaft）成为普鲁士福利国家知识基础的至高无上的政治学三部曲（Staatwisenschaften）——经济学、行政学和财政政策的第二部分。

然而，拿破仑的警察部长约瑟夫·福奇明确确立了警察和治理一个完整帝国之间的联系。福奇在 1816 年写给惠灵顿公爵的信中写道："警察是一个政治治安机构，除了它的特殊职能外，它应该通过各种方法合作——也许是不定期的，但也应该是公正、合法和仁慈的——以增强政府每一项措施的有效性。"⑤这一引证提出了政治警务和政治警察的行动是否合法的问题（与国家眼中的"合法"形成对比）。这些问题将在以后进一步讨论。目前，必须强调的是，大革命和拿破仑帝国的警察并没有打破法国早期的传统，根据这一传统，警察是通过每个政府部门的行政部门进行治理的一般形式⑥。

法国"警察中将"的创设及其背景

警察中将是根据路易十四 1667 年 3 月颁布的一项法令设立的。首席执行官

---

① Foucault，1981：243 – 254。

② 1779：34。

③ Johnson，1806，第 2 卷。

④ Napoli，2003。

⑤ Fouché，1816；引自 Radzinowicz，1968：555。

⑥ Madelin，1930：451，第 1 卷。

(maître des requêtes)加布里埃尔·尼古拉斯·德·拉雷尼是首位担任这一职位的人。这项法令是在 1666 年 12 月关于《巴黎城市的安全》的法令之后颁布的①。艾伦·威廉姆斯认为,对法国旧政权警察来说,最重要的时期是 18 世纪,而不是 17 世纪,也就是它最初成立的时候②。事实上,列举 1667 年路易十四没有创造的东西比他确实建立的东西要更加容易。他没有创造出一个全新的执行治安任务的人——一支警察部队。如前所述,路易斯创建了一个具有双重目的的机构。首先,他希望整合警察职责,特别是巴黎的警察。在此之前,这些职责由一名民事中将和一名刑事中将分担。这种分裂造成了混乱和低效:"(在巴黎)日夜进行谋杀、暗杀和盗窃而不受惩罚。"③在将警务集中在一名中将手中的同时,1667 年 3 月的法令还宣布,由于司法和警察职能之间存在一些不协调之处,没有官员将同时负责这两项工作。法令重新定义了负责司法行政的官员的职责④。

在 17 世纪 60 年代的背景下,没有任何单一的历史因素可以解释警察中将的产生。这一时期的特点是诸多有影响事件的发生,如财政部长福凯被捕并被控腐败,路易十四的宫廷显要成员被毒杀(在这起神秘的毒杀事件中,第一中将拉雷尼扮演了皇家特派专员的角色⑤)。虽然个别历史学家倾向于强调背景的一个特征,而忽略其他特征,但来源于路易十四 1666 年和 1667 年关于 17 世纪 60 年代巴黎缺乏安全的法令、小册子和讽刺诗歌中的措辞⑥,以及雷诺阿后来的回忆录等历史资料,都强调了巴黎普遍需要更多的安全和城市秩序。

不管这些问题有多严重,一个关于警察的基本观点是 1754 年吉拉尔蒂(Guillauté)在一项改革警察的项目中提出的。他写道:"公民必须服从权威,内部解除武装,外部和平,没有太大的恐慌和紧迫的需求,然后我们才能对他们进行监管。"⑦社区的普遍安抚是建立警察部队的前提。这种力量是漫长历史演变的产物;它是用来巩固以前从普遍的混乱和暴力状态向和平社会过渡的工具。当路易

---

① 见 L'Heuillet,2001:53,注释 13。

② Williams,1979:2。

③ Lenoir,1779:40。

④ The Lieutenant Civil of the Prévôt of Paris;Buisson,1950:49;L'Heuillet,2001:51,注释 5。

⑤ Clément,1866:224-225。

⑥ 引自 Buisson,1950:16-17。

⑦ Guillauté,1754:34。

十四在 1667 年建立法国警察时,法国已经经历了近一个世纪的宗教战争和贵族对中央政权的公开叛乱。它终于被王权力量制服,享受到了内部和平。警察的出现标志着战争的结束。

警察体制

我们强调,路易十四并没有把警察创建成一支队伍,而是最初设立了警察中将办公室,这个办公室在革命和拿破仑帝国时期成为一个部门。不用说,中将可以依靠一支队伍,其中一些人已经是早期警察机构的一部分,如巴黎警卫队(Paris Guard)和夜勤队(the Night Watch)。正如我们所说,主要在巴黎活动的法国旧政权的警察由一名中将领导。在他的直接指挥下,有 48 名专员负责巴黎的各个地区,他们"可以说成倍增加了他在全市的存在"①。作为中将的代理人,他们拥有司法权,可以进行刑事法庭诉讼,通常是在轻微犯罪的情况下:雷诺阿将他们称为"人民治安官"。他们得到 20 名视察员的协助,这些视察员的主要任务是监视;他们观察巴黎发生的一切,并向专员报告犯罪、轻罪和所有骚乱②。虽然他们必须像所有其他国家工作人员一样购买自己的职位,但他们并不享有公职人员的地位,也没有固定权力,专员可以随心所欲地指派任何人担任这一职务③。然而,这些视察员的真正权力从他们为得到职位付出的代价可见一斑:视察员的成本是专员职位的四倍,有时甚至高达一名政府部长的水平④。一个视察员实际上统治了他的特定领地(例如,关于出版物、赌博或妓院)。

总而言之,巴黎警察的指挥部由一名中将、48 名专员和 20 名视察员组成。这 69 名官员可以依靠一支由 1028 名武装人员组成的警卫队;其中一些人骑着马,接受过军事训练⑤。对巴黎警力规模的估计差异很大。根据威廉姆斯的说法,包括与拉马尔列举的 11 个标准警务对象有关的所有人,整个组织在 1788 年,也就是革命前一年,共有 3114 人。应该指出的是,据首都警察局长(prefect of police for

---

① Lenoir,1779:69。
② Lenoir,1779:110。
③ Lenoir,1779:118。
④ Williams,1979。
⑤ Lenoir,1779:124 - 125。

the capital)估计,不到一个世纪后,巴黎警察部队拥有 7638 名警察和 874 名便衣人员①。

这一体制的几个特点值得讨论。首先,它是一个松散集成的混合体制,由地位、能力和培训经历不同的人组成。在这个体制中,穿制服和实际使用武力的是军事部门。当《法国人权宣言》后来承认需要一支"公共力量"(force publique;参见第 12 条)时,必须牢记这一点;这支公共力量更有可能被设想为军事力量(国民警卫队或类似组织),而不是具体意义上的警察部队②。

这一体制的第二个关键方面是将所有权力集中在中将手中。他拥有立法权,这使他能够制定法规,这些法规含有严厉的制裁措施,实际上起到刑法的作用。他拥有广泛的司法权力,并在法律不要求提交正式法院的所有事务中,担任法官(例如,疏忽杀人可由警察法庭检控,谋杀则须交由司法机构审理);对于其管辖范围内的某些罪行,他可以判处监禁,甚至死刑。作为警察首领,他也被赋予了最广泛的行政权力。此外,他在这些行政权力中增加了古老的皇家省长(总督)的权力,因此他是国王的特别专员,并以君主的名义行事③。在这方面,他被赋予很高的权力。所有权力都集中在治安法官手中,形成了一种自上而下集权的行政文化,其特点是僵化,这种文化在法国一直持续到今天。雷诺阿在回忆录中,描述了治安法官是如何通过"所有东西都登记在那里"的办事机构运作的④。他声称治安法官"知道所有的细节,不管它们的性质如何……(他)对每一份档案了如指掌……(他)独自作出所有的决定,并发出所有以他的名义发出的命令"。⑤

撇开法国审讯制度与英国对抗式法律制度的区别不谈,需要指出的是,法国人在检控罪犯方面,并没有遇到与英国人那样的困难。由于所有警务工作都是公法和服务国王的问题,法院不像英国人那样依赖受害者提出刑事指控⑥:所有违反警察条例的罪行也都是违反国王法令和公共利益的罪行。然后,治安法官可以根

---

① Andrieux,1885:284 and 292。

② Napoli,2003:195 - 202。

③ Lenoir,1779:51 - 53。

④ Lenoir,1779:66。

⑤ Lenoir,1779:68 - 69。

⑥ Beattie,2001。

据罪行的严重程度,将各种案件移交给高度分化的司法系统的法院。虽然不同的司法级别在名称上有所改变,但警察法庭由处理"简单或普通警察"罪行的法庭、处理介于刑事警察条例和刑事司法之间案件的刑事警察法庭,以及管理商业、工厂等的民事或"争端"警察法庭组成[①]。

应该强调的最后一个特点与视察员有关。20名警察视察员中有3名负责巴黎的总体安全,他们组成了一个刑事调查部门(CID)和一个街头犯罪小组。雷诺阿声称,负责安全的三名视察员(la sûreté)在巴黎逮捕的罪犯和嫌疑人比警卫队和所有其他致力于安全的着装机构加起来还要多[②]。在这方面,三个人怎么可能比一千个人更有效率呢? 根据雷诺阿的说法,这些视察员招募了几个非正规人员来协助他们;这些非正规人员来自犯罪环境(belonged to the criminal milieu)。首先,有几十名"观察员"(observateurs)以传统的线人身份行事。然而,这些观察员也有自己的一系列下线(sousmouches,译为"苍蝇",在法语中相当于告密者);这个线人网络包括妓女,她们有义务通知警察、客栈老板和经营各种赌场的人。冬天每周两次(夏天一次),警察观察员带着他的线人和打手在街上漫步,然后逮捕所有举止可疑的人[③]。各个警察中将故意夸大告密者和非正规人员的人数,以恐吓公众,造成潜在反对者的不安。威廉姆斯对这些夸大的说法持批评态度,他估计在旧政权结束时,观察员和线人的数量在360—460人之间[④]。毫无疑问,这种通过遍及社会各行各业的间谍网络维持治安的警察制度,催生了革命期间和革命后所谓的"高层警务"制度[⑤]。

目标和优先事项

在各国的警察研究中,没有什么比警察实际在做什么更具争议性;每当提出用于执法和控制犯罪的时间问题时,辩论就会升温。当讨论与早期法国警察有关的问题时,解决该问题的困难得到了例证。正如我们之前看到的,它是一个多功

---

① Lenoir,1779:27 - 30。
② Lenoir,1779:154。
③ Lenoir,1779:147。
④ Williams,1979:68 - 69,表2。
⑤ haute police;关于这一点,见 Brodeur,1983。

能机构,有大约 11 个官方职能。此外,它也是一个混合型组织,其各个组成部分执行着截然不同的任务。尽管如此,还是有可能阐明其优先事项和主要目标。

在革命前对巴黎警察进行的最系统的研究中,艾伦·威廉姆斯得出结论,提供安全和维持秩序是警方最关心的问题,威慑巡逻是其主要活动①。在对旧政权警察进行的最早历史研究中,皮埃尔·克莱门特部分证实了这一点:犯罪和街头骚乱被列为首要关切,威慑巡逻是警察的主要活动②。在他的回忆录中,雷诺阿宣称控制犯罪是所有警察职能中最巨大和最重要的③。

然而,克莱门特也表示,和安全与秩序一样,控制舆论也是警方的首要任务。大多数对法国警察的研究都认同这种观点④。对 17 世纪和 18 世纪警方文件的审查也证明了这一点。勒内·阿根森是最著名的警察中将之一(1697—1718)⑤。他的部分笔记发表于 1866 年⑥。日记中列举了他所关注的 160 起案件。根据我对这些案件的审查,许多案件涉及镇压宗教异见,其中大多数与法国新教徒有关,他们因 1685 年路易十四废除《南特敕令》而被宣布为非法:31 起案件属于宗教性质,30 起案件是刑事案件,17 起案件涉及暴力骚乱,15 起案件涉及卖淫、赌博等问题。这种对镇压宗教异议的强调与伟大的日记作家圣西蒙对达根森的描述是一致的:"他在很长一段时间里负责警察和宗教调查"⑦。前面提到的著名警务论文的作者拉马尔也是一名警察专员。当他被路易十四授予养老金时,他因为国王服务的杰出的行为而得到了表彰⑧。日记没有提到与共同犯罪有关的诉讼。拉马尔介入了6 起经济欺诈案件,3 起未能向民众提供食物的案件,2 起涉及宗教的案件,2 起涉及国家事务的案件,以及 1 起告发书籍的案件。这样看来,控制犯罪和维持秩序并不是警方的唯一优先事项。然而,控制舆论被视为维持秩序的主要策略,因为认为麻烦源于"危险思想"传播的观念在法国和后来的欧洲大陆盛行⑨。因此,对

---

① Williams,1979:202;又见表 2,p. 68。

② Clément,1866:72。

③ Lenoir,1779:159 - 160。

④ Clément,1866:72。

⑤ Napoli,2003:111 - 117。

⑥ d'Argenson,1866。

⑦ 引自 d'Argenson,1866:前言,p. ix;见 Saint-Simon,1986:4:591 - 594。

⑧ Bondois,1936:21,注释 1。

⑨ Williams,1979:220。

舆论的控制可能被视为在整个领域实现秩序的一般手段,而不是其中的优先事项。

通过对谁是警察目标的研究,这一结论得到了证实。对拉马尔来说,宗教是"警察的首要目标"①。然而,除了 17 世纪天主教异教徒(Jansénistes)和后来的新教徒受到法国政府迫害的相当短暂时期外,对不信仰宗教者的监控似乎并没有得到警方关注。从 1667 年到 1789 年,没有工作的穷人是他们关注的重点。对于格勒诺布尔国会议员瑟文来说,游手好闲的人已经开始向邪恶投降②。雷诺阿总结了警察的心态,他说,"最卑鄙的职业是乞丐的职业;一个国家最大的瘟疫是乞讨"③。作为警方主要目标的民众不仅包括乞丐,他们在 18 世纪巴黎的数量估计为 1 万人④——还包括生活在劳动力市场边缘的各种条件的人。对于警察来说,这个边缘地带还包括大约 5 万到 10 万名仆人,他们的收入很低,他们是主人的有力武器,还有退伍士兵、非熟练劳工(通常是失业人员)和妓女。这些人口中有很大一部分不是巴黎本地人,被警方起诉的罪犯中有 2/3 来自省外或外国⑤。这个平庸的无产阶级是警察的主要目标,原因很明显:他们被认为对大多数罪行负有责任。更重要的是,这些人容易被暴力利用,受到煽动而引发骚乱。还有一个初露端倪的原因,这个原因在 19 世纪的整个欧洲都会越来越突出,即必须保护工人阶级的心理状态不受失业穷人的污染。正如福奇在给惠灵顿公爵的信中所写的那样,"国家的安宁取决于工人阶级的心理状态,工人阶级构成了人民,构成了社会大厦的基础。如果我可以这样说的话,这种心态肯定是一名好警察所要小心和警惕的主要目标。"⑥

警方行动的合法性

我们强调,"警察"一词最初并不是指一个组织,而是指赋予警察中将制定公

---

① La Mare,1722:287。
② Servan,1767:18 - 19。
③ Lenoir,1779:267。
④ Williams,1979,第五章。
⑤ Williams,1979:第五章。
⑥ Fouché,1816;引自 Radzinowicz,1968:556。

共生活各方面规则的权力。既然"警察"本身就是一种规范①,因此,负责执行这些规范的官员的行为是自律的。他们要么凌驾于规则之上,要么得到它们的支持。事实上,这在很大程度上是正确的,尽管方式不同。

紧急状态。对于孟德斯鸠来说,正如我们所看到的,警察事务每天都在发生,需要迅速解决,而且不愿走法律形式。这种警务和司法之间的对比贯穿了法国早期的警务模式,今天人们仍然可以在"紧急状态"的概念中找到它的痕迹。当警察被视为君主行政权力的直接下属机构时,这种反差最为明显。因此,速度至关重要,警方的行动必须不受正式规则的阻碍②。这种以理由(raison d'état)的名义进行的政治行动后来在拿破仑的帝国政权和其他欧洲独裁政权(最著名的是奥地利和俄国)中被称为"高层警务"。正如后面专门讨论高层警务和低层警务区别的一章所论述的那样,这种认为政治警务是在法律真空中发生的概念一直持续到今天。

合法化。雷诺阿还描述了由警察视察员和他们的平民助理进行的夜间逮捕。陪同他们的是一名司法官员(一名专员),他授权他们使用窃贼的工具闯入嫌疑人睡觉的房子。这一程序预示了授予警方的各种合法逮捕令,以执行否则会被视为违法的行动。

非法拘禁。在提交给奥地利皇后的简报中,雷诺阿提到,"医院"被当作监狱,关押那些"因犯罪而受审,但因缺乏足够证据而未被定罪的人,而对他们不利的推定足以认为他们是有罪的"③。这种做法与臭名昭著的拘留令(Lettres de Cachet)并不相同,拘留令是国王的秘密命令,要将他的一些臣民无限期关押在监狱里,通常是巴黎的巴士底狱。在后一类案件中,没有任何形式的司法程序。在许多情况下,这些拘留令是国王应某个贵族家庭要求,使犯罪成员丧失行为能力而发出的。很久以后,拿破仑的警察部长福凯在对下属的指示中要求,警方关押犯罪嫌疑人的时间不应超过将他们送上法庭受审的时间④。然而,根据高层警务措施(haute police)入狱的个人,不受这项人身保护令规则(habeas corpus rule)的保护。福凯

---

① Napoli,2003:212。

② Lenoir,1779:53。

③ Lenoir,1779:164。

④ Madelin,1930:490,第1卷。

在这方面的语言与雷诺阿的非常相似,从而证明了第一帝国时期先前习俗的延续性。

征税的恶习。在资助警察秘密行动和向这些行动中的线人支付费用方面,勒诺阿和福凯的看法是一致的①。雷诺阿援引卖淫这一"不可或缺的必然性",而福凯则声称"合法地剥削罪恶是一种痛苦的必然性"。既然赌博和卖淫不能根除,警方最低限度应该从中获利。实际上是由警察对这些活动征税,用于为高层警务行动提供资金。除了卖淫和赌博,福凯还对护照和武器许可证的交付增加了税收②。

圣西蒙在他对阿尔根森侯爵的描述中写道:"他在暴乱中表现得勇敢、强壮、大胆,因此是民众的引领者,他的行为与被传唤到他面前受审的人非常相似。"阿尔根森侯爵(与萨廷和雷诺阿一起)是最著名的警察中将之一③。警察与其目标之间的这种镜像关系是一个重要话题,稍后将重新讨论。

预防

至少从柏拉图开始,(理论上)预防犯罪优先于抑制犯罪是警务史上反复出现的主题。文学界的杰出人物丰特内尔在法国科学院发表的对阿尔根森的悼词中宣称,警察局长的职责是只惩罚极少的和"有用的"人④。雷诺阿在他的回忆录中谈道,基于共同兴趣和责任的"最柔软和最艺术化的链条",将所有个人与公共秩序联结在一起⑤。因此,真正的问题不是确定哪种警务模式将预防放在首位,而是它如何做到这一点。在法国模式的情况下,预防将通过四种方式实现。

宽大处理。法国地方法官强调,需要对大多数违反警察条例的罪行进行警告和非刑罚补救⑥。事实上,施加的惩罚大多是罚款,而且经常强调需要对据信犯有玩忽职守罪的违法者表现出理解⑦。这与孟德斯鸠是一致的,在这方面,孟德斯鸠更喜欢对公众教育,而不是惩罚。

---

① Lenoir,1779:186。
② Buisson,1930:188。
③ Saint-Simon,1986:6:591。
④ 引自 Clément,1866:334。
⑤ Lenoir,1779:vi;关于犯罪预防,又见 pp. 34 and 84。
⑥ Lenoir,1779:4。
⑦ Lenoir,1779:33。

根源预防。由于闲散被认为是导致行为偏差的主要因素,从理论上讲,为失业的穷人找工作是首选的补救措施①。然而,理论与实践之间存在着很大的差距,对乞讨的压制实际上是严厉的②。

监视。预防的主要手段是监视。在对阿尔根森的悼词中,丰特内尔早期表达了边沁式的全景监视战略,他写道,警察局长的职能之一是"出现在任何地方,而不被发现"③。从路易十四到拿破仑,关于警察的文献中最经常出现的一个词是"警惕"。在18世纪下半叶的著作中,塞尔万总结了当时流行的警务理论,福凯后来继续应用这一理论:

> 我们不要根据[警察]治安法官的行动次数来判断他的警觉性……一个警觉的治安法官在使用法律的约束方面并不严厉,他使之成为公民的一个轻到几乎无法察觉的负担。他观察而不是执行,他观察得越多,需要执行的就越少④。

> 在这种模式下,治安法官更多的是一双眼睛,而不是一双手臂。正如塞尔万明确指出的那样,监视,使其目标对象实际上感觉到他或她是嫌疑人,本质上是一种阻碍越轨的恐吓形式:这种想法一浮现在脑海中,坏人就会压抑犯罪动机,但他们仍然害怕治安法官会出其不意地识破他们。⑤

控制舆论。预防的需要与风险的大小成正比。欧洲大陆的专制君主们不像害怕集体暴力那样害怕个人犯罪。暴乱是专制君主们严阵以待的、持续不断的威胁。暴乱往往是由外部条件引起的,例如导致饥荒的粮食供应不足。然而,人们普遍认为,要么源于宗教异端,要么源于政治骚动的颠覆思想是群体性暴乱的催化剂。警方试图通过对潜在的麻烦制造者实施预防性拘留,来阻止这些事件的发生。然而,这远远不是高层警务的唯一策略,它试图通过谴责危险想法和散布会抵消其效果的言论来塑造公众舆论。

---

① Napoli,2003:62。

② Lenoir,1779:26。

③ Clément,1866:334。

④ Servan,1767:17。

⑤ Servan,1767:23。

我们曾多次提及的高层警务的概念,将会是另一章的主题。然而,一种不同的预防概念最终催生了最初由英国改革者发展起来的现代警务模式。

英国警务模式

关于英国警务模式的诞生,存在着丰富的文献资料。研究文献的学者现在越来越分为"传统主义者"和"修正主义者"两大阵营①。对传统主义者来说,创建公共警察是解决财产犯罪增加和混乱的一个迟来的解决方案,这受到了英国社会各界的欢迎②。修正主义者强调警察在英国社会各阶层遇到的阻力,他们将警察机构视为与福柯一致的"纪律事业"的新工具③。在某种程度上,修正主义者对英国模式的诞生做了政治解读,他们的发现往往突显了法国和英国警察模式之间的联系,尽管海伊和斯奈德等知名修正主义者断言,英国警察的历史是独一无二的④。虽然我大体上同意修正主义的观点,但我不会试图在修正主义和传统主义之间进行仲裁,也不会研究英国警察的历史在多大程度上包含在其内部。警务史就是一部在深层次延续中相对解体的历史。根据这一观点,英国人将被证明曾面临与法国人类似的问题,并最初受到驱使得出了与法国人类似的答案。然而,他们最终创建了一种警务模式,从根本上改变了人们对警务的理解方式,尽管这些变化在实践中并不像在理论上看起来那么激进。

1660—1785 年的英国警务

在克里奇利的著作中可以找到英国早期警务史的描写⑤。克里奇利实际上是在追随科尔克霍恩的脚步⑥,他在"关于警察的职能和职责的论述"中考查了各种治安官员的职责——高级警员、警员、头保长(headborough)、三保长(thirdbor-

---

① Reiner,1985:第 1 章;Hay and Snyder,1989:6,注释 8;Emsley,1991:4。
② Ascoli,1979;Critchley,1967;Reith,1952;以及在较小程度上 Radzinowicz,1956。
③ Gatrell,1990;又见 Storch 的开创性论文,1975 and 1976;Philips,1980;以及 Gatrell,Lenman 和 Parker 的著作的其他贡献者,1980;Hay and Snyder,1989;Emsley,1983,1991,1996,and 2003。
④ Hay and Snyder,1989:11。
⑤ Critchley,1967。
⑥ Colquhoun,1802:ix - xiii。

ough)、保长头目(boroughead)、十户区区长(borsholder)、什一税人(tithing man)和首席宣誓官(chief pledge)。跳过最早的历史,我将简要回顾一下从1667年法国警察成立到1785年6月皮特政府提出的第一个命运多舛的警察改革法案的时期。比蒂[1]对这一时期的大部分内容进行了深入研究。

这一时期英国警察的许多方面与法国非常相似,尽管正如"相似"这个词所表明的那样,它们是自己兴起和发展的。主要相似之处如下所述。

城市背景。虽然伦敦以外有一定程度的警务,但"大都会"是主要的警务领域,改革的动力起源于伦敦,就像以前在法国一样,它起源于巴黎。

混合警察。伦敦的警察力量是多样化的,由警员、守夜人(night watch)、法院执达员(beadles)和市典礼官(city marshals)[2]组成,在发生骚乱时,他们被军队取代。

抓贼者(Thief-takers)。根据一本1699年的字典,抓贼者"以帮助人们找回丢失的物品为交易(为了小费),有时出于利益或嫉妒抓贼,他们通常与贼打交道,并熟悉他们的出没之处"[3]。当伦敦当局决定增加逮捕和定罪犯人数量时,他们在刑事起诉中的作用变得越来越突出。抓贼者在几个重要方面可与不同种类的法国线人(mouches)进行比较。首先,他们在执法中在警察和罪犯之间制造了一个污秽的界面。其次,它们提供了一个共同点,公共当局和私人个体为了控制犯罪和维持秩序而联合起来。第三,抓贼者证明了警方在侦破犯罪方面是多么依赖告密者。在这三个方面,抓贼者都表明,在解决谁是犯罪实施者并确保他们被定罪的问题上,像法国人一样,求助于被用作"线人"的罪犯是多么难以避免。

酌情监禁。虽然可能不是政治原因,但伦敦市长未经审判就拘留了大量嫌疑人[4]。

尽管有这些相似之处,表明不同的法律传统存在共同的警务问题,但也有至关重要的区别。第一个问题与法国和英国警务体制的混合性有关。尽管法国的警务体制可能是混合的,但其不同组成部分是在中央指挥下整合起来的,即警察

---

[1] Beattie,2001。

[2] Beattie,2001:122 and ff. 。

[3] 引自 Beattie,2001:232。

[4] Beattie,2001:97 - 98。

中将的指挥。英国的情况并非如此,缺乏一体化,后来成为改革的主要动力之一。第二个关键的区别是"英格兰几乎是……世界上独一无二的,因为它没有由律师组成的官僚机构,负责起诉那些被指控犯罪的人"。① 起诉是由受害者或其亲属以及无酬劳的治安法官进行的。这个问题有广泛的影响,超出了本书的范围。然而,随着警察成为私人检察官的替代品,它对警务的影响是巨大的②。警察的这一角色产生了持久的影响。根据海伊和斯奈德的说法③,20 世纪 60 年代,警方负责大约 80% 的起诉决定。1985 年颁布《犯罪起诉法》(*Prosecution of Offences Act*)后,这种情况可能已经改变④。

1829 年改革的背景

我所说的 1829 年警察改革的"背景",不仅指推动警察改革的事件,也指关于这项改革的性质和可取性的辩论,这成为盎格鲁-撒克逊国家警务实践的永久背景。法国警察是在君主专制政体的政治背景下由皇家法令创建的,君主只对自己负责。因此,是否有必要改革警务可能存在争论,但这是在政府内部进行的,没有波及外部。英国的情况完全不同,1785 年,英国下议院曾试图改革警察,但以失败告终。法国和英国背景的反差显然很大程度上归因于君主专制和议会制的不同,但不能仅仅以这种政治差异为基础来解释。

在英国,地方报纸刊登有关刑事犯罪和罪犯的私人广告,悬赏提供有关赃物或逃犯的消息,在侦破犯罪方面发挥着越来越大的作用⑤。这种做法不仅表明传播刑事信息对于侦破犯罪至关重要,而且还强调了印刷媒体在所有警务事项中的重要性。这促使埃德温·查德威克在他 1829 年发表在《伦敦评论》(London Review)上的有影响力的文章中,阐述了新警务制度的基本公理之一:"与没有宣传时警察所能产生的效果相比,即便没有警察,完全、迅速地公布所有犯罪行为的效

---

① Hay and Snyder,1989:4;又见 Rudé,1985;Emsley,1996:178 and ff.;Beattie,1986 and 2001。

② Gatrell,1990:20;Hay and Snyder,1989:37。

③ Hay and Snyder,1989:3,注释 2。

④ Hay and Snyder,1989:4。

⑤ Styles,1989。

果也要好得多。"①宣传将是警察被叫来表演的新舞台,也是他们试图逃脱的笼子。他们利用其可见性作为一种工具促使自己的目的实现,但宣传也被作为一种控制手段用来对付他们。矛盾的是,围绕警察辩论的公共性并没有提高其透明度,因为话语受到政治战略的影响。政治战略允许一些警务目标公开,而另一些则必须保密。犯罪统计数据被注入执法的花言巧语中,他们将公众舆论集中在警务的冰山一角②。

尽管存在着非常广泛的共识,即财产犯罪的增加一再成为警务体制改革的原因,科尔克霍恩③、大都会警察事务特别委员会 1828 年的报告④、韦德⑤和查德威克⑥都把其著作的大部分篇幅用于讨论犯罪统计,对维持秩序和控制骚乱的需求所起的实际作用一直是争论的主题。埃姆斯利辩称,上一次重大骚乱发生在 1821 年(与卡罗琳女王事件有关),结论是没有发生任何严重骚乱事件(甚至犯罪事件),这不会为建立警察提供任何火花⑦。海伊和斯奈德⑧认为这一立场站不住脚。许多其他历史学家也认同他们的观点。埃姆斯利稍微修改了他的观点,并在他后来的著作中说,犯罪和骚乱是否真的有所增加,并不像当代人们认为的那样重要。

正如人们所看到的,英国的自诉制度(private prosecution)和无薪治安法官(non stipendiary magistrates)制度是独一无二的。根据 1817 年大都会警察特别委员会的一份报告,起诉存在两个障碍。第一,没有补偿检控人员在自诉案件(private prosecutions)上花费时间的损失;第二,惩罚的严厉程度令有意提出诉讼的私人检控人员望而却步,因为这些诉讼可能会导致财产罪犯被判处死刑⑨。这两个困难不久都得到了补救。1826 年,一项刑事司法法案将追回费用的制度扩大

---

① Chadwick,1829:285,强调是我加的;这段重要论述引自 Radzinowicz,1956:460;以及 Styles,1989:55 and 57。

② Gatrell,1990。

③ Colquhoun,1796 和 1802。

④ House of Commons,1828。

⑤ Wade,1829。

⑥ Chadwick,1829。

⑦ Emsley,1983:61。

⑧ 1989:10,注释。

⑨ Rudé,1985:88。

到最常见的轻罪。到 1837 年,包括入室盗窃在内的所有财产犯罪都废除了死刑①。虽然这些措施在增加自诉案件方面并没有收到预期效果,却为起诉打开了大门:警方和领薪金的治安法官最终填补了真空。对轻微罪行和社区纠纷的简易听证,以及对较严重罪行的季度会议和审判之间的传统划分,在英国已经适用了几个世纪。然而,法院系统是一个充满自由裁量权的迷宫②。在 1820 年扩大付薪治安法官简易审判权力的立法之后,警察的出现,在起诉简易审判的罪行方面发挥关键作用,进一步侵蚀了以前的酌情处理程序,并带来了现代和官僚化的刑事司法体制,后者在一定程度上可以追溯到欧洲大陆的警察法院③。

为了引入这种新的官僚秩序,警察本身必须整合为一个统一组织,在统一指挥下运作。1828 年大都会警察特别委员会报告强调了"将整个队伍视为……一个统一编制的明显优势"④。它因此承认了杰里米·边沁在 18 世纪末及以后的著作中反复提出的一体化要求。在他的 1821 年宪法法典中,边沁呼吁设立一个预防性的服务部长办公室⑤。科尔克霍恩、查德威克和韦德等改革者以各种形式呼应了这种融合的需要,尽管这被认为是有争议的。

我们一直强调,从最早的时候起,警察就是预防的代名词,特别是在法国。这一点在杰里米·边沁的著作中也有反映,他在解决警务问题时完全专注于预防。边沁的著作与法国的警务理念息息相关,1791 年(或 1792 年——具体年份各有不同)他的《全景监狱》(Panopticon)出版后,法国革命政府授予他法国公民身份。对他来说,"警察"是一个法语单词,在德语中被归化,但在英语中不是。他认为,正如我们已经说过的那样,这个词太过"多种多样",没有任何单一的定义。因此,他开始将警务分为两个分支:心理偏执或犯罪预防、心理交感或灾难预防。边沁的思想通过各种渠道在英国社会传播,其中之一是警察改革家埃德温·查德威克,他从 1831 年起担任边沁的秘书,直到后者于 1832 年 6 月去世⑥。然而,强调预防

---

① Rudé,1985:90。

② King,2000。

③ Gatrell,1990;Philips,1980。

④ House of Commons,1828:32。

⑤ Bentham,1821:第 11 章,第 5 节,439。

⑥ Brundage,1988:8。

还有第二个原因,这也隐含在警务的概念中。在他的《关于警察的职能和职责的论述》中,科尔克霍恩强调,他改革警察制度的努力将"通过减少惩罚的需求使社会受益"。曾经无节制地使用死刑的英国将特别欢迎这一好处。

英国警察

认为英国的警察历史独一无二的论断需要在几个方面加以验证。然而,应该认识到,1829 年英国警察的诞生标志着一个新的开端,它永远改变了"警察"这个词的核心含义。正如约翰逊博士在他的字典中承认的那样,"警察"主要是指对一个地区的所有方面的治理。作为城市政府的一种形式,警察合并成一个自给自足的系统,拥有立法、监管、司法和行政的所有属性,以实施治理。在英国,这一范围在两个关键方面得到了缩小。首先,它不再被设想为一个自给自足的系统,而是刑事司法系统的一个分支,将罪犯移交给司法权。

> 警方是为保护市民免受诈骗、烦扰、暴力和掠夺而设立的广泛制度的一个分支。虽然行政司法法院会确定罪行,并规定对实际违法者的惩罚,但警方的工作更多的是专门针对防止犯罪或逮捕肇事者。[1]

韦德接着宣称,警察的职能并不局限于将罪犯移交给司法权,而是扩展到任何干扰国内安全、秩序、舒适和经济的事情。这种在法国和德国仍然盛行了一段时间的更广泛的警务概念在英国迅速衰落,后来在欧洲大陆也迅速衰落。

第二,"警察"现在开始指代受托执行警务职责的一群人,他们严格侧重于提供安全和维护和平[2]。"警察"从一种治理体制转变为一个致力于预防和侦查犯罪的组织,这种意义上的转变反映了警务性质观念的转变。

新的警察组织

关于罗伯特·皮尔爵士于 1829 年创建的警察部队的组成人数,一些人给出了不同的数字,估计低至 800 人。根据 1908 年皇家委员会审查该部队历史的报告,该部队最初由两名专员(查尔斯·罗文上校和大律师理查德·梅恩先生)领

---

[1] Wade,1829:2;注意"警察"一词用的是单数。
[2]《犯罪的预防和侦查》,公元 1829 年,10 Geo. 4. 第 44 章,序言。

导,1830 年 5 月,它有 17 名警司、68 名督察、318 名警长(sergeants)和 2892 名警员,警员人数在 1834 年达到 2968 人①。

这个组织的关键特征是它的同质性和指挥权的统一性,因为除了它的两位首席专员之外,它还直接受内政大臣本人的管辖。这些人穿着相同的蓝色制服,其设计与军队的制服形成对比,只带着一根木棍。在特殊情况下可以使用弯刀,督察级别以上的成员可以携带袖珍手枪②。最初没有人骑马,这与巴黎警察形成了鲜明的对比,直到 1839 年,骑兵巡逻队才与大都会警察合并。1842 年才成立了一个由便衣侦探组成的刑事调查局(CID),人们非常担心新的警察制度会像法国警方那样依赖间谍③。

也许最重要的是,皮尔遵循了 1828 年大都会警察特别委员会的建议④,逐步建立新的警察制度,而不立即干预伦敦市市政当局行使的权力。从 1829 年到 1908 年,通过谨慎的引导,旧警察局被改造成 13 个警察法庭,最终全部投入使用。最终,英国仍处在一个足够统一的警察体制控制之下,以至于这个国家被一位著名的历史学家描述为"警察国家"⑤。然而,这个体制与边沁、科尔克霍恩和查德威克最初设想的中央集权模式相去甚远,他们仍然受到法国普遍监视模式的影响⑥。

组织成员

在 18 世纪和 19 世纪的交汇点上,关于警务的话语出现了一场重大的变革。法国警察中将雷诺阿这样描述一名优秀警察督察的素质:"他们必须运用很多技巧,而且有点老练;能够扮演各种各样的人物,经常站在错误的立场去了解真相;根据情况他们必须告发谁,从而表现得极为诋毁或高度赞扬。"⑦这种描述是务实的,完全与伦理和形象无关。作为一名秘密特工,他不是靠树立道德榜样,而是靠巧妙的操纵来实现目的。

---

① House of Commons,1908:22 - 25。

② Emsley,1991:25。

③ 见 Wade,1829:358;Chadwick,1829:304;White,1839;关于评论,见 Radzinowicz,1956:附录;以及 Hay and Snyder,1989:33。

④ House of Commons,1828。

⑤ Gatrell,1990。

⑥ Philips,1980:189。

⑦ Lenoir,1779:119。

相比之下，英国的警察改革者开始讨论技能，但更重要的是，讨论作为一名警察的道德要求。在他的《关于警察的职能和职责的论述》中，科尔克霍恩在序言中说，警察应该是"能干、谨慎和聪明的人"①。他接着在他的《初步观察》（*Preliminary Observations*）中指出，受薪警员应具备与其追求公共利益有关的品质，首先是诚实，其次是知识和能力②。他致力于确定警察的职责，以及在警察中培养更多对其职责的认识。其他改革者，如韦德和查德威克，同样坚持未来警察部队成员的道德品质③。

当新的英国警察部队成立时，这些标准的实施首先导致了非常高的人员流失率，80％的解雇是由醉酒引起的④。警察队伍最终稳定下来，但这些对警察人员的要求是警务领域真正革命的最初迹象，导致了四个重要发展：第一，专业警察部队的出现，以及随之而来的后果，如成立工会；第二，加强公众对警察行为的监督，并呼吁更多地追究责任；第三，设立机构，如政府调查委员会，负责对警察不当行为的指控；第四，利用警察形象和越来越多地赋予警察的象征性权力，作为一种纪律工具，以规范警察的行为。伦敦大都会警察局已经是皇家委员会就其成员如何处理醉酒、骚乱和街头卖淫进行广泛调查的对象⑤。这是盎格鲁-撒克逊人调查警察如何履行职责、镇压"罪恶"和后来被称为"无受害者"犯罪的长期传统的开始。这一警务领域因滋生警察腐败而臭名昭著。

艾伦·西尔弗对形容词"警察的"和"没有警察的"的使用，例证了1829年后"警察"一词在盎格鲁-撒克逊社会中的意义变化。例如，西尔弗写道："在没有警察的社会，警察职能常常是由在地方办事处轮换的公民［郡督（sheriffs）、警员（constables）、地方法官（magistrates）或民兵、郡武装队（posses）、义勇骑兵队（yeomanry corps）或守卫委员会（watch and ward committees）的成员］来执行的"⑥。对艾伦·西尔弗来说，"警察"社会不仅是一个通过不同代理人的行动来维

---

① Colquhoun, 1802: ii。

② Colquhoun, 1802: xiii。

③ 见 Wade, 1829: 7 - 12。

④ Taylor, 1998: 89 - 95。

⑤ House of Commons, 1908；又见《泰晤士报》，1908 年 12 月 24 日。

⑥ Silver, 1967: 9。

持秩序的社会,也是一个由一支公共的、统一的、应该专业的警察部队履行警察职能的社会。换句话说,只有警察才能做真正意义上的警察工作。这与该词在法国的原意相去甚远,在法国,警察社会是一个有秩序的社会,无论维持秩序的命令是如何执行的。它也与当前多元或多边警务的概念惊人地背道而驰。我们现在只是重新找回"警察"一词的原意,即治理,而事实上,除了一支专业的公共警察队伍外,很多代理人也可以参与警务工作。

预防

预防是警务工作的核心。警察模式的不同并不在于它们是否支持预防,而在于它们如何预防犯罪和骚乱。正如我们所看到的,法国人有一个萌芽的犯罪根源理论,而且他们在很大程度上依赖于秘密监视。边沁的弟子埃德温·查德威克发展了英国将要提出的最清晰的预防学说①。在其为《伦敦评论》撰写的文章中,查德威克引用了一位惯犯自传的摘录,并最终得出结论:"到目前为止,在更多情况下,掠夺的动机不是必需品,而是……'不用费力的基尼(easy guinea)'——对稳定劳动的不耐烦,对劳累痛苦的厌恶,对安逸快乐的强烈追求。"②在寻找"不用费力的基尼"的过程中,诡计多端的罪犯权衡了计划中盗窃的成功机会和被抓概率,这是真正的边沁方式。

为了对付这种精打细算的罪犯,查德威克设计了一个双重战略,即预防犯罪(威慑潜在的犯罪者)和侦查犯罪(当犯罪已经成功实施时)。预防犯罪的原则是"在获取诱惑对象的过程中设置困难"③,并融合了当今属于情景预防犯罪的要素:提高公众警惕(不报告犯罪将被定为刑事犯罪)、监视潜在的收赃人、更好地照明以及选择性地部署警察部队。查德威克提出的一些提高犯罪侦查效率的建议也具有前瞻性,例如建立犯罪作案模式,以及使用新闻广告收集关于犯罪和犯罪逃犯的信息。韦德是另一位重要的改革者,他仍然相信公开惩罚的威慑价值,并希望它们"在展现中(in the exhibition)庄严且令人恐惧"④。

---

① Chadwick,1829。
② Chadwick,1829:271。
③ Chadwick,1829:272。
④ Wade,1829:第 1 章。

目标

在提供了因犯罪损失财产价值的估计后，科尔克霍恩得出结论，与其说"值得痛惜的是实际遭受的损失，不如说是由于如此众多的人的道德遭到破坏而产生的恶果；这些人可能直接或共同参与犯下较轻的罪行，以及从事欺诈和犯罪活动"①。正如我们所看到的，福凯还认为，工人阶级的心态是警方最关心的问题。自 1814 年以来，警方逮捕游离于劳动力市场以外的人的权力不断增加，最重要的是受到 1824 年《流浪法》(Vagrancy Act)的促进②。尽管明确提到了侵犯财产罪，但 1829 年创建的警察法案规定，新警察的任何成员都可以"逮捕所有他认为扰乱公共安宁或有正当理由怀疑他们之中有任何邪恶图谋的散漫、游手好闲和扰乱秩序的人"③。

这种扩大警察越权行为的做法将产生长期影响。1908 年皇家委员会提供了即决逮捕(arrests summarily dealt with)的犯罪统计数据。1905 年，这些被逮捕的 59.84%(127317 人中的 76199 人)与三类罪行有关：醉酒、行为不检和在街上拉客。前几年的比例是相似的。盖特雷尔在考察通常经历过法律惩戒的人时发现，大多数诉讼程序都是针对街头犯罪(如醉酒)的穷人；19 世纪下半叶在英国各地因可起诉罪行被捕的人包括劳工、仆人、流浪汉、穷苦人、工匠、小商贩和非熟练体力劳动者④。虽然从 1667 年到 19 世纪初，这些英国的犯罪嫌疑人类别与法国警察的目标并不严格一致，但有足够的重叠，足以证明这两个警察模式的目标在所有实际意图上几乎是相同的。

线人和看守(Spies and Watchmen)

尽管嘲笑法国警察模式"将爪牙混入社区的各个阶层"⑤，但英国改革者并不回避使用其最受批评的方法。1833 年，一位名叫威廉·波佩的警长(police ser-

---

① Colquhoun,1796:605。

② Philips,1980:184。

③ Metropolitan Police Act,10 Geo. 4. chap. 44,sect. 7。

④ Gatrell,1990:第 2 部分。

⑤ Wade,1829:358。

geant)混进一个工人阶级政治联盟(全国政治联盟),在那里他作为特工扮演了煽动者的角色①。调查此案的特别委员会诋毁了波佩,但免除了他的警察老板的责任。韦德在他1829年的论文中,阐述了警察改革者对警察线人的模棱两可的态度。一方面,告密者和窃贼对他来说是令人讨厌的,是个人敲诈、任性和专制的工具②。然而,另一方面,他认为"如果一个教区或地区至少没有一名警察认识每一家妓院、每一所杂乱无章的房子、每一个可疑的人和地方,那么这个教区或地区的治安确实很差"③。约翰·比蒂这样谨慎的历史学家在他关于英国警察的书中总结道,《大都会警察法》虽然在某些方面具有前瞻性,但"回到了完全依赖监视预防犯罪的旧的警察理想"④。

事实上,1829年的《新警察法》(New Police Instructions)指出,预防犯罪的最好办法是让"所有受疑人……清楚知道他们是被警察认识的,并受到严密监视,他们的任何犯罪企图都会被侦破"⑤。这一预防概念是通过所感知到的监视的威胁性效果来实现的,这与我们早些时候提出的法国倡导者塞尔万的论点相当接近。在法国和英国的警务模式中,人们都意识到监视对犯罪有预防作用。然而,支撑这两种模式的监视概念是不同的。

为了对比,我要说"间谍"象征着早期法国警察监视的概念⑥。监视是全方位的:许多人正在被少数人监视,他们不知道是否成为监视目标;它是秘密行使的,通过渗透进行;它的目标是战略性的,收集的是长期可采取行动的情报。最后,间谍对所有人都是有害的,因为任何人要么是真正的间谍对象,要么是潜在的间谍对象。

"看守"象征着最初由警察改革者在英国提出的概念。看守是预示性的(the watch is synoptic),实际上是在展示,正因为出现才能威慑潜在的违规者;因此,看守是一种完全公开的预演,通过建立安全警戒线而不是通过渗透(一个人在外围而

---

① Bunyan,1976:62-65;Philips,1980:187;Emsley,1991:28。

② Wade,1829:16。

③ Wade,1829:10-11。

④ Beattie,2001:422。

⑤《泰晤士报》,1829;引自 Philips,1980:188。

⑥ Dewerpe,1994。

不是从中心观察)进行;其目的基本上是战术上的,一旦出现异常迹象就会触发行动。最后,看得见的看守对罪犯来说很吓人,但对潜在的受害者来说,它是一个让人放心的因素。因此,与没有人跟随的间谍相比,看守是一个双重人物,对他监视的人构成威胁,对他保护的人是友好的,而且为他树立了一个可能被效仿的榜样。

英国模式在北美的引进

关于北美警务史,特别是美国,有着越来越多的研究[1]。继米勒[2]之后,大量研究将英国警务模式的美国版本与其原型进行了比较,并讨论了当英国模式被引入北美语境时,是如何在关键方面发生偏差的。然而,我相信,在某种意义上,我们可以谈论早期的美国警务模式。追随北美警察历史学家的脚步,在承认了英国和美国警务之间最初的一些相似之处后,本书强调了它们的不同之处。第三部分介绍了美国公共警务与私营警务相互交织的情况,这在笔者看来是一种新的发展。最后,简要描述了加拿大警务结构。

美国不情愿地引进英国模式

18世纪末和19世纪初,美国城市和乡村的治安是由警察、警长(sheriff)、法警(marshal)和各种辅助人员(如盗贼和赏金猎人)组成的混合群体负责的。与英国中世纪早期通过大声疾呼(hue and cry)社区成员协助逮捕在犯罪行为中被目击的罪犯相对应的做法是,召集一群人来追捕罪犯。1783年独立战争结束时,波士顿、纽约和费城等几个东部城市的人口大幅增加。历史学家普遍认为,那里是频繁发生大规模骚乱的地方[3]。因此,骚乱和一系列重罪和重大罪行的出现是创建城市警察部队的首要原因[4],比如1841年玛丽·罗杰斯在纽约被谋杀,这是埃德加·爱伦·坡的一部中篇小说的主题。因此,美国创建城市警察部队的背景似乎让人想起英国早期的情况。

---

[1] Monkonnen,1990;关于文献评论,见 Lane,1980 and 1992、Monkonnen,1992。

[2] Miller,1975,1977。

[3] Rudé,1964;Lane,1967;Richardson,1970,1974;Lane,1980:6-7;Monkonnen,1992:553。

[4] Weiss,1986:87。

科尔克霍恩至少有查尔斯·克里斯蒂安这样一个模仿者,他在 1812 年发表了《关于纽约警察的简要论述》①。然而,独立战争后,英国的模式在前殖民地受到了批评。虽然人们承认,按照英国模式创建警察部队是给美国城市带来和平的潜在工具,但这种创建在美国普遍遭到强烈反对,就像以前在英国一样,在警察部队成立后,他们也没有很快被接受。

波士顿(1838 年)、纽约(1844 年)和费城(1854 年)都建立了警察部队。就像在英国一样,他们没有携带枪支;纽约警察直到 1895 年才有系统地获得配枪,尽管警察在 19 世纪 50 年代非正式地携带袖珍左轮手枪②。成立侦探部门的想法也遭到了强烈抵制,就像在英国一样。纽约刑事调查部门在 1857 年只有 24 名侦探③,有几个州实际上制定了反侦探立法④。

英国模式的错误认知

对美国警务事实的考察表明,这是一种抽象的警察概念,而不是从英国引进的运行模式。不仅这种模式的大部分内容被抛开,剩下的内容也被曲解。对英国人来说,警察是军队的替代品,尽管他们保留了军事组织的某些方面,最明显的是制服,等级结构与军队相似,密切监督,并直接向中央政府(内政大臣)负责。对于美国政客来说,将这些军事特征整合到警察组织中,足以使他们有资格成为一支成熟的军事力量,他们对此持极大的怀疑态度。身穿制服表明了反对执法军事化的立场,纽约警察花了近十年的时间才于 1853 年穿上蓝色制服。制服(被认为是仆人的"制服")使警察在其主管和最具攻击性的犯罪分子面前更加显眼⑤。美国政客对以制服为象征的"军事化"的抵制,只是更深层次分歧的表现。

对警察的控制

美国最早建立警察部队的大城市中,没有一个是伦敦意义上的大都市,伦敦是国家首都所在地。纽约甚至不是该州的首府,奥尔巴尼才是。因此,美国第一

---

① 引自 Senior,1997:50。
② Lane,1980:11。
③ Senior,1997:56。
④ Morn,1982:91－109。
⑤ Lane,1980:11－12。

支警察部队建立时的政治结构和政治文化从狭义上说是地方性的：他们在伦敦的同行在一定程度上被内政大臣控制（controlled at a distance），内政大臣寻求国家公共利益，而美国警方的行动与其市政政治的主人——市长和市议员——密切相关，后者倾向于将警察视为宣传他们的政策和党派利益的工具。从 1857 年到 1870 年，纽约警察处于州当局的控制之下，在不同时期，其他 12 个主要城市警察部门也是如此①，但市政当局最终都重新控制了各自的警察部队。因此，警务从一开始就是一项高度政治化的活动②。

　　这种警务和政治的纠缠影响了警务的方方面面。虽然美国警察在 20 世纪放弃了综合职能，但他们再次与城市综合管理联系在一起，就像最初在法国一样③。虽然警察改革者和领导人来自英国的军队或法律界，但他们通常是美国的政客④。一些警察部队的高级官员被选举为公职人员，如检察官。这些人是从他们必须巡逻的地区招募的，这与往往来自伦敦以外的英国大都会警察形成了鲜明对比⑤。城市警务政治化的最大破坏性后果是，美国市政当局臭名昭著的政治腐败蔓延到了警察部队⑥。

警察权威

　　1829 年之前，针对英国警务模式的主要批评之一是其缺乏一体化。结果，伦敦采取了一系列措施使警察成为一个权威的独立机构。例如，正如刚刚提到的，从地域上说，警察是从外地招募的，以使他们脱离党派利益。伦敦警察直到 1885 年才能投票；警察部队成员必须达到各种标准，如果达不到，就会被解雇；还发布了指导他们行动的指令和命令；警察通常按照团队形式部署，这使得监督他们更加容易。更重要的是，首届英国警察专员试图将警察与法律系统联系起来⑦，因此产生了一种最英国化（也是有问题的）观念，即警察只对"法律"负责，而不是对体现法律的任何特定的人或当局负责。他们不仅对法律负责，而且对法律的全面执

---

① Senior,1997:56。

② Richardson,1970:284。

③ Johnson,1979;Lane,1980:14;Monkonnen,1992:555;Senior,1997:8。

④ Miller,1975:81 - 82。

⑤ Miller,1975:84。

⑥ Richardson,1970 and 1974。

⑦ Miller,1975:338。

行负责,在起诉罪犯方面发挥了比美国同行积极得多的作用①。

这一过程的最终结果对英国人是有利的:这意味着警察的权力是整个体制的权力,而不是碰巧被招募到警察队伍的个人的权力。简而言之,这是客观的、制度性的,而不是个人的。威尔伯·米勒提出了一个令人信服的理由,即上述措施都没有在美国认真实施,美国警察的权力是"个人的,基于对公民及其对权力的非正式期望,而不是正式或法律标准"②。这种个人权威出现的直接后果是警察具有无与伦比的自由裁量权,这是美国警察的标志③。

警察合法性

在英国,巨大的社会和经济鸿沟横跨在人数相对较少的有产精英和其余民众之间。无论人们对使用警察持何种阶级偏见,都同意英国统治阶级在求助警察时必须谨慎,因为被统治的人口如此之多,而统治者如此之少。这种不平衡催生了英国式安静的胁迫(quiet coercion)和协商一致的警务。虽然这种英国警务学说的应用最近受到众多研究人员的质疑④,但将英国警务与美国警务相比,它实际上指的是一些真实的东西。在美国,人们认为最需要受纪律处分的人是新来的移民,而且他们从来都不是多数⑤。因此,没有必要安抚他们,使用武力没有太大的限制;警察可以自信地使用武力,因为他们知道总会有大多数人支持他们。

因此,美国警察的相对暴力性质是由两个因素产生的:第一,他们面临的暴徒和罪犯,根据宪法获得了拥有武器的许可,他们必须以同样的方式回应;第二,他们无条件地获得多数人的支持,以暴力手段让移民守法(putting immigrants in line),更不用说以前的黑奴了。他们的高压手段和由此带来的负面声誉,使其很难被成为目标的少数群体接受,更广泛地说,阻碍了他们声称要保护的全体人民对其合法性的支持。

除了美国独特的检察结构外,美国警务模式对英国警务模式的扭曲主要表现为程度上的差异,而不是性质上的差异,例如美国的制度不那么集中,自由裁量程

---

① Monkonnen,1992:550。

② Miller,1975:339,以及注释 19,原文强调;更笼统的,Miller,1977。

③ Skolnick,1966;Miller,1977:85 - 86。

④ Reiner,1992c。

⑤ Miller,1975:82 - 83;Lane,1980:18;Schneider,1980。

度更大,武装程度更高,并没有产生一种真正新型的警务模式。为了找到这种新模式,或者至少是它的雏形,人们必须把目光投向公共警察领域以外的领域。必须补充说,像曼宁[①]和贝利[②]这样专注于当前形势的警察社会学家,并不像历史学家那样,认为英国和美国的警察模式之间存在太多的连续性。

公共和私营警务

在迄今为止所回顾的所有警察模式中,私营机构发挥了重要作用。在法国,他们被招募为告密者和持枪歹徒;在英国,他们被招募为抓贼者。人们还可以将早期的警察机构,如弓街缉捕队(Bow Street runners),视为公共和私人领域的交叉。在美国,这样的私营机构也作为警察线人蓬勃发展,被侦探安插到愿意为钱出卖信息的罪犯中[③]。此外,休班警察愿意为私人客户提供服务,也有完全由私人机构任命和聘用的公职人员[④]。后来赖斯研究过这种由公共警察兼职的做法。

公共和私营警务的相互渗透在美国历史早期达到了前所未有的规模,第一批大型私人保安机构,如平克顿和伯恩斯(Pinkerton and Burns),成立于 19 世纪下半叶。这一发展是由两个因素促成的。首先,存在着明显的犯罪侦查需要,因为公众不信任建立公共 CID,正如我们所看到的,一些州的法律禁止设立公共 CID。其次,虽然纽约大都会警察在镇压 1863 年的征兵骚乱方面比军队或民兵表现得更好,但警方凭借其资金拥有当地的政治支持[⑤]。因此,不能总是指望他们来阻止当地居民的罢工,因为他们的工资是由税收提供的[⑥]。艾伦·平克顿(凯恩县和后来库克县的副警长,芝加哥第一位城市侦探)和威廉·J·伯恩斯(1909 年退休的特勤局(Secret Service)成员)深知这些缺点,凭借他们在公共警察机构中的地位,他们建立了自己的私人安全机构[⑦]。这些机构在四种情况下进行干预。

对劳工的秘密监管。平克顿机构最初受雇于铁路公司,通过测试可能不诚实

---

① Manning,1977。

② Bayley,1985:59。

③ Lane,1980:10。

④ Monkonnen 1992:564,引用丽贝卡·里德关于底特律警察的未发表的研究结果。

⑤ Senior,1997:59 - 60。

⑥ Monkonnen,1992:562。

⑦ Weiss,1986:88 and 98。

的售票员是否诚信来调查犯罪行为①。该机构很快将其活动扩展到了侦查之外，并秘密收集批评雇主的员工们的信息。必须强调，这正是盎格鲁-撒克逊国家公开表示鄙视的那种秘密监视和渗透行为。

对激进分子的秘密监管。从监督员工的意见到对劳工维权人士进行渗透，只有一小步之遥。平克顿招募了来自阿尔斯特的爱尔兰天主教徒詹姆斯·麦克帕伦，渗透到工人慈善协会（WBA）。麦克帕伦被选为希伯尼亚古代修道会的谢南多分会（Shenandoah Lodge of the Ancient Order of Hibernians）的秘书，该分会是莫利马奎尔人（the Mollie Maguires）抗议煤矿开采开展游击战的中心。在平克顿的另一位特工 P. M. 卡明斯（他在 WBA 就职）的帮助下，他收集了证据，导致 19 名被控为莫利马奎尔人被捕并被判死刑②。他们被煤炭和钢铁警察逮捕，他们不过是代表平克顿的特工，并由费城和雷丁铁路公司总裁本杰明·高恩作为特别州检察官进行审判③。正如一位著名的工会历史学家所写的那样，这次行动是美国历史上最令人震惊的主权投降之一。一家私营公司通过私人侦探机构发起了调查；一支私人警察部队逮捕了被指控的罪犯；煤炭公司的律师起诉了他们。国家只提供法庭和刽子手④。

用暴力打破罢工。在 1892 年 7 月发生的一起事件中，大约 300 名携带武器的平克顿员工在宾夕法尼亚州霍姆斯特德与卡内基钢铁公司的罢工者交战，打死对方 10 人，自己损失 3 人，最终导致平克顿机构被公众指责为私人军队。这是众多类似事件中最引人注目的一起。

政治警务。在美国内战期间，纽约大都会警察以特勤局的身份与平克顿机构合作。他们破获并挫败了 1861 年刺杀林肯总统的阴谋，当时林肯总统正从巴尔的摩前往华盛顿⑤。公共警察和私人保安人员之间的这种合作实现了调查局（Bureau of Investigation，即将成为联邦调查局）和伯恩斯侦探社之间实际上的共生。伯恩斯曾是特勤局局长，1909 年退休并成立了自己的侦探机构。1921 年，他被召

---

① Weiss,1986:356;Pinkerton,1870。

② Pinkerton,1877 and 1878。

③ Weiss,1986:91 - 92。

④ H. W. Aurand,引自 Weiss,1986:92。

⑤ Senior,1997:57。

回联邦服务部门,留下两个儿子担任他所创建的机构的负责人。这是针对劳工组织者、工会积极分子以及最终的"共产党人"建立联盟的开始。这些联盟"几乎涉及所有可能的私人/公共部门的相互渗透和勾结"。联盟的各方是调查局的情报总局和威廉·J·伯恩斯国际侦探社。他们违反了所有规则,卷入了腐败丑闻。1924 年,伯恩斯辞去了联邦政府的职务,当时人们知道他让自己的特工监视参议员惠勒(参议员惠勒是司法部的主要批评者),洗劫了他的办公室,并引诱他陷入性妥协的困境①。

公共警察和私营保安人员的这种相互渗透既是一种创新,也是对最令人反感的警察做法的倒退。使用间谍和双重间谍,以及在警探和黑社会之间建立共生关系,早在 1667 年法国人发明警察的时候就有了。然而,它的新颖性是双重的。首先,这种涉及警察机构与个人告密者和闯入者的关系,不再是不对称的,它建立在作为机构的公共组织和私人组织之间的平等基础上。其次,私人机构并不是由罪犯或有前科的人员组成的犯罪机构。然而,毫无疑问,这些机构被用来作为将合法性可疑和明显不道德的警察行动外包出去的手段。这种依赖私营部门进行秘密的内部政治警务的结果是,美国从来没有发展出有别于警察的内部公共安全服务,就像英国在军事情报部门(MI5)所做的那样。在写这本书的时候,它仍然是联邦调查局的一个分支,扮演着不充分的公共安全服务的角色。

加拿大的混合制度

与澳大利亚和新西兰一样,加拿大从未与英国断绝关系(英国女王仍然是加拿大名义上的国家元首,否则加拿大完全独立于英国)。正如预期的那样,它的警务机构在很大程度上反映了英国的警察机构,实际上是英国人在 1760 年征服新法国(New France)后建立的②。关于警务的历史,加拿大在三个方面值得注意。

从历史看,加拿大领土的核心由安大略省和魁北克省的中部省份组成,这两个省份过去分别被称为上加拿大和下加拿大。正是在这两个省份,警察模式与英国最为相似。然而,随着加拿大人口向两个中部省份的东部和西部扩张,加拿大

① 关于该事件,见 Weiss,1986:100 - 102。

② Senior,1997:63。

政府不得不向新的发展中地区提供警务服务。为了做到这一点,它在 1873 年创建了西北骑警步枪队(North-West Mounted Rifles),最终成为加拿大皇家骑警(RCMP)。顾名思义,加拿大皇家骑警是作为一支军事力量创建的,最初是由退伍军人领导和配备的。作为一个组织,它类似于皇家阿尔斯特警察,最初是模仿法国宪兵的。

实际上,加拿大实施了两种警务模式:一种是在安大略省和魁北克实行的基本上分散的英国模式;另一种是加拿大皇家骑警所体现的高度集中的欧洲大陆模式,加拿大其他地方都有这种模式,但其他省份的大城市除外。这些模式在许多方面都有截然不同的特点。例如,加拿大皇家骑警是一支非工会、军事化、高度集中的警察部队。在安大略省和魁北克省运作的许多警察部队都成立了工会,实行非军事化和分散化。加拿大的例子表明,具有不同特征的警务模型可以并列应用,并且在实践中具有很大的兼容性。

我们声称,包括加拿大皇家骑警在内的加拿大警方更接近英国,而不是美国警务。虽然他们拥有枪支,但与美国同行相比,他们不太容易使用致命武力,也没有那么多腐败丑闻的困扰。这本书没有足够的篇幅来进行详细比较。然而,加拿大的例子应该得到所有那些认为刑事司法美国化是西方世界不可避免命运的人的反思。虽然没有哪两个国家拥有像美国和加拿大那样漫长的共同边界,虽然两国之间的联系非常密切,但加拿大的刑事司法模式与美国的刑事司法模式有着很大不同。

最后,值得怀疑的是,是否有其他国家赋予其警察部队足够的合法性,使其成为国家象征。有了枫叶,加拿大皇家骑警无疑是加拿大的象征。这证明了警察部队所具有的象征性权力。

结论

本章回顾了六种警务模式的历史产生过程。讨论的模式包括原始社会的调解模式,法国和德国的欧洲大陆模式,英国模式,以及北美的美国和加拿大模式。对原始社会的调解以及德国和加拿大的模式进行了非常简短的讨论,更多的篇幅集中在美国模式上。法国和英国警务模式的对比提供了本章的主要论点。

具体意义上的警务首先由法国人于 1667 年发明，并于 1829 年由英国人重新发明。英国人将警务视为预防和侦查犯罪活动的概念压倒了更全面的法国模式，最终被包括法国在内的所有民主国家采用，并具有强烈的地方变体，如欧洲大陆的高度中央集权，我把这种模式称为"低层警务"。法国模式为创建安全情报机构和政治警务提供了模板，我把这个模板称为"高层警务"。另有一章将专门讨论高层警务和低层警务之间的区别。这些理论模型在多大程度上实际应用于实地，例如警方将多少时间有效地用于控制犯罪，仍然是一个争论不休的问题。

法国和英国的模式是按顺序创造的。英国模式的出现使警察的概念和实践发生了几个变化。这些变化代表着一种演变，而不是历史的断裂。应当强调五个重要转变：(1) 警务从一种包罗万象的治理形式演变为一种更具体的治理形式：控制犯罪和维护秩序；(2) 法国对抽象的治理概念的关注被英国对警察资质的关注所取代；(3) 情报密集型和塑造舆论的高层警务让位于低层警务，后者强调公开的行动，而且更具劳动密集型特点（在欧洲每个国家，警察人员都成倍增加）；(4) 警务人员不受控制的多样性在很大程度上被一体化的公共警察组织所取代；(5) 对警察的资质要求强调道德而不是效率，偏爱手段而不是目的。

伴随着这些变化，就有了重复和延续。基本的重复存在于催生警察部队建立的社会和政治背景中反复出现的特点。这些背景显示出一定的复杂性。一方面，除非某个领土以前通常是由军方平定，否则不可能建立警察。事实上，警察组织的建立是寻找军事高压的替代办法的结果，而军事高压被认为是适得其反的。更确切地说，军队需要一个开放的空间来部署和使用其火力；当被要求在混乱的城市空间执行任务时，军队会受到作战规则的阻碍，那里的治安需求特别迫切。狭窄的城市街道不是骑兵冲锋的理想场地。另一方面，不可否认的是，混乱（由骚乱引起）、壮观的暴力犯罪和猖獗的财产犯罪混合在一起，给国家和公民社会带来了极大的不安全感。这些因素在 17 世纪下半叶出现在巴黎，19 世纪初出现在伦敦，强调了建立一支新的秩序力量的紧迫性。它们也可以在不同背景下找到，就像 18 世纪的德国和 19 世纪的美国一样。

也有明显的连续性。像亚当·斯密这样的经济学家、杰里米·边沁这样的哲学家，以及科尔克霍恩和查德威克这样的改革者，引导了法国人对英国警察的看法。拿破仑战争结束后,尽管惠灵顿公爵等英国英雄与法国高层警务的象征人物福凯就警务问题交换了意见,但法国的一切在英国都变得不受欢迎,这是可以理解的。改革者在倡导法国警务思想时必须谨慎,他们最终提出的建议与福凯"鄙视"的政治警察有明显的不同。尽管如此,法国和英国的警务模式之间有着深刻的连贯性。第一,与警察主要目标有关的重要连续性:没有工作的穷人;第二,另一个最重要的连续性是强调将监视作为警务的主要工具。在每种模式中,监视的概念都不同:在法国是秘密的,在英国是公开的。然而,这两种形式的监视都在努力起到恐吓效果,关键的不同之处在于,在法国,所有民众都要受到恐吓,而在英国,只有犯罪分子才能受到恐吓。然而,在英国,犯罪要素的定义被证明具有足够的可扩充性,以涵盖有组织的劳工。

有历史的演变,有反复,也有连续性。还有一个模棱两可的遗留问题,我们还没有成功地消除这些问题。第一个悬而未决的问题涉及对预防性警务成功的评估:很难为没有发生的事情制定措施。众所周知,犯罪率的下降从未令人信服,因为很难将警察的行动与其他决定因素分开,也很难方便地操纵犯罪统计数据。评估问题仍然困扰着我们。

第二个问题涉及警察行动的合法性。对于所有被审查的模式,除了一个例外,毫无疑问,警方在很大程度上是在法律之外运作的;这就好像他们自己制定的法律往往并不适用于他们一样。唯一的例外是英国的模式,声称要让警察对法律负责。这一理想与警察调查传统的诞生相吻合,这表明实现这一理想是多么困难。此外,英国人继续使用可疑的合法性手段,如渗透工人运动,使用活跃的罪犯作为告密者和临时助手。

最后,从我们的历史回顾中,几乎没有什么线索可以引导我们用使用武力和胁迫来定义警察。对于分工模式薄弱的原始社会来说,调解似乎先于武力成为解决冲突的主要工具。欧洲制定的警察模式——包括法国和英国——更多依赖于监视的行使,而不是武力的使用。这在美国和加拿大也有一段时间是适用的。事实上,肆无忌惮地使用武力的主要来源是美国私人机构对劳工的监管。平克顿和伯恩斯雇佣的帮手对工人使用武器,就像现在伊拉克的黑水暴徒一样,毫不在意地杀人。所有三个问题——预防、合法性和暴力——都将在下一章中彻底讨论。

第三章 警察形象

关于警察及其工作的呈现这一章,不仅应作为单独的一章阅读,还应与关于警察刑事侦查的第六章一起阅读。本章关注的是警察形象,而不是犯罪形象,这是一个更广泛的主题,埃里克森和他的同事们①在很大程度上讨论了这一主题,最近莱纳②也谈到了这一主题。研究人员还研究了具体问题,如电视节目中犯罪的戏剧化③,电视真人秀节目数量的增加④,以及媒体暴力对侵犯的影响⑤。

不用说,警察的形象和犯罪的形象之间有相当大的重叠。由于我试图在媒体对刑事侦查的描述与我自己的经验发现之间建立对比,因此本章的很大一部分内容将致力于警察小说。正如我们将看到的,警察小说几乎完全致力于刑事侦查和侦探的工作。更广泛地说,警察小说,特别是书面形式的警察小说,在一般的警务理论中受到的关注较少。除了军队,没有哪个职业像警察一样被高度虚构,他们是高级艺术而不是体裁文学的对象。

本章分为三个部分:警察和媒体;警察小说;最后,总结研究结果并讨论其影响。

---

① Ericson,1987、1989 和 1991。

② Reiner,2002。

③ Sparks,1992。

④ Fishman and Cavender,1998。

⑤ Freedman,2002。

警察和媒体

该领域最近日益成为研究的焦点①。这些研究有一个特点,这在几乎所有关于新闻的研究中都是值得注意的:书面和电子媒体最显著的输出是新闻,研究人员往往把重点放在新闻的内容上,而不是生产新闻的过程上②。根据我自己的经验,我曾担任过加拿大三个调查警察和刑事司法委员会的正式新闻发言人。其中一个委员会仔细审查了加拿大在预防和镇压恐怖主义方面滥用安全服务的情况,并在媒体上有很高的知名度③。另一则报道称,在蒙特利尔曲棍球队赢得冠军后,蒙特利尔发生了大规模骚乱④。从那以后,我成为媒体刑事司法事件的定期评论员,并成为一个广播节目(1998—2001)和一家蒙特利尔报纸的专栏作家(2001—2003)。最后,我成为魁北克省警察部队(QPF)民事审查委员会的成员,该委员会自动审查所有媒体对魁北克省警察部队成员不当行为的指控。根据这一经验,我得出的结论是,在报道警察方面,过程(新闻制作)与内容(新闻内容)一样重要,尽管这个过程在很大程度上是隐藏在公众视线之外的。因此,在简要讨论了内容问题之后,我将提出一些关于新闻过程的观察和假设。

媒体内容

罗伯特·莱纳发表了两篇关于媒体、犯罪和警察研究的广泛评论,并不局限于英国媒体⑤。在这两篇论文中,他总结了犯罪和警务新闻报道的内容特点。在加拿大,亚伦·道尔研究了摄像机捕捉并由媒体发布的犯罪图像⑥。莱纳对媒体的研究更全面,因为同时关注犯罪和警务,而且莱纳关于犯罪的大量论述与道尔的研究是一致的。我现在将评论莱纳确定的特征。具体如下。

频率。所有媒体上都充斥着关于犯罪的报道。不管犯罪率如何波动,这一点

---

① 最近,Reiner,2003;Leishman and Mason,2003;and Mawby,2002。

② Ryan,1997;Howe,1998。

③ Quebec,1981a。

④ Quebec,1993。

⑤ Reiner,2002 and 2003。

⑥ Doyle,2004。

实际上是正确的。例如,暴力犯罪减少并没有反映在媒体报道的减少上,就像1992年之后凶杀案开始下降的美国所显示的那样。因此,读者的印象要么是犯罪率上升(当犯罪率上升时),要么是犯罪率保持不变(当犯罪率下降时)。

严重犯罪。不足为奇的是,媒体把注意力集中在最严重的犯罪上,比如命案和严重的性侵犯,这些犯罪恰好也因为高曝光率而有最高的破案率。犯罪的严重性和破案率之间的联系强度取决于许多限制条件。在最严重的性犯罪中,未被举报的比例非常高。根据社会风气(是否存在道德恐慌),媒体将刊登关于未破案和未报道的性犯罪的专题报道,如青少年轮奸事件。在凶杀类别中,破案率较低的罪行(例如,与有组织犯罪和与恐怖主义行为有关的合同杀人,后者在西式民主国家要少得多),无论破案率如何,媒体都会广泛予以报道。对媒体而言,知名度最高的罪犯仍然是连环杀手,其次是恐怖分子。根据定义,当一系列谋杀案被归类为连环谋杀案时,这意味着它们还没有破案。识别一个或几个连环杀人犯可能需要数年时间,2003年温哥华的皮克顿案就证明了这一点,在19年的时间里(1983—2002),许多妓女被杀。

偏见。与刑事司法系统实际处理的罪犯相比,新闻报道的罪犯和受害者绝大多数是年龄较大的白人、中产阶级或上层阶级。这个一般规则的例外,是不对称犯罪,即罪犯和受害者的年龄差距很大,或者罪犯和受害者不属于同一种族群体的罪行(特别是当人口占多数的白人成员成为少数族裔罪犯的受害者时),少数族裔青年被白人罪犯如光头党殴打或杀害的案件没有得到同样的宣传。

暴力。媒体总是高估了成为暴力犯罪受害者的风险,而低估了成为财产犯罪受害者的风险。然而,在全球经济衰退引发的动荡经济环境中,涉及公司、知名投资者或名人罪犯的金融诈骗正在引起媒体的关注。其中一些欺诈行为规模巨大。这种类型的犯罪和相关的不当行为,如腐败,仍将是媒体议事日程上的重要议题。人们只能猜测这些新闻报道是否会对小投资者的行为产生影响。

警察故事。整体而言,传媒从正面展示警方成功和廉洁的形象。莱纳的这一论断虽然总体来说是正确的,但也是最有问题的。从警察的角度看,媒体永远不会足够正面。根据我自己的经验,很多警察认为媒体对他们有很强的偏见,记者写的书名就证明了这一点①。正如我们将看到的，一些新闻频道根据他们的政治立场，对警察越轨行为进行炒作。

从莱纳那里借鉴来的这些特征无疑很有趣。然而，它们主要适用于新闻报道这种格式。研究人员普遍承认，报刊、广播、电视和互联网使用的媒体种类不同。然而，对呈现相同新闻内容的各种出版格式，应受到的不同约束，他们通常不会考虑。

书面媒体有四种出版格式，它们为所有其他媒体提供了模板：新闻报道、头条、专栏和社论。新闻报道是研究的重点，因为它们有共同的语义特征。对标题、专栏和社论进行概括要困难得多，因为这些格式比报道更依赖于新闻组织的意识形态路线。众所周知，某些报纸或电视频道遵循一定的意识形态路线，其中一些实际上是某一政党的声音，就像苏联的《真理报》一样。虽然在西方，新闻机构与政治或意识形态立场之间的联系不像《真理报》那样正式，但并不存在完全"中立"的公开报道机构。在与刑事司法有关的事项上，中立尤其难以捉摸。在头条、专栏和社论中尖锐的符合规范的观点，在新闻报道中则处于较低的关键位置。然而，它也反映在媒体决定引导或强调的那种新闻报道上。这些意识形态观点之间的差异削弱了从整体上对新闻进行概括的价值，也损害了它报道某些话题（如警察越轨）意愿的价值。

过程

所谓"过程"，是指为发布新闻而采取的一系列行动。例如，新闻报道、头条、专栏和社论可以被视为不同种类的出版格式。它们也可能被视为记者、头条撰稿人、专栏作家和社论之间的互动，有时是相互冲突的。以下是一系列限制新闻制作的因素，根据我过去的经验，我不得不在这些限制下工作。

时间周期

新闻报道与事件发生的时间，或者它被发现和公开的时间，有着本质的关系。

---

① McShane，1999：《战火中的警察：恐怖统治对抗英雄警察》(Cops under Fire : The Reign of Terror against Hero Cops)；又见 Lawrence，2000：《武力政治：媒体与警察暴力的建构》(The Politics of Force : Media and the Construction of Police Brutality)。

关于个别记者争相赶在最后期限前完成采访的轶事,人们再熟悉不过了。这些时间限制因媒体而异,具有广泛的影响。首先,并不是所有的记者都受到同样的时间限制。在周刊或月刊上写特别报道的记者,与为日报或电视杂志工作的记者在不同的条件下工作。人们还没有充分认识到,即便最有影响力的记者每天也必须在最后期限前完成报道。除了调查记者外,为日报工作的记者最基本的要求就是为下一期报纸或晚间新闻写点什么。这一点怎么强调都不为过。政府机构越是接近记者发布新闻稿的截止日期(以书面形式或通过公共发言人口头发布),就越能控制第二天的头条新闻,因为时间不够,新闻稿中的标题常常被取消。相反,这一限制也会影响政府机构,他们努力举办活动,以满足或者(如果有坏消息)避开晚间新闻的最后期限。这些评论的要点是,印刷或广播的内容有很大一部分是不受控制的,新闻界和刑事司法行政部门双方都试图操纵另一方,结果往往是无辜者的声誉在不经意间受到损害。

时间也限制了媒体系统中的不同参与者。研究正确地强调了书面媒体和电子媒体之间的区别。然而,根据每天的时间周期,所有的新闻机构都是同一个系统的一部分,这个系统与其他媒体发布的报道相呼应。例如,电台记者每天很早就开始看报纸,然后在自己的新闻节目中跟进;然后电视记者收听中午和晚上的新闻,根据一个故事在电视上引起多大的轰动,书面媒体会跟进。要研究的重点,不是这些不同的媒体如何独立地传播新闻,而是它们如何根据自身的内在规律来回应同一事件。

最小的共同点(Lowest Denominator)

媒体经常因藐视无罪推定[1]和不必要地玷污声誉而受到批评。针对各种新闻机构的大量民事诉讼,证明了媒体明显缺乏对隐私和人权的尊重。这些批评通常是合理的,但它们指向的是系统性问题,而不是记者表现出的对道德的普遍不尊重。在我作为一个知名调查委员会发言人的工作中,我目睹了记者们的会面,他们为了公平起见,同意不报道那些被传唤到调查委员会面前的无辜者名誉受损的事件。然而,只要有一名记者打破了这一协议,这些事件就成了公开的记录。然后,所有其他记者都不得不跟进报道,以跟上他们不太道德的同事的步伐。这一

---

[1] Press Council,1983;Friendly and Goldfarb,1967。

规则源于媒体竞争,其问题结果是,新闻媒体必须调整到其任何一名成员在备受瞩目的刑事案件中所采用的最低标准。

支配权

在涉及犯罪报道的媒体关系中,谁是"主导方"的问题已经由几位作者提出,正统的观点是,"主导方"是警察[1]。这个问题没有明确答案,支配或控制在很大程度上是一个谈判问题,取决于许多因素[2]。然而,在这方面可以制定一些规则,以兼顾不同新闻机构之间的差异。首先,新闻媒介越是依赖视觉表达,而不是文字(小报和电视),它就越得听从警方的意见,因为警方有权允许进入犯罪现场或其附近,并接近嫌疑人。其次,越是专门报道犯罪新闻的媒体,就越要依赖警方,听取警方的意见。最后,在每个地方新闻界,都有所谓的"警察记者"。他们不仅使犯罪故事成为自己的特殊地盘,还努力展示警察的正面形象。

冲突

主导地位的问题与媒体和警察之间的冲突问题密切相关,因为这种冲突与警察在和媒体的关系中占据主导地位的正统观点相矛盾。与欧洲大陆形成对比的是,英语国家有任命独立调查委员会的传统,这些委员会调查针对警察不当行为的严重指控,通常是在媒体呼吁进行公开调查后任命的[3]。有几家报纸在各自国家形成了长期传统,即揭露警察不当行为和要求任命这些委员会。这种警惕并没有赢得这些报纸对警方的好感。它还产生了意想不到的影响:通过使警察组织过度意识到其媒体形象与其公共合法性之间的联系[4],媒体批评驱使警察组织进行表面上的改革,而不是实际的改革。1990 年在加拿大发生的一起有影响的事件中,魁北克省警察部队(QPF)残暴地疏散人群,迫使他们离开正在举行示威的一座桥——整个事件被电视直播记录下来——以至于该部队负责人感到有必要在第二天的电视上向魁北克人民公开道歉。从来没有一位加拿大警察局长感到有义务为他手下的不当行为向民众道歉。这起事件只是加拿大警队在种族危机期间不得不干预的众多事件中的一起。

---

① Leishman and Mason,2003:42 - 45。

② Ericson et al.,1989。

③ Brodeur,1984a,1984b,and 2004。

④ Mawby,2002。

这场危机后来被一个政府委员会调查,我也是其中一员。调查发现,QPF 在经历了其历史上最大的危机后采取的唯一措施是更换负责媒体关系的警察。在访问 QPF 的高级职员时,我一再被告知,唯一出错的是负责媒体关系的警察没有做好工作。在调查之后,委员会建议对被控玩忽职守的高级警官进行纪律处分,并在控制骚乱方面进行系统性改革。所有这些建议都没有得到采纳。QPF 远非加拿大唯一一个倾向于将其缺乏与媒体打交道的经验视为其受到批评的唯一原因的警察组织。

作为警察的媒体(the Media as Police)

媒体在社会控制中的作用通常是从它们对越轨行为定义的贡献以及它们在引发道德恐慌中所扮演的角色这些角度来考察的①。他们的贡献实际上要具体得多:在其职能的某些方面,媒体是警察集合中实际和活跃的一部分。

调查性新闻。媒体在揭露"权贵的罪行"(公司犯罪、环境犯罪和政治腐败)方面扮演着越来越重要的角色。然而,调查性新闻是一项高风险的业务,也意味着利用警方的泄密。因此,调查记者可能会为了自己的目的而被警方操纵。然而,不可否认的是,调查性新闻经常独立地调查警察的越轨行为,更广泛地说,严重侵犯人权的行为。

警方线人。记者可以作为注册的警方线人,用他们自己的个人代码来指代。人们对此知之甚少,因为警方线人的整个领域都是秘密的。2004 年加拿大皇家骑警出人意料地披露了一名加拿大知名调查记者的名字,她也是消息来源之一,而且还透露了她的代号。根据官方的说法,警方应该竭尽全力保护其消息来源的身份。

信息渠道。通过阻止犯罪的节目及其许多变体、电视真人秀②、发布警方通缉的嫌疑人的广告,以及直播警察媒体会议等越来越多的方式,媒体在协助警方识别和逮捕犯罪嫌疑人方面正在发挥积极作用。

技术监视。在骚乱情况下,电视网可能成为闭路电视的有效替代品,警方利用电视网的镜头来识别破坏和抢劫财产的人。后者很清楚这种用途:在 1993 年

---

① Critcher,2003。

② Fishman and Cavender,1998。

蒙特利尔斯坦利杯骚乱期间,暴徒开始有系统地捣毁停放在最后一场比赛场馆附近的所有电视网卡车。在我担任研究主任的随后的公开调查中,我们听到媒体目击者作证说,她受到暴徒的恐吓(一名女电视记者的钱包和房子钥匙被抢走,并被警告说,如果她的报道导致查明暴徒的身份,就会遭到报复)。加拿大其他城市也有类似的案例,如多伦多和温哥华,那里在一场体育赛事后发生了重大骚乱。

我们对媒体行动的这些方面知之甚少,在这些方面,媒体通过发布具有特定内容新闻以外的方式发挥作用。我认为更值得关注媒体最终发布新闻的过程,因为主要是透过这个过程,媒体本身正演变为警务人员,特别是在有意或无意的视觉监视方面。再加上互联网上的帖子,使用任何视觉技术的媒体都是全景社会到来的强大贡献者。这一过程的某些特征,如成为警方线人,与新闻报道的制作只有很少的联系。

犯罪与警察小说

两位作者出版了各种语言的关于警察小说、写作和电影的论文书目①。它列出了本杰明②、布洛赫③、奥威尔④和威尔逊⑤等经典。这本书目已经有近 20 年的历史了,共 731 页。它的长度不仅证明了对警察小说的研究数量之大,也许更重要的是,证明了警察小说本身的广博,这也是众多文学的研究对象。最近,牛津⑥和剑桥⑦犯罪和警察小说的同伴们(companions)提供了对该领域极好的调查,这些是由布尔迪埃的流派历史(history of the genre)完成的⑧。还有关于犯罪和警察小说的几本字典⑨,对此必须补充的是,最近在法国出版的不朽的国际犯罪文学

---

① Spehner and Allard,1990。

② Benjamin,1972。

③ Bloch,1962。

④ Orwell,1946。

⑤ Wilson,1950。

⑥ Herbert,1999。

⑦ Priestman,2003。

⑧ Bourdier,1996。

⑨ Henderson,1991;Jakubowski,1991。

词典①。

犯罪故事在所有文学作品中无处不在,虽然犯罪小说确实构成了一种特殊的文学体裁,但它们不能局限于某一特定体裁②。研究人员使用不同的名称来指代犯罪小说:哥特式小说和恐怖故事、私家侦探书籍、惊悚片、悬疑小说、谋杀故事、警察办案小说,以及最近的间谍故事。除了间谍故事和早期恐怖小说之外,所有犯罪小说的主要人物都包括私人或公共警察。

犯罪小说在所有媒体(文字、广播、电视、电影和电子游戏等)中都占有突出位置。它是大规模生产的。早在1984年,谋杀小说迷、马克思主义经济学家欧内斯特·曼德尔就列出了9位图书销量超过1亿本的作家,当时阿加莎·克里斯蒂的销量超过5亿本。根据最近的新闻稿,阿加莎夫人现在已经售出了超过20亿本书,犯罪小说是仅次于普通小说的一种体裁,这是一个包罗万象的类别。根据布鲁克斯和马什的表格数据③,从1949年到1994年,在美国黄金时段播出的犯罪连续剧新节目有268个,平均每年大约有6个新节目开播。1987年,这些犯罪节目每周占22.5小时(黄金时间总计28小时)。2004年,哥伦比亚广播公司(CBS)和加拿大电视台(CTV)都在黄金时段每周播出11个小时的犯罪节目。

虽然电影和电视剧的受众可能比书面小说的读者更多——这并不完全确定,但本章侧重于书面文本。它们不仅定义了这一类型的基本规则,而且影视剧也将最初以文字形式发表的故事带到了银幕上,这一点在电影中尤为明显。本篇对警察小说的简短回顾不是为了分析它本身,而是将它与警方研究的一些发现进行对比,特别是在刑事侦查案件下。

警察小说:总体特征

警察小说属于犯罪小说的范畴,最早起源于歌特式故事④。犯罪和警察小说构成小说中的一种特殊的文学体裁。与艺术文学相比,童话和民间叙事等体裁文学遵循严格的模式,体裁越窄,模式就越严格。在一项开创性的研究中,弗拉基米

---

① Mesplède,2003。

② Ruggiero,2003。

③ Brooks and Marsh,1995。

④ Bell,2003;Tompkins,1932。

尔·普罗普表明,几乎所有的俄罗斯民间故事都遵循类似的模式:最初的和谐状态因珍贵物品被盗或失踪而被打破,最终通过找回物品而重新建立和谐①。因此,我们在分析警察小说时必须谨慎:电视犯罪故事是给观众带来安慰的(Sparks,192:chap.6)道德故事,这一事实可能被给予社会学解释,或者它可能仅仅是某种特定类型的正式规则导致的结果,这种规则通常倾向于结局的美好(黑色犯罪小说除外)。

虽然它的正式结构通常是可以预测的,但警察小说可能会因国家而异,特别是关于其中的英雄人物。慈祥的警察乔治·狄克逊在电视上体现了一种关爱而不是控制的警务风格,一度是英国警察的典型形象②;在美国电影中,更确切地说,是持枪督察哈里·卡拉汉让美国电影观众感到"大获全胜"。警察小说的这一语境特征是我们得出结论时必须谨慎的另一个原因。考虑到这些保留意见,我们将讨论警察小说的一些反复出现的特点。

警察和侦探

埃德加·爱伦·坡因其三部以骑士 C. 奥古斯特·杜平为主角的故事,《莫格街谋杀案》(1841 年)、《玛丽·罗杰特之谜》(1842 年),其灵感来自从未破案的纽约"雪茄女孩"谋杀案,以及《被盗信件》(1845 年),通常被认为是犯罪和神秘写作的发明者。坡笔下的业余侦探为几乎所有未来的私家侦探提供了模板,这些私家侦探通过思索线索,在扶手椅上破案。与身着制服的警察相比,侦探在书面文学和电影中的出现频率如此之高,以至于人们给警察小说起了一个现在的名字:侦探故事。

虽然这种不平衡在电视上没那么明显,但像格林码头的迪克森之类的角色和Z-卡沙文(Z-Carshaving)之类的节目在英国电视上享有广泛的人气,但便衣警察在美国电视上的盛行仍然很明显。从 1949 年到 1994 年,在美国电视播出的 268个不同的犯罪和执法节目中,只有 16 个以身穿制服的警察为主角(另有 16 个以律师、检察官或法官为主角,他们通常由扮演重要角色的侦探协助)。根据对以律师

① Propp,1975。
② Reiner,1994:21。

为主角的节目的分类,侦探在这段时间内主演了88%到94%的美国电视节目①。侦探之所以显得卓越,在一定程度上是因为叙述的一种形式特征:讲述的故事必须随着时间的推移而延伸。由于制服警察处理短期事件,与快速的警察危机干预相比,侦探随着时间的推移解决犯罪的工作更适合讲故事。正如我们将在第六章中看到的,漫长的调查也是一种神话,大多数谋杀案都是由介入的制服警察在几个小时内破获的。

警察小说对犯罪调查的近乎排他性的关注与研究的焦点形成了鲜明对比。根据1967年至2002年在主要警察研究数据库中进行的最新研究,刑事侦查是所有研究课题中研究最少的②。这样看来,在英语世界,刑事侦查几乎完全属于小说的范畴,而穿制服的警察则是一个仅限于研究的领域。

私家侦探与公共侦探

这种二分法,甚至对立,也是警察小说的核心。它与上一条有着巧妙的联系:在警探寥寥无几的时候,调查员的首要地位首先转化为私家侦探的突出地位。正如在上一章中看到的那样,公共侦探对公共警察来说是一个迟来的、有限的增量。身穿便衣的私家侦探填补了公共侦探的空缺,从而加强了侦探在警察小说中的主导地位。在相对较晚的"警察办案小说"出现之前,警察小说在欧洲主要以有天赋的古怪的业余爱好者为主角,在美国则被强悍的私家侦探占据主导地位。在第一代侦探中,法国专员(Commissaire)梅格雷是唯一一位获得夏洛克·福尔摩斯、彼得·温西勋爵、赫尔克里·波罗、尼罗·沃尔夫或菲利普·马洛等私人调查名人所享有的神话地位的公共警察角色。

私家侦探和公共警察经常由作家成对呈现,公职人员充当更聪明的私家侦探的陪衬(例如,莱斯特雷德探长与夏洛克·福尔摩斯的对决)。在颂扬私人侦探的过程中,警察小说为批评公共警察(笨拙、官僚和腐败)提供了一个背景。人们可以认为,在警察办案小说中表现出的有利于公共警察的转变,是其职业化和地位提高的标志。

---

① Brooks and Marsh,1995;also see Perlmutter,2000。

② National Research Council,2003a。

局内人和局外人

这种对比有多种形式,所有形式都确保了局外人的优势,这是小说的一般规则:英雄必须脱颖而出。根据定义,所有私家侦探都是局外人,特别是如果他们属于警察少数群体的话。在很大程度上,女性侦探也是如此,比如托马斯·哈里斯饰演的克拉丽斯·斯塔林,在接手汉尼拔的连环杀手案件之前,她的职业生涯还处于起步阶段。在汤姆·克兰西的间谍惊悚片中,有时甚至在约翰·勒卡雷的惊悚片中,主人公不是该组织的成员,被招募为外部分析师(汤姆·克兰西饰演的杰克·瑞安),或者被局内人操纵,比如勒卡雷的《尊贵的学童》。近年来,受到警方同事怀疑的法医专家(凯·斯卡佩塔博士)和犯罪侧写专家(斯塔林的导师杰克·克劳福德)变得越来越重要。

然而,这种内外两极最常见的例证,是侦探与自己的组织发生冲突,要么因为他藐视法律程序,要么因为他把正义掌握在自己手中①,因为他批评警察的官僚作风(瓦卢和 Sjöwall 的马丁·贝克或伊恩·兰金饰演的约翰·里布斯),或者因为他是一个难以接近的独来独往者(康奈利饰演的海诺莫斯·博施)。在警察办案小说中,英雄们经常受到部门内部事务单位的迫害,主人公(他自己解决谋杀案)的停职是司空见惯的事情(例如,电视剧《火线》中的吉米·麦克纳尔蒂)。警察小说最经久不衰的主题之一是,你不能通过应用书中的规则成为一名成功的侦探。唯一真正的组织英雄是西门农笔下的梅格雷探长。尽管梅格雷融入环境的方法被认为是非正统的,但他受到同事的尊敬,并与他最亲密的同事一起,是一个强大的团队合作伙伴。在他虚构的回忆录中,梅格雷本人声称:"恕我直言,警察首先是一名专业人士。他是一名公务员。"②具有讽刺意味的是,融入组织最为成功的虚构名人侦探是法国人,而法国人对其警察机构的批评也是最出名的。

伟大的侦探和超级罪犯

描述犯罪和罪犯在警察小说中的呈现超出了本书的范围,除非罪犯的呈现是警察自身呈现方式的直接结果。无论他们是私家侦探、有天赋的业余侦探、警察侦探还是国际间谍,警察角色都被描绘成英雄,因为他们拥有使其与众不同的品

---

① 肮脏的哈里原型,到目前为止最常见的;见 Lenz,2003:176。

② 引自 Mesplède,2003:2:254。

质和技能,并使他们能够防止或解决犯罪。一种文学体裁不能停留在失败者身上。正如许多研究人员强调的那样,是伟大的罪犯造就了伟大的警察。因此,从莫里亚蒂教授到汉尼拔·莱克特博士,出现在警察小说中的大多数罪犯都是超级罪犯,因为他们狡猾,精力旺盛,更广泛地说,他们对社会构成了巨大的危险。虽然历史学家一致认为,自 19 世纪末以来,西方社会的内部暴力水平已经下降,尽管在这些国家中,大多数国家的谋杀统计数字自 1990 年以来一直在下降,但目前流行的连环杀手导致了犯罪小说中前所未有的暴力出现,似乎正在倒退到哥特式恐怖。当两个极端重合时,伟大的侦探与超级罪犯的配对达到顶峰。电视角色德克斯特就是如此,他是一名消灭连环杀手的连环杀手,也是《24 小时》中的男主角,他厚颜无耻地用酷刑在爆炸前找到了那颗"滴答作响的炸弹"。根据总部设在洛杉矶的家长电视委员会的数据,从 1994 年到 2001 年,美国黄金时段网络电视上发生的酷刑事件数量为 110 起。在 2002 年至 2007 年期间,这一数字增加到 897 人。这些粗俗的电视连续剧对流行的警察观念的影响不可低估。

警察小说:刑事侦查

正如我们所看到的,刑事侦查是警察小说的重要主题,尽管不是唯一的主题。现在将考察刑事侦查的主要特征,就像它在警察小说中所表现的那样。

凶杀调查

各种罪行,如强奸和盗窃,都可能成为文学艺术的主题。人们会想到福克纳关于强奸的避难所和果戈理关于盗窃的中篇小说《大衣》。谋杀案在世界文学中扮演着重要角色,尤其在戏剧中。然而,在一般文献中,几乎没有通过对犯罪调查的叙述来探讨犯罪:作者从一开始就为人所知,陀思妥耶夫斯基的《罪与罚》就是如此,这是一部研究心理罪恶感演变的著作。正如我们所看到的,犯罪调查已经形成了自己的体裁文学,有不同的名称来指代,比如"侦探小说"。侦探故事几乎完全是谋杀故事。埃德加·爱伦·坡的被盗信件可能是这一规则最著名的例外,在这起案件中,盗窃信件的罪行严重性较低,受害者是皇室成员,违法者是内阁部长,这一事实得到了补偿。在这里,警察现实和犯罪小说之间的反差达到了最高点:在大多数国家,谋杀在所有犯罪中所占的比例最小,警方事后对其进行调查。

反应性警务

刑事侦查一般在谋杀或其他严重罪行发生后进行。警察小说的反应性与警察首先应该是预防性的主张背道而驰。这就是警察小说和间谍惊悚片之间最大的区别。就反恐斗争而言,间谍惊悚片的情节一般包括防止大屠杀(例如托马斯·哈里斯的《黑色星期日》)、政治暗杀(例如约翰·福赛斯的《狼日》或瓦洛和索伊沃尔的《恐怖分子》),或挫败大规模阴谋(如罗伯特·卢德卢姆的小说)。很少有犯罪故事涉及在恐怖行为成功实施后找到肇事者;追捕肇事者只会出现在小说中,与所犯罪行的严重程度相比,这只是一个平淡的高潮。

冗长的调查

对生活在现实中的警察而言,凶杀案要么很快(一天内)破获,要么根本破不了案,调查成功的可能性随着时间的推移而急剧下降。很大程度上是因为叙事规则,谋杀调查必须延长几天才能写成故事。在许多谋杀故事中,读者的兴趣是通过一系列谋杀来维持的,这些谋杀使情节变得更加复杂(更不用说直接涌入市场的连环谋杀惊悚片了),这一事实加剧了这种限制。

交易工具

正如欧内斯特·曼德尔明确强调的那样,侦探故事是关于如何恢复理性,以对抗谋杀造成的混乱①。的确,侦探小说所遵循的思路是反映通过理性的资源,从无知状态到知晓状态的过程。这些资源如下所示。

演绎推理。理性的第一个化身是演绎思维。从历史上看,所有伟大的侦探都能无可挑剔地推理,坡的《骑士杜平》最初就建立了夏洛克·福尔摩斯定下的模式。20世纪初,作家雅克·富特雷尔塑造了范杜森教授这个角色,他是一位被称为"思维机器"的纸上谈兵侦探("思维机器"是富特雷尔第二本书的标题)。在雷蒙德·钱德勒和达希尔·哈米特这两个铁石心肠的人物出现之前,所有的侦探都是推理机器。

实物线索。演绎思维根据线索工作。有形线索可能是显眼的,随时可以在犯罪现场进行检查,就像它们在爱伦·坡开创性的短篇小说中一样。然而,随着法国的伯蒂隆(刑事人类学家)、塔德和奎泰莱特的工作,法医学从19世纪中叶开始

---

① Mandel,1984:44。

迅速发展①。它传遍了整个欧洲,并开始了像指纹这样的重大发明。实物线索必须经过科学处理才能揭示其真正的秘密。从柯南·道尔到帕特里夏·康威尔,警察小说很快就利用了法医,现在它在犯罪小说中的地位越来越高,以至于催生了一个新的亚类——法医惊悚片。法医惊悚片过分夸大了基因、指纹、生物识别和各种"犯罪现场识别"噱头等技术的力量,以至于它与科幻小说越来越重叠。

数据库。在犯罪档案中存储信息的历史与法国警察的诞生一样古老。然而,在计算机时代,它已经成为指数增长的目标。研究各种可以想象的数据库("数据"挖掘)现在已经成为警察小说的一部分,就像在夏洛克·福尔摩斯时代用放大镜观察实物证据一样。对计算机化情报的狂热现在变得如此强烈,就像神话中的法医力量一样,它正在警察小说和科幻小说之间创造一种融合。

罪犯侧写。虚构侦探的所有资源和工具——演绎思维、实物线索、法医学(包括精神病学)和科学、数据库,甚至地理——都汇集在犯罪侧写的实践中,这实际上是一个零散的领域,涉及数十种重叠但不同的实践:犯罪和心理侧写、犯罪现场分析和侧写、行为侧写、罪犯个性侧写、统计侧写、侧写分析、调查心理学和地理侧写②。在犯罪小说中,不需要进行这些区分,因为犯罪侧写本质上被定义为连环杀戮的对立关联:侧写员是用他或她的大脑抓住连环杀手的人。这样的人在犯罪小说中扮演的角色类似于古代悲剧中的占卜师:对符号进行解码,无论它们的性质是什么。犯罪侧写通过托马斯·哈里斯的两本书获得了神话般的地位:《红龙》和《沉默的羔羊》。它现在出现在电影和电视连续剧中(美国的侧写者和英国的黑客(Cracker))。目前连环杀手和犯罪侧写者的流行正在将警察小说转变为符号学中的民粹主义练习③。具有讽刺意味的是,目前在警察工作中唯一流行的一种侧写——种族定性(racial profiling)——在侧写研究和犯罪小说中很少被提及,因为它具有政治上的不正确性。

这个简短的列举并不是详尽的,而是集中在标准的犯罪小说上。在间谍惊悚片和警察科幻小说中,主要人物也使用了广泛的复杂监控技术。

---

① Kaluszynski,2002。

② Ainsworth,2001:8。

③《符号研究》:Simpson,2000:76。

最后，谋杀故事的另外两个特点与警方的调查实践截然不同。第一点是关于侦查与定罪的关系。正如我们将在第六章中看到的那样，科学的警务工具在解决实际案件方面几乎没有起到任何作用。然而，法医学在事后确保罪犯——更具体地说是杀人犯——在法庭上被定罪方面发挥着重要作用。被控一级谋杀罪的罪犯认罪，对其不会有任何好处。在法庭上证明他们有罪可能会成为一项复杂的任务，需要科学的警务来说服地方法官和陪审团相信被告的罪行。除了法庭惊悚片——尽管它们相当受欢迎，但只是犯罪小说的一小部分——大多数侦探小说在审判之前就结束了。在许多情况下，这是有充分理由的，因为罪犯的死亡为这本书提供了一个合适的结局。然而，更通常的情况是，犯罪小说普遍假设，书中最终被指定为罪犯的人实际上是有罪的一方。调查的结果从来不会有瑕疵。除非它从一开始就是一本书的主题（如佩里·梅森的惊悚片），就警方调查提供的解决方案而言，无罪推定在犯罪小说中不起作用。因此，确保定罪被视为一件没有多少叙事兴趣的技术问题。

第二个截然不同的特点与团队合作的功效有关。在像第87分局系列小说（也被改编成电视剧）这样的警察办案小说中，强调团队合作，这歪曲了该职业竞争激烈的本质。除非作者想提出一个观点来反对警察，否则警察小说通常强调不同警察部队之间以及各国警察部队之间的合作和信息共享，常通过国际刑警组织。例如，联邦调查局特别强调在警察小说中与当地警察部队分享其信息（特别是在托马斯·哈里斯的作品中），这与对该警察机构行为的各种官方调查的结论是背道而驰的（如"911"事件之后的调查）。至于国际刑警组织，它是警察部队之间非正式协议的产物，从未得到过任何政府批准①。因此，它的行动非常有限。虽然警察机关间的国际合作正在发展，但仍有许多障碍需要克服②。

循环进和循环出：低清晰度环境（Looping in and Looping out：the Low-definition Environment）

彼得·曼宁在警务与信息技术之间的关系方面进行了广泛的研究③。这项工

---

① Anderson，1989。

② Bigo，1996。

③ Manning，1988 and 1992。

作使他撰写了一系列关于媒体和警察的研究,这些研究汇集在一篇题为"循环进
和循环出"的论文中,这篇论文引领了媒体和警察研究的许多当前趋势①。该文研
究了三个媒体事件或一系列此类事件的制作:1991 年罗德尼·金被殴打及其后续
事件的录像带的播放、原始真人秀节目《警察》(1989—1991),以及 1995 年俄克拉
荷马州爆炸案后几个小时的现场报道。曼宁制定了六条现实规则,描述"将电视
画面的闪烁转化为可信的社会缩影所必需的认知工作"②。在某些戏剧性的情况
下,这些媒体对社会的描绘变成了"媒体事件",这些事件被循环回到现实中,以确
定政治议程或挑起进一步的事件,例如被控殴打罗德尼·金的警察无罪释放后发
生的洛杉矶骚乱。曼宁的论文例证了媒体和警察之间联系的一个重要趋势③。正
如该报的一个副标题所证明的那样,这一报道是从媒体处于主导地位的立场出发
的。在这样的叙述中,其结构顺序:一是外部事件;二是对媒体事件的侧写和制
作;三是媒体事件向现实的循环。现在所谓的"CSI 效应"是一个壮观的例子,展示
了媒体产品如何循环回到现实中。CSI 效应是由一部非常受欢迎的电视连续剧
《犯罪现场调查》产生的,这部连续剧虚构了法医科学家的工作。根据多项研究,
CSI 效应是一种现象,即受过电视"熏陶"的陪审员更有可能不判被告有罪,因为他
们从虚构的电视节目中了解到的程序和技术没有用在案件上④。被指存在这种
CSI 效应的陪审员被说服相信法医证据是绝对正确的,这在法律学者中引发了许
多争议。

像 2003 年初李·博伊德·马尔沃和约翰·艾伦·穆罕默德在华盛顿特区犯
下的连环杀人案,是助长"犯罪侧写"风潮的重大媒体事件。前联邦调查局特工罗
伯特·雷斯勒称赞自己普及了"连环杀手"这个词⑤。他是一本凶杀案入门读物的
合著者⑥,这句话是其中的摘录:

> 尽管伦德声称小说谋杀案与现实谋杀案没有任何相似之处……虚构的

---

① Manning,1998。
② Manning,1998:29 - 30。
③ "媒体驱动的社会",Manning,1998:28。
④ Heinrick,2006:59。
⑤ 又见 Douglas,1996。
⑥ Ressler et al.,1988。

侦探技术和现代的侧写方法之间可能确实存在联系。例如,对细节的关注是著名虚构侦探的标志;犯罪现场最小的物品也不会逃脱他们的注意。(这)是威尔基·科林 1868 年出版的小说《月光石》中著名的卡夫中士所说的,这部小说被公认为第一部长篇侦探小说……注重细节对当今的侧写同样重要。任何一条信息都不会太小;每一个细节都会被仔细检查,以确定它对凶手侧写的贡献①。

正如辛普森正确评论的那样,职业侧写师的写作是"一种特别空洞的写作风格……近乎冒犯的自吹自擂……符合悠久的文学和文化传统"②。尽管这些作品沾沾自喜,但它们指出了一个重要事实:历史上预期的事实和虚构序列的颠倒。我们现在有:第一,虚构的侦探肖像(科林的);第二,对犯罪侦查实践的框定(犯罪侧写);第三,从现实到小说的循环——最著名的是托马斯·哈里斯的莱克特小说,哈里斯对他的 FBI 熟人毫不神秘。雷斯勒等人在上面引用的话中断言,"没有一条信息太小"(对于受小说启发的侧写者来说),虚构对现实的颠覆是毋庸置疑的。有了今天的法医技术,最小的信息都可以与量子物理学中的粒子相提并论:这不是给定的,而是"正在发展中的事实",这取决于我们测量技术的发展(DNA 签名可能已经逃过了著名的卡夫中士的侦探)。

"循环进和循环出"可以被编成一个完整的系列,每个时刻都被概略地识别出来:第一,虚构的"卡夫中士"和类似的人物;第二,寻求认可的现实生活中的 FBI 侧写者;第三,他们在连环杀手小说中的出现(例如,托马斯·哈里斯小说);第四,现实生活中的连环杀戮事件(例如,马尔沃-穆罕默德谋杀案);第五,他们在"直播"电视上反复采访犯罪侧写者,扮演算命的角色;第六,电视画面的循环回到现实中——马尔沃审判等等。这种媒体循环进入现实的顺序,以及警察工作循环到犯罪小说中的顺序,应该是更多探索的主题。

然而,我还想介绍另一个概念。可以假设,当媒体作为一个系统运行时,其"循环进和循环出"会产生一种可以被称为低清晰度的环境,它们正越来越多地这样做。"低清晰度"并不意味着我们为环境的不同方面提供科学或语义定义的努

---

① Ressler et al.,1988,引自 Simpson,2000:79。

② Simpson,2000:79。

力相对失败。所谓的"低清晰度环境",在某种意义上类似于照片和电视图像缺乏清晰度和模糊不清时的情况:低清晰度环境模糊了外部环境与其在媒体(包括小说)中的呈现之间的区别。它将事实和虚构混合在一起,使原始成分无法再区分。在著名的美国电视连续剧《达拉斯》中,曾有另一个身份不明的人企图杀害主人公小约翰·罗斯·尤因。媒体刊登了无数的报道,问"是谁开枪打死了小约翰",好像他是真人一样。同样,许多人相信夏洛克·福尔摩斯是一名侦探,他实际上生活在19世纪的伦敦,在那里可以参观其公寓的复制品。在这方面,区分个人和大众的看法是很重要的。正如一开始所说的,现实强加于个体(他精神上没有受骗),然而必然性法则不会以同样的力量强加给个人和人群,因为后者容易出现群众运动的非理性。当对现实的所有感知混合在一起时,最终结果可能是系统性的社会无法对现实及其形象做出不同的反应。

总结和讨论

研究人员有理由谨慎地从他们关于犯罪报告和警察小说的发现中得出推论[1]。在试图评估陈述对现实的影响时,尤其需要谨慎。在这方面,存在反复出现的问题,例如媒体中的暴力是否会影响实际行为,或者媒体在框定现实方面取得了多大程度的成功[2]。这些问题不会直接讨论;这里的审查将仅限于警察在报纸和警察小说中的呈现对于警务理论的含义,正如前面所说,重点是警察小说而不是新闻。由于事实问题和规范问题在警察理论中有着内在的联系,因此必须讨论警察改革问题。从这个意义上说,警方的呈现对警察现实的影响,以及对改变这种现实的可能性的影响,至少应该有一部分得到解决。

警务现实及其呈现

我们应该就警务呈现(policing representations)的重要性做几个概括性的陈述,不论是报章所说的属实,抑或是小说中所说的不属实,以便恰当地构思问题。

---

① Ericson et al.,1989,Sparks,1992,and Leishman and Mason,2003。
② Manning,1998。

首先，尽管人们不应该忘记形象和现实之间的区别，因为在生活的具体必需品方面，形象和现实之间的区别无论如何都会影响到我们，但将它们一分为二并不会获得科学上的好处。虽然形象不应该取代现实，但它们本身就是我们生活的社会环境的重要组成部分。例如，塑造和推销形象是一个强大而有利可图的行业。更需要强调的是，媒体事件是世界的事件，不能被忽视，就好像它们属于较小的现实一样。

其次，小说是一种探索现实的方式①，在其特定的叙事规则下，它对现实的描述必须是准确的。小说中的人物可能是虚构的，但他们的心理、行为和发展背景必须与现实有一定程度的对应；优秀的小说家实际上会花很长时间研究他们的主题，确保能够描绘出现实的某些方面的"真实图景"。卡尔·马克思说，他从巴尔扎克那里学到了更多关于经济现实的知识，而不是从他那个时代的经济学家那里学到了更多的东西。

第三，除了警务，可能没有其他领域的互文性（intertextuality）概念有着更广泛的应用。在警察叙事中，互文性超越了书面文本，将所有媒体（文字、电影、电视和视频）联系在一起。它通过许多作家在新闻报道和小说创作之间架起了一座桥梁，这些作家先是警察新闻记者，然后是畅销犯罪小说家（乔治·西蒙农、迈克尔·康奈利和帕特里夏·康威尔，仅举几例）。著名作家曾经专业地参与他们所描述的世界（伊恩·弗莱明和约翰·勒卡雷都曾在情报机构工作过一段时间）。最重要的是，犯罪和警察小说在产生融合了事实和小说的混合体裁方面发挥了关键作用，这种混合体裁在"信息娱乐""小说"和"纪录片"的称谓中有不同的称呼。

上述评论的要旨是需要强调，在警方的呈现中，更具体地说，在报章中发现的真实程度，比通常认为的要高，应该加以考虑——基于法医学的犯罪故事对此相当了解，只是单凭法医学很少能够自行破案。这个结论导致了一个悖论，后者源于公众对新闻界的有限信任和媒体赋予的巨大权力之间的不相称。在所有类似西方的民主国家，每年都会根据公众对大约 25 个职业的信任程度进行民意调查。我通过澳大利亚、加拿大、法国、英国和美国的不同网站研究了这些民意调查（1998—2006），得出的结论是，它们都一致说明了一件事：新闻界总是被列为最不

---

① Banks and Banks，1998。

受信任的五个职业之一（政客通常排在最后）；与记者同样最不受信任的职业是汽车经销商、房地产经纪人、商界领袖和工会成员。不管我们对民意调查有什么保留意见，这些结果在时间和空间上都是一致的，不容忽视。这些发现提出了两个问题。一个短期而立竿见影的问题是，"媒体的力量"可能被大大夸大了，人们阅读新闻的态度正如比弗布鲁克勋爵的格言：新闻就是将各种广告分开的东西。同样的规则也适用于商业广播和电视。这里无法解决的长期问题是，信任和合法性与权力没有任何区别：要么你有权力，要么你没有，如果你有，你只是毫不犹豫地行使权力。根据审查过的民意调查，该问题直接源于这样一个事实，即所有掌握最大权力的职业——政客、商界领袖和媒体，更不用说工会成员——都是最不可信的。

警察小说与警察研究：一种对比

警察小说和犯罪调查之间的对比，将在第六章中变得明显，这一章着眼于刑事侦查。尽管如此，我们已经可以注意到警察研究和警察小说之间持续脱钩的现象。首先，警察研究几乎完全集中在穿着制服、在迥然不同的背景下进行干预的警察身上。第二，正如我们在上一章所见，据说警察所处理的事件种类繁多，以至于任何试图就警务做出单一明确定义的尝试都会受挫。正如我们将会看到，警察研究的一个最普遍的特点是，设法弄清警察实际上在做什么工作，更具体地说，他们的工作时间中，有多大比例用于执法和侦查案件，而人们对该比例的评估往往相当低（占工作时间的15%—30%之间）。最后，警察研究不仅集中在身着制服的警察身上，而且刑事侦查也是警察研究中关注最少的课题。这种对研究的评价在私人安全领域可能更加正确，该领域的研究人员专注于一些非常普遍的问题，几乎所有这些问题都与西方式民主国家私人警察的增长有关。除了关于平克顿等特定机构的历史著作外，几乎没有关于私人调查的研究。

尽管有一些明显的例外，比如大卫·西蒙的电视连续剧《电线》，但警察小说几乎在每个方面都与警察研究的形象相反。首先，它几乎仅仅聚焦于刑事侦查，呈现为一种可以在私家侦探的扶手椅上或在犯罪实验室进行的活动。其次，刑事侦查不仅集中在犯罪上，而且还集中在一种犯罪上，即谋杀。最后，专业时间的分配问题在警察小说中很容易解决:大部分时间(如果不是全部)实际上是专门用来调查谋杀案的。这在一定程度上是受叙事和商业限制的结果。受人欢迎的叙述是线性的,不可能在不顾及其销售量的情况下随意行文。好的避世文学作品必须充满激动人心的事件:评论家对谋杀故事的最好赞扬是,它能够强迫人们"往后翻",它的故事如此扣人心弦,以至于人们无法停止阅读。"惊悚"一词也被用来指代犯罪小说,表明这类小说隐含着自己的时间观念:节奏快,时间被动作压缩,没有休息和空闲的时间。汽车追逐,因其激发了高水平的肾上腺素,是时间表征的恰当象征。

媒体影响

正如前面强调的那样,媒体问题(新闻和小说)较为棘手,最好从最突出的问题着手。联结警务和执法的纽带无处不在,势不可挡;在这方面,犯罪小说和新闻报道的立场是一致的。有两个因素不断加强了警务和犯罪控制之间的联系。首先,犯罪小说几乎在凶杀这个主题上发挥了无限的变化。作者必须面对的特殊挑战是,在一个用来定义情节的元素既僵硬又稀疏的叙事框架内保持原创性。警察小说在阐明制约公众和专业意见的固化观念方面所产生的效率,在很大程度上取决于其信息反复出现的特点。尽管从表面上看,授予警察巡逻任务并不是一种奖励,因为它相对单调,媒体也是如此;一旦犯罪报道因涉及面更广而登上头版,一般都会脱离警方记者的掌控。

犯罪作家和记者都试图通过骇人听闻的方式来弥补他们信息中重复的内容,这通常意味着炒作媒体或虚构故事中涉及的暴力行为。这就产生了第二种推动媒体(报刊和小说)传播固化观念的力量:为了凸显这些刻板印象,对其进行了骇人听闻甚至恐怖的扭曲,从而注入了强烈的情感共鸣。犯罪事件的动员力量不仅和它们的频率有关,还因为它们的奇特之处,比如1993年英格兰两名未成年男孩谋杀儿童詹姆斯·巴尔杰事件,以及涉及对年轻女孩的广泛性虐待和谋杀,并且在1996年将数十万示威者送上布鲁塞尔街头的杜鲁克斯事件,这类事件发生后人们的震惊程度表明了这一点。

这些刻板印象是如何与现实联系起来的?这种联系很少是直接存在的,也就是说,将印象与现实生活中的行为联系起来。相反,它往往会产生一连串的心态,在社会和刑事司法系统中产生涟漪,并影响到各种群体,如关于安全的民意调查的受访者、新警以及参与政策制定的政客。

在这方面可以挑出四个问题。第一个问题涉及警察任务的定义。新闻报道和警察小说将警察任务缩小到执法和打击犯罪。虽然这与警察实际正在做的或将被要求做的事情不符,但年轻的基层警察和新招募的警察往往接受这种对其任务的定义,他们看重那些最接近媒体刻板印象的任务①。这些印象也往往会影响新警,因为这会让他们相信自己正在加入一个让生活充满活力的职业。根据我经常在警察院校教学的经验,"汽车追逐"神话是教官们首先要揭穿的。但他们从来没有完全成功过,因为刻板印象在警务方面的权重要比警察学院重得多,因为警察在院校中花费的时间有限。

第二个问题涉及对警察的期望。新闻报道和警察小说提高了人们对警察效率的期望。正如我们所看到的,莱纳认为,最有可能被媒体报道的犯罪是那些破案率较高的犯罪。在侦探小说中,警方的破案率是最佳的。在这方面,警方似乎陷入了一个怪圈:媒体提高了对犯罪调查效率的期望,当这些期望在备受瞩目的案件中得不到满足时,就通过煽动舆论来向警方施压。这种双管齐下的攻击有两个意想不到的效果。它增加了错误逮捕和定罪的数量,目前显示该数字比最初认为的要高得多。它还助长了破坏警方信誉的阴谋论,因为政治暗杀等备受瞩目的犯罪根本得不到解决。

塑造民调答案是第三个问题,这与政治决策有关。斯帕克斯②对电视上的警察连续剧和公众恐惧之间的关系进行了深入讨论,尽管他不愿断言电视剧和公众恐惧之间的因果关系,但他同意犯罪的戏剧化是讨论社会焦虑的主要舞台。尽管他对犯罪电视剧和恐惧之间的关系持谨慎态度,但他最终确实致力于描述这种恐惧如何会影响公开的行为。这说明了上述困境:媒体形象可能会影响心理表达和情感,但超越形象和行为之间的鸿沟似乎就像跳过自己的影子一样困难。然而,对"现实"的一连串陈述的概念表明,媒体的影响可能会某个时刻触及政策制定。

---

① Zhao and Thurman,1997。

② Sparks,1992:153 and ff. 。

根据对媒体引发的恐惧的研究,这种焦虑很少转化为一个人的日常行为[1]。然而,它确实转化为一种在政治上相当有影响力的行为:回答民意调查。即使最科学的调查——例如代表几个私人基金会进行的伦敦警务(PFLS)调查——也在其调查结果中复制了媒体信息的内容。刚刚提到的调查询问人们希望从巡逻警察那里得到什么:65％的受访者回答了威慑或防止犯罪,49％的人表示提供安慰;其余的选项——与学校合作、收集当地情报、处理骚乱和提供预防犯罪的建议——只有25％的受访者表示赞同[2]。由于政府倾向于严重依赖民意调查来确定其政策,民意调查可能是警察和犯罪呈现(crime representations)被引导到政治议程中的间接方式。

最后还有警察改革的问题。从20世纪80年代开始,出现了规模浩大的警察改革运动,其中倡导力度最大的改革是以社区为导向的警务和以问题为导向的警务。在上面引用的PFLS调查中,社区警务的两个关键组成部分——建立伙伴关系(例如与学校)和应对混乱(处理骚乱)不受大多数受访者的欢迎。少数民族(巴基斯坦人、孟加拉人和黑人)比人口占多数的白人更支持社区警务方法。收集地方情报是情报主导警务的重要工具,在PFLS调查的样本中,只得到了24％的人支持。这样看来,当警察改革是由研究推动的时候,如果它在媒体上的宣传力度很低,那么它本身的优点就得不到民众的支持。大肆炒作的纽约警察局Comp-Stat计划被政客和警察媒体人士用来推动他们的职业生涯。它可以吹嘘为一种以最传统的意义来理解的科学/统计执法方法,因此与社区导向警务相比,它在媒体上获得更大的成功。

---

① Skogan,1986。

② Fitzgerald et al.,2002:43。

第四章　警务理论的要素

大卫·贝利在《犯罪与司法百科全书》中将警察定义为："在现代世界,警察一般是指政府雇用的、被授权使用武力维持秩序和安全的人。"[1]这一提法是基于埃贡·比特纳对警察通过使用武力来发挥作用的定义[2][3]。从 20 世纪 70 年代初开始,比特纳对警察职能定义的影响无处不在,并一直在增长。正如琼斯和纽伯恩[4]所评论的："在过去 25 年间,社会学家并没有改进这个(比特纳的)定义。"它被引用、转述,或在不同著作中深化,如蒙加德特[5]、贝利[6]、纽伯恩[7]、洛德和马尔卡希[8]、曼宁[9],巴西的小普罗恩萨和穆尼兹[10]。

在撰写关于比特纳的文章[11],并帮助将他的部分作品翻译成法语后[12],我于 2000 年 5 月在伯克利与他会面,主要围绕我之前提交给他的一系列问题,进行了

---

① Bayley,1983a:1120;又见 Bayley,1985:7 - 11。

② 见第一章注释 1 比特纳著作参考文献的格式。

③ Bittner,1970/1990:131。

④ Jones and Newburn,1998:258。

⑤ Monjardet,1996:16 - 17。

⑥ Bayley,1985:7。

⑦ Newburn,2003:5。

⑧ Loader and Mulcahy,2003:106。

⑨ Manning,2003:41 - 42。

⑩ Proença Junior and Muniz,2006。

⑪ Brodeur 1984b,1994a。

⑫ Bittner,1991;Brodeur and Monjardet,2003。

为期两天的采访。目前,对他工作的讨论是在阅读他的出版物和他在 2000 年 5 月所作校正的基础上进行的。我发表了采访的编辑版本,标题是"与埃贡·比特纳的会面"①。

比特纳对警察的看法可概括为两个基本命题。首先是对警察作用的定义:"最好将警察的作用理解为基于情势紧急情况的直观把握而使用强制武力的分配机制。"②第二种是对警察被叫来采取行动的典型情况的描述,即"对于某些不该发生的事情,有人最好现在就做点什么"③。

关于这两个主题的变体是由比特纳本人提供的,并且在有关警察学术文献中广泛流传。因此,比特纳阐明了对当前警察角色的一般定义。为阐明这一定义,他基于对警察干预的经典概念,发展了警察理论的核心要素,并作为后续警察研究的基础。对比特纳勾勒出一种思考警察的范式,即所谓的"警察使用武力"范式,这种说法是否有道理? 这个问题需要仔细研究。

首先,比特纳在《警察在现代社会中的作用》(1970)以及 1974 年经典续集《弗洛伦斯·南丁格尔追捕威利·萨顿》中提供了一套关于警察的理论④,虽然他后来予以否认这种抱负,但仍是我们拥有的最接近于警察理论的文章。这两篇文章都相当长,第一篇近 150 页,涵盖了各个方面的问题。克鲁卡斯在《警察的想法》(1985)中的论述,基本上是比特纳思想的综合;贝利在《警务的模式》⑤中专门讨论警察理论,这一章是建立在比特纳强调使用武力来定义警察独特能力基础上的。直到今天,比特纳的主要假设仍然没有受到质疑,即使那些将警察视为知识工作者的研究人员也是如此⑥。

如果理论被理解为对一个科学对象的所有表现形式的描述,那么比特纳就没有发展出这样的理论。警务的许多重要方面没有得到解决,例如警务组织的多样性。然而,如果我们所说的理论是一套前后一致、密切相关的断言,涵盖了警察的

---

① Brodeur,2007,由彼得·K·曼宁作序;在本章中,这次采访将被称为"比特纳/布罗迪尔,2007",以强调这样一个事实,即我只问了问题,比特纳提供了答案。

② Bittner,1970/1990:131。

③ Bittner,1974/1990:249。

④ Bittner /Brodeur,2007:110。

⑤ 1985:3 - 19。

⑥ Ericson and Haggerty,1997:69 and 133。

核心问题,那么比特纳无疑已经制定了这样的理论,尽管它的范围有限。值得注意的是,对其思想表述最为透彻的作品的全称是《弗洛伦斯·南丁格尔追逐威利·萨顿:警察理论》[①]。

第二,该理论中最突出的因素被广泛纳入警察研究的领域(例如,警察使用武力、执法在警察中的辅助作用、要求警察采取行动情况的广泛多样性,等等)。在大多数情况下,这种整合以引用或直接参考比特纳作品(请参阅本章的开头段落)的形式出现。在其他情况下,比特纳定义警察的最初尝试被扩展和改变,尽管其核心要素——武力的使用——保持不变[②]。尽管出现了不同的观点,例如警察作为知识工作者,被认为是对比特纳理论观点的补充,而不是反驳它[③]。

应该说,比特纳对警察使用武力理论的发展做出了明确贡献,但在欧洲大陆,人们在完全不受其影响的情况下,认识到武力在定义警察方面的关键重要性[④]。事实上,1789 年《法国人权宣言》第 12 条宣布需要一支公正的"公共力量"[⑤]。因此,更可取的做法是提及一般的"警察使用武力"范式,而不是一个狭义的比特纳范式。只要记住,构成该范式的论断主体是由埃贡·比特纳发展出来的。当然,并不是所有的警察研究人员都接受这一观点[⑥],尽管如此,他们都觉得自己必须对此进行定位。

第三,警察使用武力范式的含义对警察研究产生了实际影响。正如已经提到的,这些影响中最重要的一点是,该范式主要反映了公共警察部队独有的特征。这一局限也形成了警察研究的重点,目前在很大程度上仍然在研究公共警察部队。使用武力的范式还有其他含义,例如区分潜在使用武力和实际使用武力,这在警察研究中也很普遍。审查比特纳著作的同时也是为了审查当前警察角色定义的基础,最重要的是,澄清该定义的含义。

将比特纳的著作视为对警察使用武力范式发展做出关键贡献的最后一个原

[①] Bittner,1974/1990:233 - 268,强调是我加的。

[②] Manning,2003:41 - 42。

[③] Ericson and Haggerty,1997:133。

[④] Monjardet,1996;Loubet del Bayle,1992;Jobard,2001 and 2002。

[⑤] 引自 Monjardet,1996:24。

[⑥] Johnston,1992 and 2000;Johnston and Shearing,2003。

因，是在许多情况下，采纳比特纳对警察角色的定义，似乎是为了更方便地处理如何界定警察这一棘手问题而采取的举措。事实上，从比特纳著作中摘录的经典论述，经常被引申到他的思想背景之外，这对于阐明它们的真实含义非常必要，但这种做法也会导致严重的误解。在这方面有一种将韦伯关于国家垄断合法武力的理论元素引入警察使用武力范式的倾向，这些元素并不真正符合该范式。

总之，比特纳关于将使用武力作为警察独特能力的分析，可以作为标准来衡量其他未清晰阐明使用武力的警察理论，也可以被认为是通过使用武力来界定警察角色的"标准理论"①。虽然它不是库恩自然科学意义上的范式②，但可以启发式地解释为检验通过使用武力来定义警察的有效性模型。在本章的其余部分，首字母缩写 PUFP 指的是"警察使用武力范式"（反对使用后者的读者可以用"观点"一词来代替"范式"）。

比起本章的论述，比特纳的思想更值得深入研究。至于技术上的问题，例如比特纳是否提出了一个功能主义者而不是警察"能力"的定义，将只会被简略提及③。讨论他的著作的目的不是进行彻底的文本评论，而是将这一讨论作为一种工具，用比特纳自己的术语来阐明与界定"警察能力的具体性质"等相关问题④。因此，按照比特纳的说法，在介绍 PUFP 的主要特点之后，通常会有批判性评论。

最小国家和最小武力（Minimal State and Minimal Force）

正如比特纳在与我会面时强调的，他没有提供关于国家与警察之间关系的理论，"没有花时间思考国家是如何授权警察存在的"⑤。当我就这种关系提问时，他决定用以下方式来回答这个问题。首先，他剥离了国家目前的所有职能，产生了他所说的最小国家，这可以追溯到古代的希腊城邦（polis）：

> 现在，剩下的基本上是这座古城里已经存在的东西。也就是说，它是一

---

① Manning, 2003。
② Kuhn, 1970：10 and 23。
③ Reiner, 1992b：458。
④ Bittner, 1974/1990：255。
⑤ Bittner/Brodeur, 2007：110。

个已经重新定义了最小国家的"城邦",在这个最小国家中,它确实包含了对城市生活各种条件的组织……那么,国家在其最低限度的职能中提供的是为陌生人……有序共存创造条件……关于陌生人有序共存的规定已经包含了控制掠夺性地违反这些条件的含义。对此需要做点什么。很大程度上的合法性始于对掠夺性暴力的控制,而且在最长的一段时间内……这是委托给私人寻求救济的。国家仍然缺乏资源,无法成为独立代理人来控制我所说的掠夺性暴力。(控制)掠夺性暴力突出地包括控制暴力和先发制人地控制暴力风险。那么,这就是我思考使用武力的背景。①

从这一初步澄清可以看出几个后果。

需要武力

比特纳描述最小国家,主要目的在于强调武力的必要性。根据上面引用的文本,对武力的需要源于城邦控制暴力的性质,即掠夺性暴力破坏了城市陌生人共存的可能性。警察被视为"救火之火"②,因为他们代表着反对掠夺性暴力的力量。对武力必要性的理解最终建立在更深层次的基础上,这在上面引用的众所周知的连字符从句("对于某些不该发生的事情,有人最好现在就做点什么""something-that-ought-not-to-be-happening-and-about-which-someone-had-better-do-something-now")中得到了表述。在紧急情况或在人们可能受到危机(如自然灾害的后果)伤害情况下采取行动,警方需要实施强制性解决方案,因为没有时间进行谈判。警方参与微观危机管理的主要任务是防止发生暴力,遏止暴徒并不是其任务的全部。

最小武力

首要特征是要求国家为确保陌生人有序共存而使用最小武力。将武力限制在处理问题情况所需的最低限度,是比特纳及随后所有警察学说中反复出现的主题③。在他出版的著作中,比特纳通常将这一要求建立在历史发展的基础上,

---

① Bittner/Brodeur 2007:111。

② Bittner,1970/1990:96。

③ 1970/1990:187,190;1974/1990:262;1983/1990:27;Bittner/Brodeur,2007:4。

而历史发展导致了警察机构作为限制使用武力的独特工具而被创建。德国社会学家马克斯·韦伯[1]和诺伯特·埃利亚斯[2]也提出了类似的观点。基于这种限制逻辑创建的警察机构,要求其成员将使用武力限制在不可避免的最低限度[3]。

这种要求的原因,也可以用更实际的术语来表述。就像比特纳在我们见面时所论述的那样,"在城邦内部,陌生人必须控制掠夺性的违法行为,才能共存"。然而,比特纳又指出,控制并不意味着消灭:"在战争中,我们摧毁对手,但我们在国家范围内控制任何局势时,要做的是在最低限度内必要的事情。"[4]与警方保护一方免受另一方暴力行为侵害不同,大量的警察危机干预涉及保护所有相关各方[5]。管理危机并不等同于镇压危机,使用超过保护所需武力,可能会弄巧成拙。使用最小武力不仅是警察任务的要求,也是警察任务的组成部分。

最小使用武力的要求,不仅基于伦理和现实,还基于认识论原则,即必须识别其对象的独特性。与社会工作等柔性的、内部性的控制相比,使用武力似乎是警察所特有的。在危机不断临近的情况下,警察武力取代了其他控制手段。当其他一切都失败的时候,你可以打电话给警察。然而,在将警察武力与更强有力的控制手段相比较时,例如对官方宣布的国内紧急状态进行军事干预,这一定义的具体性质可能会受到损害。如果不是因为最小武力要求,那么通过使用武力对警察定义,也可能同样适用于军队。混淆警察和军队,是 PUFP 内部可能犯的最基本的错误之一。

同意(Consent)

比特纳强烈批评警察在控制内乱和更普遍的集体暴力方面的表现。因此,他建议将大规模动乱的处理权交给军方[6]。这是对一个被定义为"只是一种在社会

---

[1] 1978。

[2] 1996 和 1998。

[3] Bittner,1970/1990:192。

[4] Bittner/Brodeur,2007:112。

[5] 例如,为了自己的安全,避免旁观者过于接近火灾现场,并为消防员提供足够的操作空间——Bittner,1974/1990:258。

[6] Bittner,1970/1990:190 - 191。

中基于情势合理分配力量的机制"的机构的行动来说,是一种意外的限制①。比特纳的立场是基于对社会秩序的普遍威胁和对社会秩序有限违反之间的区别为前提,后者不会威胁到整个社会秩序的崩溃。

我认为,军事力量介入的原因,或导致使用军事力量的原因,是秩序完全崩溃的风险。也就是说,整体性失范。因此,在美国,暴乱往往是通过动员民兵来控制的。警方所做的是在假定秩序总体完好无损的基础上采取行动,他们要处理的是偶尔违反秩序的某些部分②。

警察处理涉及个人或小团体的紧急情况,或者用我的话说是"微危机"。当合理地假定人群不是为了破坏既定秩序而聚集时,也可以在大型活动(如大规模示威)中部署警察以维持秩序。警务的这一特征——在尚未受到挑战的既定秩序的背景下,对个别突发事件进行微观管理——是比特纳警务观的一个基本特征。比特纳没有使用同意警务这一有争议的概念,可以被解读为反映了他的假定,即警察采取行动的前提违反既定秩序的某些部分而并不意味着整个秩序遭到破坏。这种解释并没有使比特纳成为一个自相矛盾的人。相反,他最深刻的观察之一是,共识和异议可以在社会中共存,前提是它们被分配到不同的秩序层面(宏观和微观)。

有人提出反对意见,认为这种对个人冲突的警务限制如果真有效的话,也只在受益格鲁-撒克逊警务传统影响的国家才有效。几乎在其他任何地方(例如,在欧洲大陆、拉丁美洲和亚洲),公共警察都深深参与了公共示威和集体骚乱的警务工作,现在每当几位国家元首参加国际会议时,这些示威和骚乱就会爆发。这种反对意见应该接纳,但只能部分接纳。仔细一看,部署去控制集体骚乱的部队只是名义上的警察部队。根据他们的传统、文化、训练和生活条件,这些部队比警察更接近军队(例如,法国共和国安全部队(Compagnies républicaines de sécurité))。

城邦和警察

警察在一个整体上没有受到挑战的公共秩序中运作,这并不意味着他们在维

---

① Bittner,1970/1990:123。

② Bittner/Brodeur,2007:117,强调是我加的。

护这一秩序方面起着辅助的作用。实际上,比特纳把为陌生人共存提供条件的基本职能交替地归因于最小国家和警察①。如果我们示意性地用一条连续线画圆来描绘最小国家,那么警务可以被表示成另一个由圆点组成的圆圈,后者与描绘最小国家的第一个圆重合。换言之,国家和警察机构范围是完全一致的,在宏观和微观层面上是相互复制的。这种关系是警察定义的核心,我们将暂且表明这一点。

批判性评论

最小国家或城邦的三个特征对于理解 PUFP 至关重要,而且紧密地交织在一起。其中第一个特征是假定遵从性。根据比特纳的说法,警方只会在假定社区秩序总体上是完好无损的情况下才会采取行动。该假定对于理解警察使用武力至关重要。警察在他们不期望有组织抵抗(假定服从)的情况下使用武力,或者他们肯定会迅速压倒所遇到的任何反抗情况下使用武力②。这两个假定对警务同样重要,它们结合在一起,提供了关于最小使用武力这一关键概念的事实说明。如果只有使用武力来维持治安,就不会有人强烈抗议在伊拉克和阿富汗等被占领国家训练更多的警察,因为在这些国家,军方拥有压倒性的武力优势。

当人们服从、不抵制警察权力时,几乎没有必要诉诸实际武力。然而,我们可以质疑这些假定是否适用于所有的警务环境,包括新兴国家的警务环境,甚至它们是否仍然适用于西方民主国家。罗伯特·莱纳③直言不讳地批评了同意警务概念,认为应当区分同意警务(policing by consent)、基于同意的警务(policing on the basis of consent)和未经同意的警务(policing without consent)。这些区别可以在人群控制方面得到说明。假定维持治安得到认同,一群示威者在接到警方命令后会散去。当警方在获得认同情况下执行警务工作时,可能不得不采用武力来控制示威活动,然而,这一结果是在没有与示威者发生重大而持久对抗的情况下取得的。当警察完全没有获得认同时,示威者可能会顽固抵抗,获得旁观者的支

---

① "我确信,警察的观念是一种城市现象,而在陌生人之间维持有序与和平的关系是这座城市产生的原因。"(Bittner/Brodeur,2007:129;见 Fogelson,1977)

② 优势力量推定;见 Keegan,1994:386。

③ 2000a 和 2000c。

持,并使用一切手段来反对警察。然后,军方被召集前来。同意警务可能是一个过时的概念,应该受到公正的批评。然而,当警方不再有更多共识的基础时,警察本身就处于危险之中。

最小国家的第二个特征可以被视为正确假定社区总体上是顺从的这种先决条件:原初状态(the original state)的特征是人口同质性。城市版图是根据它的人口来构思的:大量的人生活在同一个地方。因此,它是一个人类空间,而不是一个物理空间。它的(部落)人口在种族和文化方面被认为是同质的。人口的同质性反映了领土的概念,领土的统一性反映了其居民的相对同一性。诚然,城邦或城市的居民是彼此陌生的人。然而,他们并不是外国人意义上的陌生人,他们来自不同的州,可能会结合成相互排斥的社区,也可能会发生冲突。除了奴隶和其他非公民外,城邦人口是内生的,公民彼此不认识并不妨碍他们有一个集体身份(作为"雅典人"或"罗马人")。比特纳在这方面说:"部落成员是陌生人的反面。当他们需要在同一社会背景下生活在一起时,他们就成了陌生人。"[1]换句话说,他们作为个人是陌生人,但不是作为群体的成员,他们的融洽是匿名的,而不是疏远。这并不是说比特纳对不同群体之间的差异不敏感。他明确承认,在第一次世界大战之前,"人们从字面上理解,警察是被雇来敲打移民头部的",但他也认为,自第二次世界大战以来,这方面已经发生了根本性变化[2]。由于警察在假定已建立的秩序基本上完好无损的前提下运作,因此,在 PUFP 中很少有因素可以让我们分析族裔群体之间的冲突威胁到整个秩序的情况。

虽然许多研究致力于研究近代社会日益分裂对警察权威的影响[3],尽管这些研究现在越来越具有纲领性,而且与实际人口结构不符,但定义最小国家的人口同质性假设仍然广泛存在。洛德和马尔卡希倡导的世界性警务文化重申了警察、国家和民族之间的联系,尽管是以一种灵活的方式[4]。根据这一视角,警察在一个相对同质的人类学和文化空间运作,符合最小国家的第一个特征。然而,他们也表现在地域空间,在那里,可能会因为这些作者所称的分裂城邦的蔓延而阻止世

---

① Bittner/Brodeur,2007:111。

② Bittner/Brodeur,2007:115。

③ Reiner,1992a:763;Reiner,1992c:37;Loader and Mulcahy,2003:100。

④ Loader and Mulcahy,2003:323。

界城邦的出现,也就是说,通过合法的权力下放或通过物理上的撤退,将国家领土分裂成反抗的贫民区,为其居民提供一种反应性的身份认同。在加拿大这样的国家,土著领土既是事实上的,也是法律上自我放松管制的飞地,在那里,对立的派系经常在没有加拿大警方干预的情况下相互诉诸暴力。在其他国家,贫民窟和"贫民区(favella)"①"新贫民区"②和"少数民族郊区"③是警察拒绝冒险、屈服于失范的无人区。在这种情况下,文职警察是否会发挥最小使用武力的作用,还是会像许多南美国家那样,越来越多地由军方或准军事组织维持治安? 这些问题将在第九章中讨论。

最后,构成比特纳警务理论背景的最小国家或城邦,完全是由其提供城市生活条件的内在功能来界定的,即陌生人的和平共处。具有决定性意义的事实是,比特纳选择"无视卡尔·施密特对国家职能非常有影响力的表述,即国家是由其敌人的存在来定义的"④。比特纳的最小国家本身没有足够的实质内容,无法拥有内部或外部的敌人。根据定义,它是透明的,不会像警察国家那样对其公民发动战争,以执行占主导地位的秩序。这种假定的透明度是比特纳提供的分析框架的一个严重局限,也证明了他不想制定一个全面的警务理论的说法是正确的。它没有为我们提供概念上的工具,来阐明警察在一般社会和政治冲突中的作用。

论合法使用武力的非垄断性

研究 PUFP 的几位学者将韦伯关于国家垄断合法使用武力的概念引入了比特纳的理论⑤。这种将外在的韦伯元素融入他的思想,在一定程度上是由比特纳本人通过对缪尔的《警察:街角政客》⑥的正面评价促成的。缪尔明确地根据韦伯关于政治是一种职业的文章提出了一种警务理论⑦。当被问及这一点时,比特纳

---

① Davis,2006。
② Vergara,1997。
③ Donzelot et al.,2003。
④ Bittner/Brodeur,2007:111。
⑤ Newburn,2005:5。
⑥ 1977。
⑦ Weber,1946。

回答说,他不认为合法使用武力的垄断是他的警务理论的一个关键方面。

　　并不是关于国家垄断合法使用武力的想法是错的,只是它太狭隘了,我想都不敢想。以某种特殊的方式,城市的创建,也就是"城邦"的建立,废除了私人使用武力或使其合法化。因此,在某种程度上,关于垄断的定义,国家垄断,是一种残留的定义①。

尽管如此,毋庸置疑的是,正如比特纳愿意承认的那样,国家垄断合法使用武力的概念与比特纳的思想倾向是一致的。然而,这可能导致人们对警察使用武力的具体性质产生基本的误解。正如比特纳的批评者所说,警方实际上并没有像北美那样,直接或通过委派特别警员来垄断合法使用武力②。例如,父母和教师被合法地授权使用武力管教儿童;随着人口老龄化,我们了解到在老年机构中进行的大量身体胁迫,更不用说精神病患者了;私营保安公司,特别是那些专门从事运钞业的公司,使用全副武装的人员,并允许携带武器巡逻。更多的例子可以添加到这个列表中。

虽然这些例子并不会使比特纳对警察作用的定义失效,但它们可能有助于找到警察授权使用武力的独特条件。比特纳欣然承认,例如,狱警有权使用武力,但他强调,在这方面,警察当局与狱警有着根本不同。"虽然后者(狱警)的权力是他执行法律命令的义务所附带的,但警察的作用更容易理解,他们逮捕罪犯的能力是他们使用武力的权力附带的"③。对于这个相当复杂难懂的句子,最简单的解释是再加上一个词:他们逮捕罪犯的能力是其使用武力的一般权力的附带条件。这就是警察使用武力与任何其他群体享有的权利之间的关键区别:在任何有理由使用武力的情况下,警察可以利用他们的能力压制对其干预的抵抗④。所有其他群体的权力都是有限的(例如,父母对自己的孩子有权,老师对学生有权,外科医生对病人有权,监狱看守对囚犯有权,等等)。警察使用武力的强度应该是最小的,但它的范围是无限的。

---

① Bittner/Brodeur,2007:119。

② Brodeur,1984b;Johnston,1992。

③ Bittner,1970/1990:122-123。

④ Bittner,1970/1990:125。

如上所述,警察当局使用武力的第二个特点,警察机构和最小国家范围完全一致是这一事实的直接后果。在我对他的采访中[1],我问比特纳教授,他认为使用武力是警察任务的核心这个观点的法律基础是什么。他首先回答说,他没有在任何民主国家的法律中找到这一点,而且他不知道除了许多维护警方使用武力的权力的司法裁决外,还有这样的法律基础。关于上面引用的一句话,他宣称:"我能为这句话辩护的唯一理由:我是根据观察得出的。我不能引用任何权威或授权来做这件事。我能对(它)进行补充的就是,它会受到挑战,但显然不会受到挑战。"[2]

批判性评论

警察当局使用武力这一决定性特征是,它是包罗万象而不是垄断的,这解释了 PUFP 的几个方面。

这一范式适用于谁

比特纳发现,在他的民族志实地调查中,警察当局使用武力的一般范围是其决定性特征。他的基本观察是,警察被求助的情况千差万别。正如戈尔茨坦明确承认的那样,他对执法在警务中的有限分量的见解,在后来以问题为导向的警务模式中发挥了重要作用。符合这种"呼叫接听多面手"说法的警察,实际上是普通的穿制服的巡警。PUFP 主要适用于他们[3]。

根据比特纳的说法,它也适用于侦探,他们倾向于避免卷入假定不需要使用武力逮捕逃跑的嫌疑人的犯罪行为[4]。30 多年前提出的这一论断正变得越来越值得怀疑,例如,打击洗钱和经济犯罪的重要性与日俱增。经济犯罪一般不是由暴力犯罪者实施的。就所有实际目的而言,PUFP 几乎只适用于身着制服的外勤警务人员。除了莱纳对英国警察局长的研究之外,几乎没有人揭示他们的主管和领导人的工作,这是一个被忽视的研究领域[5]。这一限制似乎不仅排除了更多的警务人员(在第一章中列出),而且与当前多元化警务的趋势背道而驰。

---

[1] Bittner/Brodeur 2007:130 - 131。

[2] Bittner/Brodeur,2007:131。

[3] Bittner,1974/1990:241。

[4] Bittner,1974/1990:242。

[5] Reiner,1991。

公共警察和私人警察

在他所有的作品中,比特纳对历史的发展非常敏感。当他将城邦定义为为陌生人共存提供条件时,他谨慎地说,这些条件实际上是由封建时代末期的"私人军队"提供的,指出城邦与文艺复兴后"国家"的真正诞生是不同的。然而,对他而言,国家的曙光意味着私人武力的非合法化[1],很大程度上是因为"商品化的警察不可能公正"[2]。这一推理的含义是,将公共和私人警务纳入综合网络的努力与PUFP不符[3],至少是因为它是由比特纳开发的。这显然不是反对这些努力的理由,而是表明,公共和私人警务的整合目前基本上是一个基于实际考虑的方案,这可能有利于那些能够负担得起私人警务服务的各方。在美国,私营安全机构对劳资关系的监管很难说对工人有好处。

立法空洞化

虽然在理论上是无限的,但警察使用武力的授权实际上受到越来越多的法律约束。警察可以在公共场所自由行动,但一旦他们想侵犯隐私,理论上就要接受司法监督,必须申请各种逮捕令,而这些逮捕令几乎无一例外都能获得。对警察使用武力的法律限制具有两面性。一方面,对使用强制手段的具体情况(搜查和扣押、逮捕、没收资产、截取私人通信等)有一些正式限制。这些限制通常适用于刑事调查,刑事调查在PUFP中有辅助作用,比特纳并未对此研究。另一方面,立法者有充分的理由抵制这种想法:通过法规授予任何类型的国家工作人员不受限制地使用武力的权力。我与比特纳探讨了这个问题,结果得到了新的答案,即没有哪一项法规授予警察在所有可能需要的情况下使用武力的一般权力。这种立法的空洞化加剧了警察问责的问题,因为这似乎赋予了他们在使用武力方面不受限制的自由裁量权。这也符合这样一个事实,即警察的权威建立在既定秩序的非正式假定之上。这一假定反映了我们对警察的矛盾心态,比特纳充分意识到了这一点。"总而言之,经常听到的关于合法使用武力的言论实际上是毫无意义的……我们期望警察会使用武力,再加上我们拒绝清楚说明我们所指的是什么

---

[1] Bittner/Brodeur,2007:119。

[2] Bittner/Brodeur,2007:120。

[3] Bayley and Shearing,2001;Johnston and Shearing,2003。

（除了道貌岸然的说教外），这实在有点反常。"①

警察的独特能力

前面的分析结果可以总结为：虽然警察权力的范围是包罗万象的，但警察使用武力的程度应该是最低的。这一总结的前半句暗示着收缩的趋势，后半句暗示着扩张的趋势。这种明显的分歧在比特纳关于警察独特能力的概念中得到了解决，这意味着警察使用武力是潜在的，而不是实际的。从理论上讲，它的潜在性质符合这样一个事实，即它是无所不包的，但又要求它是最低限度的。

警察武力（force）的供求情况

比特纳总是强调，对警力的需求比其供应更明显："公民的需求对于警察服务的分配来说是一个非常重要的因素。"②比特纳在我们见面一开始就重申了这一点："对（使用武力）的需求比其供应要明显得多。"③当人们报警时，他们希望警察在紧急情况下强行实施解决方案，尽管这种对他们意愿的解释"可能与大多数人在回答有关警察适当职能的问题时所说或期望听到的话相互冲突"。④⑤

供需之间的这种反差在几个方面都很重要。首先，它为警方使用武力的能力不受限制地适用于所有情况的说法提供了必要的支持。事实上，警察的主动行动受到严格的限制，因为它是由公共空间和私人空间之间的区分来框定的。在公共空间，警察可以不受限制地行动，而在私人空间，警察必须获得特别授权才能进行干预。然而，当警察被所有者或承租人叫进私人领地时，他们不需要这样的授权。因此，与从供给角度发展的理论相比，从需求角度发展的警务理论更能证明警察使用武力权限的广泛性。其次，它还解释了 PUFP 几乎唯一的理论焦点在制服巡

---

① Bittner,1970/1990:122。

② Bittner,1974/1990:252。

③ Bittner/Brodeur,2007:111。

④ Bittner,1970/1990:123。

⑤ 比特纳在这里暗示，在这种情况下，人们不敢说出自己的想法，这是一个合理的假设。然而，它提出了一个方法论问题，即他的一些关键断言是否可以得到实证检验。一旦我们对人们回答问题的真实性产生怀疑，就只剩下人种志学者对其报警的真正意图的解释了。

警。他们是接听电话的警察。便衣单位的成员几乎从来不会直接回应公众的电话。第三,强调信任作用的警务理论含蓄地以需求为导向:如果没有信任,就不会有任何需求。该范式的这一维度并不是由比特纳明确提出的,但曼宁[1]的著作强调了这一点。

最后,通过对报警电话的实证研究,重新发现了警察的象征功能,揭示了公众对警察的期望[2];最近关于公众对警察态度的研究也强调了这一点[3]。符号虽然是在供求的交汇点上创造出来的,但它却被公众从外部赋予了特殊的意义。

从回应到责任

不难想象,在未来某一天,警方可能会在不诉诸武力的情况下行动[4]。如果没有使用武力的需求,如果警方能够在不诉诸武力的情况下解决任何问题,这种情况可能会发生。即便如此,如果有特殊需要,警方仍会承担使用武力的责任。换言之,比特纳并不主张警察工作实际上包括使用武力解决问题,而是包括处理可能不得不使用武力的问题。比特纳说,现实性和潜在性之间的这种区别具有极其重要的意义[5]。

警察能力

比特纳的推理遵循的是一条使用武力似乎逐渐消失的道路。它从通过使用武力对警察角色的定义开始,然后扩展到使用最小武力,最后强调使用武力从根本上指的是一种能力,而不是武力的实际使用。因此,独特能力的概念弥合了警察授权使用武力的范围与根据必要的最小使用武力的要求之间的差距。在我们交流过程中,比特纳试图用神职人员的类比来阐明这个能力的概念。

95%的警察日常工作与武力无关,也许99%。然而,独特的能力仍然是警察的突出特征,尽管很少使用……我想说的是,神职人员履行圣礼职责是对它进行

---

① 2003。
② Shapland and Vagg,1988:149。
③ Loader and Mulcahy,2003。
④ Bittner,1970/1990:187。
⑤ Bittner,1974/1990:256。

界定,尽管这只是其中的一小部分,而且大部分时间都被其他事情占据①。

批判性评论

批判性评论以相同的顺序解决了前面的问题。

需求侧理论

毫无疑问,比特纳使用武力理论的基础在于他对施加非协商解决方案要求的实地观察。这种片面的基础提出了一个问题:使用武力的范式是否依赖于对武力的需求? 换句话说,是否所有通过使用武力对警察的定义都是以需求为基础呢?

这个难题的答案应该是有条件的"是",重点放在资格上。对"公共力量"的需要肯定可以独立于公民社会的要求而提出。正如第二章所述,1789 年《法国人权宣言》第 12 节无条件宣布了这一需要。然而,这一声明仍在需求侧解释的范围内,因为它实际上等同于优先考虑来自国家的需求而不是源于公民的需求。比特纳本人几乎承认了国家需求在历史上的至高无上地位,他写道,"警察被创造出来,是为了对付所谓的危险阶级","从而遏制内部敌人"②。这里,比特纳是在支持西尔弗③所表达的立场。他在这里所持的立场可能与他思想中的一个信条并不完全一致,即声称不考虑施密特的国家公敌概念④。尽管如此,强制性警务(coercive policing)似乎有两种需求:一种是国家需求,它解释了警察作为一种制度诞生的原因;另一种是公众需求,它解释了对警察个人干预的日常动员。对"公共力量"需求的存在(没有进一步的资格限制)是一种微不足道的观察结果。棘手的问题是,警方是否可以在不依赖任何需求的情况下,从供给侧证明使用警力是合理的。我不这么认为。

比特纳对该问题提供了经典的表述:"'警察应该做什么'这个问题几乎完全等同于'哪些情况需要采取强制性补救措施'。"⑤尽管存在自然灾害这样的特殊情况,但如果没有一个规范框架来阐明警察应该尊重什么价值观,就不能回答这样

---

① Bittner/Brodeur,2007:113。
② Bittner,1974/1990:260,强调是我加的。
③ 1967。
④ Schmitt,1927。
⑤ Bittner,1970/1990:125。

的问题。与人不同的是,情况本身并不需要某种特定的解决方案,需要根据我们所持的价值观来解释,以便决定行动方针。在阐明这些价值观时,不可避免地要考虑到各种期望和要求。当为特定利益赤裸裸地强行实施武力被认为是不可接受的时候,所有武力的正当理由都必须建立在对需求的严格审查的基础上。

选择性警务

比特纳充分意识到,除了交通管制和低水平服务外,警察做出影响中上阶层成员生活的决定"极为罕见"[1]。然而,对于穷人、无权者、移民、贫民区和贫民窟居民来说,警察是令人敬畏的人物,更不用说那些离经叛道的人和罪犯了[2]。PUFP一开始似乎是在不诉诸阶级或种族偏见的情况下为这种选择性警务提供解释。可以说,对穷人和无权者中的暴徒进行监管的需求,主要源于这部分人口。这种推理方式在几个方面都有问题。

首先,它意味着穷人同时是选择性执法的触发者和受害者。其次,它忽略了报警者在强行结束危机(阻止丈夫殴打妻子)和跟进危机的胁迫影响(逮捕和起诉丈夫)之间起着至关重要的作用。根据我自己的研究,许多要求侧重于冲突的短期临时解决,而拒绝接受警察强制执行的长期司法后果。第三,比特纳的论点与他的其他观察结果相冲突。正如我们所见,他再三强调,警方,包括侦探,往往会忽略不会逃走和拒捕的罪犯所犯下的罪行[3]。如果是这样,警方现在就会避免回应公众的要求,实际上是呼吁,即保护他们免受诈骗和其他涉及欺骗而非暴力的罪行的侵害,从而通过打击犯罪来满足他们的行动欲望。

能力

能力的概念通常与能力的实际实现相对立,它被用来解决定义一组实践者时所涉及的明显矛盾,即通过他们往往做得最少的事情和最后的手段来定义他们。它还提供了一条重要的线索,以应对对比特纳关于警察定义的反对,即它没有说明使用武力的目的是什么[4]。乍一看,可以证明警察使用武力的情况如此之

---

[1] 1970/1990:159。

[2] Bittner,1990:159。

[3] Bittner,1974/1990:242。

[4] Cain,1979;Marenin,1982;Reiner,1992b。

多——"巡警的职责多得令人难以置信"①——以至于它无视任何为达到目的而调整手段的功能主义提法的企图。在更深的层次上,功能主义者的表述可能会混淆利用能力概念来定义的含义,如下面的引述所示:

问题:你认为,比起简单地说他们(警察)必须采取紧急措施来阻止不应该发生的情况,人们是否可以制定出更加精确的警务目的吗?

回答:嗯,我不知道是否有人能。但我反对描述那个做手术的医生,或多或少有必要提到他这样做是为了病人的利益,(我反对它的理由是)这忽视了一件非常重要的事情,即其他人没有资格因病人的利益而实施手术。只有医生才有资格做外科手术,这意味着他有权犯错误,他有一定的容限来犯错误。现在,如果我发现我的邻居肚子疼,我去说,就在这里,那是阑尾,你是不是碰巧手边有一把刀?把刀给我,我帮你剪下来。我能这样做吗?为了他的利益我愿意这么做。但是我不会。我不是执业医师。但是有执照的医生可以这样做。这就是问题的关键所在。现在,他这样做是为了(病人)的利益,我认为这在我们谈论的事情中是隐含的,警察也是这样做的,这样做是为了维护社会秩序②。

莱纳在两种警察定义之间进行对比的做法可能是正确的:一方面,他从职能角度界定警察;另一方面,他像比特纳那样将警察定义为"使用合法武力的机构知识库(the institutional repository)"③。事实上,没有必要补充警察将为公共利益使用武力的事实,实际上这种声明的含糊性质,以一种引人注目的方式说明了比特纳是如何发展出一整套密切相关的想法,这些想法必须在它们的相互联系中加以考虑。

关于前面的引述,需要说明的最后一件事是,它使用人们熟悉的外科医生的比喻来说明赋予警察的那种能力。但牧师的比喻在某个方面更接近警察的能力。牧师和警察都享有一种独特的能力(分别履行圣礼和使用武力),但他们很少有机会实践,外科医生实际上却把大部分时间都花在了外科实践上。医学和警察之间

---

① Bittner,1974/1990:250。

② Bittner/Brodeur,A. 2007:131-32。

③ Reiner,1992b:458。

的类比在其他方面具有误导性，稍后将进行更全面的讨论。

警察使用武力范式的特征

PUFP，正如我一直使用的概念，可以用两种方式来描述。首先，通常可以总结出它的特点。其次，可以试图通过阐述该范式所依据的理论对立来展示它的二分法性质。我将从这些特点入手对其展开讨论和批判性评价。

尽管在历史上可以找到各种形式的政治秩序，但警察对 PUFP 来说是通过将暴力集中在国家机构来限制暴力这种趋势的具体结果。韦伯、伊莱亚斯显然也认同这一发生学观点，比特纳也是如此，他描绘了 19 世纪早期英国社会警察观念的发展简图[①]。警察机构的诞生代表着文明在私人封建军队的社会秩序方面取得了重大进步，这些军队"提供了几乎与今天美国城市中的黑手党一样的那种保护"[②]。PUFP 的这种进步取向暗示着 PUFP 并不是没有价值的：与其说它体现了一种广义的警务理论，不如说它是对警察民主这一特定背景下的描述。那些看起来与范式的核心相矛盾的内容，比如非最小使用武力、政治镇压和歧视，被简化为与理论模型的实际背离，这只对评价性研究有意义。例如，警察暴行的存在并不质疑最小武力的理论概念，而是将其实际转化为现实。

去政治化

正如比特纳明确指出的那样，他的民族志方法论并不利于对警察行动所处的更广泛的物理、政治和法律背景进行明确的概念化。在这个最小背景下，城邦和警察没有足够的区别，无法研究国家和警察之间的关系。即使研究 PUFP 的大多数学者也都不是民族志学者，政治和警察之间的联系并不是大多数警察研究的重点，尽管有明显的例外[③]，而且主要是由历史学家研究的[④]。由于高度集中的警务

---

① Bittner 1970/1990：102。

② Bittner/Brodeur，2007：129；又见 Chesnais，1981。

③ Banton，1964；Cain，1973；Reiner，2000a。

④ Liang，1992：4。

结构,欧洲大陆对该主题给予了更多关注①。

警察可见性

属于公共警察队伍的身着制服的警务人员是 PUFP 的主要关注对象。如果应用于私人保安,将专注于警卫。这不仅是因为他们的数量更多,知名度更高,还因为他们是 19 世纪英国现代警察理念的最初体现。在很大程度上,PUFP 对制服人员的关注是其历史视角的结果。这种关注显然排除了警务的关键行为体,如犯罪调查人员、情报官员、政治警察(被认为是对该模式的歪曲)、为控制集体暴力而部署的准军事部队、警方线人(按合同聘用)和私人安全组织,或者没有将其考虑在内。

虚拟力(Virtual Force)

这一范式的核心特征是,武力的使用不被认为是行动的力量,而是一种行动的权力或能力。理论上,使用武力最明显的例子,对群众示威的管控,被排除在 PUFP 之外。警察权的模糊性是 PUFP 最成问题的特点之一。权力的概念是最难分析的概念之一,亚里士多德、黑格尔和福柯等不同思想家的著作都证明了这一点。虽然无法观察到权力本身(只能观察到它的实际运用),但不能将其简化为头脑的抽象构造。权力徘徊在虚拟和现实之间。权力的问题性质在 PUFP 内部得到了加强,它在那里消失了,变成一种可能永远不会发挥出来的能力。当使用武力的能力与使用最小武力的要求相结合时,对模型进行经验检验就成为一项具有挑战性的任务。最后,还不清楚使用武力的能力是否是一个充分的工具,来解释警察日益重要的监视做法。在某些方面,监视做法是进行实际干预的前提,因此,尽管从非常一般的意义上讲,可以将其与某种能力相联系。然而,监视不仅仅是一种可能性,它实际上是通过一系列警察活动进行的,这些活动现在呈指数级增长。

---

① Monjardet,1996;Loubet del Bayle,1992;Dewerpe,1994。

分裂（Fragmentation）

警察使用武力能力的独特性质是，除了我们刚才看到的集体暴力之外，在所有有正当理由的情况下都可以行使武力。在解决冲突方面，警察的一般能力实际上被分解为警察与个人之间冲突中发生的无数微观表现。乍一看，将最迫切需要警察采取行动的情况——经常导致正式宣布"紧急状态"的集体暴力——排除在外，似乎不符合警察被授权在必要时随时随地使用武力的一般特征。细看之下，这种做法揭示了警方使用武力的先决条件：即普遍遵守推定（the presumption of general compliance）和优势力量推定（the presumption of superior force）。在集体暴力的情况下，这两种假设都被搁置。

需求侧理论

PUFP 在很大程度上是基于公众要求动用一切必要武力来结束危机局势。虽然应公众要求，警察动员可以成为实证调查的对象，但比特纳的论点并没有成为系统验证的对象。甚至还不能确定是否可以通过实证研究对其进行证伪，因为报警者对其动机的描述，研究人员是持怀疑态度的[1]。在上一段中，个体分裂（individual fragmentation）被描述为排除了警方针对集体暴力采取行动的可能性。这个特征也是需求侧理论的基础，因为来自国家或公司代理人的需求在 PUFP 中并未真正得到审查。这种以个人需求为导向的范式的影响是深远的，因为它影响了强调信任在警务中重要性的警察理论[2]。

对 PUFP 主要特点的介绍还强调了范式中没有明确涉及的内容。这种程序旨在反映 PUFP 的一个基本方面，那就是它试图在思考警察时的平衡对立的观点。因此，武力的使用是通过最小限度的要求来取得平衡的。然而，最能体现这种矛盾观点的是比特纳断言警察工作是一种受玷污的职业[3]。这一论断是在《关于警察工作性质的流行观念》的"现代社会中警察的职能"一节中提出的。对于比

---

[1] Bittner，1970/1990：123。

[2] Manning，2003。

[3] Bittner，1970/1990：94。

特纳来说,首先附着在警察工作上的污点是指"警察被视为救火之火的事实"①。在更深层面上,它源于以下事实,即为了迅速解决具有复杂性和变化性的人类状况,警察活动"带有粗制滥造的特点",需要忽视职业结构上的复杂性②。公众在要求以暴制暴的同时也污蔑了暴力工作者。二元性可能不只是 PUFP 的一个概念特征,而是思考警察的一种不可避免的特质。正如第一章所说,警务不是一个整齐划一的知识对象,而是一个充满冲突的广阔领域。

警察使用武力范式中的概念对立

这一节的标题并不意味着 PUFP 是不一致的,而是仅仅意味着它内部存在着合理的概念上的紧张关系(conceptual tension)。这里提到的对立是针对最新的区别(例如公共力量和私人机构之间的区别),不需要在前面几页讨论的范围之外进行讨论。然而,还有其他一些概念紧张的来源值得更密切关注。讨论这些问题将把我们引向表述警察独特能力的另一种方向。

PUFP 中的相反项

这里将要列出的概念对立适用于警务的各方面。虽然是理论上的构建,但实际上有着坚实的基础。

1. 警务代理

公共警察与私人安全机构

警察部队与军事力量

穿制服的巡警与便衣分队

一般授权使用武力的持有人与有限授权使用武力的持有人

2. 警务情况

城市环境与农村环境

紧急危机与常规事件

---

① 1970/1990:96。

② Bittner,1970/1990:97。

个人冲突与集体暴力

3. 警务活动

对需求的强制性反应与主动提供警力

公民社会的警力动员与国家的警力动员

治安与执法

不受监管的活动与受法律监管的活动

一般来说,PUFP 优先考虑的是列出的每对概念中的第一个。这份清单并不详尽,它是我对 PUFP 的重建。然而,PUFP 中还有其他可供选择的概念(例如将警察作为一门技能和作为一种科学)没有被提及,因为它们在本论点的形成中没有起到任何作用。第二,并非所有与警务有关的概念上的对立都是双重的。有混合的(如公共和私人警务之间的选择),也有"其他可能性"(如土著领土,不适合城乡界限的任何一方)。

PUFP 中的实质性对立

这两个实质性的对立(或者说比特纳所使用的紧张关系一词)涉及范式的核心,也就是武力的使用。

能力与表现

正如比特纳经常强调的那样,警方使用武力主要是一种能力[1],或者在他后来使用的术语中,一种独特的能力[2]。这两个术语并不等同,因为能力的概念也可以被解释为诉诸武力的制度赋权。

能力在语言学中也被广泛使用,它指的是用一种特定的语言进行交际的能力,用于实际执行言语行为。在语言学中,能力和表现的概念本质上是联系在一起的,一个能说英语的人通常会用这种语言进行交流。PUFP 的情况明显不同,在那里,使用武力的能力几乎与警察的实际表现脱节。正如之前强调的那样,比特纳认为,在未来某一天,警方甚至有可能在不诉诸武力的情况下解决任何问题,

---

[1] Bittner,1970。

[2] Bittner 1974;Bittner/Brodeur,2007。

如果所有其他选择都失败了,它将保持其有形"或其他"的威胁性力量①。在语言学中,相应的情况是需要精通一门语言,并心照不宣地认为应该尽可能少地使用它。就像所有的类比一样,不应该从表面上理解这一点。然而它的目的是要指出,在 PUFP 中,能力和表现(实际使用)之间存在如此大的差距,造成能力和使用之间的脱节。公众认为警察不断参与强制使用武力,这在很大程度上是由于媒体对警察形象的不断刻画造成的,这些媒体只关注警察在重大局势和暴力冲突中的含义。事实上,这种强制事件在特定的司法管辖区内很少发生,它们之间相隔很长一段相对平静的时间。

身体对抗(Physical Struggle)的动力

最小武力的规范性要求造成警察能力与警察表现得相对脱节。相反,满足这一要求的实际困难是另一个紧张关系的来源,比特纳在我们会面期间强调了这一点。他描述了实际使用武力的两个特点,这两个特点与最小武力原则相冲突。第一个是他所说的身体对抗的自然动力的结果:"一旦你开始拳打脚踢,就很难停止了。"比特纳提到的第二个特点揭示了更深层次的洞察力。

> 第二个方面涉及确保武力的使用将会占上风。所以,如果你想确保这件事能令人满意地完成,最后一击几乎(可以说)是超出必要的……我的建议是,这两件事是冲突的:关于最小武力的人类理想这种想法,以及这样做的实际方面,造成工作中固有的、非常难以控制的紧张②。

比特纳的洞察力在警察学院的枪支训练中得到了鲜明的体现:一旦警察决定拔枪,就应该开枪,直到目标被击落,确保(通常是致命的)武装力量占上风。这是对阿马杜·迪亚洛在 1999 年纽约布朗克斯发生的一起臭名昭著的事件中被枪击41 次的解释。警方审判时声称,迪亚洛的外套领子与公寓的门把手纠缠在一起,使他没有摔倒在地,警察一直开枪,直到他倒下。这样的悲剧并不是美国特有的,其他地方也会发生,正如 2005 年让·查尔斯·德·梅内塞斯在英国被枪杀提醒我们的那样。德梅内塞斯与恐怖主义没有任何联系;他被英国警方开枪打了 7

---

① Bittner,1970/1990:187。
② Bittner/Bodeur,2007:112。

枪,警方怀疑他参与了伦敦公共交通系统爆炸案。

要求使用最小武力至少意味着两件事。它首先意味着应该在尽可能少的情况下使用武力。需要减少诉诸武力的频率是警察能力和警察实际表现之间产生紧张关系的原因。这种紧张关系通常以有利于克制的方式解决,警察干预的次数与使用武力之间的比例很小[1]。其次,最小武力的要求也意味着一旦决定触发诉诸武力的进程,就会降低使用武力的强度。第二种形式的紧张关系是否可能向有利于克制的方向转变,目前还远不清楚。能力和表现之间的紧张关系是指使用前的体力。身体对抗的动力和武力最小化对策之间的紧张关系是指开始使用后的体力。

警察使用武力范式中的形式对立

形式上的对立是相对于知识过程本身产生的概念上的紧张关系,而与知识对象("事实")无关。下面将讨论其中的两个问题,第二个问题在随后的争论中起着核心作用。

定义和描述

任何研究警察实地行动的人员都会感到震惊的事实是,警察所从事的各种活动令人难以置信。因此,如果人们在他们所做的每件事中寻找能够实际观察到的经验特征,搜索贯穿各种活动(比如徒步巡逻人员寻找失踪儿童父母,特警队解救人质)的共同线索,那他们注定会失败。通过用警察独特的权限或能力来定义警察,PUFP为该问题提供了一个绝妙的解决方案:虽然这种能力并不是在他们所有活动中都表现出来,但它总是可以被激活的,从而在权力和行动之间提供了一个合适的中间地带。

尽管这一解决方案很优雅,但它在警察的定义和对其活动的经验描述之间造成了差距。例如,尽管沙普兰和瓦格[2]首先断言比特纳使用强制武力解决问题的理念跨越了公众对警察的各种要求,但他们的书中只有一个段落简要讨论了武力的实际使用,这个段落得出的结论是,公众要求的最重要的警察角色是象征性的

---

[1] Bayley and Garofalo,1989;Brodeur,2003。

[2] Shapland and Vagg,1988:39。

角色,即通过"他们的出现"来宣布一种有秩序的状态①。从戈尔茨坦②开始,大量关于社区和问题导向警务的文献都承认了比特纳贡献的关键性质,但几乎没有提到在警务中使用武力(对其主要持批评态度)。考虑到警察活动的多样性,不太确定定义和描述之间的差距是否能得到令人满意地填补。

描述和评价

在 PUFP 中,实际上有人试图通过区分是什么和应该是什么来填补这一空白③。一方面,将警察定义为未经协商的武力(nonnegotiated force)的分配机制是对他们所做或可能做的事情进行事实描述。另一方面,确定警方是否尊重只使用最小武力的要求,正在进行评估研究。按照这种逻辑,不使用武力就能达到预期效果的警察,在理论上仍然可以被描述为一种"武力的分配机制",但另一方面,他满足尽量最小使用武力这一要求的能力也得到了积极的评价。矛盾的是,警察部门在以最小使用武力产生效果方面做得越好,其活动就越不符合其作为武力的分配机制的定义。相反,如果不通过使用胁迫时受到约束的测试,则意味着它将更接近其唯一定义的使用武力的能力。

虽然上文讨论的形式上的紧张关系导致了相当尴尬的局面,即对警察表现的描述和评估似乎共同卷入了一场零和游戏,但这一结果可能并没有错,它只是反映了警察的一个独特特征:警察为了共同利益而使用被认为是恶的暴力手段。这一悖论是故意以挑衅性的方式表述出来,现在将讨论这个悖论。

走向警务的新定义

曼宁④对警务的定义进行了透彻的讨论。他提出了自己的定义,最终取决于使用武力,因此仍然属于 PUFP。关于定义警察的问题,这里将采取另一种方法。比特纳对警察的定义可以作为定义其他职业的模板。以这种方式使用它并不能很好地揭示其他职业,但它揭示了 PUFP 对警务定义的关键特征。

---

① Shapland and Vagg,1988:108 and 149。
② 1979:27。
③ Rumbaut and Bittner,1979:267;Klockars,1985。
④ 2003:33 – 43。

　　第一个试验场将是教师。为了阐明我的观点，仿照比特纳，教师可被定义为"一种传播知识的机制，不容商量地承认为科学，符合文化传播的规定"。显然，根据这个定义，说最好的老师是传播知识最少的老师是没有意义的。即使明显需要根据学习者的能力调整传递的信息总量，这种平衡也不会倾向于将知识最小化；教师试图"按照直观把握迫切需求的原则"，尽可能多地传递知识。在警务工作中观察到的职业定义和个人表现评估之间的脱节与教师无关。原因是显而易见的：人们一致认为知识是积极的，而在武力问题上没有这样的共识；在 PUFP 中，最小武力原则建立在这样的假定之上，即胁迫虽然有时不可避免，但本身并不是积极的价值标准。

　　第二个试验场将是外科医生，他们经常被研究 PUFP 的学者与警察相提并论。外科医生和警察之间的共同点是，两个职业都使用极端的治疗方法。然而，理论上对外科医生的定义和对他们活动的实际描述之间的差异并不像警方那样强烈：正如我们已经注意到的那样，外科医生的大部分工作时间都花在给病人做手术或准备手术上。此外，尽管比特纳表示反对，但如果将手术定义为一种分配手术切口的机制，而至少没有提到这些切口是为了改善患者的健康而实施的，这将是违反直觉的。

　　对于界定警务的定义，还有两个更重要的区别。首先，外科医生与病人讨论他们打算做什么，在正常情况下，必须征得病人的同意才能进行手术干预。警察在使用武力时不会征得同意。第二，虽然手术涉及切割病人身体，但手术是由训练有素的专业人员在一套复杂的条件下（例如，麻醉、器械消毒、生命体征监测等）为同意的人做手术，以保护病人的生命和福祉。尽管外科医生和犯罪者之间存在道德鸿沟，但除了身体上的割伤外，外科切口和切割刀的伤口之间没有物理上的共同点。外科医生不会与病人决斗，外科手术也不是简单地出于好的目的而造成伤口。相比之下，警察通常（但并非总是）与他们使用武力的对象发生冲突。他们使用武力的训练与外科医生执业的训练相比微不足道。最重要的是，在许多情况下，警察和罪犯使用武力的方式几乎是相同的。例如，当一辆警车追赶另一辆车时，两者都表现出类似的无视交通规则；当便衣警察和帮派成员交火时，很难分辨谁是警察。在示威期间，防暴警察和示威者经常使用类似的战术（棍棒、防毒面具）。这些例子可以无限添加：当身体对抗的动力被触发时，对手使用同样的打击。

警察和教师的比较表明，警察使用的是潜在的有害手段，因此被认为是"污点"。警察和外科医生之间的比较揭示了警察在一个不受专业控制的环境中使用这些有问题的手段的程度，这与非警察使用这些手段的环境基本相同。举例说明：当便衣警察与犯罪分子交火时，他们这样做的背景对于警察和犯罪分子来说是共同的，而且他们之间的差异并不明显。由于使用暴力和其他形式的胁迫是有害的，对其使用通常被定义为刑事犯罪或法定违规。由于警方使用这些有害手段与民众非法使用这些手段没有实质区别，如果不是因为法律、习俗或其他当局授权他们为合法目的使用这些手段，警察可以说是使用非法手段。在此基础上，我提出了对警察的初步定义。（根据我关于专业警务人员的清单，我更喜欢"警务人员"一词，而不是"警察"一词，后者通常指的是公共警察队伍。）

警务人员是几个相互关联的组织的一部分，这些组织被授权以或多或少受控制的方式，对其他人口使用法规或条例一般禁止使用的各种不同手段，以执行各种类型的规则和习俗，这些规则和习俗促进了社会中明确的秩序，被认为是整个社会或部分社会秩序的一部分。

这个初步定义是一个起点，将在本书的下一章中进行讨论和检验。这里对其含义和正当性进行初步探讨。

规则治理的一个内在特征是，规则要想在某个层级实施，必须在更高层面上破坏某些规则。这一特点体现在对警察实践的分析中。警方最古老的做法之一是人身监视（physical surveillance），这通常是一种隐蔽的做法，以免引起目标的怀疑。因此，它与紧急情况或危机干预（如追赶逃逸的汽车）有很大不同。关于加拿大皇家骑警某些活动的加拿大调查委员会（麦克唐纳委员会），仔细审查了警察进行人身监视可能犯下的违法行为的范围，这是警方最基本的行动之一。人身监视由加拿大皇家骑警特别部队（"观察者"）负责，该部队应加拿大皇家骑警刑事调查局及其安保部门的要求承担了这项任务①。委员会认定的潜在违规行为有四种（"CCC"表示一种刑事罪行，大多数情况下通过一个章节编号来识别）：

---

① Canada，1981a：279－293；also see Canada，1981b。

1. 道路规则

刑事过失(CCC) 危险驾驶(CCC)

非法掉头 无法停止

不必要地减速驾驶 过于紧跟

在单向交通中走错了路

未能让出通行权

不正确的转弯或信号

不遵守交通灯

没有在正确的车道上驾驶

不当超车

没有让行应急车辆

没有在铁路信号灯停车

没有遵守交通标志的指示

2. 管理人员和财产识别的法律

伪造(驾驶执照及车辆登记,CCC 第 324 条)

使用伪造文件(CCC 第 326 条)

"虚假借口"(CCC 第 320 条)

冒充他人(CCC 第 361—362 条)

提供虚假陈述以获取驾照

拥有和使用虚构的许可证

监察车辆的双重登记

3. 与非法侵入有关的法律

夜间侵入(CCC 第 173 条)

故意损坏财物(CCC387(1))

故意破坏或损坏(CCC388(1))

"违反轻微非法侵入法的行为在监视行动中是固有的。"

4. 与侵犯隐私有关的法律

在个人物品或衣服上附加传呼机(由于监控技术的发展,这类犯罪自 1981 年

以来可能有所增加)

5. 刑事罪行(人身监视的非附属罪行)

恐吓(CCC 第 381 条)

虽然这种列举读起来相当乏味,但它有力地表明,对非警察采取非法手段的做法深深植根于一些最古老和最平庸的警务活动中,例如人身监视。麦克唐纳委员会应加拿大皇家骑警的要求进行了这项关于警察人身监视的研究,目的是向最初倾向于采取法律方法的专员们表明,将警务工作的各方面置于严格的法治之下,这项任务即便是可能的,也是非常巨大的。

上述定义建立在使用除警务人员以外所有人使用都不合法手段的基础上,似乎没有比特纳的定义那么精确,尽管与它并不矛盾(在大多数情况下,非警察使用暴力是一种犯罪)。事实上,可以争辩说,该定义的主要缺点是它没有像 PUFP 那样实质上确定警察的核心能力(使用武力)。表 4.1 显示,警务人员的专属权限千差万别,这些权限对其他公民来说被定义为犯罪或法定侵犯行为,以至于不能将其归类在任何单一的实质性标题下,例如使用武力。表格的第一栏列出了刑事违规行为,第二栏列出了相应的授权警察行为,第三栏列出了采取这些做法的一些警务机构,这些做法不仅限于公共警察。

表 4.1　警务的法外合法性(Extra-legality)范围

侵犯人身罪	暴力	警务机构
刑法及其他法规	警察合法化权威	警务机构
谋杀	致命武力	公共警察、安全部门、军事化警察、一些私营保安机构(运钞车)
袭击和殴打	合理使用武力	公共警察、防暴队、安全部门、军事化警察、一些私营保安机构
持有/使用火器和违禁武器	冲锋枪、泰瑟枪、催泪瓦斯、胡椒喷雾、塑料子弹枪等	公共警察、防暴队、安全部门、军事化警察
绑架	逮捕和拘留	公共警察、私营保安
抢劫	使用武力扣押	公共警察、安全部门

续表

侵犯人身罪	暴力	警务机构
侵犯人身和财产的罪行	搜查及扣押	警务机构
性侵犯（加重）	脱衣和体腔检查	公共警察、防暴队、军事化警察
性侵犯	搜查身体	公共警察、私营保安
入室盗窃（破门而入，非法侵入）	搜查房屋、办公室	公共警察
车内盗窃	车内、船内盗窃等	公共警察、海关官员
违反邮政署法令、擅自闯入、盗窃	搜查行李、钱包，打开邮件，搜查计算机硬盘	公共警察、安全部门、私营保安（例如，在交通方面）
侵犯财产罪	扣押及没收	警务机构
偷盗	扣押	公共警察、安全部门
盗窃、诈骗	资产没收	公共警察、安全部门
损害	在搜查和扣押期间损坏和销毁财产	公共警察、安全部门
侵犯人身和隐私的罪行	监视	警务机构
侵犯隐私	电子监控（音频、视频）	公共警察、安全部门
骚扰、跟踪、恐吓	人身监视	公共警察、安全部门、私营保安
骚扰、恐吓	讯问	公共警察、安全部门、私营保安
截取通信	打开邮件、电子邮件截获	公共警察、安全部门
各种刑事罪行	卧底行动	警务机构
毒品罪行	诱捕行动	公共警察、安全部门
行贿	诱捕行动	公共警察、安全部门
攻击	保护罩	公共警察、安全部门
技术罪行	巡逻、物理监视和卧底行动	警务机构

续表

侵犯人身罪	暴力	警务机构
违反交通规则	追赶(尾随)汽车	公共警察、安全部门、私营保安
伪造	虚假识别	公共警察、安全部门、私营保安
仿造	渗透、检测	公共警察、安全部门、私营保安

这项调查绝不是详尽的。如果考虑到刑法以外的法规,警务人员使用的禁止其他公民使用的手段的范围就更加令人印象深刻。

总而言之,拟议新定义的要素如下。

合法化

拟议中的警务人员定义可能会引起几个误解,需要从一开始就澄清。最令人痛心的是,认为警务在很大程度上是一种非法活动,因为使用了其他人禁止使用的手段。警方在几个方面都被授予诉诸这些手段的全部权力。在许多情况下,他们通过明确地将自己的做法合法化(例如电子监视)来享有这一权力。在民主国家,这样的合法化并不是武断的,大多数情况下都是在经过大量的公共和政治辩论之后发生的。此外,这种合法化的做法往往是在司法监督下进行的。

在其他情况下,警察的权力来自因违反特定法规而被提供特定的法律辩护。这种法律辩护几乎从来没有在法庭上得到检验,因为警察很少因为与人身监视有关的违规行为而被起诉。因此,为警务人员提供法律辩护实际上相当于使其系统性违反众多法律的行为合法化。

最后,警察的权力来自赋予他们的某些特殊权力,这些权力通常与获取机密信息(如医疗记录、商业航空公司乘客名单)有关。其他人员几乎从来没有试图行使这些权力,因为这样的尝试是徒劳的;因此,没有将其定为刑事犯罪的真正需要。

在这个定义中,提到了"法律一般禁止对其他公民采取的各种手段"。"一般"一词所表达的资格意味着两件事。首先,在某些情况下,公众可能会诉诸这些手段,例如自卫。其次,并不是所有警务人员的所作所为都是禁止其他公民做的。在社区警务和问题导向警务框架内开展的许多活动都可以由任何公民合法实施。在这方面应该指出的是,许多警察并不认为这些活动是真正的警务。

多样化

以前有人指出,我对警察的定义与比特纳的定义并不矛盾,因为通常情况下,社会上其他人是禁止使用武力的。甚至有人会争辩说,我的定义是比特纳定义的推广。例如,多米尼克·蒙贾代特使用"非契约手段"概念来指代表 4.1 中列出的许多做法,他认为这是胁迫的衍生品,也就是说,是武力的衍生品[1]。我强烈反对所有"非契约"警务活动最终都是武力衍生品的假设。监控现在越来越多地成为警务工作的一部分。有人可以证明,公开监控(如闭路电视摄像头)之所以有效,只因为它是一种警告,即当监控检测到错误时,警方可能会强行干预。这种说法是有道理的。不过,由于很大部分的监控是隐蔽的,所以并没有这样的阻吓作用。更关键的是,应该强调,人们对被监视的反应很强烈,无论他们后来是否会成为警方干预的对象。观察的实践本身就会产生不安的感觉,任何实地观察者都可以证明这一点。将监视减少到仅仅威胁使用武力的程度,遗漏了这种做法的一些最重要的方面,特别是像现在这样,这种做法正趋于泛化。对于其他日益多样化的警务做法,也可以提出同样的观点。即使它们暗示有胁迫的成分,也不意味着这些做法可以简化为仅仅是使用武力的例子。

政治中立

由于非民主国家不允许对其警察机构进行研究,警务研究的大部分内容都致力于民主警务。在定义"民主警务"时,人们可能会试图提供一套规范的要求,警察机构应该满足这些要求才能实现民主[2]。该过程在一定程度上违背了定义的目的,因为被定义的对象是按其应有的方式定义的,而不是按其实际情况定义的。人们还可以从更实际的角度出发,通过关注在当前民主社会背景下实际实行的那种警务来定义民主警务[3]。这一过程在认识论上更令人满意,尽管它不加批判地假设,在民主社会中运行的警察因此也是民主的。对于民主社会中警察机构的某

---

[1] Monjardet,1996:21。

[2] Liang,1992:xx。

[3] 例如,盎格鲁·撒克逊社会;见 Manning,2003:41。

些组成部分,这一假设有时可能存在争议,例如胡佛任期后期埃德加·J·胡佛领导的联邦调查局(FBI)或乔治·W·布什的国内监视机构。

在提出另一种定义时,我试图使描述和评价问题变得清晰。然而,初步的定义并非基于应该最低限度地使用它所适用的手段这种假设,也没有产生描述和评估是由不同逻辑支撑的悖论。不过,初步的定义并不表示会完全取消最低限度使用的要求。克制的必要性将与所使用的警务手段相适应。例如,最低限度地使用会有不同的意义,这取决于这一标准是否适用于人身监视、使用武力或追赶逃逸汽车时的超速。限制使用警务手段的问题是一个复杂的问题,将在接下来的几章中进一步讨论。

结论

最后,我将简要回顾 PUFP 的一般特征,并就这些特征提出我自己的定义。

前进方向(Progressive Orientation)。拟议中的定义声称,对警察来说合法化的手段对其他公民来说是法定的违法行为,因此禁止他们使用。此外,警察以一种可控的方式行使权力,外部控制的力度更大。根据这两个特点,我提出的另一种定义与 PUFP 的观点一致,即在社会上减少有害手段的使用。然而,这些手段的范围因其多样化而大大拓宽。扩大监视范围有可能破坏因限制使用武力而建立的平衡。

最小背景。另一种定义与最小政治(国家)背景的概念不兼容。合法化和法律赋权的概念都暗示了对现代国家的明确提及。拟议中的定义中的附加说明,即社会可以被认为是整个社会,也可以被认为是社会的一部分,意味着在整个社会中存在宗派或私人秩序。

穿制服的公职人员。反对 PUFP 的一个关键论点是,它基本上只涉及公共警察,其余的警务工作都被认为是派生的。另一种定义不仅与这种还原论不相容,而且是为了克服它而故意制定的。

虚拟力。警察使用武力的潜在性质在 PUFP 中产生了实际能力和实际表现之间的严重紧张关系。虽然另一种定义也涉及警察能力,但它与警察实际表现的距离并不像使用武力那样远。例如,即使不是集中在特定的人身监视或对紧急情况做出反应的情况下,汽车巡逻也是一种一般的警察活动,传统上对其他人都要遵守的交通规则享有极大的自由。这种许可不被视为警察的越轨行为,而是对效率的要求(实际上被滥用得很厉害)。能力和表现之间的差距问题也与对 PUFP 至关重要的最小武力的要求有关。由于合法手段的使用受到各种控制,因此,最低限度使用具体警察能力的要求与这种能力的多样化性质以及对该能力的控制类型是相互适应的。这些控制的目的不是将某些实践减少到最低限度,而是为其提供架构。举例来说,几乎所有警方向司法机关申请电子监视手令(例如窃听)都会获得批准[①]。

个体分裂(Individual Fragmentation)。这确实是 PUFP 的一个关键特征,也是它所体现的整个警察理念的一个重要特征,反映了它几乎完全专注于公共警察队伍。然而,如果考虑到刑侦部门、安保部门(高层政治警务)、防暴队等特殊单位的行为,对暴乱等集体越轨形式或有组织犯罪和恐怖主义等网络犯罪采取行动,与警方的理念并不抵触。

需求侧理论。PUFP 的这一特点也可以追溯到它对公众警察队伍的关注,这些队伍花了很大一部分时间接听来自公众的电话。相比之下,以前列出的公共警察机构的一些组成部分在很大程度上是积极主动的(它们要么是自我触发的,要么是对源自国家的需求的回应)。此外,如果我们考虑到私人保安(我们确实应该这样做),那么随着新服务和新产品的提供和推广,警务的供应侧就会变得更加突出。

PUFP 的这种表征分两个步骤进行。首先,讨论了它的一些主要特征;其次,试图阐明支撑这一范式的核心对立。到目前为止,拟议的定义只讨论了 PUFP 的主要特征,它与支持 PUFP 的核心反对意见之间的关系还没有阐明。对新的定义的这种定位将在接下来的章节中进行。还有另外两个问题需要解决。新的定义是否简单地将警察重新定义为在法律掩护下活动的犯罪分子? 同样的问题可以这样重新表述:新的定义是否排除了警察越轨的可能性,任何一种警察行为都得到了法律的支持? 这些问题将在以下章节中对警务网各个组成部分的实际行为进行研究之后得到回答。

---

① Brodeur,1997b。

第五章　制服警察

上一章最后给警察下了一个定义,警察是被授权使用各种手段维护某种特定的社会政治秩序的代理人,而被监管的社会成员禁止使用这些手段。据说,这种对警察的描述不如根据警察使用武力的能力来定义更为具体。然而,此定义的开放式特征不应被视为缺点,因为它使我们能够考虑到警务网各组成部分的功能和行为之间的重大差异。因此,我所描述的警务人员的一般性质是为了提供一个基石,以便能够确定不同的警务人员使用的具体法外手段。

当考虑到所有民主国家时,尽管私营安全部门在加速增长,但身着制服的公共警察,下文称其为警员(constables),仍然是警务人员的最大构成部分。他们一般占执法机构警务人员的 80％ 以上,但美国联邦调查局或德国联邦刑事调查局(Bundeskriminalamt,BKA)等全部由便衣侦探和分析人员组成的队伍除外。这项对警察机构各组成部分的研究将首先集中于公共警察,他们是警察机构中最明显的部分。

冲突的提喻法(Conflicting Synecdoches)

如前所述,穿制服的警察构成公共警察部队的最大部分。以大致相同的方式,私人安全机构的最大部分也是由穿制服的警卫组成。但是,虽然警员是所有警察组织的骨干,但他们只是公共警察队伍的一部分。警察组织内的制服人员还包括防暴队、特警队和各种其他专业警队等单位成员。然而,尽管数量少得多,没有穿制服的侦探在媒体和犯罪小说中已经被塑造成向公众呈现的警察的典型形象。事实上,人们通常通过侦探和警员这两种基本而冲突的提喻法来看待警察①。

侦探和警员的提喻法不是在同一层面上进行的。前者在大众的、虚构的和媒体对警察的呈现方面起着决定性作用。然而,警务学术研究却关注不同的领域。正如贝利②指出的那样,与许多其他研究人员一样,警务研究基本上集中在巡逻上,因为巡逻是由身穿制服的人员执行的。这一观察结果既适用于描述性研究,也适用于规定性和评价性研究。大量的描述性实证研究已经解决了警察实际上如何打发工作时间问题。这个问题被缩小到巡警们实际上在做什么。

从 20 世纪 70 年代开始,有相当多的改革文献考察了警察应该做什么。从社区警务到循证警务,韦斯伯德和布拉加③列举了至少 8 种新的警务模式,但这一列举并不详尽。在很大程度上,这些模式适用于穿制服的警察。除了对刑事侦探少数的有争议的评价没有被复制外④,还问及"哪些因素在警察工作中起作用"这类与制服警察表现相关的问题⑤。因此,巡警为大多数研究人员提供了观察警务的窗口。同样的话也适用于私营安全部门身着制服的警卫。制服警察也提供了概括整个警务的基础,比特纳的著作就是该过程的典范。尽管克洛克斯⑥和莱纳⑦等学者在他们的著作中区分了巡逻和侦查,但很少有研究人员对制服警察和便衣侦探进行过单独的调查,埃里克森⑧和曼宁⑨是值得注意的例外。

尽管侦探和警员各自属于不同的领域,但他们之间的提喻是以关键的方式联系在一起的。从侦查工作的角度来看待所有的警务工作,意味着执法和打击犯罪的重要性被高估了。警务学术研究最初的主要目的之一是纠正这种不平衡,并强

---

① 提喻法是一种修辞手法,其中部分被用来代表整体,反之亦然(例如,用"新面孔"指代一个新人)。这种比喻可能是所有语言中最常见的修辞手法。科学语言中使用提喻、比喻等修辞手法受到了批评。

② 1985:114。

③ 2006。

④ Greenwood et al.,1975 and1977。

⑤ Bayley,1998。

⑥ Klockars,1985。

⑦ 2000。

⑧ 1981/1993 and 1982。

⑨ 1977,2004,and 2006a。

调警察被要求介入干预的各种情况。媒体和学术界对警察冲突的描述,在某种程度上他们不关注同一种类型的警察,也不关注同一种类型的警务情况,以至于要么将警察神秘化,要么将其去神秘化。虽然这种意见冲突不会完全停止,但如果我们想更具体地说明正在研究的是哪一种警务人员,试图将侧重点不同的调查结果整合到一个全面的理论中,我们可能会对警务有一个更清晰的认识。这就是我们将在接下来的章节中尝试做的事情,从穿制服的警察开始。

本章围绕穿制服的警察的工作,集中讨论武力和可见性(visibility)的概念,这两个概念是作为构建公共警察理论核心要素提出的。正如前面所述,以使用武力来界定警察,实际上意味着警务的范围被缩小到公共警察的工作范围。我们会在此探讨武力在警务工作中的作用,特别是制服警察所使用的武力,而可见性的概念亦会与制服警察的工作联系起来。穿制服和可见性这两个概念几乎是等同的:制服是一种可见性的工具,而相同的视觉外观意味着同一组织的成员身份。

本章分为四个部分。首先,介绍了基本的人口信息,并开展关于女性在警察部队组成中所占比例不断增加的讨论,我认为这是一个关键的发展。其次,分析了大量关于制服警察的职能以及他们是如何度过执勤时间的研究。第三部分考察了警察可见性的各个方面,认为警察可见性是警察对社会环境影响的重要来源。最后,讨论了武力问题,试图找出除了使用最小武力的规范性要求之外,警察使用武力的具体内容。就武力可以用来描述警务而言,警务可以用来回顾性地评估武力的性质,这是一个模糊和定义不清的概念。

警察是谁

本节将提供基本人口学变量方面的数据,如年龄、性别、种族和教育水平。尽管这些数据是分散的和指示性的,但这里给出这些数据的原因有两个。它们提供了一个解决与警察人口统计学有关的一些理论问题的机会,更重要的是,它们突出了女性在警察中的地位越来越高这一发展趋势的重要性。

年龄

很难找到关于警察年龄的全国性数据。在对美国地方警察部门的总体描述中,希克曼和里夫斯①没有提供关于警察年龄的数据。我对加拿大魁北克省的警察进行了两次大样本调查。第一次调查是在 1991 年进行的,从蒙特利尔市警察局(MPD)的 656 名警察中收集了数据。所有的中士和中尉都被包括在样本中,并填写了一份问卷;样本还包括随机选择的基层警察。调查发现,30.5％的受访者年龄在 21 岁到 30 岁之间,只有 5％的受访者年龄在 50 岁到 60 岁之间。由于样本中包括大部分中层管理人员(52％),接受调查的警察中相对年轻的人就更加引人注目。另一项调查是在 1992 年对魁北克各警察部队随机抽取的 852 名警员进行的。在受访者中,46％的人年龄在 19 岁到 30 岁之间,50 岁以上的人不到 4％。在 2006 年的年度报告中,MPD 报告称,40％的宣誓代理人年龄在 34 岁或以下,4％的人超过 50 岁。这些发现与国际文献中引用的警察(警员和便衣)平均年龄35 岁是一致的。

警察队伍中相对年轻的人提出的第一个问题是,在涉及错综复杂的人际关系网络的复杂危机中,要求对生活经验有限、判断力往往未形成的人进行干预,由于没有和平解决此类危机的经验,他们倾向于强制实施加剧冲突而不是解决冲突的解决方案。

第二个问题是,很多警察都有两份职业,一份接着另一份。在北美,许多警察在公共警察部队工作了大约 25 年后,有权领取退休养老金。他们很早就退休了(在 45 岁到 50 岁之间),开始了第二职业。在英语国家,在最初的警察职业生涯中享受过几次晋升后退休的警察有两种职业可供选择。一种是成为一支规模较小的警察部队的领导,通常在乡村乡镇维持治安。另一个受欢迎的选择是成为私人保安机构管理层成员。这一选项也适用于中央集权国家的退休警察,因为他们不能从一支更大的部队调到更小的部队。警察的这种职业流动导致城市和农村警务之间的区别变得模糊,更重要的是,公共警察和私营安全机构之间的区别变得模糊。这种对公共服务和私营企业之间区别的模糊,也越来越多地发生在军队和情报界。

第三个问题涉及警察在公共部门参与两个关联职业的合法性。警察退休时有一份丰厚的养老金,可能还会加上他们在第二职业中赚取的可观工资。警察有

---

① 2003。

两个收入来源,可能不会受到公众的欢迎。

性别

性别研究在社会科学中的重要性与日俱增。警察研究也不例外。现在有大量关于女性从事警务工作的文献①,可以追溯到比人们通常认为的时间更早。海登森②讲述了女性从事警务工作的先驱时代。现在定期举行关于女警的国内和国际会议,并公布会议记录③。还有几个女警协会,如国际女警协会和英国女警协会。

因此,女性从事警务工作的历史由来已久,该历史被警察文化的男性化特征所掩盖④。玛丽·查彭蒂埃通常被认为是第一位女警察,她在1792年法国大革命期间宣誓就职。又有一说,18世纪末从纽约市逃到新斯科舍省安纳波利斯·罗亚尔小镇的前黑奴罗斯·福琼是第一位女警察,她曾是一名黑人奴隶,加拿大黑人执法者协会对她进行纪念以示敬意。1845年,纽约警方雇用了一名女警察。1910年可以被认为是一个里程碑。那一年,爱丽丝·斯特宾斯·威尔斯被洛杉矶警察局聘用,成为第一位获得逮捕权的女警察。在那之后不久,伊迪丝·史密斯也在英国格兰瑟姆宣誓就职,并获得了逮捕权。到第一次世界大战结束时,美国有200多个城市有女性担任警察⑤。在加拿大,1912年至1915年间,女性受雇于温哥华、埃德蒙顿、多伦多和蒙特利尔等不同的市政警察局。直到1974年,女性才进入加拿大皇家骑警担任宣誓警察。

目前,关于警察中女性人数的数据不仅指的是女警员,而且指的是所有公共警务领域的女性。不过,由于大约90%的女警都是警员,所以整体统计数字可以理解为主要是指穿制服的警察⑥。根据美国司法部的统计数据,2000年地方警察部门的女警察占警察总数的10.6%,即44.1万名全职宣誓人员,而1990年该比

---

① Allen,1925;有关更多当代作品,参见Fielding and Fielding,1992;Martin and Jurik,1996;Brown and Heidensohn,1996 and 2000。

② Heidensohn,2005:752。

③ Pagon,1996;Canadian Police College,1997;Institut de Police du Québec,2000。

④ Heidensohn,1994:294;Young,1991:191。

⑤ House,1993。

⑥ Lebeuf,2000:21。

例为 8.1％①。这意味着增加了约 17300 名警察,或者说比 1990 年人数增加了
59％。2001 年,女性在所有美国警察部队中的比例为 12.7％。不同地方、部门情
况差异很大,例如根据费城最新的年度报告,女性约占费城警察队伍的 30％。

在英国,女性警察的比例从 20 世纪 90 年代的 12％②增加到 2000 年的
17％③。根据加拿大统计局 2007 年公布的官方数据,加拿大女性警察的比例,从
1985 年的 4％增加到目前的 18.5％。就像在美国一样,不同的市政警察部队之间
也有很大差异。根据司法统计数据,女性现在占 MPD 警察人数的 29％,这是一个
异常高的比例。魁北克省的所有警察候选人都必须拥有警察专业的大学学位,才
能被警察部队招募。女学生在学校表现远远超过男学生,特别是在中学阶段。警
察专业竞争激烈,只有中学成绩最好的学生才能报读这门课程,从而获得被警察
部队录用所需的大学学位。随之而来的是,男女学生之间的不平衡日益加剧,这
些学生具有从事警察职业所需的教育要求。这可以解释地方警察组织中女性人
数快速增加的原因,但不应掩盖一个普遍事实,即警察中女性比例的不断上升反
映了公共警察部队的日益开放。就男子气概而言,警察文化与消防队文化形成了
强烈反差。女性消防员的人数仍然微不足道,例如占蒙特利尔消防局人员的 1％,
而占总消防处人员的 29％。

拉斐尔·普莱斯指出,在警务的女性化方面,北美、欧洲、亚洲和拉丁美洲的
情况类似。在这方面,法国是一个有趣的案例。法国的公共警察机构非常保守。
除了一段不到一年的短暂时间(1999—2000),法国警方没有受到韦斯伯德和布拉
加所描述的任何警务创新的影响,并一直如此。这种保守主义自然延伸到社区警
务,据信这对女性融入警察部队起到了重要作用④。然而,法国警方对其他重要方
面的变化持开放态度。法国女性公共警察的比例为 14％,高于国际平均水平。吉
纳维芙·普鲁沃斯特⑤研究了女性在这样一种环境中的表现,这种环境对女性的
融合持开放态度,但在其他方面却不愿改变自己的方式。她的详细发现与其他研

---

① Hickman and Reaves,2003。
② Heidensohn,1994:301。
③ Heidensohn,2003:568。
④ Heidensohn,2003:571。
⑤ 2007 and 2008。

究一致,但有时也超出了这些研究的范围。普鲁沃斯特的调查结果挑战了警察工作对女性的成见,如下所示:

喜欢行动。由于与男性不同的原因,女性不愿申请成为国家警察或宪兵的宣誓成员。她们认为警务工作满足了她们的冒险感和行动需要①。简而言之,引用比特纳②③一篇著名文章的标题,她们不是追求威利·萨顿的弗洛伦斯·南丁格尔。在苏珊·米勒对美国杰克逊市性别和社区警务的研究中,被犯罪率高的社区所吸引的女警察,据说扮演着辣手神探的角色④。2008 年在蒙特利尔郊区爆发的种族骚乱,据说是由辣手神探引起的。

参与所有警察职责。女性并不局限于从事"警察社会工作",如监管青少年和照顾女性受害者。女警大多出现在被称为警务处(Police Secours)的应急部队中,这些单位最容易遭受不可预测的暴力⑤。她们还被派驻到打击严重和有组织犯罪的小组中,并担任犯罪调查人员。女性甚至是专门维持秩序和控制人群部队的一部分。然而,这些特殊单位招募的女性要经过精心挑选,这意味着加入这些单位的女性在健康、培训和其他资格方面的标准高于对男性申请者的要求。

晋升。女性占警察人员的 14%,占指挥官的 17%(329 名女性和 1576 名男性)。根据法国国家警察所做的最新预测,在 2005 年之后的几年里,1/5 的警察职级官员将由女性组成。这种向上流动的不利之处在于,提拔女性也是将其归入行政职务的一种手段。菲尔丁等人⑥提到英国的一项平行发展。女性也可以晋升到最高级别,挪威的国家警察局长是女性。其中一些发展有利于女性完全融入警务系统,尽管这和传统的与女性身份相关的"关怀"形象不符。不幸的是,她们受到了其他组织趋势的影响,这些趋势表明警察部队对变革有多么抗拒。

配额。我们之前注意到加拿大女性在警校表现更好,这种情况也发生在法国。在法国,女性在招聘笔试和晋升考试中表现更好。这就是法国两个警察管理

---

① Pruvost,2007:279。

② 1974/1990。

③ 有关比特纳作品的参考文献格式,参见第一章中的注释。

④ Miller,1999:217。

⑤ Pruvost,2007:281。

⑥ 2002:216。

机构,国家警察和国家宪兵,对招募女警实行配额的原因。对公共警察部队中高级警官的采访让人相信蒙特利尔也会发生同样的事情。

排斥。在法国,参与人群控制的单位有几种,女性可能成为其中的一部分。然而,具有象征意义的防暴专家是共和国安全部队(Compagnies Républicaines de Sécurité,CRS),他们是法国实至名归的最严厉的警察部队。虽然 CRS 是民事警察机构的一部分,但它是军事化的单位,其成员住在军营里。女性被排除在 CRS 外勤行动之外,尽管她们可以委员(commissaires)的行政身份成为该组织的一部分。因此,引用海登森[1]文章的标题,在法国,人们不相信女性在所有情况下都能"掌控局面"。

指导(Tutelage)。法国警方有一项不成文但受到密切关注的政策,要求警察队伍中至少有一名男子接听电话或以其他身份进行干预[2]。也就是说,在没有至少一名男警察陪同的情况下,女警察不能自行干预。与其说女性被排除在警察之外,不如说她们不能单独使用武力。正如普鲁沃斯特讽刺地指出的那样[3],"两个女人加起来不等于一个警察"。

更衣室文化。根据普鲁沃斯特[4]的说法,女性融入社会的真正考验是她们是否愿意加入男性的放松方式:在辖区内喝酒,性暗示,甚至身体骚扰。目前的看法是,女性作为性骚扰的受害者,应该避免导致性骚扰的那种情况发生。

任何熟悉警察组织中女性相关文献的人都会认识到,被招募到警察队伍中的女性所面临这些困境的特征,是普遍存在的。这些共同特征有时是非常具体的。例如,超过 50% 的女警察在她们的警察同事中选择伴侣,女性在组织中的地位往往高于她的伴侣[5]。同样,蒙特利尔警方超过 50% 的女警察将一位男同事选为终身伴侣[6]。普鲁沃斯特的总体结论是,警察组织的女性化是性别与性分离的有力例子:部分或完全男性化的女警察是其获得男性同龄人的职业认可和在警察等级

---

[1] 1994。

[2] Pruvost,2007:284。

[3] 2007:284。

[4] Pruvost,2007:282。

[5] Pruvost,2007:280。

[6] Meloche,2000:60。

中晋升的先决条件①。她的分析和在其他国家进行的类似研究的结果是,警察组织改变其所属个人的权力远远大于这些个体成员改变警察组织文化的能力。米勒②认为,社区警察的结构利用了在文化上被指定为女性的技能,并认为"社区警务的一个关键问题涉及如何最好地吸引'阳刚之气'的男性在男子气概的警察亚文化中表演'女性工作'"③。正如米勒所知,这是一个还不适用于警务发展的纲领性声明。它的表述本身就会阻止大多数警察申请这份工作。

种族和少数族裔

关于公共警察组织中种族和少数族裔群体融入的研究,其增长速度不如对女警察的研究。美国④和英国⑤关于黑人警察的开创性研究并没有形成大量的文献。目前研究人员正在少数族裔警务的更大背景下重新审视这个问题,并吸引了更多的关注⑥。

只有几个国家收集了区分警察种族来源的统计数据。根据 2000 年的人口普查,据估计,美国的少数族裔占地方警察部队全职宣誓人员的 22.7%,其中黑人警察占 11%⑦。从 1990 年到 2000 年,黑人族裔增长了 35%,而同期西班牙裔增长了 93%(女警察增长了 59%)。根据 2009 年的一份新闻稿,目前纽约警察局招募的大多数人都是非白人⑧。根据英国内政部的数据,2001 年到 2002 年间,少数族裔占警察总数的 3%⑨。在加拿大,2006 年 MPD 的年度报告指出,"看得见的少数族裔"(黑人和亚洲人)占警察工作人员的 2.5%。

美国早期对警察中少数族裔的研究只关注黑人社区,描绘了一幅黯淡的图景。19 世纪末,黑人首次受雇于纽约警察局担任门卫。他们的情况逐渐好转,莱

---

① Pruvost,2007:283。

② 1999:226。

③ 1999:214。

④ Alex,1969;Alexander,1978;Leinen,1984。

⑤ Holdoway,1993 and 1996。

⑥ Bowling and Phillips,2003:541 - 544。

⑦ Hickman and Reaves,2003:iii。

⑧ Powell,2009。

⑨ Bowling and Philips,2003:541。

宁①认为,可以肯定地说,制度性歧视在 20 世纪 80 年代已经几乎消除。据说,导致创建黑人警察工会(守护者协会)的民权运动和黑人警察的好战情绪,推动了黑人和其他少数族裔警察条件的积极变化。黑人警察的数量是通过积极的歧视政策增加的,这些政策在较低级别的警察招募和晋升中实行配额。虽然少数族裔可以进入所有警察单位,但这实际上与纽约警察局的一些首选任务有关②。无论在美国、英国还是加拿大,从少数族裔中抽调出来的警察,在某些选择任务和更高级别的指挥中仍然代表性不足③。

尽管少数族裔人士成功成为警察局长这一事实具有象征意义,但仍然存在一些棘手问题。首先,即使成功地消除了制度性歧视,多数族裔警察对其少数族裔同事的歧视甚至种族主义行为仍然猖獗。④ 其次,少数族裔警察仍然是多层次边缘化的对象:他们在多数派同事眼中是部分局外人,在全白人的富裕社区不受欢迎,经常受到他们所属少数族裔的鄙视。最后,导致他们被招募的隐含动机,充当白人警察部队和被疏远的少数族裔社区之间的缓冲,却并没有产生预期的结果。有充分的证据表明,一些少数族裔警察倾向于通过对自己的同胞比对白人更严厉,来过度补偿他们的种族出身。在一项关于纽约警察局白人、黑人和西班牙裔警察使用枪支的令人不安的研究中,法伊弗⑤发现黑人和西班牙裔警察参与种族间致命枪击事件的比率(黑人对黑人每 1000 人的枪击率为 19.6,西班牙裔对西班牙裔的比率为 9.9)是白人警察对相同少数群体成员比率(分别为 8.3 和 3.6)的两倍多。在很大程度上,这些较高的枪击率由以下事实得到解释:黑人和西班牙裔警察被部署在自己的社区中。尽管如此,他们并没有提供证据表明,少数族群由来自少数族群的警察来监管会更好。

对少数群体(包括同性恋警察)和女性的研究得出的总体结论表明,从内部改造警察组织非常困难。认为之前被排斥的群体,如少数群体和女性,只要"在场"就必然会带来新的观念,并成为改变警察组织及其职业文化的催化剂,这种说法

---

① Leinen,1984:244。
② Leinen,1984:249。
③ Bowling and Phillips,2003:542。
④ Leinen,1984:255;Bowling and Phillips,2003:541。
⑤ 1981:370;又见 Fyfe,1988。

似乎过于乐观了①。组织成员可以改变它,也可以被它改变。不应低估组织对其成员的变革力量。这种清醒的观点基于一个压倒一切的事实:无论他们是谁,人们加入警察组织更多的是因为他们想要属于警察组织,而不是因为他们想要改变它。因此,他们更容易被组织改变,而不是成为组织变革的推动者。

教育

各国在进入警察职业的培训和教育要求方面存在巨大差异。这从美国和加拿大两个邻国的比较中可见一斑。2000 年,15%的美国地方警察部门(这些部门雇用了 32%的美国警察)要求新招募的人至少完成大学教育,而在 1990 年,该比例为 6%(雇用的警察占 10%)。在加拿大魁北克省,任何人除非在一个专门的警察研究项目中完成了两年的大学学业(年龄较大的新警可以免除这一要求,但其人数正在迅速减少),否则不能被警察组织招募。RMCP 的申请者必须拥有中学文凭,并在警察部队制定的警务能力测试中取得成功。此外,23.7%的 MPD 宣誓警察拥有大学文凭,从结业证书到博士学位不等。如果把所有民主国家的警察力量考虑在内,这个已经很大的差异将变得非常明显。

除了教育水平之外,还有其他问题值得考虑。最近在欧洲联盟(EU)内部提出了一个重要问题。欧洲警察学院理事会(CEPOL)成立了一个关于欧洲警察科学方法的项目组,该小组于 2007 年发布了最后报告。报告建议区分警察培训和警察教育。根据 CEPOL 术语表,培训被定义为"获得执行特定任务所需的知识、技能和态度的过程"②。还将教育定义为"一个过程和一系列活动",目的是使个人能够吸收和发展知识、技能、价值观和理解力,这些知识、技能、价值观和理解力不是简单地与狭隘的活动领域有关,而是允许定义、分析和解决广泛的问题。教育通常提供更多的理论和概念框架,旨在激发分析和批判能力③。培训涉及狭义的警务战术,而教育则更多地面向战略。这份报告是在 2007 年 10 月的一次会议上发布的,很明显,在会议上欧盟国家在警察是否应该同时接受培训和教育,还是应

---

① Bowling and Phillips,2003:543。

② CEPOL,2007:141。

③ CEPOL,2007:141。

该只接受有限的培训这个问题上，存在很大分歧。挪威带头支持更广泛的要求，而斯洛伐克则认为，警察需要的培训不超过成为一名穿制服的警察所需的具体（身体）技能。无论培训和教育是否按照 CEPOL① 的方式定义，迫切的问题仍然是警察教育的范围。与该问题密切相关的是，警察教学是应该像法国那样只在专门的警察学院内授课，还是应该像加拿大那样在新警与其他学生混杂在一起的民间教育机构获得。

无论这些问题的答案是什么，有两件事是明确的。首先，在更广泛的意义上定义警察教育而不是实际的警察培训已经成为一种趋势。其次，同样清楚的是，新警加入警察组织首先是为了追求行动（或经济安全），而不是寻求知识。用彼得·德鲁克经常被滥用的话来说，试图将他们塑造成知识工作者的努力，违背了这个职业的本质和它的拥护者的动机，这并不意味着他们一定会失败。

警察做什么

警察实际上做了什么？他们是如何打发时间的？这些问题可能是 20 世纪 70—80 年代警察研究中最热门的问题。除了少数例外，它是专门针对穿制服的警察提出的。对这些问题的研究仍然是相关的，尽管对一些调查结果达成了有限的共识，但警务工作的性质是一个远未得到解决的问题。然而，20 世纪 80 年代以后，警务研究的重心从描述性转向规范性和评价性研究。"哪些做法有效"的问题因此取代了之前关于警方做什么的拷问，这个问题仍然没有定论。

在考察这些研究结果之前，应该强调"警察做了什么"这个问题本身的重要特征。没有任何专业活动能够像制服警察把时间花在什么上面一样受到如此多的调查。这在很大程度上要归功于我们对警察的迷恋，也要归功于回答这一问题的特殊困难。"警察是做什么的"这个问题本身并不像人们想象的那样直截了当，真正要问的是"警方在打击犯罪和执法方面的时间，是否如他们的大众形象所暗示的那么多呢"②，这个问题的答案可能会揭开神秘的面纱，因此也会引起争议。警

① 2007。
② Reiner，2000a：第四章。

务的三个具体方面不断助长了这场争议。

能力与表现

正如我们所看到的,PUFP 一个最基本的方面是它根据警察使用武力的能力而不是他们对武力的实际使用来定义警察。即使警察从来没有使用过武力,仍然应该通过他们使用武力的权限来界定他们[1]。这种对潜在的和实际的行为的游戏可以被颠倒过来。比特纳[2]认为,刑事执法"根本不是绝大多数警察日常、一般做法的特征"。这种观点是根据对警察实际表现的审查得出的,"当你观察警察的实际工作时,你会发现他们中的大多数人执行刑事执法的频率都在从不到很少之间"[3]。这一事实最终导致比特纳将执法排除在警察职能的核心定义之外。

然而,一旦同意区分潜在的警察行为和实际的警察行为,我们就不能因为警察很少这样做而将执法排除在警察的核心职能之外。如果我们无视实际的警察行为,赋予武力在公共警务方面的决定性作用,为什么不将同样的推理应用于执法,因为从直觉上看,执法与使用武力一样有权构成警察职能的核心? 这基本上是希林和里昂的结论:"在我们看来,执法和武力都是警察特许权和能力的基本特征,因此也是警察角色的基本特征……警察所做的每一件事都是在警察特许权和能力(执法和使用武力)的背景下进行的。"[4]比特纳会提出异议,认为希林和里昂错误地认为执法是警务的具体特征,执法"在我们的时代……是一大批执法机构的任务"。[5] 然而,科德纳在一篇批评所谓的警察角色去神秘化的论文[6]以及他随后出版的关于警察管理的有影响力的著作[7]中,赞许地引用了他们的推理。科德纳立场的要点是主张与犯罪和执法相关的工作远远超过与服务相关的工作[8]。

无论是基于警察实际在做什么,还是基于他们被许可做什么,都无法对有关

---

[1] Bittner,1972/1990:187。

[2] 1974/1990:240。

[3] p40。

[4] 1977:341。

[5] Bittner,1974/1990:237;又见 Mawby,2000。

[6] 1979:58-59。

[7] Cordner,1989:69;Cordner and Sheehan,1999:39;Cordner,Scarborough,and Sheehan,2004:43。

[8] Cordner,1989:69。

其活动的真实性质的问题做出明确的答复。虚假报警占报警总数的90％，说明了这一问题：从警察的实际行动来看，不算打击犯罪事件；从其可能性而言，则应将其归为犯罪事件。

受约束的时间和不受约束的时间

据赖斯[1]估计，14％的巡逻活动用于接听电话，85％用于例行巡逻。除了极小比例的各种活动外[2]，例行巡逻是不受约束的时间。在堪萨斯城的巡逻实验之后，大量工作被用来评估巡逻人员的哪些时间用于具体任务，哪些没有投入并用在不集中的巡逻上[3][4]。在科德纳复杂难懂的表述中，"对警察巡逻工作最好的描述可能是，在模棱两可的情况下处理情况和自主地使用不受约束的时间"[5]。惠特克[6]彻底回顾了这类研究，得出的结论是，被分配到巡逻任务上的警察将大约1/3的时间用在特定任务上，其余时间被巡逻人员以不同方式使用（交通拦截、公民主动接触、警察私人事务和驾车兜风）。

几年后，科德纳[7]重新考虑了这个问题，并再次得出类似的结论："巡逻人员的大部分时间都没有安排好，而且警察们在如何利用这段时间方面存在很大差异。"这一结论也适用于加拿大的研究结果[8]。"不受约束的时间"使人们很难对警察实际在做什么做出准确的评估，动词"to do"在这种评估中一般是"做了什么"的意思。用来确定警察如何消磨时间的记录（例如接听和应答的电话种类）指的是具体的任务。为了评估警察在整个日常值班期间都在做些什么，人们需要进行观察研究，这类研究

---

[1] 1971：95，表2.5。

[2] 在赖斯看来（1971）总低于1％。

[3] Kelling et al.，1974a and b；Kelling，1978。

[4] 堪萨斯城预防性巡逻实验是关于警察例行汽车巡逻对社区影响的最著名的实验。密苏里州堪萨斯城警察局从1972年10月1日到1973年9月30日进行了一项实验，旨在衡量例行巡逻对犯罪率和公众对犯罪的恐惧的影响。该实验……清楚地判断传统例行预防性巡逻对犯罪水平或公众安全感无明显影响……必须非常谨慎，以避免错误地认为实验证明了比实际情况更多的东西。实验未能显示的一件事是，在选定的情况下，可见的警察存在不会对犯罪产生影响。实验确实表明，在有标志的警车上进行例行预防性巡逻在预防犯罪或让公民感到安全方面价值不大（Kelling et al.，1974：序言，vii；强调是我加的）。

[5] Cordner，1979：59。

[6] 1982：16。

[7] Cordner，1989：69。

[8] Griffiths et al.，1999：116。

的数量较少,需要警察同意接受观察。"不受约束的时间"的强大影响体现在科姆里和金斯的著作中①,这是对警员在城市环境中工作的典范研究之一。就报警电话和巡逻人员接听这些电话所花费的时间而言,与犯罪有关的工作占这些电话的34％(只有服务电话排名较高,为35％),而因事故所导致的工作时间中,35％用于回应犯罪事件(用于处理事件的时间比例最高)。因此,与犯罪有关的工作似乎是警察工作的重要组成部分。然而,如果用来评估警察时间的分母既不是接到的电话数量,也不是用于跟进事件的工时,而是警察每天所有的值班时间(平均 8 小时),该数字就会大大降低。只有 11％的警察工作时间用于应对事件②,用于处理犯罪事件的时间降至值班时间的 4％③。相比之下,9％的值班时间花在茶点上④。

被动和主动动员(Reactive and Proactive Mobilization)

一些调查结果表明,只有不到 20％的警察行为是主动的⑤。这些发现得到了社区警务和问题导向警务研究的证实,这些研究强调,传统警务的关键缺点之一是其反应性。埃里克森⑥是少数发现警察的主动行为与被动行为几乎相当的作者之一(47.2％比 52.6％)。埃里克森⑦解释了这一与先前研究的巨大差异,他从他的计算中排除了所有没有产生警民互动的动员数据。虽然警察的主动工作远没有"不受约束的时间"那么重要,但也是评估警察工作的问题之一。被动动员通常会留下纸面上的痕迹,而部分自发的警察行动只有通过观察研究才能获得。

尽管有这些限制,仍然进行了许多关于警察工作的研究,主要在 1965 年到1995 年,1995 年之后也进行了一些有影响的研究⑧。这些研究在很大程度上是由卡明等人⑨提出的将警察描述为"哲学家、向导和朋友"来推动的,这对通常归因于

---

① Comrie and Kings,1975:11。

② Comrie and Kings,1975:11。

③ 12;又见 Tarling,1988:10。

④ Comrie and Kings,1975:20。

⑤ Black,1968;Webster,1970;Reiss,1971;Cordner,1979。

⑥ 1982:75。

⑦ 1982:74。

⑧ 例如,Knox and MacDonald,2001。

⑨ 1965。

警察工作的犯罪焦点提出了挑战。因此,绝大多数人都试图评估警方处理犯罪事件的部分工作以及与其他情况有关的部分,特别强调服务职责。除极少数例外,本章回顾的所有研究都以刑事工作/非刑事工作二分法为基础。其中一个用冲突和非冲突情况之间的区别取代了这种二分法①。我回顾了其中的95项,并从方法论的角度排除了其中的18项。我保留的77项研究中,大部分是在美国或英国进行的;少数研究是国际性的,其他研究来自加拿大或荷兰。研究文献中引用的研究数量大于本章中回顾的研究数量。然而,前者中的许多都是未发表的报告,在特定的研究圈内传播范围很窄。我排除了所有我没有直接接触到的报告。

这些研究基于各种来源:公众来电记录、调度报告、计算机化任务记录、警察事件报告、警察日志、警察单位集体保存的活动档案、对警察的调查(问卷和访谈)、观察性报告(来自研究人员)、警察局年度报告和国家犯罪调查(如英国犯罪调查)。这些研究根据它们的来源进行了分类:外部电话、各种来源和调查,以及观察性研究。还增加了评论文章和章节的类别。增加这一类别有两个目的。首先,它将包括,尽管是间接的我无法获得的研究,但在评论文章中讨论过。其次,它展示了如何将实证研究整合到一般研究文献中。这些评论文章通常在结束时给出一个全面的评价,这是被引用的。除了根据其基本来源对研究进行分类外,没有对研究方法进行详细评估。一方面,使用的数据和方法相当不同,需要进行长时间分析;另一方面,这些研究的总体结论是一致的,尽管它们在方法上存在差异。因此,彻底的方法论评估对元分析的总体结果几乎没有影响。

表5.1至5.4列出了所审查的研究警察工作的主要结果。它们仅限于显示与犯罪有关的警察工作的百分比(言下之意,与犯罪无关)。该程序与琼斯等人②形成对比,琼斯等人将其审查的8项研究的结果分为三类(与犯罪有关、与秩序有关和与服务有关)。在我自己样本中包括的77项研究中使用的类别数量太多了,如果没有人为因素,不可能减少到三到四个子类别。更重要的是,在警察所做的大部分工作中,存在着一种不可减少的模糊性,这与子范畴的整齐划分相抵触③。然

---

① Smith and Gray,1985。

② 1986:120。

③ Cordner,1979:57。

而,在以下分析中,没有任何迹象表明,高比例的与犯罪无关的警察工作可以被解释为某种形式的"社会服务"。它由各种各样的任务组成,其中交通和行政文书工作占主导地位。稍后将更详细地讨论此问题。

首先对表5.1—5.3中包含的各种条目的性质进行解释,然后在汇总表中给出它们提供的一般情况。

表 5.1 报案电话

作者	报警电话的估计百分比
卡明等人(1965)—美国	5.4%—23.6%
威尔逊(1968)—美国	10%(威尔逊指的是执法,而不是犯罪)
布莱克(1970)—美国	低于50%
贝尔卡尔(1970)—美国	底特律为16%(底特律39%的无线电通话;圣路易斯51%的无线电通话)
赖斯(1971)—美国	17%(警方评估;来电举报为58%)
平克和内勒(1973)—英国	27%—50%
科姆里与金斯(1975)—英国	34%
博伊德斯顿等人(1977)—美国	43%
蒂恩等人(1978)—美国	60%
莉丽(1978)—美国	32%(所有警方接听的电话都归类为犯罪电话)
安图内斯和斯科特(1981)—美国	20%
埃克布洛姆和黑尔(1982)—英国	18%(2%的紧急呼叫)
琼斯(1983)—英国	43%
希林(1984)—加拿大	24%
琼斯等人(1986)—英国	51%
谢尔曼（1996、1987 年出版）—美国	34%(热点的重复呼叫)
沙普兰和霍布斯(1989)—英国	17%(作为犯罪电话处理的呼叫)
吉尔西尼安(1989)—英国	15%
沃丁顿(1993)—英国	"少数族裔报警"
内政部(1995)—美国	36%

表 5.1 中的研究按发表时间顺序列出。也提到了它们实施的国家。在必须进行估计时,遵循的规则是在一份研究报告中给出电话、调度、事件报告等与犯罪相关条目的最高估计百分比,在所有表格都遵循这一规则。换言之,没有试图最大限度地减少专门用于处理犯罪事件的警察活动的百分比。在少数情况下,被审查的研究是在一个以上地点进行的,其中与罪案有关的报警电话百分比并不一致;在这些情况下,给出了评估百分比的全部范围。

表 5.1 中并不是所有的研究都专门侧重于报警电话是否与犯罪有关,但它们都以足够详细的方式处理了这个问题,从而能够可靠地估计报警电话的性质。布莱克研究了逮捕的社会组织,但相当清楚的是,只有不到一半的公民电话与犯罪有关[1]。他还赞许地提到了卡明等人[2]。后一项研究没有明确使用犯罪/非犯罪二分法,更倾向于在持续的、周期性的个人问题的情况下区分关于"事情"的电话和要求支持的电话[3]。其中一些问题显然与犯罪有关,有些则与犯罪无关。谢尔曼[4]在处理反复打到"热点"的电话时,发现与犯罪有关的报警电话的概率更高。最后,赖斯[5]或科姆里和金斯[6]这样的研究涉及许多主题,并且属于不止一个类别。除了两个例外,所有的研究都发现与犯罪有关的电话比例很低,这一点在1980 年之前的研究中尤其如此[7]。

表 5.2　各种来源和调查

作者	警方用于犯罪的时间的估计百分比
马丁和威尔逊(1969)—英国	30%
韦伯斯特(1970)—美国	36%(16.58%的犯罪电话;19.68%的犯罪"在案":总计36.26%)
赖斯(1971)—美国	3.04%(所有警察活动的总和)

---

① Black,1970:1087。

② 1965。

③ Cumming et al.,1965:200。

④ 1996。

⑤ 1971。

⑥ 1975。

⑦ 除了 Tien et al.,1978。

续表

作者	警方用于犯罪的时间的估计百分比
奥尼尔和布鲁姆(1972)—美国	5%
科姆里与金斯(1975)—英国	实际警察时间的 4%
霍夫(1980)—英国	33 1/3%(包括虚假报警)
索斯盖特和埃克布卢姆(1984)—英国	14%
金赛(1985)—英国	57%
贝利(1985)—国际	66%—80%的工作与犯罪有关("绝大多数"与法律有关)
布朗和伊尔斯(1985)—英国	10.1%
史密斯和格雷(1985)—英国	51%(解决冲突而不是犯罪工作)
塔林(1988)—英国	7%—14%
斯科根(1990b)—英国	18%—30%
格林和克劳卡斯(1991)—美国	42.9%,最大数字—宽松标准;26.4%—使用更严格的标准
贝内特和卢普顿(1992)—英国	25%—33%(取决于环境—农村/城市)
贝利(1994)—国际	"警察花在对付犯罪上的时间很少"

在表 5.2 中,赖斯①发现处理犯罪的所有警察活动的百分比非常低(刑事诉讼部分是日常巡逻时间的 0.2%)。韦伯斯特提出了同样的一组发现,一个以文章形式,另一个以书籍形式。归根结底,它们将被算作一项研究②。如前所述,史密斯和格雷③将冲突和非冲突情况一分为二,而不是犯罪和非犯罪相关事件。塔林④评估了警员在英国 10 支警察部队的 13 项活动中花费的时间。其中 7 支部队将10%或更少的时间花在犯罪事件上(10 支部队中有 8 支部队,公共秩序事件在其活动中占 4%或更少)。假设警员撰写的所有报告都是关于刑事案件的,当计入这些报告的撰写情况时,与犯罪事件有关的时间范围将增加到 20%—33%之间,这

---

① 1971:95。
② Webster,1970。
③ 1985。
④ 1988。

取决于塔林正在审查的警察部队①。贝利(1985)回顾了不同大陆国家的警察部队。与犯罪有关的活动部分差别很大,这取决于他所指的是哪一类部队。贝利②得出结论,认为66%—80%的警察活动都是围绕犯罪展开的,他声称,根据大量证据,非犯罪问题主导了警察工作。他最后的结论是"不能认为警察工作的性质问题是可以解决的"③,因为对来自不同国家的数据很难进行比较。总体趋势与上文表5.1相同,大多数研究导致对与犯罪有关的警察工作的评估较低。各种估计之间的差距很大,从最低的3%到最高的80%不等。

表5.3 观察性研究

作者	警方用于犯罪的时间的估计百分比
斯科尔尼克(1966)—美国	警务工作"最低限度地关注法律诉讼"
布莱克(1968)—美国	只有不到50%的遭遇与犯罪有关
马丁和威尔逊(1969)—英国	30%
赖斯(1971)—美国	3.06%
凯林等人(1974b)—美国	15%—30%(我的估计)
科德纳(1979)—美国	13%的犯罪,4%的非犯罪,44%的行政管理,39%的模棱两可
潘奇(1979)—荷兰	49%
伦德曼(1980)—美国	33%
埃里克森(1982)—加拿大	8.5%
惠特克(1982)—美国	38%
马斯特罗夫斯基(1983)—美国	29%
沙普兰和瓦格(1987)—英国	无%(识别出的问题中犯罪率较低)
沙普兰和霍布斯(1989)—英国	无%(举报事件中犯罪频率较低)
诺克斯和麦克唐纳(2001)—英国	22%

表5.3提供了观察性研究。斯科尔尼克没有提供百分比,而是提供了定性评

---

① 1988:表3.1。

② 1985:126。

③ 127。

估。凯林等人①的研究成果重点关注受约束和不受约束的巡逻时间。他们发现，60％的巡逻时间是空闲的，严格来说，只有一半的时间专门用于警察工作。我估计总巡逻时间中有 15％—30％是与犯罪有关的，这是相当高的。

表 5.4　调查结果概括

	33％	33％—50％	＋50％	Total 总计
报警电话	12	6	2	20
各种来源	12	2	3	17
观察	10	4	—	14
总计	34	12	5	51

表 5.4 汇总了前几个表中列出的研究结果。可以立即看到，9/10 的研究(46/51)确定，用于犯罪相关的警察工作的百分比是 50％或以下，2/3 的研究得出结论，认为这个百分比是 33％或更低。梳理三种类型研究，结论没有显著差异。对最狭义的公民报警研究，发现处理刑事案件的工作所占的比例稍高一些，一般保持在 50％以下。在更有说服力的观察性研究中，没有一项说明犯罪工作占制服警察工作时间的一半以上。有一项这样的研究②最终被排除在这篇综述之外，因为它只关注潜在的嫌疑人和热点。

正如前文所说，将评论文章和章节(其作者可以接触我找不到的资料)纳入进来，增加了我的分析范围。左栏显示这些研究人员是否倾向于将犯罪相关的警察工作部分最小化(MIN)或最大化(MAX)，或者对其进行平衡评估③。这种最小化/最大化分类并不意味着这些作者不适当地减少或增加警员打击犯罪所花费的时间。它是针对这些综述论文的一般结论而做出的。许多作者在提出他们的经验结论之前，实际上对文献进行了广泛审查；这就是为什么，尽管前面的表格中提到了他们，在表 5.5 中也将他们列出。我收录了很多加里·考德纳的评论论文，他和同事一起出版了关于警察管理的教科书，因为这位作者积极参与了关于警察工作性质的辩论。这类教科书的其他作者则不是这样，他们对文献的评论比科德

---

① 1974b。

② Galliher et al.，1975。

③ "中间之道"，Cordner，1999 and 2007。

纳更加敷衍了事。尽管表5.5中包括了20篇评论,但其中一些评论的作者是相同的(科德纳)。不同作者评论文章为17篇。这些作者中,只有两位(希林和科德纳,以及他们各自的同事)倾向于最大限度地增加警察与犯罪有关的工作。换句话说,将这部分最小化或平衡看待这部分的审查比例为88%。这个百分比实际上与表5.1—5.3(90%)所列实证研究的部分相同,后者对与犯罪有关的警察工作提出了较低的估计。

表5.5　评论文章和图书章节

	作者	警方用于犯罪的时间的估计百分比
MIN	班顿(1964)—英国	警察是"和平官员",而不是"执法者"
MIN	潘奇(1975)—英国	50%—75%非犯罪("秘密社会服务")
MIN	凯林(1978)—美国	低于20%
MIN	沃克(1977)—美国	服务职能优先于打击犯罪
MAX	希林与里昂(1977)—加拿大	所有活动都是潜在的执法行为
MAX	科德纳(1979)—美国	与犯罪相关的电话比人们想象的要多;基本事实是电话内容的多种多样
MIN	莫里斯和黑尔(1981)—英国	在非犯罪方面花了很多时间
MIN	埃里克森(1982)—加拿大	花在犯罪上的时间只是"很小一部分"
MIN	威尔逊(1983)—美国	"大部分电话都是服务电话"
MIN	威科夫和曼宁(1983)—美国	66%的服务和其他维护
MIN	史密斯和克莱因(1984)—美国	"大多数电话都不涉及刑事案件"
MAX	琼斯等人(1986)—英国	13%—57%(引用最多的数字是30%)
MIN	摩尔和凯林(1983)—美国	"一小部分用于犯罪"
MAX	科德纳(1989)—美国	"犯罪和执法远远超过服务";大多数打给警车的无线电电话都与犯罪有关
BAL	格林和克劳卡斯(1991)—美国	20%(最多);他人对以前工作的评估导致总体平衡的评估
MAX	科德纳和特洛伊诺维奇(1992)—美国	与上述评估相同(科德纳,1979)
MIN	贝利(1994)—国际	7%—10%与犯罪有关("与犯罪关系不大")

续表

	作者	警方用于犯罪的时间的估计百分比
MIN	斯坦菲尔德(1996),加拿大	20%与犯罪相关(80%与服务相关)
MIN	莱纳(2002a)—英国	"维持秩序是警察任务的核心"
BAL	科德纳和希恩(1999)以及科德纳和斯卡伯勒(2007)—美国	"道路中间立场是可取的";1999年和2007年版本中的相同文本

在审查有关警察工作与犯罪关系的研究时,我偶然发现一项在英国进行的研究结果,这与我们对警察工作的一般看法并不一致。它应该影响我们对诸如警察可见性和警员阻止犯罪事件发生的能力等主题的看法(见表5.6)。

表5.6　在警察局与不在警察局的时间

作者	警察在与不在警察局的时间的估计百分比
霍夫(1980)—英国	大多数不在警察局的时间都是在夜班期间
布朗和伊尔斯(1985)—英国	50%的一般职责(大部分在警察局)
塔林(1988)—英国	50%的时间在警察局:诺森布里亚和西米德兰兹郡
	56%的时间在警察局:默西塞德
	51%的时间在警察局:大都会警察
	27%的时间在警察局:兰开夏郡
贝内特和卢普顿(1992)—英国	36.4%—43.1%的时间在警察局(取决于位置)
诺克斯和麦克唐纳(2001)—英国	43%的时间在警察局
鲍林和福斯特(2002)—英国	40%以上的时间在警察局;基于外部来源

在对制服警察的早期研究中,霍夫[1]发现巡逻往往集中在夜班。这一发现产生了自相矛盾的后果:第一,警察在街头的可见性最高的时候是街面上人最少的时候;第二,这些人是否真的能看到警察甚至也值得商榷,因为黑暗中的能见度大大降低;第三,大多数预防性巡逻是在犯罪最少的时候进行的——在凌晨(大多数犯罪发生在夜班期间)。鉴于这些事实,霍夫[2]引用了美国卡森巴赫委员会[3]的估计,即大城市的巡逻警察有望每14年拦截一次正在进行的街头抢劫。克拉克和

---

[1] 1980:10。

[2] 1980:11。

[3] 1967。

霍夫①根据入室盗窃率和均匀分布的巡逻范围确定,伦敦的巡逻警察预计每八年可以遇到一次正在进行的入室盗窃,而不一定会抓住窃贼,也不会意识到犯罪正在发生。如表 5.6 所示,1980 年至 2002 年在英国进行的研究重复了制服警察至少有 40% 的时间待在警察局的调查结果。根据我自己的研究,侦探花更多的时间在他们的办公室里。

我曾在 1991 年及 1992 年对制服警察进行大样本意见调查,搜集了 852 名来自魁北克省不同警察部队的受访者对其工作方面的答案。这些发现与之前的分析相吻合,如下所示。

警察训令

警员们首先被问及,基于他们的经验,警察的任务是什么:大多数人(44%)回答说是维持秩序;在加拿大,维持秩序被理解为针对各种不文明和麻烦,而不是像欧洲大陆那样是为了控制骚乱。与犯罪相关的工作分为两类:12% 的受访者回答打击犯罪(抓捕罪犯)是核心任务,16% 的受访者回答这是预防犯罪,广义上理解为包括警察可见性。其余答案为服务功能(28%)。预防犯罪是一个比遏制犯罪更模糊的范畴,与犯罪相关的工作远不如维护秩序突出。

最常见的情况

采用从"非常经常"到"从不"的 6 个等级的量表来评估他们对四种情况下警察干预频率的估计。重要的答案在天平的两端。在需要紧急干预的情况下,"非常经常"和"经常"类别占答复的 57%(26/31);在既不紧急也不涉及刑事暴力的情况下,这两个类别的得分为 64%(40/24);在暴力犯罪情况量表上的得分相同,为 36%(11/25);在不受约束的时间方面,这两个类别的得分为 39%(22/17)。频率最低的("不经常"或"很少")是暴力犯罪情况(35%)和"不受约束的时间"(36%)。因此,同一组受访者以两种方式评估了他们在暴力环境中干预的频率和"不受约束的时间"比例,答案落在量表中间的较少。这些答案之间的不一致倾向于证实

---

① 1984:7。

了科德纳关于警察活动模棱两可的性质的格言。

穿制服的警察活动的重要组成部分

要求受访者以两种方式回答这个问题。首先,要求他们从六项活动中找出他们花了大部分时间的一项活动;第二,要求他们独立评估他们进行这六项活动的频率。这两个问题的答案是一致的。下表列出了第一个问题的百分比;受访者对每项活动频率范围中"最高频率"选项的得分也给出了(括号内)。

严重犯罪:3.4%(大部分时间)和5.7%(最高频率得分)。

轻微罪案:10.4%(11.8%)。

维持秩序:24.6%(28.8%)。

解决问题(非犯罪类):44.8%(49%)。

行政:13.7%(29.2%)。

出庭作证:0.2%(3.4%)。

虽然有一致性,但这些百分比也表明,正如"管理"类别所示,选择"主要部分"答案并不总是与执行它经常描述的任务相一致。

最相似的职业

接受调查的警察还被问及哪个职业与他们的职业最相似。有趣的是,最常选择的职业是调解员。相似程度最低的职业被确定为律师和军人。由于这两个职业都与警察理念的关键组成部分(执法和使用武力)有关,因此这些警察评级相当重要,如下所示。

调解员:18.1%

社会工作者:8.1%

教育者:2.8%

医生/心理学家:1%

军人:0.8%

律师:0.4%

以上全部:51.4%

以上都不是：12.4

这份 1992 年的被认为与警察关系密切的职业名单（调解员、社会工作者和教育家）出人意料地与卡明等人①在他们的著名文章（"哲学家、向导和朋友"）中提供的名单一致。

尽管这篇分析开始时有所保留，但可以谨慎地从中得出几个结论。上一章中介绍的供需术语被用来阐述其中的一些结论。

第一，研究警务工作所依据的数据，一般与市民对警务服务的需求（例如市民来电以及警方对这些需求的反应）有关。关于警察主动工作的数据要少得多。很多这类工作都涉及截停车辆进行各种检查和搜查。

其次，关于公众需求的数据可能会被警方重新解读。正如赖斯所展示的那样，与犯罪有关的公众电话数量可能因警方接警员大幅减少。这些数据易受重新解释的风险并不局限于警察行业。

第三，最经常出现的发现是否定的：与犯罪相关的工作对警察的作用有限。然而，在这一总体评估中，对这一有限作用的统计确定存在很大的差异。

第四，当我们跳出犯罪工作的范畴时，警察服务的需求和供应是多样化的，很难归类。虽然很难确定公共需求的主要趋势，但维护秩序是最主要的要求。与早些时候透露的相反，服务电话和社会服务工作并不构成警察工作的主要部分。维持秩序的首要地位得到了警察在供给方面提议（在警察对其任务性质的概念中）的确认。这是我在加拿大进行的所有调查工作中的主要发现，我使用了大量的警察样本。

第五，警察工作中有很大一部分是很难分类的，例如"不受约束的时间"和在警察局的时间，更不用说"他们可能做了什么"的时间，这是一个开放式的概念。

20 世纪 80 年代末，"警察做什么"这一表面上紧迫的问题被"哪些因素在警务中起作用"的问题所取代。随着关于警察的文献从事实导向的描述性问题转移到指令性的改革方案时，评估性研究获得了突出地位。这些项目产生了评估它们发挥作用的程度的需要。当研究从"发生了什么"转向"什么管用"时，有一个引人注目的发展。尽管以前所有的警务改革，例如社区警务和问题导向警务，都是以研

---

① 1965。

究为基础的,这些研究强调警察需要解决的问题的显著多样性①,但所有这些研究结果似乎都突然消失了②。除了极少数例外,关于警务的评估研究现在侧重于评估在降低犯罪率和公众不安全感方面起作用的措施③。骚乱之所以成为人们最关心的问题,主要是因为它通过削弱非正式社区控制而助长犯罪和不安全感④。

警务手段

警察执行各种各样的任务,很难用他们的所作所为来定义他们。前面的分析说明了这一点。马克斯·韦伯在试图定义国家(也涉及无数领域)时倡导的另一种研究策略是,专注于警察使用的手段,以找出警察工作的具体内容。根据警察使用武力的能力来定义警察就是这种做法的最好例子。根据第四章提出的警务理论,我们现在研究警方履行职务的方式问题。这个问题太广泛了,不可能全面解决。将提出两个问题,首先讨论警察的可见性问题,然后再讨论武力问题,试图找出警察使用武力的具体方式。

可见性

警察可见性是关于警察的文献中最普遍的概念之一。在 19 世纪英国警察改革家的著作中经常提到这一点。在社区警务倡导者的著作中,它重新获得了突出的地位,他们强调了徒步巡逻的好处⑤。关于可见性的概念,需要提出三个基本点。首先,可见性并不等同于更一般的可感知性概念。可感知性包括五种感官,而可见性仅指视觉。感知媒介的不同可能会影响警务的效果。例如,看到徒步巡逻人员可能会增强安全性,而听到警笛可能会引起焦虑。在抑制犯罪方面,在酒后驾车的情况下,气味起着重要的作用。第二,也是最重要的一点,可见性不是一件事,而是一种与环境的关系。例如,根据街道的拥挤程度,徒步巡逻的警察可能

---

① Goldstein,1990。

② Bratton and Knobler,1998。

③ Sherman,1986,1990,and 1992;Sherman et al. 1997;Sherman and Rogan,1998;and Zhao et al.,2002。

④ Wilson and Kelling,1982;Skogan,1990a。

⑤ Trojanowicz Bucqueroux,1989。

是显眼的,也可能是几乎看不见的。对于一天中的不同时段(例如,夜间),也可以提出相同的观点。第三,可见性也是一个关联的过程,可以超越所见到的东西。它可能会引发强烈的情绪或充当其他东西的信号,这两个过程可以同时发生。

从第四章可以看出,公共警察部队的存在伴随着城市的诞生和发展。根据城市社会学的定义,城市被定义为"陌生人的世界"[1]。在这个关于城市的共同观点中,比特纳争辩说,正如我们已经看到的那样,国家的最低职能是为陌生人的有序共存创造条件;他进一步辩称,警察的任务是通过使用武力来控制对这些条件的掠夺性违反。也可以认为,可见性的概念在逻辑上先于武力的概念,它产生了自己的城市秩序。洛夫兰德[2]将陌生人定义为任何一个不为所涉行为人所知但可以看到的人。她进一步补充说,城市陌生人的世界位于城市的公共空间[3]。

对于城市居民来说,城市公共空间具有超负荷(Overload)的特征[4]。超负荷的范围超过认知能力和行为。由于我们不能确定每天在城市里遇到的所有人,也不能对他们都彬彬有礼,因此有必要对这一超负荷工作进行某种秩序化。洛夫兰德[5]提出了城市公共秩序的两种逻辑:"表象"有序逻辑和空间有序逻辑。根据前者的逻辑,城市居民的身份是根据视觉外观(主要是服装)来识别的;根据后者,他们的身份取决于他们居住在城市的哪一部分,要么是选择的,要么是被迫的。这两种排序逻辑都依赖于可见性:"当外观与位置相关时,它作为一个指标是最可靠的。"[6]虽然她强调这两种类型的排序都是强制性的[7],但她没有讨论执行这些排序逻辑的公共机构。在这方面,警察部队发挥着至关重要的作用。然而,主要的问题并不是警方凭借其外表强制执行命令(例如,着装要求),而是他们的行动主要基于视觉线索。这是一个概念性的联系,在可见性的范畴下,城市、陌生感和警察的概念汇聚在一起。

---

[1] Lofland,1973:19;又见 Simmel,1970,and Milgram,1970。

[2] 1973:18。

[3] 19。

[4] Milgram,1970:1462。

[5] 1973。

[6] Lofland,1973:84。

[7] Lofland,1973:177。

犯罪与无序的可见性

正如我们以前发现的那样,在巡逻警察不知情或不干预的情况下,犯罪行为可以发生在巡逻警察短距离内。在这些案件中,能见度的差距抵消了警察的效率。警察是罪犯被指控犯有刑事罪行并接受审判的常用渠道。图 5.1 显示了加拿大刑法规定的犯罪行为,这些犯罪行为在有统计数据的最后一个时期中,是被加拿大成人法庭最常定罪的罪行①。在本图讨论中,可见性所起的关键作用非常明显。

最常定罪的犯罪行为是危险驾驶(酒后驾车,DUI)。对危险驾驶的刑事指控不仅是警察积极主动工作的结果,而且警方通常也会受到犯罪行为的外部迹象(如不稳定的驾驶、被拦下的驾车者的行为、酒味)的刺激而采取行动。加拿大关于成年人收押的统计数据显示,酒后驾车是一个决定性因素。

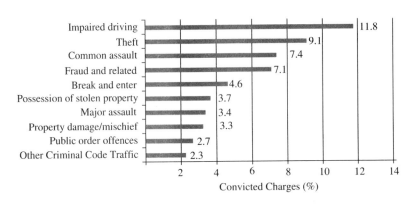

图 5.1 1999/2000 年加拿大九省成人刑事法院最常被定罪的刑法罪行

注:图中列出的十项最常见的罪行合计占所有导致定罪的罪行总数的 54%。其他种类的罪行占全部罪行总数的 2% 以上,但合计起来,则占所有已定罪罪行总数的其余 46%。数据不包括新不伦瑞克、马尼托巴省、不列颠哥伦比亚省和努纳武特。

资料来源:成人刑事法院调查、加拿大司法统计中心、加拿大统计局。

在加拿大爱德华王子岛这样一个小省,与暴力犯罪(18%)和财产犯罪(13%)②相比,酒后驾车占被判刑入狱人数的 59%。在加拿大第二大省(魁北克

---

① 1999－2000;Juristat,2001。

② 见 Juristat 2005 and Canadian Centre for Justice Statistics,2005。

省），与暴力犯罪（7%）和财产犯罪（18%）①相比，酒后驾车占被判刑入狱人数的18%。在法国这个与加拿大有很大区别的国家，情况却是相似的：交通罪行占刑事定罪的41%，而所有侵犯财产的罪行只占24%②。

窝藏赃物占所有定罪的3.7%。然而，仅仅给出一个百分比并不能反映窝藏赃物在获得刑事定罪方面的真正重要性。根据蒙特利尔市2007年的年度犯罪统计数据，警方报告了盗窃案件43583起，入室盗窃案件20383起，而窝藏赃物案件只有700起。这种巨大的差异在加拿大所有城市都大同小异。然而，尽管窝藏赃物数量很少，但它占所有定罪的3.7%，相比之下，盗窃罪和入室盗窃罪分别为9.1%和4.6%。这些百分比反映了几件事。显然，窝藏赃物的破案率远远高于其他财产犯罪的破案率。这种近乎完美的破案率是由如下事实解释的：与其他持有犯罪（如毒品）一样，窝藏赃物没有根据导致调查的外部投诉而"解决"。窝藏赃物报案和破案通常是一致的，例如当警察检查一辆可疑的汽车或因另一项犯罪（如入室盗窃）执行逮捕时。此外，必须强调的是，这样的情况基本上取决于视觉线索。例如，在对车辆进行例行检查的过程中，在汽车后备厢中发现了犯罪对象或物质。许多导致定罪的罪行，如酒后驾车、窝藏赃物、恶作剧和公共秩序罪行，都是警方积极主动行动的目标。在制服警察层面上，主动行为基本上是由某些犯罪和犯罪行为的可见性触发的。

与其他（如毒品）犯罪一样，窝藏赃物报案和罪行的可见性与警方对罪犯的处理之间的联系是相当广泛的。图5.1中出现的大多数犯罪具有相对较高的可见性，但是盗窃和欺诈可能是例外，后者主要是信用卡欺诈，并构成"街头犯罪"，如许多常见的袭击案件。暴力犯罪爆发，留下明显的身体痕迹（伤口、伤害和尸体），是造成最严厉判决的主要原因③。这一点可以在整个人类历史④和各个国家⑤得到证实。相比之下，在1999—2000年间，加拿大一家公司的刑事犯罪定罪率不到

---

① 见 Juristat,2006。

② Bauer,2007:166。

③ Juristat,2001:6;又见 Juristat,2005 and 2006。

④ Radzinowicz,1968:191。

⑤ Bauer,2007:166。

1%①。同样,2005 年所有的"经济和金融"犯罪行为占法国全部定罪案件不到 3%②。

与比特纳通过警察使用武力的能力对警察的定义一致,他声称警察只针对那些可能寻求暴力拒捕的罪犯③。这就解释了为什么经济犯罪在警方议程上的优先级如此之低,因为犯罪者几乎从来没有实际抵抗过对他们的逮捕行动。这句话有些道理。综上所述,在解释警察忽视白领犯罪时,白领犯罪的低可见性和隐蔽性可能比经济罪犯的非暴力行为更重要。

引发警方干预事件的可见性有四种。

武力可见性。这些事件,例如恶作剧或街头犯罪,均由警方主动处理。各种各样的混乱,如小规模的毒品交易、卖淫、污损公私财产、游荡,都是这一类别的常见表现。它们的可见性不仅是有形的,而且是可以立即感知到的。

调查可见性。正如将在下一章中看到的那样,命案调查的解决几乎不依赖调查推理,案件的解决主要是根据目击者提供的证词。在警方诉讼中,这些证词的直观性没有得到足够的重视。许多产生较高定罪率的罪行都是通过目视线索破获的(例如窝藏赃物和警方破获的少数入室盗窃和盗窃案件)。

符号可见性(Symbolic Visibility)。这些犯罪在一定程度上与英国研究人员所说的"信号犯罪(signal crimes)"和"信号紊乱"④相对应,这两种犯罪通常因社区而异。信号犯罪和骚乱事件通常涉及暴力,与放大的意义产生共鸣,这是对其主要可见性的补充。由于被视为更大的社会病态的症状,它们促使社区成员做出个人的风险规避反应(Innes and Fielding,2002:7 - 9)。

构建的可见性(Constructed Visibility)。犯罪事件的符号可见性可能是直接的。例如,恐吓或报复犯罪本身可能传达了一种信息,这种信息可以立即被社区察觉到,而不需要任何进一步的处理。在许多情况下,媒体增强了犯罪的可见性,媒体在其最初的共鸣的基础上,赋予它一种有自己生命的光环⑤。所有恐怖事件

---

① Juristat,2001:1。

② Bauer,2007:166。

③ Bittner 1974/1990:242。

④ Innes,2004a,2004b。

⑤ Innes,2004b。

都是表明媒体能够增强犯罪可见性的案例。媒体的行为并不局限于提高可见性。在某些情况下，事件的可见性完全是媒体捏造的[1]，可能会引发"道德恐慌"[2]。儿童的失踪为可见性的构建提供了特别不稳定的材料。构建的可见性是我们在第一章中以"强度量"名义描述的那些现象的一个主要例子。构建的可见性和符号可见性在许多情况下是重叠的。

讨论是在统计数据的背景下进行的，迄今为止，讨论的重点是事件的可见性。还有另一种可见性是至关重要的：

罪犯可见性。许多个体罪犯和罪犯群体都有很高的视觉形象。摩托车犯罪团伙（如地狱天使）提供了罪犯可见性的范例。这些帮派是由按照着装规范组成的，着装要求既非常显眼，又非常正式，有特定的"颜色"和徽章表明他们在帮派等级中的地位，以至于他们可能会被描述为穿制服的罪犯。并不是所有罪犯的视觉形象都像犯罪摩托车手那么高调。然而，显著性犯罪环境中（例如卖淫和贩毒）由于着装、驾驶车辆和生活方式而脱颖而出的人居多。在可见犯罪事件方面所做的各种区分也适用于高度视觉特征的罪犯。过分招摇的罪犯最终成为警方的首选目标，因为随着时间的推移，他们的显眼行为被认为是一种藐视警察秩序的行为。白领罪犯的视觉形象通常很低，很少受到警方的关注。

刑事犯罪和罪犯的可见性并不是只会产生触发警方行动的唯一效果（在选择和自由裁量的基础上），它还会对社区产生影响，产生复杂的感觉和反应。最常被引用的感觉或反应是恐惧。对犯罪恐惧的研究已经产生了大量的研究结果，黑尔[3]和赵等人[4]对此进行了综述。对犯罪恐惧的概念是可以批评的，应该用不安全的概念来取代，不安全的概念既指一种感觉，也指受害的背景可能性。犯罪恐惧的概念很早就受到研究人员的批评，因为犯罪受害似乎与恐惧负相关[5]。鲍克斯等人也认为只有当受害者与高度不文明社区中的混乱相互作用时，才会增加恐

---

[1] Altheide，2002。

[2] Cohen，2002。

[3] 1996。

[4] 2002。

[5] Box et al.，1988：352。

惧。司可根①明确确立了恐惧和混乱之间的联系。犯罪和混乱之间的一个关键区别是,后者通过其可见性有着更大的潜在影响;大量的犯罪可能发生在一个社区,而不被社区察觉。最后,迪顿等人②已经表明,犯罪受害的威胁既可能引起愤怒,也可能引起恐惧。一方面,似乎社区恐惧主要与犯罪无关;另一方面,受害的风险激起的不仅仅是恐惧,还有其他感受。

黑尔总结了他对犯罪恐惧,或者用更恰当的词,不安全感的回顾,承认不安全感"本身就是一个问题"③。警方研究人员也得出了这一结论。在提到 1978 年和 1981 年发表的论文时,乔治·凯林写道,他"认为美国关于犯罪的主要问题不是犯罪本身,而是对犯罪恐惧的夸大和这种恐惧的后果"④。该结论源于他的观察,即虽然徒步巡逻对犯罪没有显著影响,但它"持续和系统地"影响着公民对犯罪的恐惧。凯林的观点有两个深远的影响。首先,这意味着警察致力于减少不安全的战略可能"本身就是一种战略(strategies in their own right)",他们试图解决的感知问题的真实性并不亚于犯罪的实际发生。其次,这些策略,例如凯林明确提到的徒步巡逻,在很大程度上是基于警察的可见性。基于这些含义,警务可以初步设想为一个连锁反应过程,在这个过程中,视觉外观相互反馈:制服警察受到视觉助推器的刺激而采取行动,他们利用自己的可见性作为解决问题的基本手段。

警察可见性

对制服警察的描述应该从他们在视觉上的独特之处开始,也就是说,他们的制服。在关于城市秩序的文章中,洛夫兰⑤并非没有强调制服在外表逻辑中所起的作用。制服只是三种标识服装中的一种,另两个是工作服和盔甲。工作服过去是仆人穿的,是社会地位较低的标志。在美国,警方最初将制服视为一种工作服,最初不愿采用⑥。在外观标准化后,盔甲可以说是一种制服,虽然它的首要功能不

---

① 1990a。
② 1999。
③ Hale,1996:131。
④ Kelling,1983:163。
⑤ 1973:85。
⑥ Walker,1992:12 - 13。

是识别,而是保护。在警察制服的演变中,一个比较明显的趋势是逐渐转变为防弹衣。这一转变现在是由特种部队完成的,比如特警队,他们的外表与士兵的外表几乎没有区别。在许多西方国家,防弹衣现在是警察制服的一部分。

此外,由于穿制服的警察已经机动化,他们驾驶带有明显标志的警车。

警服最普遍的功能是解决城市感性超负荷的问题,提高警察的可见性。当1829 年英国建立新的警察制度时,警察穿制服解决了几个问题。它为新的机构提供了集体身份,更重要的是,制服是统一的工具和统一的标志。警察改革者发现的主要问题之一是,"目前的警察(由)各自为政、按照最早的一套应急手段行事的……杂乱无章的男子组成"①。穿制服的人还将被"醒目地标注"所在部门的字母和自己的编号,这样如果他们没有正确履行职责,就很容易被识别和投诉②。通过个人身份标识,制服是促进个人责任感的一种手段。为了使新制服尽可能地有别于军队的制服,人们花了很大心思,因为军队对公共秩序的残酷镇压一直是严厉批评的对象。在其最深的意义层面上,制服因此成为一种整体运作风格和潜在效率的象征。

在加拿大皇家骑警的形成时期③,加拿大西北部联邦政府的首席代表亚历山大·莫里斯写信给麦克唐纳总理说:"警察应该遵守军事纪律,如果可能的话,穿红色外套,因为在这里,50 个穿红色外套的人比 100 个穿其他颜色的人要好。"④红色一直是权力和英雄主义的戏剧性象征,现在仍然是。当警察制服在一些社区被认为是一种公共耻辱时,它在"明显地区分"群体和个人方面的效率被证明是一种反差。尼古拉斯·亚历克斯在他对纽约警察局黑人警察的开创性研究中,询问他们警服意味着什么。他发现,他们认为制服"是黑人和白人社区以及部门白人嘲笑、鄙视、辱骂和嘲讽的对象",并将其称为"袋子"或"猴子装"⑤。

在一篇有先见之明的文章中,巴恩⑥指出了警察巡逻队的三项基本职能。前

① Chadwick,1829,引自 Taylor,1997:148。

② Radzinowicz,1968:162。

③ 1872—1873 年。

④ 引自 Macleod,1976:14。

⑤ Alex,1969:172。

⑥ 1974。

两个是传统的,通过随机威慑巡逻和快速回应报警电话来防止犯罪和混乱。他还指出了巡逻的第三个功能:"这是让市民放心的简单功能,当市民看到附近有警察或警车时所感受到的安全感。"[1]这句话概括了我们之前的两个观察结果:体验不安全感本身就是一个问题,可以通过对干预的感知得到暂时解决,这本身也是一种策略。

英国通过杰森·迪顿、奈杰尔·菲尔丁、简·菲尔丁、马丁·因斯和伊恩·洛德等人的著作,发展了现在所谓的安抚警务(reassurance policing)[2]。这种警务在英国的几个地方实施(例如在萨里郡)。安抚警务不是一种意外收获,它的发展建立在以前警务改革的基础上,芝加哥替代警务战略(CAPS)被明确提到是安抚警务的先驱。CAPS是一项富有弹性的社区警务倡议,由韦斯利·司可根领导的一个团队于1993年在芝加哥实施。顾名思义,CAPS不是由一系列松散的无关项目组成,而是由基于三大支柱的全面组织战略来定义的:公民参与、去中心化和解决问题。这些核心要素通过将优先事项的设定和实现这些优先事项的手段留给居民以及在社区长期服务的警察而联系在一起[3]。市民关心的问题在每月的警队会议上均有表达。芝加哥警察局正在与芝加哥伊利诺伊大学合作开发一项基于地理的互联网调查,衡量什么对社区真正重要,包括热点和无序、恐惧和紧张的警民关系等指标。这项工作弥合了社区真正关注事项(基于市民对最大威胁的认知)与警方根据自身目标对其进行的未经授权的重新界定,已被纳入安抚警务中。没有对警察的信任,安抚警务就不可能取得成功。建立信任和合法性意味着认真对待社区的投入并采取行动。

"安抚警务"汇集了以前在本章和其他警察研究文献中进行的几个方面的分析。对制服警察如何打发时间的详细审查促使人们对制服巡逻的传统职能进行了批判性审查,并质疑警察巡逻与刑事执法工作之间联系的力度。这些审查促成了具有挑战性的发现,例如,与犯罪有关的报警电话所占比例相对较小,这些电话的非紧急性质,用于接听紧急报警电话的机动化警察系统的相对局限性,发现警

---

① Bahn,1974:340。

② 关于评论,见 Ditton and Innes,2005。

③ Rosenbaum,2006:258。

察在警察局内度过的时间，以及随之而来的通过来回巡逻解决财产犯罪的较低概率。这些问题也导致人们对警察可见性的影响进行更彻底的考察。在堪萨斯城著名的警察实验之后，人们认为机动车巡逻和徒步巡逻对犯罪和不安全感具有明显不同的影响，徒步巡逻更令人放心①。此外，警察的可见性并不总是与减少不安全感有关；突然和无节制地增加警力会对公众的安全感产生不利影响②。然而，这些研究结果相加并未导致产生一个共同的警务理论体系。唯一一个大家都认可的发现是徒步巡逻增加了安全感。尽管对警察可见性的效果持一些保留意见，但对它的需求仍然很强烈，这是所有警务创新的一个关键特征。

这些事态发展的总体结果是逐渐承认警察在两个不同层面上运作。第一个是各种维度的实际环境，物理的、社会的等等。第二个是公众对这种环境的感知或重建，这是一个复杂的过程，涉及对嵌入环境中的信号进行解码。此外，警方不单在两个不同层面运作，在每个层面的运作方式也不相同。警察试图通过行使权力、通过各种行动战略来改变环境，例如，实际受害比率。这些工具性的尝试越来越成为系统评估的对象。在一个良好的开端之后，这些评估通常表明，在较长一段时间内，警方的具体举措对环境的影响有限。在感知环境的层面上，警察通过干预行动，旨在改变社区对环境（例如，特定社区）的感知方式。这些干预措施是通过与公众沟通进行的，例如仔细地向媒体展示突袭期间缴获的毒品和武器。旨在改变公众看法的干预也可能发生在街道层面。在对蒙特利尔市中心的毒品交易进行研究的过程中，我采访了一个繁忙的市中心警察局的地区指挥官。对他来说，逮捕毒品小贩几乎毫无益处。起诉一个小贩既费钱又耗时，另一个街头小贩会立即取代他的位置。辖区指挥官指示其属下穿制服的工作人员通过将毒贩赶回市中心街道两旁众多酒馆来清理市区。毒品交易不应该在大街上明目张胆地发生。他解释说，这次行动对销售的毒品数量没有影响。然而，人们现在可以在市中心散步而不会撞到毒贩，游客们的印象是市中心相对干净了。魁北克关于卖淫的长达百年的辩论也使用了同样的措辞。既然卖淫无法根除，那么问题是如何

---

① Kelling et al.，1974a and 1974b。

② Ditton and Innes，2005：601。

将其驱赶到地下并使之隐形①。这位地区指挥官实质上参与了对表象的管理。

警务表象圈(The Circle of Policing Appearances)

沙普兰和瓦格在一篇为安抚警务埋下伏笔的论文中,研究了公众想要使用警察的能力。他们发现,公众希望警方承担的最重要的角色是"通过他们的存在,宣告一个秩序的状态"②。通过彻底审查关于警察的存在对减少公众恐惧及公众满意度的影响这方面的研究③,证实了这一见解。这项审查得出的结论是,警察的存在确实对减少公众恐惧有很强的影响,也暗示着公众对警察的满意度,后者与成功地减少恐惧计划密切相关。沙普兰和瓦格的观点是在曼宁之前工作的基础上发展起来的,曼宁④将警务的概念清晰表述为在一群公民面前运行象征性的仪式;曼宁在《纳克斯的游戏》中进一步发展了这一观点⑤。"警务表象"⑥的概念也是一种尝试,试图抓住支撑安抚警务和类似模式的洞察力。

警务表象这个概念的意思可以改变,取决于哪个词被强调。它既指表象的警务,也指警务的表象。它的可逆性可以用来总结前面的论点。与现实形成鲜明对比的远不是单纯的虚构,这里所理解的表象,是指现实的某些方面,这些方面在感知上强加于我们,并引起我们对它们的关注。

警务表象首先指的是警务的外在客体,这个客体被理解为警察干预的对象或焦点。无论是犯罪、混乱,还是出现的一系列问题,警方都会对公共场所任何难处理的事件采取行动,这些事件"可能以各种方式宣布自己存在"。⑦ 像白领犯罪或政治腐败这样不"宣布"自己存在的问题通常不会受到关注。在 2008 年金融市场崩盘之后,白领犯罪的情况现在正在发生变化,可以预见,白领罪犯将成为新的公众替罪羊。许多通常不言而喻的问题,如非法物质的供应和各种混乱,都是反复出现的,不可能有任何永久的解决方案。因此,警方的目标是对各种表象进行排

---

① Brodeur,1984a。

② 1987:60。

③ Zhao et al.,2002。

④ 1977/1997:24 - 26。

⑤ Manning,2004;又见 Dorn and South,1991 and 1992。

⑥ Brodeur,1994b。

⑦ Bentham,quoted in Radzinowicz,1956:435。

序,这样它们就会被认为足够正常,以免造成无法忍受的不安全感。

警务表象还指警察利用自己在公共场所的可见性来使表象正常化的干预措施。有两种"可感知的"干预必须相互区别。威慑针对的是潜在的违法者,而安抚(reassurance)是针对潜在的受害者。虽然他们可能使用相同的手段,例如警力的饱和(police presence saturation),但可能会产生相反的效果。有高威慑和低安抚的情况,也可能出现相反的情况。警察所有可感知的干预都源于一个激进的假设,即警察部队的部署本身就是环境安全的最好证明。在观念相对一致的民主国家,警察构成了安全的自我实现,尽管充斥着全副武装的军队和雇佣兵,但所谓"失败国家"警察系统崩溃极度不安全。伊拉克和阿富汗等国家的警察伤亡率极高。警察被杀不是因为他们的所作所为,而是因为他们代表着对基于表面安全的社会秩序的承诺。

武力

以前有人强调,警方在两个截然不同的层面展开行动,第一个层面是实际环境,第二个层面是公众对这个环境的看法。针对展开行动的不同层面,警方会使用不同的手段。从感知的环境入手,研究了警察可见性的作用和公众感知的目标。我们现在转向物理干预,重点放在使用武力上。可见性和武力并不是相反的警务手段。在许多情况下,它们是互补的,正如短语"展示武力"所暗示的那样。合法的武力经常在看得见的领域内发挥巨大的作用。然而,警察的暴行避开(shun)了人们的视线。第四章深入研究了武力概念在界定警察职能方面的关键作用。本章现在着眼于警察在特定情况下使用武力的具体方面。

正如我们所看到的,比特纳非常不愿意将控制集体暴力纳入警方的任务范围。尽管如此,骚乱在建立公共警察队伍的历史上起到了至关重要的作用。英国历史学家对 1829 年新警察在创建过程中,对英格兰新兴的工人阶级进行政治控制在多大程度上产生影响这个问题上存在分歧①。然而他们一致认为,犯罪率的上升以及教区警员和军队未能控制公共骚乱所产生的恐惧,是警察改革的直接原

---

① Reiner,2000a:11 - 56。

因。军队成了两种截然相反的批评的目标。一方面,他们因对暴徒使用不分青红皂白的暴力而受到指责,比如在 1819 年彼得卢骚乱中,他们杀害了至少 11 名平民,打伤了 100 多人;另一方面,他们对政府的忠诚度受到质疑,人们担心他们可能会站在暴徒一边,因为他们与暴徒有着共同的社会背景。然而,最经常出现的批评是在战术层面上的:军方可以强行镇压骚乱,但他们不能通过逮捕领导人来跟进(follow up)他们的行动。①

军事力量和警察力量之间的这种区别比仅仅逮捕示威活动的领导人以防止示威活动再次发生要深刻得多。虽然武力可能会被滥用,但武力是一种工具,通常不会为了自己的利益而使用。克劳塞维茨的名言"战争不过是政治通过其他方式的继续"就是这种观点的经典表述。然而,与警察在整个刑事司法系统中的融入相比,军事行动与政治的联系没那么正式。这种融合并不意味着每次警察使用武力之后都必须有后续的法庭诉讼程序,或者果真如此,也不意味着执法是警察职能的核心。然而,这意味着警察使用武力的工具性不仅是实践或道德的结果,而且受到法律的强制。超过一定的自由裁量权限度,使用武力必须通过成功起诉被逮捕的罪犯来解释。警力是刑事推理的主要前提,必须通过正当程序得出结论。不用说,这一逻辑可能会被反其道而行之,就像(错误的)定罪为不正当逮捕提供事后正当理由时一样。尽管存在司法不公的可能性,但至关重要的是要认识到,警方在很大程度上被迫在刑事司法系统提供的框架内行使其权力。正如第七章中所展示的那样,当警察压倒了他们只是其中一部分的整个系统,他们就变得不民主了。

然后创建了新的警察,目的是在镇压公共骚乱方面提供比军队更有效率和更有控制力的替代方案。多年来,警察维护秩序的职能得到了极大拓展。它超出了暴乱控制的范围,占据了警察工作的很大一部分。警察被要求监督大多数公共活动。例如,MPD 在 2002—2006 年间监督了 1000 多项公众活动和示威活动。这种监督不仅仅意味着派遣几名警察提供明显的警力,还要按照为每项活动量身定做的维持秩序的计划进行。

按照警察使用必要武力阻止威胁局势发展的能力对其进行界定,其中一个值

---

① Stallion and Wall,1999:4;Emsley,1996:55。

得怀疑的含义是,人们普遍认为警察会占上风,不能"被打败"。① 这种信念体现在一种流行的观念中,即警察为强制令提供了可以感知的"……例外情况",因为人们认为,除了立即执行之外,警方的其他选择都是令人不快的、无法挽回的。这种观点在一定程度上是错误的,这可以通过对加拿大一起臭名昭著的集体暴力案件的讨论来证明,这起案件代表着加拿大警务史上的重大危机之一。讨论的目的是具体说明第四章中提到的对理解警察使用武力至关重要的两项推定。这些推定分别是服从推定和优势力量推定。检验这些假设应该能够让我们勾勒出警察更具体的特征。

1990 年的奥卡危机

1990 年 3 月 11 日,在魁北克省蒙特利尔市附近一个名为奥卡的小社区,莫霍克原住民竖起了路障,以保护他们认为是圣地的地方。这片由原住民墓地组成的圣地,被市政当局改造成了高尔夫球场。1990 年 7 月 11 日凌晨,魁北克省警察部队(QPF)派出一支由 100 名警察组成的大型警察分队冲向莫霍克据点。他们遇到了使用冲锋枪、用壕沟保护自己的莫霍克"战士",在交火后,警方混乱地逃走了。一名警察(马塞尔·勒梅下士)被打死。这些事件升级为加拿大的一场重大政治危机,8 月 20 日开着装甲车的军方被派来接手警方②。这场危机直到 1990 年 9 月底才结束,并产生了持久的影响:警方今后再也无法对抗莫霍克人的"勇士",原住民保留地现在已经成为有组织犯罪的避风港。2004 年,当与莫霍克"勇士"的另一次对峙正在形成时,QPF 工会主席宣称,如果出现新的危机,警方将拒绝成为"炮灰",也不会干预莫霍克领土③。尽管进行了魁北克警务史上最广泛的调查,但勒梅下士的死亡一直没有得到解决。在邻近的纽约州,监管美国原住民的情况也同样糟糕,那里的警察在与圣里吉斯保留地的莫霍克人的战斗中也输掉了。莫霍克保留地横跨加拿大和美国之间的边界,横跨圣劳伦斯河,为两国之间的大规模走私活动提供了基础。

---

① Monjardet,1996:20。

② Hornung,1991。

③ McCann and Turbide,2004:15。

几年后在反思奥卡危机时,QPF的公共发言人写道:

> 就其行动是为了拆除路障以回应市议会的合法要求而言,警方是在履行他们应有的责任……从武装派别决定反击警察干预,尤其是回击实施该行动的警察的那一刻起,新的局势就出现了,这在很大程度上超出了通常的警察授权范围①。

虽然这类事件并不多见,而且是短暂的,但警方和抗拒逮捕的人之间的交火却偶尔会发生。然而,在奥卡危机期间,支持警察使用武力的两项推定被搁置,从而造成一种新的局面,"在很大程度上超出了通常的警察授权范围"。优势力量推定不再适用,莫霍克"战士"人数众多,组织严密,拥有和警察一样多的火力。莫霍克人也准备好用他们的武器对付警察,而且确实这样做了。加拿大原住民在加拿大享有特殊的法律地位,他们认为自己是独立的国家,必须保卫自己的领土和生活方式不受外来侵略。当有人违反他们的基本习俗时,他们觉得自己没有义务纵容这些违规行为。换句话说,他们不受遵守加拿大法律的一般推定和加拿大执法部门指令的限制。

根据这个例子,普遍遵守推定的消亡具有明显的政治意义。在加拿大,土著民族声称按照他们自己的习俗和规则自主生活。然而,如果认为搁置普遍遵守推定只发生在政治背景下,那就错了。正如研究美国警察的历史学家所指出的那样,美国最初使用警察在很大程度上是为了控制抵达该国的移民。其他国家也是如此,比如加拿大和澳大利亚。抵达"新国家"的移民希望加入似乎体现了更好生活的国家"梦想"中,如果他们遵守规则,就能够融入他们选择的社会。这些融入一个新国家主流社会的希望已经逐渐破灭。新移民和他们经常非法移民到的国家之间的种族和文化差距从未如此之大,而且常常导致排斥。这些来到这里的人口非但没有融入社会,而是被隔离到各种各样的无人区、贫瘠的郊区和难民营。

在这些动荡不安的地区,没有普遍遵守推定,警察要么抛弃这些地区,要么大批进入这些地区,实施短期效果的突然打击。

当普遍遵守推定不再适用时,随之而来的优势力量推定也被取消。反抗的人

---

① Gagnon,1999:78,我翻译的。

往往寻求反抗的手段并武装自己。当警察冒险进入他们的领土时,会遇到抵抗,越来越成为武装袭击的目标。这种发展对警务是破坏性的。警方只能在极端不对称的背景下行动,在这种情况下,力量平衡对他们非常有利,以至于他们的对手不敢反击。军事上所谓的"不对称冲突"与这种极端不对称是完全不同的。尽管力量比例不平衡,但不对称冲突仍然是一种战争形式,双方都在相互战斗。警察的极端(radical)不对称的特点是,警察应对武装抵抗的能力非常有限。在2005年卡特里娜飓风造成的破坏之后,一群手持自动武器的抢劫者开始在新奥尔良活动。《纽约时报》在报道这一情况时,用以下标题结束了报道:"警察辞职:数以百计的警察觉得自己处于劣势,已经离开了警队"[1]。2006年11月,在那不勒斯,卡莫拉各派系开始在街头互相争斗。2006年5月,在巴西,被监禁的犯罪头目下令外部暴乱,以向监狱管理部门施压,从而导致治安管理失败。

代表警察的最具误导性的比喻是"细细的蓝线"。在划定的战斗线上进行的战斗是军事行动的特征,而不是警务的特点。警察部队驻扎在一个总体上和平的公共空间内,通常不会沿着领土划分。在划定界线时,警察已经失去了对局势的控制,必须依靠军队。典型的警务行动是通常导致逮捕一个或几个人的行动,这些人后来被提起刑事起诉。逮捕只能在遵守推定和相对和平的条件下进行。在战场上实施逮捕的想法完全是站不住脚的。军队和警察之间的对比将在涉及军事警务的第九章中进一步展开。

摘要和结论

本章介绍了有关制服警察基本人口统计数据,重点是越来越多的女性加入警察队伍。它还分析了关于制服警察工作性质的研究所提供的观点,并审查了制服警察使用的手段,特别强调警察的可见性和武力使用。以下是从之前的讨论中可以得出的主要结论。

警察组织的正规制服人员平均年龄较小。在受访警员中,34岁以下的占到30%到40%,只有大约5%的人年龄在50岁以上。然而,更重要的是,警察在相对

---

[1] Treaster,2005。

较早的年龄就有资格退休,并从事第二职业,通常是在私人保安领域。对于退休的公共警察部队的高级官员来说,情况尤其如此。公共警察参与私人保安应该是更多研究的重点。

在警察部队中加速招募女性成为过去20年宣誓警察的重大发展之一。在西式民主国家,女性警察比例占到一些警察组织工作人员的1/3。女性进入警察行业的机会不太可能减少(除非执行配额),因为这是结构性原因造成的,例如女学生在学校表现更好,以及警察部队越来越多地要求新警拥有大学学位。现在评估招募女性将在多大程度上改变警务工作还为时过早。到目前为止的研究表明,女性警察的部分男性化在很大程度上抵消了对警察潜在女性化的影响。

招收新型人才对警察文化变革的抵抗力很强,表现在招收少数族裔成员对警察组织的影响较弱。事实证明,招募少数族裔警察加入警察组织将平息种族冲突的假设在很大程度上是没有根据的。此外,尽管取得了显著进展,但将这些警察编入警察部队仍然存在问题,女性的情况也是如此。警察部队构成的多样化提出了一个问题,即所谓的警察文化同质化背后是否存在着相当大的冲突和支离破碎。

在加入公共警察部队的培训和教育要求方面,国际上存在着巨大的差异。正如预期的那样,根据警察职能的概念,要求会有所不同。在这方面,警察作为解决问题专家的概念是否在少数英语国家之外取得了实质性进展,这一点还远不清楚。另一方面,所有关于新警加入警察部队的动机的调查均显示,他们寻求的要么是充满行动力的职业,要么是工作福利,而不是一项以知识生产和运用情报作为行动基础起决定性作用的职业。对制服警察工作性质的研究得出了两个普遍的结论。第一个问题涉及警察工作的实质:与犯罪控制以外的职责有关的活动占据了警察实际工作时间的大部分。第二个发现与警察工作的形式有关:它围绕着被视为无关事件的发生而展开。正如温哥华的皮克顿事件所证明的那样,一名连环杀手多年来一直逍遥法外,警方可能会积极抵制建立联系。警察(文件)的典型形式是"事件报告",它为警察工作性质的研究提供了依据。分离式(disjunctive)警察运作方式所带来的后果怎么夸大都不为过,因为它是从附带警务形式发展到情境警务形式的主要障碍。

事实证明,很难就制服警察如何打发时间的准确量化评估达成共识,因为实证研究受到两种趋势的破坏。首先，人们倾向于把警察的工作分为实际工作和因事件失控可能采取的行动。在这种情况下，虚拟现实的戏剧化导致了对实际发生的事情的重构。第二，对警务工作的评估在很大程度上在于解释犯罪发生率的上升或下降。以犯罪为中心的评估研究不可避免地反馈到描述性研究中，并且夸大了与犯罪有关的警察工作的重要性。

虽然警察是由他们使用武力的权力来定义的，但有人争辩说，武力只是警务的两种基本手段之一。另一个是警察的可见性。警察可见性是警务的直接工具，而武力（在民主国家）是最终手段。在公共组织的定义中，没有明显的理论理由将终极（力量）凌驾于眼前（可见度）之上（相比之下，医学不是通过外科手术而是通过医疗保健来定义的）。

使用"警务"一词来指代警察研究对象有几个理论上的优点，但也有一些缺点。它倾向于渲染警务的动态特征，同时掩盖了这样一个事实，即警务的目的也只是在适当的地方被动地实现。公共警务是由明显的事件和明确要求警察在场引发的。作为一种解决问题的策略，警方也宣传自己的可见性。由于完全依赖警察的存在来确保安全，警务是一种自我实现的倡议。警察依赖现象逻辑建立秩序的另一个重要后果是，对"明显少数群体"的歧视是警务工作的一个结构特征。任何在视觉上突出的东西都是潜在犯罪的线索，并且最初是被以怀疑的眼光看待。

关于使用武力，争论了三点。首先，尽管警察有权使用武力，但警察并不是平息因冲突或陷入混乱的领土的适当工具。警方在特定事件的狭隘背景下进行干预，只有在社会秩序以前通过其他方式牢固建立并且没有受到质疑的情况下，警察才能成功地维护社会秩序。正如已经讨论过的那样，警察的运作是在普遍遵守的前提下进行的。在这方面，警察的武力使用是断断续续的，紧密分布在空间，而不是持续和分散在大片领土上。其次，也有人声称警察在极端不对称的情况下集中使用武力。极端不对称不仅意味着在力量分配上有利于警察，而且这种分配对警察如此有利以至于他们的对手预计会投降，而不是战斗到底。这种期望大体上得到了满足。第三，一旦警察力量占优势，违法者就会被逮捕，期望他们会受到审判。因此，在许多情况下，警察使用武力是受法律规则规范的持续进程的第一步。

最后，我想在这里介绍低层警务和高层警务这两种警务的区别，这将在第七章详细阐述。"犯罪学"一词是由拉斐尔·加洛法洛①在意大利语中首创的。加洛法洛提出了"自然犯罪"理论：自然犯罪是犯罪中危害最大的,据称在所有社会都有发生(例如杀人和盗窃)。他们反对刑法和其他监管结构(mala prohibita),因为它们依赖于文化(例如,一夫多妻制)。第二类是相当广泛的,它包括大多数形式的不文明行为、扰乱秩序的行为和无受害人的越轨行为。

尽管用这样的术语表述,但加洛法洛的区分并没有促进犯罪学中一种过时的自然主义形式。他的基本见解是这样的：大多数人类社会中被禁止的行为都有一个核心。这些普遍被禁止的行为要么基于暴力,要么基于欺骗。这种见解实际上至少可以追溯到霍布斯时代。他在《利维坦》中指出,"武力和欺诈是战争中的基本美德"②。这种好战的美德在政治契约建立后变成了犯罪,该契约结束了霍布斯寻求逃避的"人对人"的战争。当它聚焦于犯罪时,本章所描述的那种警务主要是针对最明显的掠夺性行为和明显的混乱表现。实际或潜在的暴力是此类行为的一个反复出现的特征,尽管它并不是造成不安全感的所有不当行为的特征。在一般警务理论的背景下,"暴力"这个词可用作在社区中造成不安全感的公开的和个人的(或小团体的)不当行为的简写,即使人们一致认为并非所有这些行为,例如卖淫,本质上都是暴力的。

即使我们以这种方式扩展暴力的含义,并将警务视为一种反暴力制度,我们仍然要解释另一部分,可以说是犯罪的核心是以欺骗为基础的。现在,"低层警务"一词被用来指代公开的反暴力制度的警务。所谓的"高层警务"是一种秘密活动,针对的是基于欺骗和欺诈的对社会有害的行为方式,这些行为可能会导致政治暴力,如恐怖主义或集体叛乱。欺骗不仅在相当数量的严重犯罪中起作用,而且也是破坏信任的主要因素,可以说,信任是它的头号敌人,事实上也是。一个完全缺乏信任的社会,会倒退到人与人相互敌对的混乱战争之中。这两种警务形式将在第七章讨论。

---

① 1914 年。

② Hobbes,1651/1985,第 1 部分,第 13 章；又见第 2 部分,第 21、27 章。

第六章　警察调查

　　根据美国国家研究委员会的一份报告，在警务研究领域，人权、控制暴乱、警察自由裁量权、使用枪支和致命武力等主题研究较少，其中研究最少的主题是刑事侦查[1]。

　　研究人员确定了22个研究主题，并筛选了1967—2002年间2个摘要期刊、12个刑事司法学术期刊以及3个关于警察的专业出版物等17个数据来源，以确定这些主题中哪些被引用的频率最高（或最低）。犯罪、毒品、女性（作为受害者）、警察和社区关系、绩效评估和警察效力以及警察组织是最常被引用的话题。研究人员根据数据来源对研究最多和研究较少的主题进行了比较，刑事侦查是被列为研究最少的6个主题之一，往往排在最后。

　　就像所有的评价一样，这个评价也是相对的。虽然刑事侦查排在榜单末尾，但并不意味着没有相关研究。在库伊肯德尔[2]和科洛克卡（Klockars）（1985）[3]的开创性工作中，有一系列不相关的早期发现被汇集在一起。最近的刑事侦查文献中有一些很好的评论文章[4]；纽伯恩[5]的许多章节也涵盖了对警察调查的部分研

---

[1] National Research Council，2003a；第1章。

[2] 1982和1986。

[3] 1985。

[4] Maguire，2003；Sanders and Young，2002。

[5] 2005。

究。关于刑事侦查的主要出版物分为五类：(1) 一般教科书[1]；(2) 关于特殊侦查技术的手册和入门读物，例如电子监控；(3) 犯罪调查本身的研究，重点是凶杀案调查[2]以及毒品[3]；(4) 司法程序研究；(5) 评估研究。然而，关于刑事侦查工作经验方面的研究总量，根本无法与制服巡逻方面令人印象深刻的成果相提并论。这种研究的匮乏与警察小说形成了鲜明对比：正如我们在第三章中看到的那样，几乎所有的警察小说都专注于警察调查，特别是凶杀案的调查。

本章主要论述刑事侦查，共分为四个部分。第一部分对刑事侦查知识状况进行评估，找出主要假设和论断。第二部分，根据第四章提出的警察的定义，对公共警察侦查人员的权力进行论述。第三部分，对警察讯问的各种类型进行分类。最后，给出本人对刑事侦查的一些实证研究结果。本章最后讨论了本研究对于构建刑事侦查理论的重要意义。

"知识状态"

虽然关于刑事侦查的研究很有意义，但仍有必要简要介绍一下文献，因为它比大量关于制服警察的著作要少得多，后者被错误地认为是警务全部。本节将依次讨论研究的主要着力点和研究人员的主要论断。最后，将对各种关于警察调查的著作进行分类，然后对具有里程碑意义的书籍进行简要评论。

研究重点

研究重点是一个主题或特定问题，它汇集了大量工作。正如我们将看到的，它也是隐含地选择备选方案中某一方的结果，并且随着时间推移，它所带有的几个含义(implications)将成为毋庸置疑的假设。我们将讨论研究五个基本论点，它们提供了支撑大部分刑事侦查研究的假设。虽然这些假设在一定程度上是有事实根据的，但它们大多是针对当前刑事侦查研究的理论趋势，而不是针对刑事侦

---

[1] Newburn et al.，2007；要引用最近的出版物，见 Stelfox，2009。

[2] Camps，1966；Riedel，Zahn，and Mock，1985；Maxfield，1989；Simon，1991；International Association of Chiefs of Police，1995；Wellford and Cronin，1999；Innes，2003；Mucchielli，2004 and 2006；Brodeur，2005b。

[3] 例如，Wilson，1978，and Manning，2004。

查本身的实际特征。

作为被动过程的刑事侦查

库伊肯德尔[①]试图开发一个真正包罗万象的概念框架来理解侦查过程,这是为数不多的尝试之一,他对主动和被动的侦查子过程进行了关键区分。主动过程涵盖犯罪行为连续体的初始阶段(概念、计划和初始行为);被动过程对应于连续体的后期阶段(行为完成、逃跑、处置证据或被盗财产)。第一批"侦探"在19世纪初开始行动,被恰当地描述为"神秘的流氓",他们与罪犯混在一起,采取主动行动[②]。通过这样做,他们扮演了各种令人不快的角色,如告密者、窃贼,甚至特工、煽动者,并越来越多地受到警察、舆论和警察改革者的鄙视[③]。为了获得合法性,现代侦探不得不摆脱与这些声名狼藉的行为者的联系。他们通过公开与主动侦查保持距离,并将自己重新定义为被动的事后犯罪解决者,从而实现了这一结果。

虽然它的范围缩小了很多,但主动警务并没有像转入地下那样消失。这种侦查实践的变化反映在研究中,主要集中在被动的侦查过程,即个案工作。这样的变化具有广泛的影响。它从定义上暗示,所有在实施犯罪之前旨在防止犯罪或通过抓获罪犯来消除犯罪的侦查程序,都被认为是合法性的研究对象。随着警务向主动策略发展,几乎被排除在犯罪教唆研究之外,参考J. Q. 威尔逊提出的犯罪调查和犯罪教唆之间的经典区分,其后果比仅仅排除警察诱捕更为广泛,因为它最初是由窃贼实施的。在毒品[④]、有组织犯罪和反恐领域工作的特工,在很大程度上依赖于主动警务和卧底警务。除了曼宁[⑤]和马克思[⑥]等少数值得注意的例外,这些领域几乎没有吸引任何研究,反恐目前几乎是研究的未知领域,尽管我们据称正在进行反恐战争。

马奎尔[⑦]批判地指出,所有刑事侦查都是对犯罪事件做出反应的假设,导致了对侦查工作实际业务"极具误导性的印象",侦查工作更多地集中在(已知的)罪犯

---

① 1982:138。

② Kuykendall,1986:179。

③ Klockars,1985:66。

④ Wilson,1978;Manning,1980/2004。

⑤ 1980/2004。

⑥ 1988。

⑦ 2003:367。

身上,而不是针对个别罪行。马奎尔①也批评了主动和反应的区分,当主动方法(例如,安插一名警方线人作为被拘留的犯罪嫌疑人的牢房同伴)嵌入被动的重大犯罪调查时,可能会造成混乱。

刑事侦查取向:从犯罪到罪犯

如果刑事侦查被视为由犯罪行为引发的调查,那么它的基本目标就是找出谁犯了罪,并将此人绳之以法。这种从犯罪到发现犯罪人的刑事侦查取向,是对警察调查研究最不容置疑的假设。刑事侦查中使用最广泛(如果不是唯一的)绩效指标是破案率,这是对一类犯罪与其实际犯罪人联系的频率的估计。因此,犯罪调查被视为通过传讯并最终定罪来解决犯罪问题的同义词。

关于刑事侦查取向的这一假设涵盖了大多数刑事侦查人员的工作方向。然而,它也遗漏了他们开展工作的其他方式。对恐怖主义、敲诈勒索、公司犯罪、财政欺诈、环境犯罪、性侵犯和专业(政治)腐败等越来越多犯罪调查的挑战,是将受到严重怀疑的人与实际犯罪联系起来。这样的调查从嫌疑人开始,一直到实施犯罪,有两种基本形式。最常见的情况是,有人被指控参与犯罪活动,这些指控不够具体,不足以将特定的罪行归咎于该人。然后,嫌疑人受到监视,例如一个有组织犯罪头目,希望就其所犯下的特定罪行立案起诉。

这种类型的调查还有另一种变体,通常涉及涉嫌政治腐败的案件。例如,一名民选官员因从事某些被认为应受谴责的做法而受到公开批评。这位官员可能会承认他实际参与了这些做法,但对这些做法是否构成犯罪提出了异议。然后,警方将被要求决定是否可以就这些做法对被谴责的官员开展刑事侦查。这种类型的侦查也经常针对性变态开展。虽然嫌犯及其行为已为人所知,但他是否应该因其所作所为受到刑事检控,仍有待评估。这些从嫌疑人到犯罪的刑事侦查,被认为比反方向进行的调查要少得多。无论这项推定有多合理,我们都无法准确知道究竟有多少调查时间用在以嫌疑人而不是犯罪开始的刑事侦查上,因为这个问题仍有待研究。还应该补充的是,需要这种以嫌疑人为中心来侦查的犯罪,其现在的知名度比以前要高得多(例如,在公司犯罪中)。

---

① 2003:369。

凶杀案的中心性

虽然经典的刑事侦查研究并没有特别关注凶杀案[1],但凶杀案在刑事侦查研究文献中的地位越来越重要。对侦探单位的历史研究突显了备受瞩目的凶杀案在推动成立由便衣警察组成的独立调查小组方面的重要性,尽管公众对设立此类单位持相当大的保留意见[2]。关于刑事侦查的大部分文献仍然由供从业者使用的教科书组成[3]。对取证、犯罪现场技术和科学警务的介绍和讨论在这些教科书中占有突出位置,这些主题大多与凶杀案调查有关。

与其他犯罪相比,凶杀案的调查一直是更多研究的对象[4],尽管发表的研究成果并不多。对凶杀罪本身的研究比任何其他犯罪都更加透彻[5]。有一本专门研究凶杀案的学术期刊(《凶杀案研究》,一种跨学科期刊)。对凶杀案的研究有时会将对谋杀罪及其调查的研究混为一谈[6]。与凶杀小说压倒性的文化影响相结合,有关凶杀和谋杀调查的研究文献对警察的影响与其重要性并不相称。调查谋杀被视为对抗邪恶最暴力的表现形式[7],"已经被构建为警察任务的典范"[8]。在试图确定成为一名有效的高级调查官所需要的技能时,史密斯和弗拉纳根[9]从对各种典型调查案例的讨论中得出了一些结论,其中三个案例以凶杀案调查为例进行说明。失败的凶杀案调查,无论是导致错误定罪(加拿大的唐纳德·马歇尔、盖伊-保罗·莫林和大卫·米尔加德),还是让主要嫌疑人逃脱司法制裁[10],都震惊了公众舆论,并成为公共调查委员会广泛审查的对象。

强调破案率

开展刑事侦查实证研究,需要比研究制服巡逻更强的制度后盾。至少从 20

---

[1] Greenwood et al., 1975 and 1977; Sanders, 1977; Lévy, 1987; Manning, 1980/2004; Ericson, 1981/1993; Burrows and Tarling, 1987; Hobbs, 1988。

[2] Klockars, 1985:70 - 71; Kuykendall, 1986:176。

[3] 例如, Palmiotto, 1994; Osterburg and Ward, 2000; Bennett and Hess, 2001。

[4] Havard, 1960; Camps, 1966; Maxfield, 1989; Simon, 1991; Wellford and Cronin, 1999; Innes, 2003; Brodeur, 2005b; Mucchielli, 2004 and 2006。

[5] Daly and Wilson, 1988; Polk, 1994; Leyton, 1995; Lane, 1997; Zimring and Hawkins, 1997; Knox, 1998。

[6] Riedel et al., 1985; International Association of Chiefs of Police, 1995。

[7] Hobbs, 1988:206。

[8] Innes, 2003:276。

[9] 2000。

[10] 英国的劳伦斯调查,见 Macpherson, 1999, and Hawkins, 2003。

世纪 50 年代开始,大多数警察改革重点都在巡逻上,警察组织急于展示已取得的成就,并欢迎研究人员。除引进新技术外,调查工作几乎没有受到这些改革的影响。科恩和柴肯[1]发现,直到 1985 年,执法机构认证委员会制定的 940 项警察组织和管理标准中,没有一项讨论如何确定执行调查任务的合格警察。刑事侦查部门的行动与影响警察组织的更广泛的变化相对隔绝。他们的声望支撑了他们的独立性,他们不愿让外来的学术研究者进入他们中间,除非后者是由更高级别的警察管理部门命令这样做的。各级政府以及各种国家和国际警察局长协会等组织委托开展了大量研究。与提高警察调查人员的整体表现相比,这些资助机构对发展一种警察调查理论的兴趣要小得多。刑事案件的破案率是刑事侦查员最广泛使用的绩效指标,研究人员获得授权就刑事侦查进行实证研究,条件是他们必须提交建议,以提高各类罪行的破案率。

然而,通过破案率来衡量调查业绩充满了困难。破案率并不适用于所有最终可能诉诸刑事法庭的案件。为了使谈论破案率更有意义,"案件"必须独立于警方实践而产生,即通过发现尸体或财产犯罪的报告。但当案件完全源于警方行动时,例如警方打击毒贩或妓女,记录案件与破案就会不谋而合。对这类警方产生的案件应用破案率是没有意义的,因为根据定义,它等于 100%。必须强调,这些由警方产生的案件(对其适用破案率是一种毫无意义的程序)占用了相当多的调查时间,因为它们通常针对交易性自愿犯罪,即各种非法服务和贩运。即使应用得当,破案率也是一个与背景相关的组织术语,不应该与通过逮捕并最终定罪来解决案件相混淆[2]。案件可以通过逮捕来解决,也可以通过侦查程序终结来结案;此外,还可以通过签发没有指明个人姓名的手令、通过将案件移交另一个机构以及由于发生各种特殊情况(自杀遗书、辩诉交易协议,犯罪者愿意通过承认自己没有犯下的罪行来清除警方的档案等)而在行政上终止这些案件来结案。

针对破案率提出的不同问题的实践研究产生了三种建议。首先,研究人员采取了方法论的方法,并提议开发一个比警察组织目前使用的破案率更复杂的绩效

---

[1] 1987:2。

[2] Maguire et al.,1993;Manning,2006a。

指标①。马奎尔和他的合作者提议对可侦查性（detectibility）高的犯罪（主要暴力犯罪）和可侦查性低的财产犯罪使用不同的绩效指标。其次，研究人员试图通过逮捕犯罪者来确定与破案相关的因素，并提出建议，以这些因素为基础破案②。最后，研究试图描述解决案件所需的不同技能③。有一个广泛的问题源于这项研究，它关注的是破案率：清案理论与刑事侦查理论在多大程度上是一致的？稍后将会争辩说，这些承诺并不一致。

通过针对个别犯罪者破案

除了对缉毒组工作的研究④外，刑事侦查研究与警察小说中呈现的传统的犯罪调查是一致的。它将重点放在个人犯罪者身上，尽管越来越多的刑事侦查致力于网络犯罪（如有组织和公司犯罪、青年帮派和恐怖主义）。造成这种情况的原因有几个，例如警方传统，以及案件工作仍然主要涉及处理个别罪犯的事实。个人犯罪者（偶尔有共犯）如此突出，还有一个更深层次的原因，可以假想地提出。破案率等概念可以直观地与在一一对应的基础上将有待解决的案件与单个嫌疑人联系起来，犯罪 A 与罪犯 A1 相匹配。随着我们远离这种一对一的匹配，破案率变成了一个更矛盾的概念，对它的计算充满了技术上的困难。例如，一方面打击犯罪团伙扰乱非法市场的运作，另一方面与破获具体的刑事案件之间没有容易量化的联系。这种联系是可以理解的，但它需要警察组织成员通常不具备的统计技能。由于刑事侦查研究须提出改善个别罪行破案率的方法，故此不愿处理这方面复杂得多的集体罪行。

正如本讨论开始时所说的，研究焦点是一个实际的假设，不应该与明确的论断混为一谈。例如，关于警方调查的研究人员并没有从理论上断言犯罪是由单独的个人实施的，而不是由几个罪犯松散或紧密地协调实施的。出于我试图提出的原因，他们的研究实践不加批判地反映了刑事侦查的一些实际特征，即侧重于个别肇事者。为了与这些实际假设形成对比，我们现在回顾一下来自犯罪调查研究的主要论断。

---

① Maguire et al.，1993。

② Wellford and Cronin，1999；Brodeur，2005b；Mucchielli，2006。

③ Smith and Flanagan，2000。

④ Wilson，1978；Manning，1980/2004。

主要论断

刑事侦查最初是在私人基础上进行的

在中世纪早期的英格兰,犯罪受害者及其家人负有将伤害他们的人绳之以法的首要责任①。这些受害者中较富有的人最终求助于抓贼者追回他们被盗的财物,并逮捕罪犯②。在美国,在第一批刑事侦查部门开始系统运作之前,像平克顿社这样的私人侦探机构已经被个人客户、私人公司和地方政府使用。欧洲大陆的情况则不同,特别是法国,在这些国家,国家创建了由调查单位组成的公共警察部队。然而,正如我们在第二章中所看到的,这些调查单位依赖于大量的线人和私人辅助人员,他们与抓贼者和其他私人秘密经营者非常相似,他们与惯犯的关系就像他们与警方的关系一样密切。由于侦查实践作为一种职业两次被玷污,刑事侦查部门的机构设置遇到了强烈的阻力。首先,它与犯罪环境非常接近。其次,便衣侦探被认为是对充分行使公民自由构成威胁的渗透者。

刑事侦查效率是有限的

这种说法的强调程度各不相同,取决于作者的研究,也取决于他们调查的犯罪类型。可侦查性高的暴力犯罪的破案率远远高于可侦查性低的侵犯财产犯罪③。然而,犯罪调查的效率远远低于犯罪小说和著名侦探回忆录中的描述,这种说法的依据比对破案率的审查依据要大。就像犯罪小说将侦探神话一样,研究也使刑事侦查的实践去神话。

这种对犯罪调查的揭穿采取了几种形式。在早期一本关于谋杀案调查的书中,弗朗西斯·坎普斯教授主张改革刑事案件信息的处理方式,以提高谋杀案调查的效率④。彼得·格林伍德和他的同事们可能是最糟糕的颠覆传统的人,他们断言,压缩调查人员在试图解决案件时所做的一半工作,也不会对结果产生明显的影响,因为他们不断重复表现不佳的行动⑤。在日本同样的研究中,理查德·埃

---

① Radzinowicz,1958;Beattie,2001。

② Klockars 1985;Kuykendall,1986。

③ Maguire et al.,1993。

④ Camps,1966;138。

⑤ Greenwood et al.,1975 and 1977。

里克森基本上认为,刑事侦查包括进一步处理刑事司法系统中的嫌疑人,这些嫌疑人大多已经被巡逻队逮捕[1]。布鲁斯·史密斯在1925年就已经注意到,由侦探处理的案件中,85％已经由巡警破获[2]。

　　侦探根据破案的预期难度对案件进行分类。最容易的是嫌疑人被当场抓获或自首的案件,这种属"不侦自破"型,而最难破的是"谜案",因为缺少作案者身份的有用线索。文献中对这种两级情况有各种分类,如"例行公事案件"("walk-throughs")(或"走流程案件""walk-arounds")与"疑难案件"("whodunits")[3];日常的"小偷小摸猪排盗窃案"("pork chop burglaries")(这种案件往往被搁置),与非常规的盗窃案,后者因为能够产生预期回报才进行调查[4];只进行敷衍调查的谋杀案,与当作要案来办的谋杀案[5];"例行公事案件""作案者不明案件"("where-are-theys")和"疑难案件"[6];"不侦自破的案件"("self-solvers")"疑难案件"和"混合型案件"("hybrids")[7];"灌篮得分型案件"("dunkers")(即"证据确凿的案件"和"疑难案件")[8]。一些反对者认为介于两种极端之间存在各种中间案例。正如库肯道尔[9]所强调的,一个案件能否侦破,取决于案件本身的复杂性,而不是调查人员的技能、方法和技术。因此,侦探们会将精力放在容易解决的问题上,筛选出最有可能逮捕到嫌犯的案件进行调查,这种做法被称为"撇渣取脂"/"筛案子"("skimming")[10]。

　　大量时间用于案件后的工作(Post-case)

　　莱纳[11]、莫里斯和赫尔[12]、库伊肯德尔[13]等多位学者所做的研究强调了这样一个事实,即侦探花费大量时间准备起诉案件。这一发现与所有警察小说和谋杀故

---

[1] Ericson,1981/1993;Miyazawa,1992。

[2] Smith,1925,引自 Kuykendall,1986:184,注释 6。

[3] Sanders,1977:174;Ericson,1981:136。

[4] Waegel,1982:454。

[5] Waegel,1982:463。

[6] Kuykendall,1986:191。

[7] Innes,2003:198 and 附录 B。

[8] Manning,2006a。

[9] 1986:193。

[10] Waegel,1982:453。

[11] 1985。

[12] 1981。

[13] 1986:177。

事背道而驰,这些故事通常以发现凶犯而告终,凶犯因羞愧而公开认罪。这与有选择性处理的做法是一致的,也与大多数案件都是由穿制服巡逻人员迅速破案或根本不破案是一致的。

犯罪调查是信息处理

这一论断在研究文献中如此频繁,以至于很难确定是谁最先提出的。对该观点的早期阐述可以在桑德斯[1]中找到;也参见库伊肯德尔[2]。因内斯[3]提出的刑事侦查理论就是建立在这一前提之上的。该理论与埃里克森和哈格蒂[4]提出的将警察视为知识工作的有影响力的描述相吻合,现在是占主导地位的观点[5]。

调查权力

我们通过警察的权力来定义警察,当其他公民使用这些权力时就会违反法律。在授权令制度(warrant system)下,侦探行使的权力可能是对该论断最好的正式说明。授权令是授予公共调查人员行使特定形式权力的书面授权。这种授权通常由法官根据正式申请向调查员发出,后者要解释请求这种授权的原因。这种制度现在正朝着三个方向发展。首先,在某些国家,等同于授权令的授权是由国务部长而非法官发出的,正如英国截取私人通信的情况一样。欧洲大陆的国家早已熟悉这种做法,许多此类授权是在行政基础上授予的。第二,越来越多的人使用紧急授权令(电话授权令),这种授权令是在亲自到场的调查员没有提出详细申请的情况下以电子方式发出的。事实上,“如果存在获得授权令的条件,但由于紧急情况,获得授权令是不切实际的”,治安官员可以在没有授权令的情况下行使其许多权力(《加拿大刑法》487.11 节)。最后,警方可在没有授权令的情况下,向电信公司索取大量私人资料。在加拿大,2009 年第 C-47 号法案第 16 条,一项管理电信设施以支持调查的法案,要求电信服务在没有搜查令的情况下向警方提供

---

① 1977。

② 1986:191。

③ 2003:第 5 章。

④ 1997。

⑤ Manning,2006a。

12 种用户信息。这项法案还没有在议会获得通过,但已经有了对其有利的大量共识。

从对加拿大授权令制度的研究可以看出,授权令制度是相当广泛的。我们会先列出已经在使用的各种授权令,然后再对制度进行评论。这些授权令的大部分法律条款都可以在《加拿大刑法》(CCC)中找到,它们或多或少是临时归类的。

最初的授权令可能是逮捕令(《反海外腐败法》第 83.29 条)。第二类授权令是搜查和扣押[487(1)],包括以下子类别:搜查建筑物、容器或处所寻找并扣押任何此类物品的授权令[487(1)(D)];搜查计算机系统的授权令[本授权令范围广泛,包括搜索计算机系统、复制其数据、扣押打印输出和其他输出并复制数据[见第 487(2)];采取身体物质进行法医 DNA 分析的授权令(487.05);获得血样的授权令(256);以及扣押未指明物品的逮捕令(489.1)。第三类是一般授权令"授权和平官员……使用授权令中描述的任何手段或调查技术或程序或做任何事情,如果未经授权,将构成对人或财产的不合理搜查或扣押"[487.01(1)]。第四类授权令是截取私人通信的授权,形式多种多样(《加拿大刑法》第六部分);视频监视的授权令[487.01(4)]通常与截取私人通信的授权一起获得。打击网络犯罪的 C-46 和 C-47(2009)法案不久将由加拿大议会颁布。它们仍然创造了新类型的授权令(在本立法中称为"命令"):计算机数据命令的保存(487.013)、一般生产命令(487.014)、传输数据命令的产生(487.016)和金融数据命令的产生(487.018)。安全情报界在授权立法中有自己的授权令制度,该立法创建了加拿大安全情报局和通信安全机构(美国国家安全局 NSA 的加拿大对应机构)。

以下评论适用于加拿大的授权令制度。

刑事化-合法化。CCC 第六部分提供了刑事化与合法化相结合的示范案例。它首先指出,任何人使用电子设备截取私人通信均属可公诉罪行,最高可判处五年监禁[184(1)]。然后,它立即增加了一项"保留条款",大意是第 184 条适用于根据司法授权截取私人通信的和平官员[184(2)]。

授权令被拒。布罗迪尔(1997b)研究了法官批准截取私人通信的授权数量与拒绝数量的比较。从截取私人通信的法律通过的 1974 年到 1994 年,加拿大司法机构收到了 14505 份关于授权截取私人通信或延长这种授权的申请,只有 19 次拒绝授权。1994年后,被拒绝的数量变得更少,官方统计数据显示,大多数年份都没有被拒绝的情况。

在没有授权令的情况下行使权力。不足为奇的是,侦探们倾向于将提交法官的授权令申请视为一种形式。他们通常声称自己会剔除那些不尊重授权条件的申请。不过,加拿大也有臭名昭著的个案,发现侦探或情报人员向法官做出虚假申请,以取得正式授权截取私人通信。这类申请中有很大一部分是基于举报人提供的信息,这些信息显然是不可靠的。对侦查工作的研究表明,他们经常在没有出示授权令的情况下说服嫌疑人和证人顺从他们的要求,声称无论如何都会获得授权,而嫌疑人拒绝他们只是浪费时间。没有刑事司法经验的人最容易受到这种恐吓。

一个价值无关(Value-free)的框架。这里最后的评论超越了传统的警察授权令问题。德肖维茨①建议发出司法授权令"作为实施非致命性酷刑的先决条件"。这种授权令的目的是"减少针对(定时炸弹)嫌疑人的身体暴力",尽管德肖维茨非常清楚这样一个事实,即这种司法授权的酷刑应该会给从"定时炸弹恐怖分子"那里获取信息带来极大的痛苦。这些建议只能通过司法授权令制度来实施,该制度将丧失任何捍卫基于尊重人权的价值观的义务。

这些权力的总和应根据表4.1的背景加以说明,它们为表4.1提供了具体的法律例证。毋庸置疑,这一例证是确认第四章警察定义有效性的重要一步。

以证据为基础的刑事侦查分类

从1999年到2004年,我对刑事侦查进行了实证研究②。我首先开发了一个研究项目,并将其提交给魁北克省的一支大型城市警察部队。经过长时间的谈判,我终于获准查阅警方1990年至2001年的调查档案,并与调查人员进行面谈。

在我的研究中,我想回答两个问题。第一个是经验性的:解决被定义为查明和逮捕罪犯的案件的决定因素是什么? 第二个问题更具理论性:被理解为真实信

---

① 2002:158。

② Brodeur,2005b。

息的知识,以及在警务中收集这些信息的技术手段所起的作用是什么? 刑事侦查有资格成为警察是知识工作这一主张的最佳试验场之一①。继埃里克森和哈格蒂的开创性工作之后,关于犯罪调查是信息处理的论断在研究文献中占据主导地位②。因此,对诸如取证、数据库、刑事情报等知识因素在刑事案件侦破中的作用进行了特别仔细的审查。

关于研究方法,采取了双管齐下的方式。首先,对 1990—2001 年随机抽取的已侦破案件调查档案进行内容分析,把将其与未侦破案件的比较留到以后的阶段。在我的样本中,也有相对较少的未侦破案件,在某些方面与已结案的案件进行了比较。初步选定了下列每项罪行的 25 个已结案的案件:凶杀(包括谋杀未遂和谋杀阴谋)、性攻击、抢劫、欺诈和毒品犯罪。125 个个案是根据随机程序选择的,避免了关于年份和地区的样本偏差。当我开始分析时,我意识到只有凶杀案才能提供足够详细的文件来满足我的目的。对于其他罪行,"档案"通常由几页纸组成,记录投诉,或在少数情况下,描述穿制服的巡逻队或平民迅速逮捕犯罪者的情况。例如,在其中一起涉及强奸的案件中,强奸犯被受害者认出,并由她的母亲找到,她带着女儿走在附近的街道上寻找他。除了少数大规模行动外,几乎所有的毒品档案都是针对街头毒贩的诱捕行动的简短叙述,该行动往往是由身穿便衣的巡逻员进行的,而不是由调查人员进行的。

在我查看警方档案时,大多数非凶杀案证明了埃里克森的观点是正确的,即"侦探的工作是处理交给他们的嫌疑人或通过他人的工作以其他方式确认的嫌疑人"③。知识生产被认为是一个在时间上延伸的过程,并以科学方法为基础,在这些调查中几乎没有起到任何作用。然而,有一种类型的调查并不符合埃里克森对个别案件的描述。它汇集了几起事件,这些事件体现了目前已知的以这种方式运作的相同作案手法和目标罪犯;这种类型的调查以嫌疑人为中心,往往侧重于犯罪团伙和有组织犯罪,而不是单个犯罪者。这些调查被警方称为"集中调查"或"综合调查"。我将用第二个称谓来称呼它们。综合调查往往涉及几个警察部队

① Ericson and Haggerty,1997。
② Innes,2003:27 和第 5 章。
③ 1981:136。

的成员,而且是独立的研究对象。由于其具体复杂性,这里只是简要地谈到它们。

　　由于非凶杀案档案中的材料匮乏,我决定集中精力调查已侦破的凶杀案。记录典型凶杀案调查的档案数量至少填满了警方档案的一个存储箱。大约一半的凶杀案生成的档案足以填满几个盒子。最后,我们收集了 153 宗涉及 193 名嫌疑人的凶杀案的扩大样本(视乎处理数据的方式,最高数字 153 宗已缩减,以作统计之用)。这些案例被分解成 163 个变量,这些变量都是计算机化的。大多数变量涉及调查过程,但有几个变量代表了案件本身的特点(如关于受害者和肇事者的信息)。

　　警方档案的工作与对凶杀案关键线人(主管和最佳实践者)的长时间面谈相结合。此过程分三步完成。档案分析的初稿已经整理完毕。这些调查结果随后在面谈过程中被提交给选定的调查人员,以检查这些调查结果是否符合他们的做法。根据他们的评论,分析进行了微调。这种三步走的程序是过去警察研究经验的结果。我相信,在对刑事侦查人员(和情报官员)的工作没有彻底了解的情况下,如果不能以非对抗性的方式质疑他们在面谈过程中提出的主张,就是在招致失败。事实证明,与调查人员讨论自己的档案这一程序对双方都是有益的。

刑事侦查的类型分析

　　刑事侦查的类型很多。所提出的类型分析是基于我的实证研究,并对九种调查进行了分类。它不是详尽的,因为没有充分考虑国家安全领域某些类型的高度专业化的调查(例如,安全许可调查)或有组织犯罪,这将在后面讨论。此外,类型学没有完全整合,因为它没有包含在一个表格中需要做出的所有重要区别内。它在一定程度上是基于以前库伊肯德尔[①]和马奎尔[②]所作的区分。

　　在我的类型分析中,最初考虑了两对关键的区别。第一对区分主动调查和反应性调查;第二对区分以嫌疑人为中心的调查和以事件为中心的调查。对于主动—反应的区分,增加了"追溯性调查"的类别;在嫌疑人—事件的区分基础上,增加了"混合调查"概念。我们将首先讨论这些类型分析构件的意义,然后介绍由它们组合而产生的各种类型的调查。

---

① 1982:139-141。

② 2003。

在其基本意义上,主动—被动区分是指分别在犯罪事件发生之前和之后进行的侦查。在犯罪事件发生之前,主动调查通常(但并不总是)由警方内部触发,而被动调查是根据来自各种来源的外部信息(如公民投诉)进行的。这些类型的调查每一种都使用特定的技术:主动技术涉及秘密和欺骗(例如卧底警务),而被动技术具有可见性,有时甚至具有很高的公众知名度。之所以这样高调,是为了向公众保证,警方在发生重大犯罪事件后正在采取行动。

回溯调查的范畴往往被忽视。其目的通常是评估被视为潜在犯罪的过去事件或当前做法实际上是否具有犯罪性质。在我之前讨论刑事侦查过程的方向时,我举了回溯性调查的例子,如政治腐败、经济犯罪和恐怖阴谋。在大多数追溯性调查中,潜在的犯罪者是已知的,调查的目的是确定他(或她)的行为是否实际上构成犯罪。与侧重于查明犯罪者的"疑难案件"不同,追溯性调查试图回答这样一个问题:"这是什么?"(这种行为是犯罪吗?)这样的调查既有解释,也有事实调查。在其他一些高调但数量很少的案件中,追溯性调查的中心是被判有罪的罪犯,并调查此人是否被错误定罪。在这类调查中,事实调查重于事实解释。这些调查是一种追溯性的"疑难案件"。

区分以嫌疑人为中心的调查和以事件为中心的调查其意义不言而喻。增加了"混合调查"类别,以涵盖调查重点分散或不断转移的众多案件。

逐个跨越这些区别,我们制作了一个由 9 个单元格组成的小矩阵,代表各种类型的调查。现在将简要介绍每种类型的调查。

表 6.1 调查类型

	以嫌疑人为中心	以事件为中心	混合(以状态为中心)
积极主动	预防性调查(例如,反恐)	高度戒备的特殊活动(如国事访问、奥运会)	教唆(如诱捕行动:职业罪犯;特殊类型的犯罪)
被动反应	个别人的告发重新激活了悬而未决的案件	当前案件解决(最频繁的调查)	案后处理
回溯性	安检出入境检查	评估可疑事件(如自杀、火灾、欺诈、恐怖阴谋)	备受瞩目的嫌疑人(如政治家、商界领袖)

积极主动、以嫌疑人为中心的调查。这是典型的预防性调查。它使用秘密战术(渗透、人身监视、通信监视)来阻止已确定的嫌疑人实施有计划的犯罪行动。

这种调查在有组织犯罪和国家安全(反恐)领域很普遍。

积极主动、以事件为中心的调查。这种调查呈现了几种不同形式。在其最著名的变体中,它依赖于风险评估,并使用所有可用的监视手段防止在可能成为犯罪者目标的地点和事件中犯罪,如国家元首聚会或奥运会。主动调查可能只有部分具备这一特点,就像在重大反应性调查(例如备受瞩目的谋杀或绑架)中使用主动技术时一样。

主动的混合调查。在许多情况下,嫌疑人和事件都可能获知,比如有长期犯罪记录的体育流氓计划扰乱特定的比赛。此外,威尔逊①最初称之为"煽动(instigation)"、现在称之为"诱捕"(或"反诱捕")行动的主动行动类型,是一种混合性质的行动。它试图弥合数量大的(high-volume)罪犯与其犯罪活动证据之间的差距,为他们提供在警方监控的条件下参与犯罪事件的机会。这种类型的行动可能会产生一种被警方称为"陷害罪犯"的做法,它提出了潜在的诱捕和警察挑衅的法律问题,目前不会讨论这些问题。

被动的、以嫌犯为中心的调查。这种调查涉及的调查范围比人们通常认为的要大得多。它们属于两大子类型。最准确地归入这一类别的调查是由一条外部信息产生的:一名通常不希望透露姓名的线人声称某人参与了一种特殊类型的犯罪活动,例如逃税,是被告发最为频繁的犯罪活动之一,但没有具体说明任何具体事件(这取决于调查是否能找到)。另一个子类型最初集中于过去的犯罪事件,但将调查重点转移到潜在的或实际的嫌疑人上。不能迅速破案的普通案件就这样变成了以嫌疑人为中心的调查。根据嫌犯和犯罪团伙或组织的已知作案手法,试图通过锁定嫌疑人和犯罪团伙或组织来解决若干事件的综合调查也属于这一类。一旦通过辨认和逮捕嫌疑人来澄清犯罪事件,整个调查过程就变成集中在获得对此人的定罪上。所有破案后的法庭处理都是以嫌疑人为中心的。

被动反应、以事件为中心的调查。这是千篇一律的刑事侦查,大多数情况下是按照以下顺序进行的:一是由公众举报具有刑事性质的事件;二是侦探对犯罪现场进行检查,寻找线索并约谈证人;三是确定犯罪嫌疑人,逮捕犯罪嫌疑人,最

---

① 1978。

终供认犯罪。对于马奎尔[①]来说,这个序列及其潜在的假设是远离犯罪调查现实的调查神话的一部分,是以嫌疑人为中心,而不是以事件为中心的。然而,马奎尔承认,有一些真实的案例符合这一顺序,他称之为"难以解决的重大调查"。正如将会看到的,我研究的大部分谋杀和与谋杀有关的案件并不是"难以解决的重大调查",尽管它们或多或少遵循了这种模式,即都是事后由外部产生的调查。这些调查中的许多都集中在几个小时内对一名严重嫌疑人的调查。这似乎证明了马奎尔的立场是正确的。

被动反应、混合型调查。可以说,如果仔细分析,大多数刑事侦查都属于这一类。随着调查从最初的破案阶段转移到结案后的法庭陈述,其重点从事件转移到嫌疑人。随着某些类型罪犯(如性罪犯)的强制登记,混合调查被赋予了自己的地位。对登记在册的罪犯的监督集中在个人而不是事件上,而且在很大程度上是积极主动的。然而,它在某种程度上也是被动的,因为它是由法律命令从外部产生的,而法律命令本身就是一个或几个犯罪事件的结果。

以嫌疑人为中心的追溯性调查。这类调查大多是由指示调查人员重新调查过去事件的政府部门发起的。以嫌疑人为中心的追溯性调查的最好例子是重新审查可疑的过去定罪。虽然这类调查因为有了更强大的技术来证明清白(比如DNA 分析)而变得越来越频繁,但它仍然相对不同寻常。它的稀缺性被极高的媒体知名度所弥补。在加拿大,已经成立了几个公共调查委员会来调查一起错判的谋杀罪[②]。还有其他类型的回溯性询问,更频繁地集中在人身上。这些询问包括评估将可接触敏感信息的人的可信度。进行这类调查通常是为了给予现阶段未被怀疑有不当行为的人一定程度的安全许可。移民检查也属于这一类。在这种情况下,被调查者通常被认为是(例如,恐怖主义活动的)嫌疑人。

以事件为中心的回溯性调查。这类调查的目的是确定事件是否涉及犯罪,是否应该成为进一步调查的对象。可以合理地说,所有的调查都取决于这样的决定。然而,在这方面,不同案件之间存在着巨大的差异。对于持械抢劫等一些犯罪来说,事件的犯罪性质不言而喻。在其他情况下,如可疑火灾或据称的仇恨犯

---

① 2003:367。

② 参见,例如,Ontario,1998;Nova Scotia,1989。

罪,追溯调查是详细的,可能会变得相当技术性(例如,可以使用化学物质来确定可疑火灾的原因)。

追溯性和混合性调查。警方对可疑事件和嫌疑人的反应往往因涉案人员的身份不同而不同。在政治腐败、当权者的性虐待或警察滥用权力等案件中,有严重的推定,认为该事件具有刑事性质;有资格成为嫌疑人的人也是完全清楚的。然而,由于嫌疑人的身份,要求进行追溯调查,以重新评估嫌疑人的行为是否真的构成刑事犯罪。这些调查的特点是,与没有特殊身份的嫌疑人相比,调查需要的时间要长得多。例如,对可疑警察枪击事件的调查通常需要几个月的时间。这类调查是追溯性的,而不是被动的,因为要决定的问题是,警方是否有理由做出正式的反应。调查是混合的,因为它涉及潜在犯罪者和可疑事件的状态,这将被重新评估。

这种类型分析并不详尽,也没有试图将一种调查与它所使用的相应的调查方法相匹配①。为了使类型分析更加完整,将在刚才讨论的九个类别中增加一个新的类别——综合。还将讨论以前在表 6.1 中生成的主要类别中的子类型。

综合调查基本上集中在显示相同模式并被怀疑由同一名嫌疑人(例如,连环谋杀案)或同一组嫌疑人(例如,参与贩毒的团伙)实施的一系列犯罪事件。在加拿大,它们通常由来自不同警察组织的调查人员共同工作的特别工作组进行。这些在各级政府(市、省和国家)运作的警察部队将他们的资源集中起来,以破获作案手法相同的犯罪活动或瓦解特定的犯罪组织。2001 年在魁北克省针对一个犯罪组织采取了一次非常引人注目的行动,涉及 36 个警察部队。这些调查基本上是积极主动的,尽管它们可能是由一起深深震惊公众舆论的犯罪事件引发的。在有组织犯罪或恐怖主义的情况下,综合调查的范围可能是国际的。综合调查的费用可能达到天文数字。加拿大不列颠哥伦比亚省总检察长里奇·科尔曼表示,2007 年导致连环杀手罗伯特·皮克顿被定罪的调查费用超过 7000 万加元。皮克顿据称在 1983 年至 2002 年期间活动。

区分(Differentiation)。如前所述,所有谋杀案都会产生反应性调查,这取决于案件的情况,调查以事件或嫌疑人为中心。在我自己研究刑事杀人案的过程

---

① Kuykendall,1982:138。

中,我被引导区分了三种类型的调查。库伊肯德尔①也区分了这三种类型的讯问,但他没有详细说明这些区别。身份调查的目的是找出谁是犯罪者。如果说刑事侦查过程是一项知识生产活动,那么身份探询就是其最重要的阶段。事实证明,所有的取证和科学警务几乎都专注于嫌疑人的识别(犯罪现场分析、弹道分析、DNA分析识别、犯罪侧写等)。地点调查旨在追踪和逮捕已确认身份的嫌疑人。在许多情况下,辨认和逮捕的时间是一致的。然而,在其他情况下,嫌疑人会逃跑,需要精心策划的行动才能抓获他们。最后,是在逮捕嫌犯并对其提出指控后进行的办案调查。

事实证明,至少出于两个原因,有必要做出这些区分。首先,每种调查所涉及的技术都不同。身份查询可能是以事件为中心的,但地点和案件处理阶段显然是以嫌疑人为中心的。花在每个子类型上的时间是极其不同的。与人们认为的相反,办案调查通常在已解决的讯问中用时越长。有人可能会问,识别、定位和案件处理是否不仅仅是调查的不同阶段,而是不同种类的调查。它们应该被视为不同种类的调查,因为把它们想象成一项调查的不同阶段会让人以为所有或大部分刑事侦查都会经历这三个截然不同的阶段。这种想法是错误的:解决身份问题是试图找到嫌疑人和进一步处理案件的前提条件。在许多情况下,调查人员无法解决身份问题,要么是因为缺乏知识,要么是因为缺乏证据(调查人员声称知道肇事者是谁,但无法在法庭上提出站得住脚的理由)。

办案侦查对于有组织犯罪具有至关重要的作用。在加拿大(例如,和意大利一样),对犯罪组织成员的起诉在很大程度上取决于警方线人(臭名昭著的意大利告密者,或"忏悔的罪犯")的证词,他们愿意在法庭上指证他们的同伙,以换取警方保护和新的身份。这些告密者中有一些是自己向警方举报的,通常是因为他们的生命受到了威胁,他们详尽披露了所在组织及其成员的情况。在这些以证人为中心的调查中,调查人员的工作全部致力于举行有时涉及数百名被告的审判,例如1986年至1987年托马索·布塞塔在意大利认罪后的"最大审判"。约344名黑手党成员被判有罪,并被判处长期监禁。加拿大没有目睹过这样的大规模审判,但2002年针对地狱天使成员的刑事法庭诉讼涉及30多名被告。

---

① 1986:191。

实证研究结果

破案时间

我首先确定了警方花了多长时间来识别凶杀和相关罪行的肇事者,相关罪行不到样本的 10%(谋杀未遂和共谋)。正如上一节所强调的那样,对"身份"查询和"地点"查询进行了区分,因为它们使用不同的调查方法。身份查询量(131 宗)和位置查询量(153 宗)并不相同。当单个案件中有多名肇事者时,身份查询通常会在相同的时间范围内成功找到他们各自的身份,而定位不同的嫌疑人在时间上有所不同。虽然他们出自同一宗案件,但我已分开计算为找出其中一宗案件所牵涉的不同嫌疑人而进行的调查。

我的发现与为数不多的几个凶杀案调查研究项目之一进行了比较,这些项目也试图估计破案时间,并找出达成解决方案的最有影响的因素[①]。威尔福德和克罗宁收集了 1994—1995 年间美国四个城市的 798 起凶杀案样本(其中 589 起已经破案,209 起悬而未决)。他们编码了 215 个与警方档案中发现的案件特征及其调查有关的因素。他们的研究仅限于警方档案,没有与调查人员进行面谈,也没有进行实地观察。威尔福德和克罗宁将两个破案率高的城市与两个破案率低的城市进行了比较,但没有具体说明高破案率和低破案率的数字意义,然而我们最终发现,高破案率和低破案率分别指的是 94%(最高破案率)和 67%(最低破案率)。我选择的市政警察部队在 1990 年至 2001 年间的平均破案率为 70%,略低于加拿大 77%的总体平均破案率。有理由相信,威尔福德和克罗宁选择的四个城市的平均破案率不会与 70%相差太大,或许会高一点。因此,加拿大警察队伍的表现可以与威尔福德和克罗宁(1999)选择的警察部门进行比较。表 6.2 将我的样本与威尔福德和克罗宁选择的警察部门进行了比较。

---

① Wellford and Cronin,1999。

表 6.2　破案所需时间

经过的时间	布罗迪尔		威尔福德和克罗宁(1999)
	识别(N＝131)	位置**(N＝153)	破案＝逮捕(N＝589)
无*	62 宗	51 宗	169 宗
1 小时或更少	10		
5 小时或更少	13	8	
24 小时或更少	8	16	
总计％(从无到 24 小时或更少)	71％	49％	28.7％
2—3 天或更少	8	19(12.4％)	125(21.2％)
4—7 天或更少	4		
超过一周	5	18	99(16.8％)
超过一个月	2	11	154(26.2％)
超过一年	7	15	23(3.9％)
总计％(1 天以上到一年以上)	20％	41％	68％
遗失值	12(9％)	15(10％)	19(3.3％)

注:(＊)主要嫌疑人的身份和所在位置与巡逻队抵达时立即或几乎立即重合。

(＊＊)当犯罪嫌疑人不止一人时,位置查询次数可能高于身份查询次数。仅通过一次身份查询即可同时确认多名嫌疑人。然而,可能需要几次位置查询才能找到它们。

资料来源:布罗迪尔:为本书进行的研究;以前没有资料来源。

　　这些发现导致了两个结论。首先,从这些调查结果中得出的压倒性事实是,确定将被逮捕和起诉的嫌疑人所需的时间非常短。在我自己的加拿大样本中,71％的嫌疑人在 24 小时或更短的时间内被识别出来(剔除遗失值,这个百分比增加到 78％)。在我把追捕嫌疑人所需的额外时间计算在内后,这个数字下降至49％。尽管如此,我们仍然可以得出结论,使用更强有力的地点和逮捕标准,一半的案件在 24 小时或更短的时间内被破获。这些高数字迫使我重新检查我对整个样本的所有时间计算,它们经得起考验。威尔福德和克罗宁①也使用逮捕标准将案件分类为已解决,结果如下:他们的样本中 28.7％的案件在 24 小时或更短的时间内破案,这明显低于我的发现,但仍然令人印象深刻,因为威尔福德和克罗宁几

————————————

① 1999。

乎 1/3 的案件在 24 小时内破案。两个样本之间的差异随着时间的延长而减小:威尔福德和克罗宁的样本案例中大约 50%(294 宗)的案例在一周或更短时间内就解决了,而我自己的案例只有 61%。总而言之,在相当大一部分案件中,凶杀案的结案速度很快:加上正在审议的五支警察部队的所有案件,在不到一周的时间里,742 宗(153+589)案件中有 52.2% 的案件被破获。就我自己的样本而言,我们看到 55% 的身份查询几乎立即得到解决,1/3 的肇事者也立即被逮捕。

第二个结论可强可弱。较弱的表述是,破案只是侦查人员工作的一部分,完整的刑事侦查理论必须考虑他们正在做的其他事情。强有力的表述将是声称,开发破案模式和阐明刑事侦查理论是不同的工作,前者是语用学练习,后者是知识练习。

在探索较弱的表述时,我想采访我正在研究的凶杀案中最好的调查员。我问了该单位的主管和参与其中的侦探,谁是最好的调查员。我采访的所有小组成员都很快就决定了一个名字。这位调查员的名声并不完全归功于他破获疑难案件的能力(他也有这种能力),也归功于他作为一名凶杀案审判室管理人员(court-room manager)的技能。他最大的成就是避免了一起备受瞩目的案件(法布里坎特案)的无效审判。瓦莱里·法布里坎特是一名大屠杀者,在杀害了另外四人后,他最终被所劫持的人质制服了。他决定担任自己的律师,几乎成功地给法庭诉讼程序带来了混乱。在这种情况下,挑战不是破案(这是一起自我解决的案子),而是克服被告在整个法庭诉讼过程中因其精力充沛的辩护而堆积起来的障碍。在这次采访的后续行动中,我问我采访的侦探,他们是案件侦查员还是法庭证据管理人,他们都选择了后者。

识别因素

我试图评估哪些因素被证明是确定刑事犯罪肇事者的最具决定性的因素。我选择了 15 个不同的因素,而威尔福德和克罗宁[①]完全依靠计算机分析,列出了 8 个。在读取文件时,决定性因素非常突出,没有任何含糊之处。表 6.3 以百分比表示每个因素的重要性。百分比是根据嫌犯的数量计算的。第一个 144 名嫌疑人的计算方法是将单个嫌疑人事件中的所有嫌疑人与其余若干嫌疑人事件中的

---

① 1999。

第一个嫌疑人相加。第二个 24 名犯罪嫌疑人的计算方法是指两个及以上嫌疑人案件中的全部第二名嫌疑人。最后,第三个 11 名犯罪嫌疑人的计算方法是两名以上犯罪嫌疑人案件中的所有其他犯罪嫌疑人。

表 6.3 确定嫌疑人的决定因素

决定因素	识别:嫌疑人 1 (N=144)	识别:嫌疑人 2 (N=24)	识别:其他嫌疑人(N=11)
目击证人	22.5%	25%	——
自首	20.5%	3.7%	——
警方线人	12.5%	27%	33%
巡逻人员	10.6%	——	——
受害人/共同受害人	10.6%	12%	16%
告发(朋友)	3.3%	16%	16%
告发(亲戚)	2.6%	——	——
告发(配偶)	0.7%	——	——
例行询问	2%	——	——
电子和/或物理监控	1.3%	——	——
教唆	1.3%	——	——
嫌犯照片	0.7%	——	——
刑事情报	0.7%	——	——
科学警务	0.7%	——	——
外援	0.7%	——	——
其他	1.3%	8.2%	27%
遗失值	8%	8%	8%

研究结果是一致的。所选的 15 个变量可以归纳为三组:第一,外部人力来源变量:因素 1 至 8,排除因素 4(巡逻)和最后一个因素;第二,以警察为中心的因素:巡逻、例行调查、刑事情报、监视和煽动;第三,技术来源:嫌疑人排队接受检查(line-ups)和照片识别、科学警务(包括取证)和"其他"(如电脑检查)。关于确定第一个(或唯一的)嫌疑人,外部人力来源(包括所有来源,如目击者)在 73% 的案件中是决定性因素;以警察为中心的因素在 16% 的案件中起决定性作用,技术来源

不到 3%。所有其他嫌疑人(第 2 栏和第 3 栏)都是通过外部人力来源确定的。警方线人在确定表 6.3 第二栏和第三栏嫌疑人身份方面的重要性日益增加,这反映出被捕的第一名嫌疑人经常自首。这些结果与威尔福德和克罗宁[1]的结果一致。在他们近 2/3(64%)的样本中,犯罪者是由犯罪现场的目击者或其他外部来源确认的。现场收集的物证的作用微不足道(在他们的案件中只有 1.9% 是决定性的)。

位置因素

表 6.4 中的调查结果也分成三栏,与案件中的嫌疑人人数相对应,计算方式与表 6.3 相同。由于我的研究集中在刑事侦查员的工作上,所以我将嫌疑人的位置和此人的逮捕进行了区分。找到嫌疑人是一项调查任务,而实际逮捕可能不是,实际上有 6% 的案件是由特警队完成的(表 6.4 没有反映这一点)。

表 6.4 嫌疑人位置的决定因素

决定因素	位置:嫌疑人 1 (N=144)	位置:嫌疑人 2 (N=24)	位置:其余嫌疑人(N=11)
巡逻(公然犯罪)(fla-grante delicto)	23.5%	14%	——
嫌犯投降	20%	——	——
例行调查和人身监控	16.3%	48%	60%
外部协助	5.5%	——	——
嫌犯被目击者制服	3.3%	——	——
警方线人	2.6%	——	——
通过破获其他案子	2.6%	——	——
电子监控	2.6%	10%	20%
告发(亲戚或朋友)	2.6%	——	——
惩戒部门的信息	2%	——	——
通缉犯广告	2%	——	——
被受害者弄伤	1.3%	——	——

[1] 1999:表 9,第 27 页。

决定因素	位置:嫌疑人 1 (N=144)	位置:嫌疑人 2 (N=24)	位置:其余嫌疑人(N=11)
教唆	1.3%	—	—
刑事情报	0.7%	—	—
电脑搜索	0.7%	—	—
其他	3.3%	28%	20%
遗失值	9.7%	—	—

表 6.4 确认了关于破案时间的调查结果。在一半的案件中,违法者要么立即被巡逻队或证人逮捕,要么向警方自首。然而,这些发现表明,位置查询的成功结果是由其他因素决定的,而不是那些在识别方面突出的因素。例行调查和人身监控发挥了更大的作用,电子监控也是如此。电子监控日益成为定位第二名和第三名嫌疑人的关键决定因素。在采访过程中,我得到了这样的解释:当有多名嫌疑人时,电子监控更有效。在这些案件中,调查人员可以使用将截获的同伙谈话的部分内容反馈给各种嫌疑人的策略,以破坏他们的稳定。

应该强调三个负面发现。首先,计算机搜索在定位逃犯方面扮演着非常微不足道的角色。其次,监视技术在定位嫌疑人方面也扮演着非常小的角色,最有效的手段是传统的手段,如尾随对象。正如我们将在第八章中看到的那样,英国警方抱怨说,尽管视频监控在英国很普遍,但它在解决犯罪方面的作用有限。最后,私人保安在解决我们样本中的谋杀案方面没有起到任何作用,无论是关于犯罪者的身份或位置。虽然最初的意思是包括私营部门,但变量"外部协助"仅指其他刑事司法机构向警察提供的援助(如惩戒部门)。应该强调的是,私家侦探在我们分析的凶杀案中没有扮演任何角色。

科学警务

前面的表格显示,科学的警务和取证在识别和定位嫌疑人方面没有立即发挥作用。表 6.5 中列出的每种技术在解决案件中所起的作用(重要、一般、不起作用、没有发挥作用)也进行了审查。即使被评估为具有影响力,专业知识的作用基本上也是辅助的:除了一个案例之外,它从来都不是一个关键决定因素。

表 6.5　科学专门知识的作用

专业知识类型	案件数量(N＝144;179 名嫌疑人)	百分比
尸检	3	1.6
犯罪现场	0	—
血液样本	4	2.23
化学分析	5	2.8
弹道	3	1.6
指纹	3	1.6
DNA 分析*	4	2.2
测谎仪*	11	6.1
催眠术	0	—
数据库	7	3.9
总计	40(40－15＝25)	22.3％(40) and 13.9％(25)

注:(＊)测谎仪和 DNA 分析对辨认嫌疑人没有作用。它们的作用完全是洗脱罪责(15 名嫌疑人)。

表 6.5 列出了科学专门知识发挥重要(但仍然是辅助)作用的案例的数量和百分比。研究表明,科学警务在识别或定位嫌疑人方面发挥了辅助作用,约 22％的嫌疑人被识别或定位,每种技术的各自贡献在不到 3％的案件中发挥了重要作用。库伊肯德尔[1]也曾得出结论,科学警务在识别嫌疑人方面价值微乎其微。美国国家研究理事会最近召集的三个专家委员会评估法医科学的结论是,媒体对法医科学的描述,特别是在电视连续剧《犯罪现场调查》中,提供了"对犯罪现场调查人员日常操作的不切实际的描述"[2]。实际上,两种最有用的技术,测谎仪和 DNA分析,只起到了洗脱罪责的作用(排除嫌疑人)。测谎证据在加拿大法庭上不能被接受为证据。调查人员只是在将案件归类为非活跃案件之前将其作为最后的手段。在被调查的这段时间里,DNA 分析很少出现,警方不得不等上几个月才能拿到实验室结果。DNA 分析并非确定嫌疑人的确凿证据。

---

[1] 1986:193。

[2] Committee,2009:48。

减去测谎仪和 DNA 分析发挥相对重要作用的 15 起案件，我们剩下 25 起案件（占被调查嫌疑人的 13.9%）。最有用的技术是刑事情报数据库的计算机搜索，在 7 起案件中发挥了重要作用（3.9%）。之所以将犯罪现场调查和催眠包括在内（尽管它们没有扮演任何角色），是因为它们在犯罪小说（特别是犯罪现场调查）中确实扮演了很大的角色。犯罪小说的主要内容，如"犯罪侧写"，也不起作用，也被包括在内。在采访过程中，我广泛讨论了专业知识和科学警务的作用。通常认为它们在为谋杀案法庭诉讼奠定基础方面起着重要作用，给陪审团留下了深刻的印象。然而，侦探们表示，它们对破获凶杀案的贡献并不大。

关于刑事侦查的两种理论

刑事侦查是对可以用作法庭证据的信息的追求，以确保对一个或几个嫌疑人的定罪。"调查就是处理信息"这种说法与其说是一种发现（也就是说，调查过程的最终结果），不如说是一种最初假设，这是大多数刑事侦查研究的起点。这一假设不仅符合常识，而且根植于"讯问"和"调查"两个词的含义。这两个词都来源于拉丁语。"讯问"来自"in-quaerere"这个词，意思是"搜索"和"审问"。它在 13 世纪就已经有了寻找重罪罪犯的意思，当时它与"血腥调查"一词联系在一起。"调查"一词来源于"investigatio"，最初的意思是追踪猎物（字面意思是寻找猎物的痕迹）的过程。声称刑事侦查"本质上是一种信息工作形式"[1]基本上是对考察"调查"一词的语义的重述。从这个意义上说，这几乎是一种同义反复，但如果我们要进行刑事侦查研究，就必须考虑到这一点。然而，这个起点是非常宽泛的，允许对比研究视角，而不强调调查过程的相同方面。现在将简要回顾两种不同的理论方法。

认识论方法

形容词"认识论的"通常用来指与知识及其验证有关的事物。这种刑事侦查方法最清晰的例子（尽管不是唯一的）由马丁·因内斯的《谋杀案调查》[2]一书提

---

[1] Innes, 2003:113。

[2] 2003。

供。在他的犯罪侦查理论中,因内斯根据信息的有效性程度对各种信息进行了区分。信息是与"噪音"相对的相关数据;知识是被认为具有事实地位的信息;情报开辟了警察行动的新领域,以产生进一步的知识;最后,证据是根据法律证明标准被格式化的知识①。刑事侦查本质上被视为"信息"的产生,被理解为一个通用术语,指的是上述四种变体。根据我自己的经验发现,这种认识论方法有几个明显的特点。

首先,这种做法是以侦探活动为中心的,也就是说,属于特殊单位的便衣刑事侦查人员。即使所有警察都被广泛视为像埃里克森和哈格蒂②那样的知识工作者,这种认识论方法——根据这种方法,侦探几乎完全被认为是信息收集者——并不适合所有的警察活动。如上所述,解决犯罪的理论与刑事侦查人员实际做什么的理论是不同的,因为大量犯罪是通过独立于侦探行动的巡逻人员冲到犯罪现场,并当场抓获肇事者来破获的。这种警方行动不需要任何事先的知识工作,基本上就是接听优先选择的报警电话。这种看法的实际后果是,提高破案率的建议不应只针对侦探,而应旨在加强他们与制服警察的协调。

其次,认识论方法侧重于重大犯罪,如谋杀、贩毒和有组织犯罪。如果想要发展一种刑事侦查理论,从狭义上理解刑事侦查人员为破案所做的事情,人们必须看到他们实际上在做什么。正如理查德·埃里克森在对两个一般调查单位所做的经典研究中表明的那样,侦探的任务是"处理"交付给他们或通过他人的工作以其他方式确定的"现成的嫌疑人"③。这种观点并不支持刑事侦查的认识论。即使我们样本中超过一半的凶杀案在没有任何侦查工作的情况下立即被破获,谋杀案调查仍然是观察侦探进行调查工作的沃土。由于谋杀案备受瞩目,侦探们没有选择有望破获的案件以迅速解决的自由裁量权,而放弃几乎没有希望破获的案件。每起案件都要进行调查。这种义务产生了认识论的悖论。毋庸置疑的是,一旦调查开始,只要案件仍未破案,收集信息的过程就会不断扩大。研究发现,破案的概率随着破案时间的长短而急剧下降。一方面,调查时间越长,信息工作就越多。

---

① Innes,2003:113-114。

② 1997。

③ 1981:136;又见 Greenwood et al.,1977:225;Hobbs,1988:186。

另一方面,信息工作的机会越长,破案的机会就越小。这种推理自相矛盾的结果是,随着调查失败,刑事侦查的认识论变得更加准确。在所有其他手段都失败的情况下,技术设备被用作最后的手段,通常收效甚微。

　　这一令人费解的结果指向了认识论的第三个特点:它没有考虑调查的司法结果,也就是对被告的定罪。出于所有研究目的,它停留在识别(逮捕和起诉)嫌疑人的阶段,将定罪过程留在了它的范围之外。然而,我自己的调查结果表明,凶杀案侦探主要是法庭证据管理人,他们的大部分时间都花在确保定罪上。考虑到案件后的法庭处理,揭示了认识论方法的另一个重要特征。认知方法是演绎的:它从理论到背景都在发挥作用,将其关键概念的抽象概念定义应用到侦探执行的刑事侦查的实际业务中。例如,它将情报诀窍归功于侦探,而警察组织则因其在提供情报方面的无能而受到批评①。更重要的是,法庭证据被定义为根据法律话语的规范被格式化的事实知识②。尽管认知理论确实承认,出于反映对抗性司法政治的战略原因,警方可能会将其部分知识排除在转化为法律证据之外③,但它并没有考虑警察信息工作的阴暗面。一旦到达法庭阶段,这时确保定罪是最重要的,正当程序要求被获取结果的必要性所取代,对手段的强调让位于对结果的关注④。警方在法庭上提供的证据往往是胁迫和欺骗的结果,也可能源于与知识(更不用说,正义)的含义不相容的谎言和伪证。认识论理论在这方面受到记忆缺失的影响,因为它忘记了侦探最初被描述为"神秘的流氓"⑤。将侦探提供的法庭证据定义为知识充其量也是天真的。对越来越多公开承认的虚假定罪的研究表明,警方提供了他们明确知道不是事实的信息,作为法庭证据。

实用主义方法

　　根据克洛克斯⑥的说法,侦探可以分为主要关注手段的侦探和主要关注目的

---

① United States Congress,Senate,2002;Suskind,2006;Brodeur,2008;Brodeur and Dupont,2008。

② Innes,2003:114。

③ Innes,2003:114 - 115。

④ Klockars,1985。

⑤ Kuykendall,1986:179。

⑥ 1985:85 - 86;另见 Kuykendall,1986:191。

的侦探。这一区别也适用于研究刑事侦查的学者。认识论显然侧重于调查手段，尤其是信息的收集和处理，对调查结果缺乏保障。实用主义方法是以结果为导向的，主要考虑调查过程的结果。

刑事侦查结果导向理论有几个特点。首先，它着眼于外部结果。结果显然包括各种定义中的破案率，但其重要性不能降低为统计测量。例如，一个备受瞩目的犯罪头目被定罪可能会在他的整个组织中产生不稳定的连锁反应。实用主义者对侦探用来产生结果的手段的不同性质也更加敏感。迈克·马奎尔和他的同事受英国内政部的委托，对调查业绩的评估进行了一项研究。虽然他们必须以详细解决破案率的问题来完成他们的任务，但他们也赞同侦探们将他们的调查工作描述为"杂乱无章的小任务"①。格林伍德等②注重结果的研究人员也倾向于在侦探工作的多样性中看到其定义特征。正如我在自己的研究中发现的那样，这些任务中的许多都与信息工作有微妙的关系，就像侦探建立监视或使用诱饵来抓获行动中的嫌疑人并进行逮捕一样。

其次，关注外部结果的理论不可避免地要研究案件的事后处理过程。虽然破案率一般是以逮捕嫌疑人来界定，但这样的逮捕并不是案件的最终结案；如果被捕的嫌疑人最终被法庭洗清罪名，理论上，调查案件必须重新开庭（尽管并不总是这样做）。因此，实用主义方法的第二个特点是它包括调查的后期（逮捕后）部分。事实上，我在研究中发现，这是需要最多侦查时间的调查阶段；调查人员赞同我对他们主要做的事情的描述，即提交和管理法庭证据③。这项工作还包括"杂乱无章的小任务"，如确保证人出庭、为检察官总结证词、为生命危险的证人提供保护等。

以结果为导向的调查容易受到这样一种信念的影响，即目的证明手段是正当的。这种信念对刑事侦查的影响只能通过归纳法来检测，而归纳法是刑事侦查实用主义理论的第三个核心特征。这种特殊的归纳形式从实地研究发展到理论阐述，从一开始就不排除有争议的发现。这种方法可以称为批判性归纳法，以区别于无价值的经验主义。

---

① Maguire et al.,1993:3。

② 1977。

③ 另见 Lévy,1987；McConville et al.,1991；Sanders and Young,2002。

尽管理论上很复杂,但刑事侦查的认识论方法与顽固的实证主义有一种共同的倾向,即对知识工作者的错误视而不见,更广泛地说,对警察的越轨行为视而不见。认识论方法是静止的理论,这与第一章概述的科学方法形成了鲜明的对比(见"悖论"一节)。

破案后工作对于评估侦查工作是否是情报工作具有特殊意义。正如我们前面看到的,信息是一个通用术语,包括各种具体形式,如知识和证据,更不用说情报了。在侦查理论的语境中,知识和证据都有特定含义。在此背景下,知识指的是个人身份识别知识(肇事者的身份识别),即通过列出姓名或数字而获得的个人知识:人名、地名和商业公司的名称;电话号码、车牌号、计算机密码——这些数字的类型几乎是无限的。必须强调的是,个体知识的逻辑仍然是未知的领域,知识论遵循了亚里士多德的格言,即除了一般知识外,没有其他知识。证据更加个性化。在刑事侦查的背景下,证据本质上是法庭证据。可以提出一个压倒性的案例,即认知(科学)知识和法律知识受不同的逻辑规则支配[1]。关于司法证据,我只谈几点,它们超越了抽象的知识论。

破案后的工作有两种:逮捕嫌犯后立即进行的工作和在法庭上提出证据的工作。破案后的工作受到不同的限制,这取决于警察是在盎格鲁-撒克逊传统下还是在欧洲大陆传统下行动,后者强调检察官的作用(调查法官,在法国,它显然将被萨科齐总统的政府废除了)。尽管有这些不同之处,但有几点可以适用于几乎所有调查人员。

逮捕后立即进行的调查工作集中在设法让被捕的嫌疑人认罪,并确定将以何种罪名起诉嫌疑人。在日本等一些国家,嫌疑人供认率超过所有被捕嫌疑人的90％。已经证明,从嫌疑人那里获得供词是一项成就,与知识调查几乎没有什么联系。在最好的情况下,它涉及调查人员良好的心理敏锐和审讯技能。它还涉及操纵、欺骗,在最糟糕的情况下,还包括胁迫。用于获取这些信息的手段有时会失去其价值,在法庭上受到质疑的供词数量正在增加。起诉过程往往与案件的是非曲直关系不大,正如我访问的侦探证实的那样,在普通法国家,起诉过程的目的是给予控方律师最大的筹码,以确保通过谈判认罪的罪名比最初提出的要轻。在这

---

① Hart,1994;Perelman and Olbrechts-Tyteca,1969。

方面,在我们自己的谋杀案调查样本中,最令人痛心的是一些母亲,她们在杀死患有不治之症的孩子后自行报警。例如,一位母亲将年幼的瘫痪女儿淹死在浴缸里,随后立即报警,并割伤了自己的手腕。她获救并被指控犯有一级谋杀罪。患有永久性或暂时性精神疾病的人在接受刑事侦查时通常情况很糟糕,刑事侦查通常是毫不留情的。

第二类破案后工作涉及刑事审判本身。刑事审判的进行本身并不意味着辩诉交易过程的结束,因为被告可以在审判开始后对较轻的指控认罪。如前所述,侦探在加拿大广泛参与刑事审判。迪克·霍布斯指出,"作为一名犯罪斗士,警察技能的最终表现是在法庭上"①。除了是检方的关键证人外,警察在加拿大还担任检方的法庭证据管理人。正如我们已经注意到的,法庭司法逻辑并不遵循与科学知识相同的规则。不同之处远远超出了(有偏见的)证据选择,以支持定罪(或无罪释放),这是典型的对抗性诉讼程序。认识论方法的基本原则(如无关噪音和相关信息之间的区别)被忽略。自加拿大最高法院在 R. 诉 Stinchcombe[1991,3 S. C. R. at 326]案中做出具有里程碑意义的裁决以来,检方有单方面义务向辩方披露其所有证据。警方经常通过向辩方提交如此多的证据——数以万计的页面压缩成各种计算机格式——来逃避这一义务,以至于辩方团队几乎不可能在审判之前及时找出有价值的信息。

破案后工作对于评估侦查工作是否是信息工作具有特殊意义。这里无法考察检方和警方使用的所有法庭战术。然而,在某种程度上,它们帮助我们在刑事侦查的认识论和实用论之间做出选择,其中一些策略值得评论。首先,就证据而言,一条信息(如录音带)的物质支持与其所记录的信息一样重要。例如,如果警方不能通过一个将录音带与截获的嫌疑人通信联系起来的复杂的"持有链"过程来确定在法庭上出示的录音对话是真实的,没有被篡改,它们就不能被接纳为证据。第二,证人的可信度和这个人所说的一样重要。正如我们已经看到的,法医学和所谓的科学警务在解决犯罪方面几乎没有起到任何作用。然而,它们在法庭上发挥着关键作用,因为法官和陪审团对专家意见、科学程序和技术印象良好。其中一些专家属于国家运营的法医实验室,经常出庭。多年来,他们的科学能力

———————————————
① Hobbs,1988:186。

逐渐被认为是理所当然的。然而,检方或辩方招募的特殊专家有时会受到猛烈的诘问,试图破坏他们的可信度。众所周知,性侵犯的受害者的声誉是辩方的目标,尽管这种破坏性的诘问在许多司法管辖区都已被禁止。上述意见的大体观点是,信息载体(无论是物体还是人)在法庭上受到与其携带的信息同样严格的审查。

　　警方调查人员在传唤证人和线人为控方作证之前,通常会评估他们的可信度。然而,在某些情况下,调查人员故意或无意地未能测试他们的信息来源。他们甚至可能引诱有偿线人在证人席上撒谎,以求定罪。这只是埃贡·比特纳在第三章引用的延长采访中描述的"陷害罪犯"的一般做法中使用的手段之一。

　　　　意思是说,警察经常相信他们有证据,但是那些东西在法庭上是行不通的……据我所知,他们对自己所从事的实践有一个非常特殊的术语,叫"陷害罪犯"。嗯,陷害的意思当然是陷害无辜的人,但他们陷害的是有罪的人。他们这样说的意思是,他们抓到了某人,他们知道他做了他们认为他做的事,但他们没有证据。所以他们撒谎了。现在,警察在证人席上撒谎的事实是众所周知的事实,每个人都知道,包括法官在内,我可以说……我和一个……成为我朋友的人谈过——他从纽约警察局辞职,警衔为中尉——在我们的谈话中,他被证明是美国警察……最强烈的批评者之一。当我提到陷害罪犯这件事时,他说他觉得这是警务工作中最不令人反感的部分。他说,在这场打击犯罪的斗争中,绕过法庭上怪诞的、巴洛克式的约束制度并不是一种非常严重的违法行为①。

　　在我的研究过程中,我能够验证比特纳的论断。1995 年 6 月,魁北克的一名高级法官澄清了对蒙特利尔一个臭名昭著的犯罪团伙成员的所有指控,这些指控与他们向加拿大进口 16.5 吨大麻有关,因为警方显然捏造了对他们不利的证据。这起因警察篡改证据而撤销刑事审判的壮观场面引起了极大的震惊,因此魁北克政府成立了两个调查委员会,调查涉案警察部队的侦查做法(我作为研究主任参与了其中一次调查)。结果很清楚,这是一宗陷害罪犯的案件,因为警方后来独立调查,发现这个犯罪集团涉及大规模的毒品进口活动(警方随后进行的这些调查

---

① Bittner/Brodeur,2007:122 - 23。

后来导致了几项定罪)。我还了解到,谎言和虚假证据几乎是警方的常见做法,而这一事实也为法官所熟知。这起案件的不同之处在于,面对警方捏造的证据,法官敢于驳回审判。

然而,我们可以评估陷害罪犯(例如已知的职业罪犯)的做法,但不应掩盖这样一个事实,即也有一些没有犯罪历史的人被错误地判定犯了非常严重的罪行,并根据站不住脚的证据被判入狱。DNA 测试被誉为警方武器库中最重要的工具。它可能是为被错误定罪的人开脱罪责的更重要的工具。从 1993 年到 2007 年 4 月,在美国被误判有罪的 200 人,主要是谋杀和强奸,被判入狱很长时间,经 DNA 测试证明无罪,并被释放,这些人往往是在监狱服刑了大半生之后获释。

如果考虑到 DNA 分析以外的其他手段,被免除错误定罪的人数要高得多。在加拿大,三起备受瞩目的谋杀罪错判案件,新斯科舍省的唐·马歇尔案、安大略省的盖伊-保罗·莫林案和萨斯喀彻温省的大卫·米尔加德案,引发了公众的政府调查①。这些调查的费用非常高,高达数百万加元。1999 年米尔加德宣判无罪后,真正的罪魁祸首被找到并定罪。大卫·米尔加德因所受磨难获得 1000 万加元的补偿。然而,当警方未能彻底调查一个明显的嫌疑人时,他们也可能犯另一方面的错误。英国的斯蒂芬·劳伦斯调查小组调查了这样一个案例②。

结论

贯穿本章的意见并不是要最终解决在刑事侦查中应该采用认识论还是实用主义的问题。虽然我承认认识论方法比实用主义方法更有针对性,但我也认为它过于狭隘和简单化。首先,破案是一个比侦探工作宽泛得多的概念,正如我试图通过对实证结果的讨论来表明的那样。直接参与破案的人,如确认肇事者的邻居、执行逮捕的公民、警察巡逻队和其他参与者,没有以任何方式开展任何信息工作。此外,在许多情况下,破案是一个短暂的过程,与侦探小说中刻意收集线索和巧妙解释线索的过程几乎没有什么相似之处。诚然,从狭义上讲,破案时间越长,

---

① Nova Scotia,1989;Ontario,1998;大卫·米尔加德被错误定罪的调查委员会于 2004 年在萨斯喀彻温省成立,尚未发表报告。

② Macpherson,1999。

等待的解决方案就越依赖于调查人员的工作。然而,破案越依赖于调查人员的长期工作,案件结案的机会就越小。矛盾的是,当侦探未能破案时,他们就会成为知识工作者。

必须补充的是,刑事侦查理论忽略了在大多数情况下导致定罪的逮捕后处理,错过了刑事侦查的一个重要方面。侦查工作在时间上远远超出了简单的破案业务,而破案通常是很快完成的。对于许多调查人员来说,真正的侦查工作是在通过确认和逮捕罪犯解决案件后,通过认罪或法院判决定罪来完成的。最后,未能解决调查失误问题的刑事侦查理论是可悲的、不完整的。埃贡·比特恰如其分地捕捉到了刑事侦查工作与对知识的真正追求之间的区别,如下所示:

> 从信息结构的意义上讲,(侦探们)对刑事案件告密者的依赖创造了一种信息运动。这不是那种科学特有的信息收集方式,在这种情况下,科学家只是睁大眼睛,也许是从理论角度出发,在没有任何先入为主的相关性概念的情况下,接受他或她看到的任何东西。真相是相关的东西,如果事情最终证明与理论引导他的预期相反,那么,这就是他的发现。我认为在警方的信息收集方面不是这样的。也就是说,警察只对特定种类的东西感兴趣,如果他们没有听到他们想听到的,就会重新表述他们确实听到的东西,以符合他们的期望①。

作为信息或知识工作的警务理论对知识的歪曲相对不敏感。培根的格言是不可逆的:知识就是力量,但力量不是知识,不管它多么努力地歪曲事实以适应它的设计。安全情报机构的活动是对作为信息工作的警务理论最合适的检验,安全情报机构的活动属于本书中所说的"高层警务"。如果说有什么东西应该是类似于信息工作或知识工作的话,那它肯定是情报工作。高层警务是下一章的主题。

---

① Bittner/Brodeur,2007:122。

第七章　高层警务和低层警务

前两章末尾提到了高层警务和低层警务之间的区别。本章致力于阐述这一区别。历史学家梁锡辉(Hsi-Huey Liang)[1]也讨论了高层警务和低层警务。他的权威性著作是为数不多的著作,讨论纳粹德国等政权不民主的政治警务问题。然而,他的观点与我的截然不同。梁的方法是渐进的,因为他描述了现代警察在欧洲大陆五个国家的出现。他对"现代警察"的描述本质上是规范的[2],现代警察被定义为民主警察的同义词。梁认为,现代警务在梅特涅领导的19世纪奥地利和第二次世界大战之间的崛起,是民主警察制度的逐渐出现,以回应19世纪初盛行于欧洲大陆的威权政权。现代警察解放运动在纳粹德国戛然而止。在纳粹主义被击败后,它再次受到追捧。梁的进化论观点暗示,高层政治警务和现代民主警察被设想为彼此替代,并且它们确实被认为是互不相容的[3]。对我来说,高层警务和民主警务并不对立,尽管它们的关系很紧张。警务的新发展表明,高层警务在民主政体中的作用越来越大,而且有必要密切监测"警察和间谍"之间不稳定的伙伴关系(Brodeur,2005a:809)。

本章分为四部分。首先,提出了高层警务的主要构成要素,并与低层警务进行对比。其次,简要介绍了这两种警务的典型操作程序。使用警方线人是高层警

---

[1] Hsi-Huey Liang,1992:10-11。

[2] Hsi-Huey Liang,1992:4。

[3] Liang,1992:3-4。

务的定义方面之一,本章第三部分将讨论警方线人问题。综上所述,我将提出一种综合高层公共警务和低层公共警务的模式。

本章专门论述高层警务和低层警务的区别,因为它体现在公共警务中。这一区别也延伸到私人警务,我将在下一章讨论这一问题。

在对加拿大情报机构的档案进行第一手文件研究后,我重新启用了高层警务的概念。作为魁北克一个具有司法权力的调查委员会研究主任,我有权要求查阅与反恐调查有关的任何文件,我被授予合法接触这些机密文件的权限,其中包括警方线人的文件。直到最近,我一直在为各种调查委员会工作,这些委员会直接或间接地调查高层警务。

现代高层警务概念不是学术研究的产物,而是从 1979 年到现在几个调查委员会所做的工作。人们并不总是需要行使合法的访问权力才能对高层警务进行研究。然而,这项研究应该按照严格的准确性标准来衡量,而不应该完全依赖于从已发表的文献或新闻剪报中进行推断。将各种形式的警务活动归入高层警务类别,取决于它是否表现出本章将要介绍的几个特征。将所有警察的“知识工作”融入高层警务中,会导致概念膨胀到失去所有启发式价值的地步。

高层警务和低层警务:对比

从理论上讲,高层警务和低层警务之间的区别是不平衡的。这一区别最初来自对法国警察历史的阅读(Brodeur,1983),它揭示了一种与穿制服的人员(agents)和侦探进行的日常警务形成对比的警务类型。这种类型的警务被称为“高层警务”,借鉴了法国高级警察的做法,旨在保护国家安全。从事这种政治警务的机构——例如,英国军情五处和军情六处、加拿大安全情报局(CSIS)、美国联邦调查局(FBI)国家安全部门和中央情报局(CIA)、法国领土监视局(Direction de la surveillance du territoire,DST),据说属于“情报界”。大多数国家至少有两个这样的机构,一个负责国内安全,另一个负责外部保护(根据官方统计,美国有 16个这样的机构,其中 80％由五角大楼提供资金)。然而,高层警务概念并不只适用于属于情报界的机构。所有规模可观的警察部队都有高层警务成分,因为他们参与了情报收集工作。私营安全机构也参与了高层警务。

在最初提出时,区分高层警务和低层警务是试图弥补对高层警务研究的忽视。因此,它把重点放在后者,没有提供对"低层警务"本身的明确描述。这一缺陷在实践中已在本书的前几章中得到了弥补。第一章对警务作为一种制度的诞生进行了双重描述,早期法国和英国警务模式分别为高层警务和低层警务及其方法提供了范本。前两章讨论了制服警察和便衣侦探执行的低层警务。现在将描述高层警务的主要特征,并与低层警务相应方面进行系统对比。

从一开始就要强调,高层警务代表一种警务理念,它与PUFP中发展的处理紧急情况的强制性机构理念不同。早期的法国警察在阿尔根森侯爵(1697—1715)的领导下演变为高层警务系统,被法国民众戏称为"魔鬼"。当阿尔根森侯爵于1715年退休时,当时著名的法国学院(French Académie)主席丰特内尔宣布了他的悼词。这篇悼词以引人注目的方式概括了高层警务的一些基础。

> 在巴黎这样的城市,永远需要满足巨大的消费需求,其中一些消费来源可能会因为无数的意外事件而枯竭;镇压商人对公众的暴政,同时刺激他们的贸易;从无数的人群中搜寻所有那些可以轻易地隐藏他们有害产业的人;要么将他们从社会中清除,要么容忍他们的存在,因为他们在执行没有人会承担或执行的任务时是有用的;将必要的滥权行为控制在总是容易被违反的必要的精确范围内;将这些滥权行为减少到应该受到谴责的程度,甚至不能通过过于明显的惩罚来恢复它们;如果对于一件事情,忽略比惩罚更有效,就忽略它,惩罚要少,要有用;通过地下通道渗透到家庭内部,并将他们从未透露的秘密保留到没有必要使用的时候;无处不在,却不被人发现;最后,随意移动或控制广大或狂暴的人群,成为其中永远活跃且几乎不为人知的灵魂;这些都是警察裁判官的职责[①]。

在这篇18世纪早期的演讲中,有一些部分需要在现代背景下进行解读。对家庭的重视与他们的幸福无关。高级警察的目标家族是王国里的名门望族,他们总是被怀疑密谋反对国王(就像他们在整个17世纪所做的那样)。正如在前几章中强调的那样,在这里,警务是治理的同义词。向巴黎提供足够的食物基本上是

---

① 引用 Clément,1978:334;由作者翻译。

出于避免出现威胁政权的粮食骚乱的政治需要。在这篇有关治安法官职责的演讲中没有出现"犯罪"一词，没有提及犯罪控制让人感到震惊，这也是为什么政治警察被称为"高层警务"的原因之一。高层警务的伟大实践者拿破仑的警察部长约瑟夫·福奇，轻蔑地将刑事警务称为"灯柱警务"（妓女站在灯柱下宣传她们的存在）。

因此，刑事警务针对的是地位低下的人，而高层警务则在社会阶层的最高层实施。现在参与政治警务的"情报界"保留了这一享有盛誉的某些光环。值得注意的是，传统警务可见性逻辑的倒退演变成为一种新的隐秘和恐惧的逻辑。高层警务是一种掩盖行径，会带来最终的后果。

虽然它巧妙地暗示了高层警务的概念是什么，但人们显然不能依靠近三个世纪前写的一篇文章来解释高层警务和低层警务的区别。下面将考察这种区别中最突出的方面。正如将被描述的那样，这些方面在逻辑上是相辅相成的，并结合起来形成一个一致的范式。

保护政治政权

冯·亨蒂格在他关于福凯的书中提出了一种观点，表达了高层警务的基本性质："与其说政治警察是一种保护社会的工具，不如说是以警察为媒介的一种政治活动形式。"[1]在这句话中，冯·亨蒂格将克劳塞维茨关于 1853 年战争的著名言论，"战争只不过是不同手段混合的政治交往的延续"，适用于警务。作为刑事司法系统的一部分，底层警察有着保护社会的共同目标。相比之下，对政治政权的保护是高层警务存在的理由。这一基本目标有时被表述为保护政权或保护国家安全。然而，"保护政治政权"这种说法更为全面，因为它还涵盖了所谓的"失败国家"，在这些国家，高层警务维持强加的权力分配，这往往以牺牲社会为代价。

保护国家的这一功能有两种变体，彼此之间有很大的不同。在其民主化中，高层警务机构的任务是保护国家的政治机构和宪法框架。在其非民主的变体中，高层警务致力于维护特定的政治政权，该政权可能包括寡头统治、独裁者统治或

---

[1] von Hentig，1919：30；引自 Radzinowicz，1956：572，注释 15。

部落氏族统治。区分国家安全的这些变体是有必要的,以避免陷入左翼谬论,即认为情报机构本质上是民主国家无法接受的。事实上,目前所有的民主国家都有高层警务机构。然而,必须理解,高层警务的直接目标是保护国家机器(例如,保护国家元首不被暗杀),尽管保护国家有时确实与保护其公民相一致(例如,当存在恐怖威胁时)。

作为预期受害者的国家

希林和斯滕宁[①]正确地辩称,受害者在刑事司法系统中没有官方地位。在刑法摘要中,国家是被引述为犯罪者对手的一方(例如,女王诉 NN),然后真正的受害者被转变为他或她自己受害的证人。然而,希林和斯滕宁也正确地强调,像私营公司这样的机构受害者已经创建了"更符合它们作为受害者需求的新司法系统"。当各国成为高层警务针对的政治动机犯罪的预期受害者时,也是如此。具有讽刺意味的是,各国对自己作为机构受害者的需求比对它们有责任保护的公民的需求更为敏感。在高层警务模式中,存在一种重大的危险,那就是国家将表现得像私下受害的一方,寻求自己单独的党派利益。尽管表面上看起来,高层警务和私营安全之间存在着密切的联系,这两种形式的警务都是以客户利益为导向的。当国家脱离公民社会的束缚时,实际上是在经历一个自我私有化的过程。

吸收性警务

这是上文引用的丰特内尔悼词的主题之一。高层警务机构整理数据,将这些数据处理成情报(分析信息)和威胁评估,在需要了解的基础上传播其情报产品,以各种格式储存一段时间,最后在失去相关性时将其处置。

高层警务(或安全)情报和低层警务(或刑事)情报之间有两个根本区别。第一个是范围上的不同。警察部队收集相关情报,以立刑事案件。相比之下,安全部门对信息的胃口似乎没有限制:美国中央情报局(CIA)发布在互联网上的世界概况手册提供了世界上几乎每个国家的基本信息,重点放在这些国家的犯罪和安

---

① 1982:9。

全问题上。安全情报和刑事情报之间的第二个对比涉及一种"可采取行动的情报",也就是说,情报将促使某机构进行公开或秘密监视以外的公开程序,如执行逮捕和起诉嫌疑人。对警方来说,情报只是达到立案目的的一种手段。安全情报机构更倾向于将情报本身视为目的,搜集情报,只是在没有更合理的替代方案的情况下才将其转化为公共司法程序。对于一些高层警务机构来说——例如美国的中央情报局(CIA)、以色列的辛贝特和摩萨德,或法国的外国情报机构(DGSE)——可采取行动的情报也会推动特殊的秘密行动,目的是瓦解对手。

罪犯的利用

丰特内尔也明确提到了这一点,他说,从事有害行业的人是可以容忍的,因为他们可以执行其他人不会承担或更好地执行某些任务。在适当的时间潜在地利用犯罪是所谓的吸收性警务背后最强烈的动机之一。已知的罪犯可以通过各种方式加以利用(作为信息来源或勒索来源,作为中间人,作为秘密行动的积极参与者)。涉及性犯罪的人——特别是妓女——在整个高层警务的历史上一直被系统地以各种身份加以利用。然而,利用普通罪犯是跨越整个高层警务活动的一个特点,也是其侵犯人权最严重的一个特点。在集中营里,刑事犯被用作政治犯的看守人。从 1915 年土耳其亚美尼亚社区的种族灭绝到 20 世纪最后 10 年针对前南斯拉夫各社区的"种族清洗"①,犯罪团伙也在实施种族灭绝方面发挥了作用。

保密

与低层警务相比,高层警务隐藏在秘密之中的程度更深。两者的区别不仅是程度问题,也是性质问题。虽然保密性在低层警务中扮演着越来越重要的角色,但警察的可见性仍然是这种警务的基石。然而,可见性和间谍活动的概念是相互矛盾的。

线人的使用

把敌人变成秘密资产也许是情报界最古老的把戏。《孙子兵法》中有一章是

---

① Tanner,2009。

关于双重间谍的,这是关于发动战争以达成目的的最古老的论著(公元前 6 世纪)。利用非法组织和边缘群体的人员作为线人,被贴上安全风险标签,是高层警务中对犯罪者最普遍的利用。然而,必须强调的是,并非所有担任警方线人的人都参与非法活动。用警方的话说,线人被称为人力资源。当高层警务模式在欧洲大陆发展起来时,人力资源是秘密监视的主要工具。我们现在已经创建了大量用于监视目的的技术工具库①。我们所有的自然感官——视觉、听觉、嗅觉、触觉(测谎仪),甚至味觉(毒物检测设备)——现在都有了多种技术替代品。尽管我们使用了一系列全面的秘密技术来源,但仍然可以挑出人力资源和卧底特工作为高层警务的标志。"911"事件后成立的所有委员会都批评美国情报界在打击伊斯兰恐怖主义的斗争中依赖的是技术而不是人力资源。

正如东德国家安全档案的公开发布所表明的那样,人力资源的广泛渗透是高层警务的最终成果。档案显示,通过家庭、爱情和友谊联系在一起的人——引用最亲密的关系为例——相互监视。使用警方线人不仅是最具侵入性的监视手段,对社会结构来说也是最具破坏性的,因为它以背叛为基础,滋生相互怀疑和士气低落②。低层警务还利用秘密线人。然而,正如我们在上一章中看到的那样,低层警务的主要信息来源是作为投诉人或证人的公众。可以被传唤出庭作证的证人和身份一般不公开的卧底特工之间的对比将在本章后面讨论。

就本分析而言,保密有两种形式。第一种是彻底保密:除了少数"必须知道"才能运作的人之外,所有人都不知道这些未知的东西。从这个意义上说,个人和组织在不知不觉中成为高层警务的目标,许多人从来没有发现他们已经进入高层警务机构的视线。然而,还有另一种形式的保密对国内安全至关重要。秘密的面纱可能会在很小程度上被揭开,以产生恐吓和所谓的"寒蝉效应"。这种对保密的威胁性使用可以在边沁的"环形监狱"中得到说明(见 Foucault,1977)。边沁的环形监狱是一个圆柱形的监狱,每个牢房都通向一个中央内庭,从那里可以通过牢房的栅栏观察囚犯。一座有着缝隙的钢塔(以便进行外部观察)从中央内廷的地板上拔地而起,一直延伸到监狱的天花板。警卫在这座塔内进行监视,隐藏在囚

---

① Marx,1988:第 10 章;Brodeur and Leman-Langlois,2006。
② Funder,2003。

犯的视线之外。囚犯完全知道他们受到监视。从这个意义上说,囚犯受到观察已经不是什么秘密了。然而,囚犯们无法知道他们何时被单独监视,因为塔内的几名警卫不在他们的视线之内。在不间断受到个人监视的威胁下,囚犯们不得不时刻控制自己的行为,以避免潜在的惩罚。这种全景计划还节省了人力,因为它通过隐形方式最大限度地提高了每个警卫的威胁力。

福凯是高层警务的高级实践者,他很好地利用了保密的潜在威胁:"在我(作为警察部长)的第二个任期内,我更多通过按照公众的看法和恐吓行事,而不是通过施加限制和使用武力胁迫……很明显,我有能力让每个人相信,只要有四个人相遇,就有我买通的人用眼睛去观察,用耳朵去倾听。"①将秘密与虚假信息混为一谈,制造公众偏执,仍然是高层警务使用最广泛的手段之一。高层警务的基本原则不是到处都在但无人看见,而是感觉到处都在但无人看见。在这一点上,高层警务和低层警务之间的对比要远比看得见和看不见之间的简单对立微妙得多。需要的时候,高层警务人员可以让人们察觉到他们的存在,而不是以一种直截了当的方式显示自己。

欺骗

在第五章的末尾曾经指出,最有害的犯罪形式都有一个共同核心,要么体现为暴力,要么体现为欺骗。尽管第四章提出了更广泛的备选定义,但低层警务传统上被描述为可能使用武力来打击暴力或暴力威胁。还指出这种警务只针对犯罪与骚乱的这一核心部分。另一种有害行为的主要来源是欺骗。就像低层警务用武力对付暴力一样,高层警务用欺骗来对抗欺骗。不过,就手段的使用而言,高层警务和低层警务之间存在着重要的区别。由于低层警务实践依赖于使用武力,因此它涉及的范围很广,既包括潜在的武力使用,也包括实际武力的使用。在民主国家,武力主要是威胁而不是运用。

虽然存在许多不同程度的欺骗,但欺骗的逻辑并不是以潜在使用和实际使用之间的差异为前提的。欺骗被深深地嵌入人际关系的结构中,不像暴力那样受到

---

① 引自 Madelin,1930:227 - 228。

强烈谴责,狡猾往往被正面看待。这就是为什么对武力使用的限制——潜在使用武力、最小使用武力、最后求助的武力——并不适用于警务领域的欺骗。在其他治理领域,透明度是一种理想,尽管很少受到尊重。可能依赖于欺骗的间谍活动这个概念是荒谬的:根据定义,间谍活动是一种欺骗性的业务。同样,高层警务也没有义务使用最低限度的欺骗手段或是在最后求助中使用欺骗手段。欺骗的滥用,如公开造谣、诽谤、诱捕和挑衅,比肉体暴力低调得多,是高层警务行业中的常备手段。

独立权力的合并

传统上我们区分立法权、司法权和行政权。在民主国家,这些权力是彼此独立行使的。在威斯敏斯特式的民主国家,所有内阁部长都在议会任职,政府的行政部门和立法部门之间的区别小于美国的"制衡"模式。尽管强调这些不同,但所有民主国家都谴责对司法程序和刑事拘留的政治干预。

对于高层警务来说,情况明显不同。正如我们在警察史那一章中强调的那样,治安法官在欧洲大陆君主制国家(其中一些一直持续到第一次世界大战结束)享有所有三项基本权力:他可以制定各种法规,甚至制定可以判处死刑的刑法;他还能主持审判;最后,根据定义,他行使各种形式的行政权,并负责执行中央权力机构的具体任务。17 世纪到 19 世纪这一时期,政治"政变"的概念有一个与现在的含义直接矛盾的原始含义:政治政变当时是国家对敌人采取的果断行动,而不是反对者为了改变政权(政变)而对国家采取的行动,正如现在人们所理解的那样[1]。这种"政变"是由紧急情况引发的,显然缺乏正当程序的保障。警察部长勒诺阿在向奥地利法院通报情况时明确提到了警察政变的这一特点:

> 在这方面,最重要的是行动的速度——成功几乎总是取决于时机,也取决于没有任何障碍、没有任何可以预见或害怕的困难——只能极其困难地接纳本身就很冗长、烦琐的法律手续。因此,这类行动取决于国王的命令,在这方面,治安法官被授予君主的权力[2]。

---

[1] Gabriel Naudé 1639/1988;又见 L'Heuillet 2001:47。
[2] Lenoir,1779:53。

勒诺阿的这段话是"行政命令"的先驱，在以后的几个世纪里，这种命令被大量滥用。

时间压力在警务理论乃至法学理论中没有得到应有的重视。对速效（quick results）的需要是中止法律保护的最关键的决定因素之一。"911"事件后，所谓的"定时炸弹"理论证明美国政府酷刑的死灰复燃是正当的，根据该理论，必须运用最极端的审讯程序，以及时阻止迫在眉睫的灾难。据我们所知，除了电视连续剧，没有任何定时炸弹是根据刑讯逼供获得的信息拆除的。

法外合法性

三种基本权力形式的融合削弱了立法权和司法权，支撑了行政权力。在最极端的情况下，立法权和司法权并入行政权，然后完全消失。这种合并对警务本身和民间社会都有影响。关于警务，它在实践中取消了警察越轨的概念，因为政府的行政部门采用了衡量其自身表现的标准。法国国民议会的一名成员在 2002 年提交了一份关于法国安全部门问责的报告，巧妙地概括了这一点。他主张根据国家安全领域中"国家权利凌驾于法治"的原则[1]，给予他们大量不受约束的自由裁量权。在后"911"时代，这句格言似乎随处可见。然而，行政机关至高无上的地位对民间社会的影响最大。除非法律规定，否则任何行为都不应受到惩罚——这一基本原则被高层警务所抵消。在给拿破仑的一封信中，福凯写道：

> 正如我所设想的那样，应该建立警察，以预防和防止违法行为，并检查和逮捕法律没有预见到的事情……如果说警察有时会使自己摆脱司法形式的尴尬，那也只是因为那些形式本身就是迟缓的，而且警察这么做只是为了比罪犯行动得更迅速[2]。

消除所有阻碍警方行动的障碍的必要性再次被视为决定性因素。根据这一引述，福凯似乎只想暂停适用法律程序中最烦琐的部分。然而，在 1808 年提交给拿破仑的一份关于法国监狱人口的报告中，这位部长提到了一类特定的因犯，他

---

① France，2003：3。

② 引自 Radzinowicz，1956：566，translated in text。

将其描述为"没有审判或被带上法庭的囚犯,因为担心他们会因为缺乏法律证据而被无罪释放"①。这些人是根据高层警务措施而被监禁的。

在上面讨论的所有特征中,所有权力的融合最不受民主社会的欢迎,它削弱了法律和司法权力,并将其逐步分解为不受约束的行政权力。布劳德②描述了纳粹最高警察领导人希姆莱和海德里奇是如何依赖一种被称为盖世太保的警察的,这些警察愿意承担"法官、陪审团,有时还有刽子手"的职责。当这一特征与极端形式的法外行为相结合时,就有可能因为一些人没有犯下罪行,而且在某些罪行甚至没有任何法律界定的情况下拘留他们,这就形成了最凶残的政治制度。纳粹主义恐怖建立在五项原则之上:(1) 行政权力和法令政府绝对至高无上;(2) 建立由高层警务组织——例如党卫军(SS)和内卫军(NKVD)——管理的平行刑罚系统;(3) 在最有害的条件下普遍实施预防性拘留;(4) 将身体暴力和酷刑制度化;(5) 在国家领土和被占领国家严格实施这些政策。

美国及其一些盟国在"911"恐怖袭击后实施的一系列政策显示了高层警务引发问题的复杂性。上述前四个特点都不同程度地体现了作为美国宣布的"反恐战争"标志的治理方式,第五个特点则不然。最令人反感的政策是在美国本土以外实施的,而且几乎没有例外,不是针对美国公民的。此外,这些警务实践的目标人数无法与任何极权政权造成的伤亡人数相提并论。

引渡、利用外国"污点"、酷刑等做法显然与人权和民主价值观格格不入。它们可能会构成战争罪或危害人类罪。然而,它们提出了一个更广泛的问题,直指警务的核心。美国并不是第一个在他国领土上实行民主并表现得像一支职业化滥用暴力的国家。殖民地列强,如英国、法国,甚至到了 20 世纪也是这样做的。更果断的是,"警察"一词来源于"Politeia",指的是一个政治实体的内部政府。那么,我们该如何描述在警务方面遵循两种截然相反的政策——试图遵守民主价值观的内部政策和打着促进文明或民主的旗号嘲弄人权的外部政策——的城市(国家)呢?对这个问题的回答将推迟到后面的章节。但是,它的相对新颖性是值得强调的。在过去,"现代"警察负责内部安全,军队负责外部安全。在当前的全球

---

① 引自 Madelin,1930;第 1 卷;502,注释 3。
② 1975;216。

背景下,我们现在正在经历外部警务——例如,联合国国际"警务"任务——和内部军事化,准军事警务在新兴国家的蔓延。我们还远远没有打造出思考这一困境的概念工具。

高层警务和低层警务:运作程序

在 1989 年柏林墙倒塌到美国遭受"911"恐怖袭击之间的时间里,人们采取了强有力的行动——特别是寻求新任务的情报界——将高层警务和低层警务结合起来。自冷战结束以来,安全情报机构一直在进入有组织犯罪等传统执法领域[1]。另一方面,警察部队试图建立中央刑事情报单位,并越来越多地卷入打击有组织和跨国犯罪的斗争中。[2] 在 21 世纪之交,随着全球大规模恐怖主义的到来,局势发生了巨大变化,不仅影响到美国(2001 年 9 月),还影响到印度尼西亚(2002 年 10 月,有许多澳大利亚受害者)、西班牙(2003 年 3 月)、摩洛哥(2003 年 5 月)、沙特阿拉伯(2004 年 5 月)、英国(2005 年 7 月)和印度孟买(2008 年 11 月),这里仅指最广为人知的事件。现在评估 2005 年 7 月伦敦爆炸事件的影响还为时过早,但它们已经刺激了《2006 年恐怖主义法》,将未经指控的刑事拘留期限从 14 天增加到 28 天。2008 年,英国新立法将这一期限增加到 42 天。在美国,众多委员会调查了美国各级警察机构未能阻止"911"袭击的原因,得出的结论强调了高层警务和低层警务在运作程序方面的差距。在加拿大,政府调查委员会的两份报告强调了相同的观点。[3] 这一差距是由三个基本的业务差异造成的:分析能力、预防性情报的使用与检方证据的对比,以及旨在破坏而不是规避的目的。

分析能力

在美国政府对导致"911"事件的情报和执法失误进行的所有调查中,最具挑衅性的莫过于参议员理查德·C·谢尔比对美国参议院情报特别委员会(SSCI[4])

---

① Brodeur,2005a;又见 Anderson et al.,1995:173。

② Anderson et al.,1995:168 - 170。

③ Canada,2006a and b。

④ 引用为 United States,2002。

的一份报告提出的"额外观点"。参与调查 2001 年"科尔号"驱逐舰爆炸事件的一名联邦调查局特工在 SSCI 面前表示,刑事调查与安全情报之间有一堵"墙",以防止"情报信息污染刑事调查人员"①。谢尔比参议员还引用了一位前国家安全局局长的话,大意是"警察"不能做"间谍"的工作②。谢尔比参议员总结道:"情报分析员无疑会成为差劲的警察,而且很明显,警察会成为差劲的情报分析员。"③

"911"委员会的建议④支持了他对联邦调查局在反恐情报领域重大缺陷的论断。在加拿大,皇家骑警前专员关于主要在英国发展的情报主导警务(ILP)的言论有力地证实了刑事调查和安全情报之间存在一堵"墙"⑤。在 2005 年的一次公开演讲中,前加拿大皇家骑警专员扎卡尔德利说,情报主导警务"散发着特勤局、间谍机构工作的臭味"⑥,警察不应该与其有任何瓜葛。

预防性情报与检方证据

执法机构和安全情报机构之间最具争议的问题源于谢尔比参议员所说的警察"案件暴政(tyranny of the casefile)"⑦,即所有执法机构都致力于在刑事诉讼中对犯罪嫌疑人定罪。由于这些诉讼的公开性质,情报机构极不愿意与警察机构分享信息,因为他们担心消息来源和方法会在刑事诉讼中被披露。

在加拿大,高层警务和低层警务之间的冲突是一个持久的特征。从 1969 年到现在,在审查加拿大情报界和加拿大皇家骑警之间的关系时,政府机构都明确提到秘密情报和公共法庭证据之间的分离。1985 年印度航空公司和正大航空公司从加拿大机场起飞的两起恐怖爆炸事件,就是这种分离的鲜明例证。这些炸弹被认为是锡克教徒恐怖分子所为,造成 331 人死亡——印度航空公司的飞机在大西洋上空爆炸,329 名乘客和机组人员全部遇难——这是加拿大历史上人命代价最高的恐怖主义行为。在警方调查的第一阶段,CSIS(加拿大安全情报局)的成员

---

① 引自 United States,2002:51。

② United States,2002:74。

③ United States,2002:62。

④ United States,2004:400。

⑤ 见 National Centre for Police Excellence,2005。

⑥ Zaccardelli,2005。

⑦ United States,2002:62。

销毁了可能向警方提供关键证据的录音带，以保护其线人的身份。据称，CSIS 和加拿大皇家骑警之间的这种持久冲突是加拿大警察机构未能破解这些案件的根源。2006 年成立了一个委员会，对这起拙劣的调查进行审查（审查印度航空 182 航班爆炸事件的委员会）。该委员会的职权范围要求其审查"加拿大政府如何应对……在安全情报和可用于刑事审判的证据之间建立可靠、可行的关系的挑战"。委员会尚未提交报告。

扰乱和规避

情报提供和证据披露两种相互冲突的要求是警察和安全部门运作方式更广泛对比的组成部分。这种对比可以通过讨论几个例子来说明。第一个例子是第五章末尾描述的 1970 年 10 月危机的后果，它鲜明地说明了安全部门的职业文化，无论它是嵌入警察组织还是独立运作。魁北克凯布尔委员会和杜恰恩委员会描述了这种文化①。由于未能阻止 10 月危机，在魁北克开展行动的反恐部队随后不久成功地将应该对危机负责的恐怖组织魁北克解放阵线（FLQ）改造成了警察的据点，使其充斥着警方线人。他们将其行动限制为监控 FLQ 犯下的较轻罪行，并确保他们不会得逞——例如，一起由警方线人煽动的未遂抢劫，以及由同一线人制造的燃烧弹袭击——同时利用他们的线人引导该团伙沿着警方预先确定的路线前进。尽管加拿大皇家骑警努力使其维持下去，FLQ 最终还是解散了，它的一些成员（包括警方线人）再次联合起来，组成了一个毛派（Maoist）组织。这个组织和 FLQ 遭遇了同样的命运，在了解到它被线人渗透得有多深后，也于 20 世纪 80 年代末解散了。

美国法官查尔斯·布雷特尔在一份特别报告中记录了美国两个托洛茨基左翼政党被 FBI 以类似的方式渗透的程度②。这些政党的最高领导层在很大程度上是由联邦调查局的线人组成的。

最后一个例子还是与加拿大有关。加拿大的安全部门 CSIS 由安全情报审查委员会（SIRC）监督。SIRC 在 20 世纪 90 年代初调查了 CSIS 对一个极右翼组织

---

① Québec，1981a and b；又见 Brodeur，1980。
② Breitel，1980。

的渗透。在调查结束时，SIRC 不得不承认，安全部门的规避文化在一定程度上是正当的："我们也认识到这种危险，在摧毁而不是监视一个组织的过程中，可能会产生另一个更糟糕的组织。"①相比之下，警方针对个别犯罪头目或进行大规模逮捕（尽管这种情况要少得多），是希望通过将犯罪组织成员送进监狱来消灭该组织。这样的警察行动会扰乱犯罪活动。他们的干扰有时是持久的，在极少数情况下是最终的。在大多数情况下，这些破坏性影响只是暂时的，犯罪组织在短暂中断后很快会恢复活动。

规避策略和诱捕做法之间的界限相当细微。2006 年，加拿大皇家骑警和 CSIS 在多伦多逮捕了 18 人——其中包括 5 名未成年人——他们涉嫌策划实施几起恐怖主义行为。据公开披露，该组织至少被两名"内奸"渗透，自 2004 年以来一直处于 CSIS 的监视之下。第三个未被确认为警方线人的人扮演了模棱两可的角色，煽动"多伦多 18 人"中的年轻成员与他一起参加训练营，但他从未出现在训练营里。媒体还披露，其中一名线人——由加拿大皇家骑警付钱——安排恐怖嫌疑人购买假硝酸铵，用于制造炸药。加拿大皇家骑警和 CSIS 都没有否认这一媒体报道。5 名被捕青年中有 4 人在没有受到指控的情况下获释，其余 1 人被判犯有恐怖主义罪行并被判入狱。截至 2009 年 10 月，多伦多 18 人中有 5 人要么承认有罪，要么被判犯有恐怖主义罪，并被判处长期监禁。法官在这些案件中的裁决明确驳回了被告是诱捕受害者的说法。安全部门的规避文化滋生了阴谋论和粗俗的无稽之谈。被广泛放映的名为《脆弱的变化》(Loose Change) 的视频，试图证明世贸大楼悲剧是由美国情报界策划的，就是这种偏执文化的生动例子。

举报人

在英国法律中，不公开自己身份的"举报人"的特权至少可以追溯到 1794 年托马斯·哈代叛国罪的里程碑式审判②，当时格罗斯大法官基于"这是第 820 页中陈述的法律，是双方律师同意并争论的法律"，决定不公开信息。后来证实，不公

---

① SIRC,1994；第 13.11 节。
② 24 State Trials 199，见 Wilson,1976。

开身份的"举报人"特权不是一个司法裁量权问题,而是被载入法律的①。1980年,加拿大的一个调查委员会对举报人特权的绝对性质提出了质疑。该委员会由霍勒斯·克里弗大法官担任主席,当时正在调查 368 起事件,在这些事件中,有关患者的医疗信息被警方不正当地打探,并被医生披露。委员会声称,警方的医疗告密者没有从举报人特权中受益,因为他们在未经患者同意的情况下传输关于其患者的机密信息,并违反了他们的医疗誓言。加拿大最高法院裁定克雷弗委员会败诉,理由是举报人特权"没有给予举报人,因此,他的不当行为不会破坏这一特权。这项特权是官方的特权,是在确保保密的情况下接收信息的"。②

这一裁决意味着,当警察及其线人从事不当行为时,国家为他们提供了法律盾牌。它极大地使涉及警方线人的所有司法程序复杂化。例如,针对加拿大一个锡克极端组织的两名成员桑托克·赫拉和克什米尔·狄龙的刑事诉讼从 1986 年持续到1998 年,他们被控密谋在纽约炸毁印度航空公司的一架飞机。他们最初是在 1986 年根据一名 FBI 线人的证词被判有罪的。由于检方拒绝举报人作证,这起案件拖延了 12 年,产生了 3 次审判和 4 次上诉,其中包括向加拿大最高法院提出的上诉。这一判决最终在 1998 年被推翻。

保护警方线人的法律传统不仅仅意味着保护警方消息来源的身份。警方线人的整个领域实际上都是实证研究的禁区,仍然是一个很少有人涉猎的未知领域,除了加里·马克思,他形成了关于警察卧底工作和监视的一系列开创性著作③。然而,它仍然是高层警务研究的一个关键课题。高层警务的大多数基本特征尤其适用于卧底工作的警察线人和特工。

综观历史,警方线人一直是被蔑视的对象。犹大在《新约》中设定的为金钱(或其他奖赏)而背叛的令人厌恶的模式通常适用于所有的警方线人。然而在德语中,警方线人的原词是 Vertrauensleant 或 V-Leutt(可靠的人)。这个称谓显然是 1932 年由臭名昭著的纳粹安全局(Sinherheitdienst-SD)负责人莱因哈特·海德里奇首创的。根据斯托克斯④的说法,德国的 SD 是以海德里奇对英国特勤局

---

① 马克斯诉贝弗斯案,1890。

② Sol. Gen. Can. et al. v. Roy. Comm. (Health Records),(1981) 2 S. C. R.。

③ Marx,1974,1988,and 2003;又见 Settle,1995;Billingsley,Nemitz,and Bean,2001。

④ 1975:242-243。

的模糊概念为蓝本的。V-Leutt 并不是福凯的高层警务传统中的雇佣间谍,而是正直的人,他们的判断力将赢得公众的尊重。

具有强烈讽刺意味的是,受到崇高理想驱使的告密者代表着有史以来世界上最野蛮的政权行事。向警方或其代理人通报他人的不当行为是一种过于模棱两可的活动,难以消除人们的质疑。对我们来说,现在似乎很明显的是,纳粹的 V-Leute 并非是遵循公民美德的典范。然而,我们现在有了一个新的名字——"吹哨人"——指那些告发各种不当行为的人,我们甚至正在制定立法,鼓励他们挺身而出,并保护他们免遭报复。3 位这样的吹哨人实际上在 2002 年 12 月被《时代》杂志评为年度人物。显然,并不是所有的告密者都属于同一个模式。

举报人的类别

马克思①没有提供关于警方线人的类型学。他用"卧底"一词来指代各种涉及欺骗的秘密警察行动②。这些活动是由截然不同的特工实施的,例如从事卧底工作的公共警察组织的成员和没有官方身份的警方线人。赛特③对警方线人进行了某种独特的分类——受保护的狗(受保护的证人)、巧克力蛙(监狱线人)和鱼叉(犯罪线人),没有把卧底警察考虑在内。以下是一些基本区别。

匿名告密者。这是一个非常广泛的类别。它的范围从保护自己身份的理想主义吹哨人,到寻求报复的人、勒索者和写匿名信的精神病患者。虽然匿名告密者可能在集体中发挥重要作用——例如,在识别逃税者方面——但从定义上讲,匿名告密者并不与警方线人发展关系,他们在高层警务中扮演的角色微不足道。

法定举报人。各种法例(例如,各种机动车辆法令)都要求很多人向警方举报大量信息。人们普遍认为称其为警方线人是不合适的④。然而,要求定期向警方传递各种交易信息的法规——例如,反洗钱和反恐怖主义立法——的数量正在增加,所要求的信息也越来越具有侵入性。它们表明了一种告发制度化的

---

① 1988。
② Marx,1988:12。
③ 1995。
④ Wood,1986。

趋势。

警方消息来源。这一类别的涉及面也很广,包括所有在知情的情况下以不同身份向警方提供信息的人。属于该类别的大多数人是在刑事调查中举报犯罪或协助警方的人,以及所有类型的证人和响应公众要求提供信息的人(例如,提供可能导致逮捕通缉犯的信息)。赛特[①]把从事"邻里守望"等安全项目的平民包括在练习他所谓的"体面的告密人(respectable grassing)"的人中。尽管"体面的告密人"可能是故意的矛盾修饰法,但这种归类提出了一个相当大的问题。自20世纪80年代初以来,所有警察改革的基础都是警察、公众和与安全息息相关的各种机构之间的伙伴关系。既然警方的所有合伙人都以不同方式与其交换情报,他们是否都应该被视为警方的线人? 这是一个过于宽泛的问题,不能在这种警方消息来源分类的狭隘背景下加以解决。然而,乍一看,将那些向警方提供本质上没有提及任何个人姓名的信息的人排除在警方线人的类别之外似乎是合理的——例如,与警方交换统计信息或是在警方参与的社区会议上确定其邻里问题的人。尽管如此,这只是一种初步的观察,并没有回答我们是否正在走向加里·马克思和其他人所说的最高安全级别社会的问题。

有违法行为的举报人。有一种类型的警方线人值得特别提及。这些人向警方提供个人信息,尽管他们通过正式的专业宣誓或其他方式宣誓尊重这些信息的机密性。加拿大安大略省成立了一个政府调查委员会,调查向加拿大皇家骑警[②]提供病人信息的医生——特别是精神病学家——违反保密规定的行为。并非只有医生违反了他们尊重保密规定的义务。通过我在各个调查委员会的工作,我遇到过神职人员、缓刑监督官和其他刑事司法专业人员向警方提供信息的案件。在认罪谈判的背景下,律师可能偶尔会向警方提供机密信息。除了寻求法庭考虑的律师外,有违法行为的举报人通常不受私利驱使,出于公民责任感,希望在危机情况下协助警方。

卧底警察。卧底警察和警方线人之间的区别至关重要。他们至少在三个方面有所不同:卧底警察特工是警察组织的宣誓成员,具有相应的权利和义务(线人

---

① 1995:38。

② Ontario,1980。

如果有合同,除了合同外他们没有正式身份);他们不会获得工资以外的福利(线人根据合同或酌情决定获得各种好处);他们一般在具体行动的背景下行事,并且从一个行动转移到另一个行动(线人要么被渗透很长一段时间,要么通过在法庭作证而最终暴露身份)。

警方线人。他们可以被定义为在没有法律义务的情况下向警方提供信息和各种服务,以换取为自身或与他们关系密切的人提供法庭和/或经济考虑的任何人。线人不仅提供信息,例如,他们可以为警察卧底提供掩护。通常先是根据检察机关可能减轻对他们提出的刑事指控对其进行招募,而不是通过经济奖励,后来可能会根据其有用性提供经济奖励。必须强调的是,线人并不总是这些好处的直接或唯一受益者,在招募和操控线人的过程中,威胁、伤害与其密切相关的人发挥着重要作用。一些警察部队,如加拿大皇家骑警,对两种告密者(informer)进行了区分。首先,警方间谍(police agent)是一名线人,根据他或她的操控人的明确指示行事;据了解,在大多数情况下,这名间谍必须在公开法庭作证。其次,警方消息来源是一名活跃的、无人监督的罪犯,临时向警方提供信息,尽管非罪犯也可能以这种身份行事。

受保护的证人。招募这些人既是因为他们可以提供信息,也因为他们作为控方证人可以在法庭上提供证据。他们有不同的名称,如 delatores(古罗马的公开告发者)、délateur(在法语国家)、pentiti(意大利的忏悔证人)、牧草和超级牧草(英语俚语),以及受保护的证人这一技术名称。警方线人和受保护的证人经常被混淆,尽管他们属于两个截然不同的警察消息来源类别。两者的主要区别是,除非对此有专门的非正式协议,否则警方线人不会被迫出庭作证。在政治高层警务方面,安全部门将不遗余力——例如,违反法律——以阻止他们的线人通过法庭证词来暴露他们的身份。还有其他的不同之处。受保护的证人和检方之间的关系比警方和他们的线人之间的关系要正式得多。受保护的证人同意签署一份合同,规定他们的义务和报酬。这些奖励可能非常高:在 2009 年魁北克警方打击有组织犯罪的一次行动("SharQc"行动)中,一名线人因指证其前同伙而被警方许诺提供 600 万加元。在其他省份,奖励已高达 700 万加元。警方及其线人之间的非正式协议就不那么明确了,双方通常都试图利用对方。最后,受保护的证人在公开法庭程序中以自己的名义作证。警方可能会试图保护被迫作证的线人的身份,方法是限制证词的公共性,使用屏幕、口罩和其他身份保护装置,但通常都是徒劳的。

吹哨人。除了其行为的告发性质外,他们在各方面都与上文描述的线人属于不同的类别。他们不隐瞒自己的身份,公开以自己的名义行事。吹哨人通常不会通知警察本身,而是通知他们所属组织的上级或公众——通常通过媒体;只有当他们碰巧属于一个警察组织,如塞尔皮科(纽约警察局)或科林·罗利(联邦调查局),他们才会直接向警察层级告发。他们不仅受到公共利益而不是出于自身利益的激励,而且通过告发将自己置于危险境地,而不会从自己的行动中获利。尽管他们被誉为公众英雄——例如,联邦调查局特工科琳·罗利,她告发她的上级对可能导致"911"事件预防的线索视而不见——但他们背负着告发与其关系密切的人的耻辱,通常被迫结束其职业生涯(罗利女士不再是联邦调查局的成员)。无论他们的行为多么值得称赞,吹哨人最终都会被告发自己同事的道德上的模棱两可(moral ambiguity)所淹没。

我们一直在讨论的举报人类型可以归入由两个二分法组合而成的四个更广泛的类别。第一个二分法是举报人是出于自身利益还是出于利他价值观。利他主义价值观在这里是最广义的理解,包括法定举报人对法律的遵守这种情况。另一个二分法是举报人是否真正接受了外部补偿,如金钱,还是经历了内部(心理或道德)补偿。自我利益和外部补偿的概念并不一致,尽管它们是密切相关的:例如,举报人可能会在复仇的感觉中寻求内部心理满足,但不希望任何有形的外部补偿,如经济或法院方面的考虑。应该强调的是,举报人出于自身利益行事并获得外部赔偿,在大多数情况下也会受到各种形式的胁迫。

图 7.1 总结了上面讨论的内容,出于我们的目的,图中最重要的部分是右下角的正方形。卧底警察履行他们的专业职责,在这种意义上不受利己主义的指导;他们的外部报酬仅仅是他们的警察工资。

有些条目属于多个类别,或者对它们是中性的(are neutral in respect to them)。这些已被放置在图形中心以虚线为边界的区域中。如前所述,匿名举报人可能会受到利他主义价值观的指导,而不是自我利益,并隐藏自己的身份,唯一的目的是保护自己免遭报复。法定举报人并不受利益或价值观的驱使：他们只是履行他们的专业职责。

	利己主义		利他主义价值观	
内部补偿	警方人士	匿名告密者	法定举报人	吹哨人
外部补偿	警方线人	受保护的证人	有违法行为的举报人	卧底警察

图7.1　举报人分类

有些违法的举报人可能会为了帮助警方而违反保密承诺，而不期望得到任何回报，而另一些人可能会寻求外部补偿。此外，一些证人愿意作证只是为了伸张正义，他们需要保护，因为他们的生命实际上处于危险之中。最后，有些举报人原本并非寻求外部补偿，但由于他和警方的关系会随时间而改变，所以最终会获得金钱上的补偿。

后果

有充分理由认为，利用举报人是打击意识形态犯罪（如政治或宗教恐怖主义）的高层警务行动的核心。它也是在合意犯罪和交易型犯罪、公司犯罪、政治腐败领域执法的重要工具。然而，使用举报人也会产生有问题的后果。上述案例研究将部分说明这些后果。警方线人是我们在第一章"悖论"标题下概述的理论观点的最好例证之一。

区隔化（Compartmentalization）。在加拿大的一起恐怖案件中，与恐怖主义有很大牵连的个人（在 FLQ 中）同时担任魁北克一支大型警察部队缉毒小队的线人。他们来自缉毒队的上线告诉他们，他们是反恐部队的目标，并设法让他们在一段时间内领先于他的同伙一步。对使用举报人进行掩护的保密性助长了高层警务中的高度区隔化：个别办案人员不愿与其同事和组织分享他们从举报人那里获得的所有信息，尽管积极努力地执行一项政策，强调举报人属于该组织，而不是办案人员个人。不愿共享信息体现在"需要知道"的运作原则上,该原则在同一部队的不同单位之间筑起了围墙,阻碍了不同部队之间的信息共享,并在安全情报机构与其所谓的政治主人之间造成了鸿沟。

不可靠。安全情报机构的成员是最符合"知识型工作者"描述的警务人员。然而,所有由政府资助的对这些机构的调查都强调了与这些机构提供的情报不可靠有关的问题——可以称之为"灌篮综合征(slam dunk syndrome)",指的是中央情报局局长毫无根据地确信萨达姆·侯赛因的伊拉克存在非常规武器(核武器)。当我是 Keable 调查[①]的一部分时,我的任务是审查向魁北克反恐部队报告的线人的所有汇报报告。这些报道的大部分读起来就像是关于涉嫌参与恐怖主义的"人"的八卦专栏(他们遇到了谁,参加了哪些派对,他们的恋情等等)。在这方面,必须记住,在 10 月危机最严重的时候(1970 年 10 月 16 日),根据警方的档案,近500 人被逮捕并被刑事拘留,这些人要么是 FLQ 的成员,要么是其同情者。所有人都在几天后获释,他们都没有被指控与恐怖主义有关。然而,两名亲自参与绑架英国外交官詹姆斯·理查德·克罗斯的人在危机发生时并且在十多年里完全脱离警方的注意。其中一人最终在 20 世纪 80 年代初被起诉并定罪。虽然警方知道另一个人,但他既没有被逮捕,也没有被起诉。因此,安全情报导致逮捕了大约500 名与恐怖主义无关的人,而参与了引发危机事件的两名刑事嫌疑人却逍遥法外,其中一名有十多年,另一名至今仍逍遥法外。

举报人提供的情报高度保密,极大限制了对其真相进行独立核实的可能性。这种情报通常是高度有缺陷的,在任何严格理解下都不能称其为知识。它不仅是不真实的,而且在很多情况下,也没有提供知识通常能够提供的行动基础。其中很大一部分内容符合对其"是不可靠的、无法据此采取行动的流言蜚语"的描述。

给罪犯特许权(Licensing Criminals)。卧底行动的后果没有像许可线人犯罪那样引起如此多的讨论。路透特别强调了卧底行动的这种后果[②]。他认为,线人的价值取决于他在犯罪环境中的参与程度。为了让有价值的线人保住他们的位

---

① Québec,1981a。

② 1983a。

子,警察操纵者别无选择,只能授权他们犯罪。上文警察区隔化案例研究清楚地说明了这种后果。从事卧底工作的警察也获得了类似的特许权。这种特许权于2001 年载入加拿大法律。加拿大《刑法》第 25.1(9)b(ii)款指出,公职人员及其他按其指示行事的人,如有正当理由相信需要做出该作为或不作为,以"防止以卧底身份行事的公职人员、机密线人或在公职人员指挥和控制下秘密行事的人的身份受到损害",则有理由做出否则会构成罪行的作为或不作为。这种模糊的法律措辞为各种犯罪行为提供了全面的理由。

腐败。执法的好人和违法的坏人之间没有明显的区别。卧底特工和线人提供了一个中间地带,人们可以通过这些中间地带从执法到违法进行精细的分级。警务与犯罪之间的这种界面为犯罪提供了便利,并为警察腐败提供了跳板。在反恐领域,诱捕行动越来越频繁,其基础是秘密特工在受控条件下为犯罪提供便利。诱捕和对已知罪犯提起合法诉讼之间的界限往往很难划清。相反,警察管理人员有被他们所监督的个人腐化的风险。根据我在一个警察监督委员会担任成员数年的经验,花费大量资金,而且在涉及妓女的高危情况下被发现的警务人员,往往试图通过隐藏在卧底行动的盾牌(通常是毋庸置疑的)后面为自己辩护。警方线人和他们的操控者有时会形成强烈的忠诚度,这种忠诚度将生活在危险境地的人联系在一起,可能会让他们分享在合法特许权下犯罪所产生的利润。这些利润可能是巨大的,比如贩毒或为瓦解整个犯罪组织而获得的奖金。魁北克警方向一名线人提供了 130 万加元,来告发地狱天使并最终指证他们(他在这次警方行动完成之前自杀)。

在上文讨论的使用线人的所有后果中,区隔化更多适用于安全情报机构,而不是其他警务机构。促使警察腐败主要影响(但不完全影响)打击交易犯罪的警务机构,特别是毒品贩运。其他后果——破坏情报质量和向罪犯提供特许权——同样可以在安全情报和执法机构中找到。重点关注的线人类型是机密线人和卧底特工。正如所强调的那样,这种类型的信息提供者很少在公开法庭上作证。

在公开法庭作证的举报人是受保护的证人。虽然它们不是前面分析的重点,但应该强调加拿大的一个事态发展。由于刑事司法当局据称不尊重检方律师与其受保护证人之间签署的合同,这些(不)受保护的证人实际上创建了一个工会——魁北克特别证人协会(L'Association of témoins repentis du québec),该协会在 2000 年至 2007 年间一直很活跃。这种将警方线人联合起来的尝试是目前向警察提供情报做法制度化的一个很好的提示。

超越新型监视(Beyond the New Surveillance)

使用举报人并不是高层警务的唯一工具。在情报研究中,区分了人力情报和信号情报。人力情报是由举报人提供的,信号情报是通过各种技术手段提供的,尤其是用于数据挖掘的计算机。人力情报是前面讨论的焦点,但信号情报在高层警务中也发挥着重要作用。在"911"之前,由于渗透犯罪组织的困难,信号情报的作用更为突出。在未能阻止"911"事件之后,现在人们普遍认识到需要更多的人力情报。

加里·马克思在他的开创性著作[1]和后来的著作中对新的侵入技术进行了反思,阐明了"新型监视"的理论模型。新型监视更广泛、更密集;通过技术超越时空限制;可见度很低,近乎无形,其目标不会意识到受到监视;从针对特定嫌疑人转向对整类人群的怀疑;监视的一般目的是预防性的。新型监视培育了"最高安全的社会",它由五个相互关联的亚社会组成:档案社会、精算或预测社会、工程社会、传统上保护隐私的边界被削弱的透明社会,以及自动监控发挥突出作用的自我监控社会。这一描述仍然非常广泛地适用,在某些方面是有预见性的。例如,新型监视涉及通过热线报告以及当被监视者成为他们自己监视的知情或不知情的伙伴时的"分散的自我监督"[2]。

新型监视的理论模型基于四个一般考虑因素:

隐私是一种共享的价值。例如,马克思写道,"重要的美国价值观日益受到计算机化记录的永久性和可访问性的威胁"[3]。这句话的背景非常清楚地表明,受到最大威胁的价值观是"隐私"[4]。

---

[1] 1988:217-221。

[2] Marx,1988:218。

[3] 1988:223。

[4] "新型监视不仅仅是侵犯隐私……"—Marx,1988:223。

监视是单向的。这是一个至关重要的原则,它意味着两件事。第一个是马克思①明确指出的:新型监视可能会增加大型组织的权力,但不会增加小型组织或个人的权力。第二个问题没有说得那么清楚。这种监视模式是单向的:监视从几个点(国家或大公司)流向各种目标。然而,这个方向在理论上是不可逆的。

监视产生书面记录。这一点被概括在肯尼思·劳顿的书《档案社会》②的标题中,马克思在他的几篇论文中引用了这本书。虽然马克思强调了新型监视的多感官性质(声音、视觉、气味、身体反应、唾液),但他也认同关于书面文字至高无上的传统假设。无论如何进行,监视都会产生一个文件,该文件由书面标记组成,而不是(例如)可视图像。

监视产生可采取行动的情报。这一考虑反映在这样一种信念上,即监视是一种精算工具,用于产生预测,指导决策者创造一个工程社会,其特点是将收集到的情报变成现实。从理论上讲,这种看法是正确的,但它基于这样的假设,即监管者可以将情报与干扰成分分开,还可以在没有干扰成分的丰富情报中识别出哪些是可采取行动的情报。

大体上,这些观察结果仍然是正确的。然而,有一些相反的趋势可能会破坏其未来的真相。

对关注度的崇拜和当前的表现主义(Current Exhibitionism)。通信技术的新发展表明了人们准备在多大程度上牺牲隐私。名人已经成为年轻人和想要永葆青春的人的理想。人们在公共场所进行亲密的便携式电话交谈,并力求让尽可能多的人听到。现在有越来越多的网站,如 Facebook 和其他"社交媒体",在那里,人们将信息放在网上,这些信息深入他们的亲密关系中,并且为拥有该网站的公司永久地合法所有。所谓的互联网百科全书体现了一种新形式的"档案社会",在这种社会中,档案的构成是相互竞争的作者的集体作品。加州理工学院的一名研究人员(帕萨迪纳)追踪到中央情报局自 2004 年 6 月以来至少编辑了 310 条维基百科③。布罗迪尔④早些时候曾指出,有案例表明,被监视目标与监视他们的机构

---

① 1988:224。

② 1986。

③ Harper's Magazine,2007。

④ 1983:510-511。

建立了伙伴关系。这种逻辑被当前的表现主义推向了它的终极结论。在一篇广为流传的题为"隐私已死，社交媒体握有犯罪的确凿证据（Hold Smoking Gun）"①的论文中，作者总结道：

> 我们生活在关注度成为新通货的时代：拥有数百个电视频道、数十亿个网站、博客、广播节目、音乐下载和社交网络，我们的注意力比以往任何时候都更加分散。那些将自己投入尽可能多的渠道的人看起来肯定会获得最大的价值。他们将是我们当中最富有、最成功、最有人脉、最有能力、最有影响力的人。我们现在都是出版商，我们发表的文章越多，我们建立的联系就越有价值。Twitter、Facebook、Flickr、Foursquare、Fitbit 和 SenseCam 为我们提供了一个简单的选择：要么参与，要么消失在孤独的默默无闻中。

福柯所阐述的全景逻辑建立在一个人可以观察到许多人的前提下；这个逻辑现在被颠倒了：现在是一个人寻求被所有人看到②。

迷失方向的监视。在《利维坦》一书中，霍布斯将人类的"自然状况"描述为"人与人之间的战争"。该公约最重要的结果是将方向性引入这场暴力混乱中：所有人都将他们的力量转移给君主，以换取安全。在此之后，胁迫只朝一个方向进行，即从君主向臣民施压。现在，监视领域正在发生相反的情况。监视最初是在一个方向上进行的：从国家到其臣民。我们现在目睹了国家在这方面的特权逐渐受到侵蚀，因为大公司也制定了对其员工的监督计划。尽管如此，监视仍然是单向的，从整体到部分，或者从分子到原子。随着手提电话等多功能技术的发展，将摄像与其他东西整合在一起，我们似乎正在倒退到一种新的自然状态，其特征是每个人都被其他人进行多焦点监视。这场监视战的最大特点是没有任何开展监视的中心基地。在这种向不受管制的状态回归的过程中，国家日益成为输家。它不仅失去了在监视方面的垄断地位，而且本身也成为监视的目标。现在，用手机制作的视频引发了大规模的丑闻，例如，视频显示警察粗暴地滥用其法律权力。

---

① Cashmore，2010。
② Mathiesen，1997。

文字和图像。高层警务产生了一个以书面文字为基础的"档案社会"。一旦被认为提供了重要信息（关键的录音带被保存起来作为证据），截取的口头对话通常被转录或记录。由于许多原因——成像技术的力量，全球范围内的文盲障碍——图像现在正在与书面文字竞争，并可能取代它。必须强调的是，所谓的"迷失方向的监视"变成了一种潜在的完全可视化，同时存在于监视之下和监视之外。处于监视之下：酷刑者和刽子手拍摄自己实施暴行的照片，其不可思议的冲动似乎不符合任何超越集体病理的合理目的。也处于监视之外：当它们被公开时，这些图像被用作对其作者不利的确凿证据，比如在阿布格莱布监狱拍摄的照片，或者出于宣传目的被传播，比如恐怖组织拍摄的斩首人质的录像带。

预测和工程学。也许曾经有一段时间，将小麦与谷壳分开在情报上是可行的。借用大卫·申克 1997 年出版的一本有先见之明的书的标题，在目前信息过剩的情况下，我们正徘徊在数据的烟雾中。《经济学人》有一期主题为"海量数据"，估计 2010 年将产生 1200 艾字节的数字数据（1 艾字节相当于 100 亿份《经济学人》）。信息的年增长率是 60%，使我们更接近"千字节（yotabyte）"①。预测和工程学的概念都建立在情报作为工程学基础的假设之上：一个人预测，工程师根据相关知识采取行动。正如调查未能阻止"911"事件的美国委员会得出的结论，问题不是情报的匮乏，而是无法在大量可用信息中辨别出什么是有意义的，以便采取行动。

根据情报进行预测和行动的困难将我们带入了偶然社会的时代。但是，事故不应该完全按照交通事故的模式来设想，交通事故是突发性的，通常不是由一连串的先前事件造成的。不用说，"911"以及随后在马德里、巴厘岛和伦敦等地发生的多起爆炸事件完全是肇事者的意图，并不是偶然发生的。此外，它们在计划和实施过程中也进行了很长时间的准备。在"911"事件中，两名登上后来被用作导弹的飞机的恐怖分子，在袭击发生前几个月，哈立德·阿尔-米德哈尔和纳瓦夫·哈兹米以自己的名义居住在美国，中央情报局知道这些情况，但采取行动阻止他们时为时已晚。还有其他关于即将发生袭击的警告，例如，FBI 官员的凤凰城备忘录，他们后来被该组织解雇。

---

① "目前大到无法想象的数字"；Economist，2010；5；关于管理信息的特别报告。

恐怖分子的企图往往是一个漫长过程的结果。在这个偶然的社会,诸如"911"之类的预期灾难之所以发生,部分原因在于一系列意想不到的预防失败的结果。在当前高层警务的困境中,情报数据(以几种语言收集,但没有足够的翻译人员)的海量和复杂性使情报界被收集的情报数量所淹没。不用说,这种信息过剩也会影响公开获取的视频图像的总量。犯下严重校园枪击案的年轻男子有时会通过在 YouTube 等网站上发布视频,公开宣传他们即将到来的杀戮,但没有人能够根据这个信息采取行动。

高层警务与低层警务:综合模式

正如在本章引言中所说,高层警务和低层警务之间的区别不仅仅是不同类型警务机构之间的区别,也是不同类型警务实践的区别。例如,使用线人的后果既适用于传统的高层警务机构,也适用于执法组织。我们现在可以提出一个试探性的模式,试图根据两者之间的差异和界面对高层警务和低层警务进行整合。目前提出的模型是不完整的(参见图 7.2)。它由低层警务和高层警务两部分组成。还有一个组成部分需要整合,那就是私营警务,也分为高层和低层。这一点将在下章讨论。

该模式取决于关键的区别。可以看出,图的最高节点不是低层和高层警务,而是刑事司法系统和两种基本犯罪类型。警务理论往往忽视这样一个事实,即警务是嵌入更大的刑事司法系统中的。图中显示了各种警务与刑事司法系统之间关系的强弱,粗体线代表机构关系,普通印刷体线代表较弱的联系。低层警务无论在形式上还是在实际上都是刑事司法系统的组成部分。高层警务在形式上是该系统的一部分,但在实践层面相对独立。"私人司法"将在下一章中讨论;图 8.1 中的虚线强调了私营高层警务和刑事司法系统之间这种关系的脆弱性。

该模型所基于的第二个区别是在第五章关于制服警察的末尾介绍的:是暴力犯罪和欺骗犯罪之间的对比。这一对比最初是制定更全面区别的起点,这与迄今为止进行的分析是一致的。犯罪的法律概念取代了更广泛的犯罪概念,犯罪涵盖了问题情况和不一定被定为刑事犯罪的混乱形式。扩大最初的区别是考虑到这

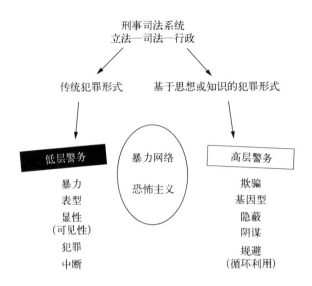

图 7.2　低层警务和高层警务的特点

样一个事实,即只有部分警务活动专门用于预防和打击犯罪。尽管如此,当考虑到犯罪调查时,该部分并非微不足道。正如第五章末尾提出的建议——尽管存在适当的保留意见——在一般警务理论的背景下,"暴力"一词可以用作掠夺行为和破坏性集体行为的可见形式的简写。虽然暴力和欺骗是犯罪的主要类别,但根据犯罪形式表现为暴力或欺骗(通常两者兼而有之)的程度,上述模型中提出的关键理论区别,在犯罪形式之间划出了一条试探性的界限。网络犯罪和复杂的白领犯罪是建立在欺骗的基础之上的,应该归入"高层警务"的标题下,尽管它们仍然是由低层警务的侦探调查的,其效率令人怀疑。应该运用高层警务的专业知识和策略来打击这些相对较新的犯罪形式。

使用表型和隐型概念是表达暴力和欺骗之间区别的最好方式。这两个概念最初用于遗传学,后来被语言学和其他社会科学所采用。隐型是指个体细胞中遗传信息的整体模式及其可观察到的性状的表型。表型在不同程度上是遗传(隐型)和环境影响的联合产物。这种表象和维持表象的区别并不是遗传学所特有的。人类学家和语言学家本杰明·李·沃尔夫也用"隐型"和"表型"的区别来区分语法范畴,分别是隐性的和显性的[1]。这种区别的主旨——表层结构和深层结

---

① Whorf,1964:92-93。

构之间的区别——贯穿整个社会科学,尤其是语言学。就我们的目的而言,犯罪表型和隐型之间的区别包含了三对对立概念:(1) 一方面是明显的越轨行为及其可见痕迹,另一方面是秘密行动及其地下后果;(2) 独立发生的事件,而不是其结构和组织基础;以及(3) 短期事件,而不是长期项目。该图的其余部分指的是前面介绍的区别和概念。

表型和隐型之间的区别及其各自的含义在模型建立的理论水平上是有用的。在实践上,表型和隐型在几种形式的违法行为以及应对这些违法行为的最佳方式方面是重叠的。有两个主要的重叠领域。

第一种主要形式是网络犯罪:出于政治或宗教动机的犯罪,如恐怖主义和传统的有组织犯罪。恐怖主义可能是典型的犯罪活动,它融合了分歧双方的因素。当成功实施恐怖袭击时,恐怖袭击不仅显而易见,而且非常暴力,对遭受恐怖袭击的社会集体心理造成了持久的创伤。恐怖分子的表型通常根植于一种深层次的隐型,这种隐型可能由结构严密的军事组织(如前爱尔兰共和军(IRA))组成,也可能由像基地组织(Al-Qaida)这样杂乱无章的组织组成。许多类型的传统有组织犯罪,如毒品贩运,也有表型成分——街头巷尾的毒贩、破门而入的房子和其他可观察到的现象——和隐型维度:其供应系统和进出口业务。无论是出于贪婪还是出于崇高理想,网络犯罪都与恐怖主义有许多共同之处[1],这是高层警务和低层警务都非常关注的问题。然而,协调高、低层警务的行动仍然是一个巨大的问题,远远没有得到解决。

高层警务与低层警务交汇的第二个区域实际上非常大,可以称为近似智能犯罪。智能犯罪不仅意味着狡猾——这通常是普通罪犯在实施抢劫时表现出来的——而且意味着掌握了相对较高水平的技术知识。智能犯罪往往是在专门活动领域受过正规教育的罪犯犯下的罪行。经济犯罪是智能犯罪的典范。例如,2008 年 1 月发现,法国兴业银行雇用的交易员杰罗姆·科维尔在股市期货上冒着500 亿美元(几乎是该行全部资本)的风险,据称他的任何银行主管都不知道这一点。要想犯下如此规模的罪行,经济犯罪需要计算机知识和精通证券市场。不用说,计算机犯罪是犯罪活动的温床。警务最尖锐的悖论之一是,尽管它越来越被

---

① Schmid,2004。

定义为以知识为基础,但各种公共警务对智能犯罪的打击效果却微乎其微。司法责任是揭露经济犯罪的关键工具,几乎完全由私人调查公司实施。智能犯罪是所有种类的警务交汇的一个领域——高层和低层警务、公共和私营警务。下一章将考察私营高层警务问题,并进一步阐述综合警务模式。

第八章　私营安全

私营安全是一个术语，它包含执行不同功能的各种成分。本章的目的之一是评估私营安全的范围和多样性。有人会争辩说，有关私营安全的研究，并没有对该行业一些增长最快的环节，特别是安保设备和技术的生产，以及高层警务的私人机构的发展，给予足够的重视。还会有人争辩说，公共警务和私营安全之间在结构上有相似之处，这两个部门都对身着制服的人员和便衣调查人员进行了关键区分。

本章分为五个部分：定义、研究和历史问题；关于私营安全性质和范围的实证数据；实证案例研究；私人高层警务；以及各种理论问题，如私营安全人员的权力、公私安全领域的关系和警务治理。总而言之，我们将尝试最大限度地阐明上一章中提出的模型。在一个章节中不可能详细地解决私营安全提出的所有问题，因此将对该领域进行扫描，并挑出最紧迫的问题。

定义、研究和历史问题

首先讨论私营安全的定义和私有化概念的各种含义，然后讨论私营安全研究的一些主要特征。最后，我们将就私营安全的历史提出一些看法。

私营安全的定义

目前还没有对私营安全的普遍定义。在他们的开创性工作中,斯滕宁和希林简要描述了私营安全人员与公共警察的区别:前者是"(A)私人受雇和(B)受雇于以某种安全职能为主要组成部分的工作"[1]。这个特征是最低限度的,因为它只由需要确切说明的子句的重复部分组成:私营和安全。在一份关于安大略省合同安全的报告中,希林、法内尔和斯滕宁[2]又增加了两个不同之处:私营安全人员只是私下负责,没有维护和平的特殊权力。正如几位作者所指出的那样,这种描述仅限于私营安全人员,没有考虑到"私营安全中增长最快的部分,(即)安全设备和技术系统的制造、分销和安装"[3]。硬件和软件技术制造业的增长在20世纪90年代是显而易见的,现在正在呈指数级增长。

为了对这些词有一个共同的理解,我们将使用美国私营安全特别工作组[4]提供的私营安全定义的修改版本:

> 私营安全包括那些自营职业的个人和私人出资的商业实体和组织,向特定客户有偿提供与安全有关的生活质量服务、实物设备和技术产品,为保留或雇用这些服务的个人或实体或为自己提供安全服务,以保护其人身、私有财产或利益免受各种危害[5]。

这一提法作为私营安全的全面定义是不够的,因为它不能涵盖不断扩大的私营安全的多样化。然而,它至少试图弥补传统定义的主要缺陷,即它们没有考虑到安全技术和私营警务人员在与安全有关的任务中的影响(如果有的话)。私营安全的复杂性能否成功地概括在一句话的定义中是值得怀疑的。最好的方法是像娜拉和纽曼[6]那样提供一套规范(如服务的利益、目的、反应方式、有针对性的行

---

[1] 强调是后加的;Stenning and Shearing,1979:7;又见 Stenning and Shearing,1980:223;Shearing and Stenning,1981:196。

[2] 1980:15。

[3] Cunningham,Strauchs,and Van Meter,1990:124;又见 Jones and Newburn,1998:254。

[4] 1977。

[5] 引自 Cunningham et al.,1990:124;强调是后加的。

[6] 1990:37－43。

为和对人权的尊重),或者确定几类活动①。

这些定义工作有一个关键的局限性,其困难和定义公共警察是一样的。用传统的执法概念来界定公共警察是不适当的,因为执法只是他们工作的一部分。同样地,将私营警务等同于提供安保,正如上文所引述的定义一样,也过于狭窄。这一困难源于私营警察执行的任务繁多。此外,也不容易承认比特纳在定义公共警察时提供的那种解决方案,公共警察也执行着各种各样的任务。这一解决方案包括通过使用武力这种特定手段,而不是通过其多重目标来定义一个机构。由于在私营警务人员的情况下,没有明确的定义可以替代实际或潜在的力量,因此,除非人们接受第四章中提出的另一种定义,否则没有共同特征允许我们对它们所做的事情进行理论上的统一。

私营安全不仅是一个静态概念;它首先也是一个动态概念,指的是一个进程,即私有化进程。20 世纪 70 年代初,当第一份关于私营安全的报告发表时②,私有化只意味着一件事:由私营部门接管以前由公共机构执行的职责,无论是在警务、法院还是惩戒领域。警察私营化现在有几个含义,它们不一定是趋同的。

对公共领域的私营渗透。这是这个词的原意,指的是在此之前由公共力量履行的警察职能下放给私营安全机构。从这个意义上说,私营部门侵占了公共部门:警务活动被外包给私人机构。尽管外包起源于公共政府,但"入侵"是由私营机构面向公共警察的地盘发起的。

公共警察对私人市场的渗透。公共警察机构现在正式与私营安全机构在市场上竞争。当它们这样做的时候,它们正在将自己私有化。赖斯③在一份开创性的报告中记录了公共警察的兼职行为。这一趋势现在已经发展起来,不再仅仅发生在公共警务的边缘。公共警察服务的营销在欧洲大陆是一种长期做法④。

公共警察组织的私人资金。城市内的富裕居民区和私营公司将资源导入公共警务系统⑤。这些资源可以包括物质资源(为在指定区域巡逻的警车配备医疗

① Jones and Newburn,1998:254。
② Kakalik and Wildhorn,1972。
③ 1988。
④ Malochet,2007。
⑤ Bryett,1996。

设备)、空间(办公空间)、时间(志愿者、计算机时间)和知识(专业知识)。2008 年
2 月,加拿大宣布,某银行家协会提议资助一个由蒙特利尔警察局调查人员组成的
经济犯罪部门,其办公室将设在该银行协会一名成员拥有的大楼内。

借用私营部门的管理模式。将商学院的教学融入公共警务管理是私有化的
另一个方面。彼得·曼宁在这方面讨论了在公共警务中引入全面质量管理[1]。还
有许多其他的例子,因为许多高级警官都曾上过商学院。

安全知识的私营化。这一过程可能不那么引人注目,但与前面的过程一样普
遍,并具有更大的潜在后果。第一份关于私营安全的报告是在 20 世纪 70 年代初
由兰德等私营研究公司发布的。这一趋势不仅在继续,而且还在发展。欧洲关于
私营安全的最好的数据来源之一是一本出版了 17 年,并以高价出售的地图集[2]。
安全知识的私营化并不局限于私营安全知识。从经济犯罪到恐怖主义(更不用说
警察技术)等主题的大量已知信息都是由兰德公司、平克顿和简氏信息集团等私
营研究公司发布的。目前的美国政府恐怖事件数据库是兰德公司和平克顿数据
库合并的结果[3]。数据挖掘是一项主要由私营公司进行的活动。出版的内容越来
越多地面向商业读者,并以非常高的价格出售,例如仅一份报告就超过 1000 美
元,使其超出了学术研究人员的能力范围。这种对私营知识可获得性的限制将对
学术研究产生越来越大的影响。

关于私营安全问题的研究

虽然关于私营安全的研究越来越多,但其数量远远小于对公共警务的研究。
对于琼斯和纽伯恩[4]来说,私营警务是一个"研究严重不足"的课题。这种研究的
局限性在更大范围内反映了阻碍公共警务研究的局限性。公共警务研究的主要
障碍是掩盖其许多方面的秘密性。这一障碍在私营安全领域被放大了。在合同
基础上提供安全保障的私营公司相互竞争,因此不愿透露其业务做法。拥有自己
专有安全的公司("内部")希望避免因披露员工的不当行为或犯罪行为而导致负

---

[1] Forst and Manning,1999:85 及以后。

[2] Haas,2007。

[3] Lafree and Dugan,2009。

[4] 1995:221。

面宣传。当这些公司聘请外部公司执行特殊任务(如法务会计)时,它们通过合同要求调查结果保密,这在法务会计行业中是"高度保密的"①。

对私营安全的研究还有一个障碍。有一些私营公司,如平克顿或加尔达(Garda),几乎完全致力于安全。它们相对容易识别,其中有一些是众所周知的。然而,其他机构是提供广泛服务的大公司的一部分。据 DynCorp International 的网站介绍,该公司提供以下服务:航空、应急、基础设施、情报和培训、国际开发、执法和安全、物流、项目管理和"方案"。其执法和安全部门获得了美国国务院授予的一份价值 60 亿美元的合同,在阿富汗培训警察。许多其他提供多种服务的公司也参与提供私营安全服务。作为母公司的一部分,这些私营安全单位不被专门认可为安全机构,很难识别,而且在很大程度上被研究人员忽视了。

因此,很少有关于私营安全的实地调查,尽管报告中充满了关于市场规模、利润率和经济预测的数据。乔治·里加科斯在他对加拿大情报机构的实地研究的引言中宣称:"在广泛的文献查阅之后,我找不到一篇从一线警官(line officer)的角度审视安保工作的已发表的关于私营警察的研究。"②事实上,沃尔什和多诺万(1989)之前曾进行过一项与里加科斯类似的研究,但由于他们研究的是一家为布鲁克林一栋高层公寓楼提供服务的私营安全机构所执行的任务,其规模更为有限。里加科斯③最后得出结论:"有充分的理由质疑区分公共警察和私营警察的意义。"在他看来,这种分歧变得越来越没有意义,因为两者都同样参与了强制执法。琼斯和纽伯恩④研究了在伦敦旺兹沃斯区运作的公共、私营和混合警务组织的巨大多样性,重点关注它们之间的关系。还有一些其他的实地研究,如霍布斯等人⑤关于保镖的研究,这项工作最终可以追溯到之前在城市文化背景下对正式和非正式控制策略的研究⑥。莫帕斯和斯滕宁⑦以及韦克菲尔德⑧在对私有财产的私营

---

① Williams,2005:195。

② Rigakos,2002:3。

③ 2002:43。

④ 1998:第5、6章。

⑤ 2003。

⑥ Hobbs,1988:1。

⑦ 2000。

⑧ 2003。

警务方面进行实证研究也是显著的例外。

大量研究采用调查方法和大规模的定量数据,分析私营安全部门雇用的人数以及从事这类工作的公司的营业额①。这些数字通常不会追溯到很久以前,除了某些例外②,关于私营安全的研究基本上与历史无关。此外,这些数字通常存在于人口普查数据和国家机构根据私营机构的各种许可证和执照申请收集的资料中。由于此类许可证的私人申请人基本上是以合约形式提供保安人员(警卫或调查人员)的服务,所以研究集中在合同保安(manned contract security)方面,很少谈及内部安全,亦几乎没有提及安全技术及其影响。例外的是,希林等人③使用了一种调查方法,能够提供关于人工安防和设备的概述。

此外,这些关于人工安防的统计数据只在有限的几个国家中可用,而且这些统计数据在这些国家的衡量结果通常并不相同,因此在它们之间进行比较是有问题的。由于现有数据的匮乏和相对异质性,对私营安全国际趋势的概括主要基于狭隘的经验基础上的推断。当最初描述北美私营安全的调查结果据说适用于"大多数发达国家"时,这些推断并不总是成功地避免了种族中心主义的陷阱④。所声称的私营安全研究的重要性往往与其经验基础成反比。

在这一点上,私营安全研究的两个特点值得特别考虑。

分水岭综合征

许多私营安全研究反复出现的主题是,它的出现具有划时代的意义,并暗示着警务理论的范式转变。这一主题不仅是私营安全的典型,而且渗透到关于军队私有化的著作中⑤。在一篇有先见之明的论文中,希林⑥预见到了警务多元化的未来发展(他在很大程度上帮助实现了这一点)。这一范式转变被不同程度地描述为嵌入式控制⑦、警务多元化⑧和多边化⑨。声称范式转变现在已经到了这样一

---

① 例如,发表在 Jones and Newburn,2006a 上的研究。
② South,1987 and 1988;Nalla and Newman,1990。
③ 1980:166,188。
④ 例如,见 Mopas and Stenning,2001:67。
⑤ Jäger and Kümmel,2007:457-462;Andrew,Baker,and Caparini,2008。
⑥ 1992:421。
⑦ Sporting and Stenning,1985。
⑧ Bayley and Searning,1996:593;Jones and Newburn,2006a。
⑨ Bayley and Searning,2001:9。

种阶段,在这个阶段,最好完全避免显然根植于"警务"一词含义中的以国家为中心的偏见,转而谈论安全的(节点)治理是更为可取的做法①。尽管私营安全的迅速发展是一个不争的事实,但它是否将我们带入一个新的警务时代值得商榷,特别是考虑到以下事实:警务在某些方面正在向过去的残暴行为倒退(例如,在审讯过程中以及在逮捕和人群控制过程中施加痛苦)。通过强加范式转变的想法来预先判断这个问题,实际上引出了一个问题,即我们是否正在见证警务中的重大变化。正如将要讨论的那样,这也是可以被称为"分水岭综合征"的一种表现。

分水岭综合征结合了两个因素。第一个是夸大事实及其重要性的倾向。在一篇关于欧盟私营安全增长的文章中,范斯特登和萨尔②提出了以下论点。根据莫雷③的估计,2003 年欧盟私营安全雇员的数量超过 100 万人,而 1996 年约为 60 万人④。这一增长使他们得出结论,"这相当于在不到十年的时间里,整个欧盟成员国增加了大约 50 万名员工"。因此,警务领域"悄无声息的革命"已成为"喧闹的 21 世纪的霸主"⑤。然而,这个力量可能并不像它看起来那样可行。当德瓦尔德对欧盟私营安全雇员的数量进行细致评估时,它由 15 个国家组成;莫雷⑥发表自己的评估报告时,她估计了 25 个欧洲国家的此类员工数量,预计欧盟将从 15 个成员国增加到 2004 年 5 月的 25 个成员国(实际上,现在有 27 个国家)。将描述限制在德瓦尔德最初调查的 15 个欧盟国家,私营安全员工的数量从 592050 人增加到 733010 人,增加了 140960 人。诚然,这是一个显著的增长,但与范斯特登和萨尔⑦引用的 50 万人的数字相去甚远。范斯特登和萨尔提出的"巨型增长"在一定程度上是人为的,反映了 12 个新国家最近加入欧盟的事实。当你添加新的苹果板条箱时,显然你有更多的苹果要数。

这是倾向于夸大自己研究发现的重要性的第二个例子。如上所述,范斯特登

---

① Johnston and Searing,2003;Searing,2004。

② van Steden and Sarre,2007:224;另见 van Steden,2007。

③ 2004。

④ De Waard,1999。

⑤ van Steden and Sarre,2007:223。

⑥ 2004。

⑦ 2007。

和萨尔的估计来自 2003 年对 2004 年即将加入欧盟的 25 个国家的概述①。在报告的最后,莫雷总结说:"今天,在大多数欧盟成员国,私营安全人员的人数与公共警察的人数大致相当,在一些成员国,他们的人数甚至超过了公共警察。"(强调是后加的)莫雷自己的发现只部分支持了这一误导性的结论。她正确地断言,在一些国家,公共警察的数量超过了私营警察:事实上,在她调查的国家中,只有 6 个国家是这样的,其中 3 个是前东方集团国家(ex-Eastern Bloc)(爱沙尼亚、匈牙利和波兰)。然而,在剩下的 19 个国家中,只有 8 个国家的私营警察与公共警察的比例超过 0.50,11 个国家的私营警察与公共警察的比例明显低于 0.50。如果把这个门槛提高到 0.62,总共有 16 个欧盟国家在这个门槛之下。因此,16 个欧盟国家的公共警察数量几乎是私营警察的两倍,只有 3 个国家的私营安全人员"或多或少"与公共警察相匹配。

分水岭综合征的第二个要素是数字在形式上凌驾于它们实际所指的东西之上。撇开坊间证据和个人叙述不谈,只有一个论点支持我们已经进入警务的新时代(如果不是警务后时代的话):"提供保护的主要责任已经从公共执法部门转向私营安全机构(以支出和就业衡量)。"②由于在一些 G7 国家,私营警察和其他私营安全人员的数量已经超过了公共警察,因此有人声称,"大多数发达国家"将不可避免地追随这一趋势。据称,这种数量的增加正在打破国家对警务的垄断,并进一步产生一连串的变革,或者很快就会发生。在欧洲,人们对国家在安全方面的衰落持相当大的怀疑态度。然而,即使为了讨论而承认这一点,仍然有一系列基本问题完全没有得到回答。例如,这些措施包括:

1. 所谓的多元警务是否比以国家为中心的公共警务更加暴力?

2. 所谓的多元警务与以国家为中心的公共警务相比,自由裁量权是更多还是更少?

3. 所谓的多元警务是否比以国家为中心的公共警务更具问责性?

4. 所谓的多元警务是否比以国家为中心的公共警务更具成本效益、提供更好的安全?

---

① Morré,2004。

② Cunningham et al.,1990:319,强调是后加的。

5. 所谓的多元警务是否比以国家为中心的公共警务更公平？

6. 所谓的多元警务与以国家为中心的公共警察相比,在尊重人权和法律权利方面是更多还是更少？

人们一再提出与公共警务有关的这些问题,我们已经积累了关于其中许多问题的知识。我们也可以在私营警务方面提出这些问题,不过,我们对这方面的知识要有限得多。尽管有这些限制,例如我们知道私营警务在很多方面的问责程度低于公共警务。然而,我们不知道如何回答上面列出的与多元警务有关的问题。事实上,我们对如何继续回答这些问题知之甚少。在对部署在旺兹沃斯(英国)的许多警务机构之间的关系的研究中,琼斯和纽伯恩[1]得出结论,他们的结论不符合迄今提出的任何宏观社会学模型。他们提到了三种模式:公民社会和国家的良性融合,形成了统一的警务系统[2],威胁公民自由的紧密协调的警务复合体[3],以及富人隔离自己的堡垒社区[4]。那么,我们如何知道我们是否已经进入警务的新纪元呢？事实上,我们所掌握的数字显示,私营机构在开支和就业方面均有可观的增长,而随之而来的是,我们深信这些增长必然会对警务工作产生变革的影响。人们可以同意这些数字,同时质疑它们的含义。

倡导性(Advocate)

最后,一些关于私营安全的研究还有另一个特点值得反思,那就是它的倡导性。在他们颇具影响力的论文中,贝利和希林[5]写道:

> 与公共警察相比,私营警察(无论是商业警察还是志愿者警察)在目的(安全)和手段(警务)之间有更紧密的联系。政府通过提供警察来保护社区,然后限制他们的权力;私营机构和非正式社区通过确定什么情况下产生犯罪,然后找到知道如何改变犯罪的人来保护自己……私营警察比公共警察对安全的"底线"更敏感。如果不加强安全措施,私营警察可能会被解雇。对于公共警察来说,底线不是安全,而是破案率。但即使在这一点上,失败也几乎

---

[1] 1998:199。

[2] Johnston,1992。

[3] Flavel,1973。

[4] Davis,1990。

[5] 1996:593。

没有负面后果。警察不会因为没有达到这个目标而被解雇。

这一段和许多有影响力的私营安全著作具有同样的显著特点,即它的片面性,它淡化了与使用私营安全有关的问题,而夸大了公共警察的弱点。不用说,这部著作展示了对私营安全中的公平、人权和民主的关注。然而,与对公共警察的尖锐批评相比,对私营警务的批评就显得有些生硬了。有趣的是,福斯特和曼宁[①]有时似乎是在审判私营安全,曼宁为控方辩护,福斯特为辩方辩护。这样的对抗性辩论相对较少。这是为什么?

希林和斯滕宁关于私营安全的开创性工作是在刑事司法系统因完全以惩罚为导向,特别是过度使用监禁而备受批评的时候发展起来的。我从亲身经历中知道,在20世纪70年代和80年代,许多学术研究人员都有这种激进的观点。当时,"废除主义(abolitionism)"并不是指废除死刑(被错误地视为理所当然),而是指废除监禁。在他们最初试图定义私营安全的性质时,斯滕宁和他的同事反复强调私营安全是更广泛的私营司法系统的一部分[②]。他们从未详细解释过他们所说的私营司法是什么意思,除了暗示从惩罚转向非强制性解决问题的模式,如恢复性司法[③]。随着废除监禁的前景变得黯淡,对公共警务和司法的批评变得更加响亮。在他们反对惩罚和胁迫的争论过程中,约翰斯顿和希林[④]提出了一个相当可怕的关于阉割一匹小马的故事,其中一位作者在南非开普敦附近目睹了这一事件。他们故事的要点是:

> 在此过程中,小马还接受了人类……统治心态的第一堂严肃的课……这种治理态度反映在刑事司法系统中。例如,在逐步升级武力……的警察方案中就可以发现这一点……我们的建议是,州警察可以与我们故事中描述的阉割队伍相媲美[⑤]。

约翰斯顿和希林没有告诉我们,这种与马阉割者的比较是否适用于所有公共警察(例如,西方式民主国家的州警察)。尽管言辞过度,但这段话和它所说明观

---

① 1999。

② Stenning and Shearing,1979:4;Stenning and Shearing,1980:231;Shearing,Farnell,and Stenning,1980:249 - 55;Shearing and Stenning,1983:3。

③ Johnston and Shearing,2003:66 and 129;Wood and Shearing,2007:41 and 47。

④ 2003:50。

⑤ Johnston and Shearing,2003:53。

点的真正问题是,它不加批判地假设,私人的、非国家的司法仅仅凭借与公共刑事司法的不同,就可以补救公共刑事司法存在的问题。坎尼加姆等人①在审查了希林和斯滕宁关于私营司法的著作之后评论说,人们对私营司法系统的结构和动态知之甚少。然而,其他几位研究人员描绘的私营司法图景并没有提供证据表明,私有化本身就是打开通往更美好世界大门的密码②。最近,威廉姆斯③将私人法务会计师称为主要服务于其客户利益的"一种独特形式的定制司法"的提供者。齐姆林的语气更为悲观,他辩称④,美国判处死刑的倾向是私刑这一普遍司法做法的直接遗产,直到最近,这种做法在联邦的许多州都很流行,特别是在南方。毫无疑问,发生在非洲和其他地方的私营司法有进步的经验,例如约翰斯顿和希林所描述的兹韦莱特巴模式⑤。然而,外国记者雷沙德·卡普钦斯基报道说,在许多非洲国家,警察的任务与其说是抓贼,不如说是保护他们在被当场抓获时不受想要处决他们的人群的伤害⑥。

20世纪70年代末的开创性研究首次阐述了对私营安全和私营司法基本上不加批判的观点,现在无论在美国⑦还是在英国⑧,人们都越来越不情愿接受这种观点。这种对私有化做法的有利偏见与对公共警务的研究形成了鲜明对比,公共警务的研究本质上是诊断其弱点并提出补救措施。尽管口头上支持改革的必要性,特别是在加强问责方面,但没有一项系统的研究试图利用针对公共警务提出的范例问题来弄清在私营安全领域"什么是有效的"。可以说,这表明我们对私营安全所知甚少,不敢提出在公共警务研究中出现的那种具体改革方案。

历史

如前所述,对私营安全的研究几乎没有显示出对历史的关注。我们试图阐明

① 1990:302。

② Lipson,1975;South,1987;Henry,1987。

③ 2005:195。

④ 2003:89。

⑤ 2003:151-53;关于多元警务,见 Shearing and Berg,2006:205。

⑥ Kapuscinski,2001:214。

⑦ Manning,1999:86 和 115。

⑧ Jones and Newburn,2002;Loader and Walker,2006。

私营安全增长的经济或社会学解释,而不是历史。这些解释中最常被引用的是,私营安全的增加在一定程度上是"大众私有财产"出现并迅速扩张的结果,即吸引公众参观以确保其经济生存的私营空间(例如,购物中心)。这一解释是由希林和斯滕宁①提出的,并在随后的著作中进行了讨论。然而,琼斯和纽伯恩②指出,在英国,私营警察和大众私有财产的增长是以相反的顺序发生的:大众私有财产的激增发生在私营警察最大规模扩张之后,因此无法解释在此之前发生了什么。这两位作者③认为,非正式("二级")社会控制活动是在20世纪下半叶正规化的,这种正规化推动了英国公共和私营警务中雇用人数的大幅增加。尽管他们的论点是基于对1951年到1991年当时所谓的人口普查(英国)提供的关于职业估计的统计演变的审查,但琼斯和纽伯恩并不依赖额外的历史分析。在回答琼斯和纽伯恩的批评时,肯帕、斯滕宁和伍德④声称"没有足够的数据可以最终解决这个问题"。

对私营安全的增长也给出了其他解释,这些解释基本上是基于经济考虑⑤。实际上,在对私营安全的研究中,除了极少数例外⑥,可以发现,没有任何历史背景的直观因素分析。然而,有一些关于私营安全历史的著作,这些著作在关于历史的那章中被简要提到,特别是关于美国大型私营公司的历史。

美国的重工业集中在宾夕法尼亚州将近一个世纪(1860—1960)。宾夕法尼亚大学的 J. P. 夏洛⑦在托斯滕·塞林的赞助下写了一本关于私营警察的专著。他提供了一些关于私营警务鲜为人知方面的有趣背景,娜拉和纽曼⑧也对此进行了部分讨论。

混合力量。铁路、煤炭和钢铁工业由私营军队管理,这些军队由宾夕法尼亚州、肯塔基州、西弗吉尼亚州和科罗拉多州授权,为私营公司的利益服务⑨。这些权力包括使用致命武力,在科罗拉多州,鲍德温-费尔茨公司在一次突袭工人营地的事件中

---

① 1981:228。

② 1998:106 及以后。

③ 2002:139。

④ 2004:569。

⑤ Cunningham et al.,1990:236。

⑥ South,1987;Nalla and Newman,1990。

⑦ 1933。

⑧ 1990。

⑨ Shalloo,1933:59 - 62。

严重滥用了致命武力,导致 12 名儿童和 2 名妇女死亡[①]。有许多为合同代理机构
(平克顿)和"内部"安全公司(福特)工作的员工向人群开枪致死的例子[②]。沙洛提出
的关键一点是,国家可以授权特别警察专为私营企业谋取利益,从而突出了这样一
个事实,即存在许多权力配置,其中一些将公共部门和私营部门融合在一起。

　　私营高层警务。尽管在 19 世纪允许私营警察的立法中提到了防止损失,但
私营安全机构基本上参与了一种高层警务的实践,其中,保护大型私营公司的盈
利能力相当于保护国家安全的政治警务[③]。移民劳工很快成为私营警察的首选目
标[④]。私营安全公司根据高层警务的基本原则,即目的证明手段是正当的[⑤],无视
法律的存在。他们还系统地利用线人、渗透和卧底行动,劳工间谍被视为"从道德
立场来看,人类生活的最低级形式之一"[⑥]。彭斯和平克顿都曾是美国特勤局的成
员,平克顿甚至声称他创立了特勤局[⑦],这反映了平克顿或彭斯等机构与高层警务
在技术意义上的联系[⑧]。在与莫莉·马奎尔等暴力秘密组织的斗争中,私营安全
机构正在实践一种早期的反恐形式。

　　招募罪犯。以各种身份使用已知的罪犯是高层警务的标志之一。最暴力的
私人安全机构,如伯格霍夫(Berghoffs),专门从事罢工破坏。罢工破坏者被如此
痛恨,以至于公共警察被指派来保护他们,"尽管公共警察拒绝与他们共进晚餐,
称他们为猪"[⑨]。

　　私家侦探。沙洛[⑩]回顾了平克顿国家侦探机构在 20 世纪初提供的服务类型。
这在很大程度上与吉尔和哈特提供的当代清单[⑪]不谋而合,后者唯一提到的额外
服务是资产追踪。在一些重要方面,自 19 世纪正式开始以来,北美的私营警务并

---

① Nalla and Newman,1990:24。
② Nalla and Newman,1990:22 and 26。
③ Shalloo,1933:62。
④ Shalloo,1933:59。
⑤ Shalloo,1933:188。
⑥ Shalloo,1933:177。
⑦ Nalla and Newman,1990:20。
⑧ Nalla and Newman,1990:20。
⑨ Nalla and Newman,1990:25。
⑩ 1933:138。
⑪ 1997b:549。

没有太大的发展。

本章后面的部分将重新讨论私营高层警务这一重要问题。虽然时间短暂,但这次对美国私营警务历史的考察表明,它还远远没有成为公共警察的初级合作伙伴。它从失败的公共警察手中接管了大部分经济领域的警务工作,在这些领域,有组织的劳工被商业精英视为一种威胁。当它这样做的时候,它没有提供比公共警察强制性更少的替代选择,而是更具暴力和压制性。

经验数据

战争在整个历史上改变了很多。它的转变不是由于领导层和士兵(战争管理)的演变,而是因为新武器和保护装置的发展。在涉及暴力和危险的活动中(例如,战争、消防、警务),创造新的物理工具与管理人员同等重要,甚至更加重要。因此,本章不仅将回顾关于保安人员的现有经验数据,还试图提供对制造业销售的安全产品的说明,尽管这些产品可能非常有限。首先,讨论了私营安全服务和产品的数字,然后考察了可用的服务和产品的种类。

私营安全人员的增长

学习高层警务和安全情报的学生通常将该领域称为"镜子的荒野(a wilderness of mirrors)"(T. S. Eliot, Gerontion)。以类似的方式,对私营安全的研究是在数字的荒野中进行的。不同作者提供的评估存在很大的差异和地区差异,实际上,同一作者提供的评估也是如此。表 8.1 列出了英国从 20 世纪 70 年代初到2002 年一系列私营安全人员的人数估计。预估范围从最低的 2.5 万人到最高的333631 人不等,还有许多中间数字。最高的数字(333631 人)适用于整个私营安全工作人员,而不仅仅是穿制服的警卫。

这一系列的显著特点是,它不会随着时间的推移而持续增长。穿制服的警卫的预估人数的全部范围,是在研究的最早阶段确定的——在 2.5 万人[1]到 25 万

---

[1] Randall and Hamilton, 1972。

人①之间——所有后续估计都在这两个数字之间。这种差异主要由两个因素解释。首先,这些研究人员使用不同的来源,如人口普查数据、来自不同来源的官方统计数据,以及从私营商业数据库(如英国电信)提取的数据。第二,它们没有量度同一件事:虽然大部分数字是指穿制服的人员,但也有部分数字包括整个私营安全行业的人员。涉及其他国家(如法国和前东欧集团国家)的数字也显示出很大的差异,尽管英国对私营安全的量化估计比包括美国在内的任何其他国家都多。

表 8.1　英国私营安全估算

1971 年内政部绿皮书(引用,威廉姆斯等人,1984)	8 万人(内部和合同;20 世纪 70 年代初的数据)
麦克林托克和怀尔斯(1972)	25 万人(穿制服的男子;20 世纪 70 年代初)
兰德尔和汉密尔顿(1972)(引用于琼斯和纽伯恩,1998:69 - 70)	4 万人(均为私营安全部门;1970 年代初),2.5 万名警卫
班扬(1976)	25 万人(全部为私营企业)
乔治和巴顿(1994)	30 万人(全部为私营企业,1994)
英国安全行业协会(1994)(引自琼斯和纽伯恩,1998:70)	126900 人(都是雇用人员,不包括私人调查和内部保安)
琼斯和纽伯恩(1995)	162303 人(1992 年所有保安人员)
琼斯和纽伯恩(1998:81,表 3.6)	最低估计:4.7 万名警卫(第 254 页);最高估计:222457 名"保安人员",1994 年的数据
琼斯和纽伯恩(1998:81,表 3.6)	333631 人(所有私营安全行业,包括人员保安和设备制造、维修)
德瓦尔德(1999)	16 万人(全部为私营企业)
琼斯和纽伯恩(2002:141)	159704 人(根据 1991 年人口普查数据)
巴顿(2002)	21.7 万人(全部为私人保安行业,21 世纪初)
莫雷(2004)	15 万人(所有保安人员,2003)
范斯特登和萨尔(2007)	30 万人(内部和合同,1992)

---

① McClintock and Wiles,1972。

续表

执法百科全书(2005),由范斯坦登和休伯特撰写	22 万人(全部为私家警察,2001 年;来源不详)
执法百科全书(2005),由范斯坦登和休伯特撰写	31.5 万人(全部为私营行业,2001 年;来源不详)
琼斯和纽伯恩(2006)	21.7 万人(均为私人保安行业,21 世纪初);资料来源:巴顿(2002)

有一个巨大差异的来源需要解释,这与前东方集团国家有关。这些国家有大量的公共民兵参与警务。当他们在 1989 年后脱离苏联并逐渐获得完全独立时,其中许多国家首先将其民兵转变为提供安全的公有公司,然后将其私有化。爱沙尼亚和波兰等其他几个国家的情况就是如此①。当私营化发生时,立即造成了私营安全人员估计数的大幅增加。这种增加是相对人为的,因为它们大多意味着法律地位的改变,公共民兵成为私有化的安全部队。相反,娜拉和纽曼②表明,我们倾向于将公共警务部门缩小到州和地方警察——其中大多数穿着制服——而牺牲了许多嵌入不同政府部门的其他警务单位。他们列出了至少 10 个被排除在统计之外的美国公共警务组织。为了加强公营和私营机构的对比,我们在评估私营机构的数目时,似乎是尽量多计算些人,而在估量公共警务领域时,似乎是尽量少些。

有三项相当近期的国际调查将公共警察人数与私营安全人员的估计数进行了比较:德瓦尔德③提供了 1996 年关于 15 个欧盟国家和 12 个非欧盟国家的数据;莫雷④更新了关于欧盟的数据,如我们所说,涵盖了欧盟的 25 个国家;范斯特登和休伯特⑤给出了 2001 年关于现在属于欧盟的 21 个国家、未被纳入欧盟的 5 个欧洲国家和其他 6 个发达国家(澳大利亚、加拿大、日本、新西兰、南非和美国的数据,非欧盟和其他 6 个国家的时间参考没有给出)。还提供了其中许多国家的

---

① 欧盟委员会,2006 年。

② 1990:45 - 46。

③ 1999。

④ 2004。

⑤ 2005。

个人数据①。国际调查中最可靠的是德瓦尔德②;德瓦尔德给出的数字在后来的调查中仍然被引用,没有变化,例如莫雷③,尽管它们提到了 1996 年的数字。

表 8.2 非欧盟国家的公共警察和私营安全人员

国家	公共警察 百科全书(没有给出数据日期)	公共警察 德瓦尔德(1996 年数据)	私家警察 百科全书(没有给出数据日期)	私家警察 德瓦尔德 (1996 年数据)
澳大利亚	43048	51486	31752	92583
[普伦兹勒和萨尔(2006),2001 年数据]	[40492]			[49408]
加拿大	59090	75364	82010	125025
新西兰	6967	6967	5478	5478
南非	90000	126300	350000	363928
[希林和伯格(2006)]	[144150]		[26 万(大约)]	
美国	828435	828435	114 万—150 万	150 万
[曼宁(2003)]	[421074(警察)546920(所有雇员)]			150 万—200 万
[曼宁(2006c)]	[66 万—80 万]			

资料来源:雅普·德瓦尔德,1999 年,"国际视角下的私营安全行业","欧洲刑事政策与研究期刊"7:143 - 177。

百科全书:罗纳德·范斯特登和 L. W. J. C. 休伯特,2005 年,"西方国家私营安全行业的增长",见《执法百科全书》第 3 卷,"私营安全行业",L. E. 沙利文和 M. R. 哈伯菲尔德编辑,第 1261 - 1268 页,加州千橡树:贤哲出版社。

表 8.2 对比了范斯特登和休伯特④与德瓦尔德⑤对他们都涵盖的 5 个国家的公共和私营警察的估计数。给出的公共警察的数字总体上是趋同的,范斯特登和

---

① 如关于美国的数据,见 Cunningham et al.,1990。

② 1999。

③ 2004。

④ 2005。

⑤ 1996。

休伯特只是重复了德瓦尔德对新西兰和美国的估计。德瓦尔德对 1996 年美国公共警察数量的估计与曼宁在 10 年后发表的一篇论文中的估计（80 万人）相符（Manning，2006c：103）。最大的差异与南非有关。德瓦尔德的数字虽然远高于范斯蒂登和休伯特的数字，但低于希林和伯格给出的最新估计（144150 名警察和平民）（2006：199）。私营安全人员的估计数字之间的差异比公共警察的更大。德瓦尔德 1996 年的数字远远高于后来范斯特登和休伯特在澳大利亚和加拿大的数字。希林和伯格（2006：204）估计注册的私营安全人员的数量为 26 万人，这一数字低于德瓦尔德或范斯特登和休伯特给出的数字。德瓦尔德对私营安全人员规模的估计与坎宁安等人（1990：176）和曼宁（2006：103）给出的数字一致。坎宁安等人预测 2000 年私营代理的数字为 180 万人，而曼宁（2006）给出的数字在 150 万到 200 万之间。

表 8.2 中列出的大多数国家都有一个无可争辩的发现，那就是私营安全人员的规模是公共警察的两倍。在这些国家中，人口最少的新西兰，公共警察的数量仍然超过私营安全人员。表 8.2 中澳大利亚的数字不一致，不足以得出任何有力的结论——普伦兹勒和萨尔（2006：176）估计，公共和私营警务人员的人数分别为 40492 人和 49408 人，私营部门的增长率较高。

在英语国家——特别是在北美——评估公共和私营警察数量的尝试比其他地方要早得多。这些努力产生了更多的一致性，尽管正如我们刚才看到的那样，这些国家的各种估计数字之间仍然存在重大分歧。然而，对于欧洲国家来说，情况更令人困惑。表 8.3 列出了目前欧盟 27 个国家的公共和私营警察人数的估计数。由于莫雷提供的 2003 年的私营安全数字与德瓦尔德提供的 1996 年的私营安全数字之间存在重大差异，因此还包括范斯蒂登和休伯特对欧盟国家的估计数字，以便进行比较。

如前所述，莫雷有低估公共警察数量和高估私营部门规模的趋势。对公共警察人数低估最严重的 3 个国家用一条细线标出了下划线。就法国而言，莫雷只将城市国家警察的成员包括在她的估计中，而没有考虑到另一支法国公共警察部队——国家宪兵队。2008 年，宪兵队共有 105389 人（包括 1908 名平民）；它管理着整个法国农村和小城镇。将这支部队排除在对法国公共警察数量的估计之外是一个严重的疏忽。

表 8.3　欧盟的公共警察和私人保安人员

欧盟国家	"公共警察"（莫雷，2004）	"公共警察"（德瓦尔德，1996）	私人保安（莫雷，2004）	"私人保安"（德瓦尔德，1996）	私人保安（百科全书）（2005）2001
奥地利	30000	29000	6790	6000	5500
比利时	39000	34712	8320	11200	15000
保加利亚				40000	
塞浦路斯	3000		1500		
捷克共和国	47400		28100	2500	50000
丹麦	14000	12230	5250	10000	5250
爱沙尼亚	3600		4900		
芬兰	7500	11816	6000	3500	6000
法国	145000	227008	117000	70000	107400
德国	250000	260132	170000	176000	168000
希腊	49900	39335	25000	2000	18769
匈牙利	40000		80000		54981
爱尔兰	12000	10829	20000	5150	5150
意大利	280000	278640	55000	43200	25000
拉脱维亚	10600		5000		4500
立陶宛	20000	24722	10000	4500	
卢森堡	1573	1100	2200	800	1200
马耳他	1800		700		
荷兰	49000	39216	30000	20200	30717
波兰	103309		200000	10000	150—250000
葡萄牙	46000	43459	28000	15000	15000
罗马尼亚					20000
斯洛伐克	21500		20840		
斯洛文尼亚	7500		4500		4000

续表

欧盟国家	"公共警察"（莫雷，2004）	"公共警察"（德瓦尔德，1996）	私人保安（莫雷，2004）	"私人保安"（德瓦尔德，1996）	私人保安（百科全书）（2005）2001
西班牙	193450	186547	89450	53000	90247
瑞典	18000	27000	10000	16000	16000
英国	141389	185156	150000	160000	220000
		1386180	1088550（733010）	592050	

资料来源:雅普·德瓦尔德,1999 年,"国际视角下的私营安全行业","欧洲刑事政策与研究期刊"7:143－177。

百科全书:罗纳德·范斯特登和 L. W. J. C. 休伯特,2005 年,"西方国家私营安全行业的增长",见《执法百科全书》第 3 卷,"私营安全行业",L. E. 沙利文和 M. R. 哈伯菲尔德编辑,第 1261－1268 页。加州千橡树:贤哲出版社。

莉拉尼·莫雷,2004 年,"私营安全行业概览,见欧洲联盟的 25 个成员国,coESS and UNI-Europa"。

在表格的右侧,显示德瓦尔德可能高估了私营警察的数字带有双下划线。它们涉及三个国家——比利时、丹麦和瑞典。用粗线强调的是更多的例子,其中莫雷引用的数字比德瓦尔德高得多,最极端的例子是波兰和希腊。在与范斯蒂登和休伯特[1]以外的其他来源核对后,似乎莫雷关于法国（125210 名警卫[2]）和希腊（30378 名私营安全人员[3]）的估计是正确的。对于爱尔兰、卢森堡和葡萄牙,范斯蒂登和休伯茨一直依赖德瓦尔德的估计。由于上述原因,与苏联卫星国有关的估计数字往往被夸大,莫雷引用的数字普遍高于德瓦尔德以及范斯特登和休伯特的数字。

无论多么简短,这种对公共和私营警务人员的比较审查得出了几个结论。首先,存在强有力的证据表明,只有 3 个发达国家（加拿大、南非和美国）,私营安全人员的数量远远高于公共警察的数量。根据加拿大统计局 2009 年公布的最新估计（以 2006 年人口普查数据为基础）,私营警察的人数为 10.2 万人,公共警察的人数为 6.8 万人,这表明私营警察与公共警察的比例低于通常给出的比例。其次,

[1] 2005。

[2] Haas,2007:146。

[3] Papanicolaou,2006:86。

欧盟国家在数字上的差异太大,测量问题也太多,不能断言私营警察部门通常比公共部门更大。事实上,在大多数欧盟国家,公共警察队伍的规模大于私营安全人员。第三,在我们调查的每个国家中,私营安全的增长速度明显高于公共警察部队的增长速度。举例来说,很明显,英国的私营安全人员很快便会比公共警察多,如果这还不是普遍的话。虽然有利于私营部门的趋势扭转的可能性不大,但在后"911"时代焦虑情绪高涨的情况下,面对"真警察"的呼声,其力度可能会减少。第四,不同的发达国家在私营警察和公共警察的比例上存在很大的差异。最后,数字数据的相对薄弱应该告诫我们,不要做出任何武断的理论断言。

安全生产行业的增长

安防制造行业的范围比保安人员的规模更难评估。许多信息来源是行业出版物,这些出版物往往价格昂贵,也无法获取。此外,安防设备行业的产品高度多样化,并与大型多业务公司紧密结合。几乎不可能确定他们营业额的哪一部分来自军事防御合同、消防安全产品和预防犯罪损失的工具,更不用说一些主要组成部分了。

关于私营安全的研究人员普遍认为,在一段时间内,该行业的收入平均分配给保安人员和一系列非常广泛的产品的制造、租赁、销售和服务,从钢栅栏到最尖端的技术[1]。琼斯和纽伯恩[2]引用了 1990 年英国私营安全行业状况的类似数据。天平现在正向制造业倾斜。根据琼斯和纽伯恩[3]的说法,就总市场规模而言,私营安全最大的部门是电子和机械安保设备。坎宁安等人[4]预计,美国年收入增长率最高的将是电子物品监控、门禁和计算机安全;此外,根据新公司的年增长率,警报和制造部件的增长率将最高。这些预测实际上低估了制造业的增长,2001 年恐怖主义卷土重来,进一步推动了制造业的增长。在法国,安全设备制造业占有57%的市场份额,服务部门占其余的 43%[5]。

---

[1] Cunningham et al.,1990:190。

[2] 1998:73。

[3] 1998:60。

[4] 1990:177 和 205。

[5] Haas,2007:20;在哈斯调查的服务业的 12 个组成部分中,保安公司只占 1 个。

如前所述,帕特里克·哈斯是一项关于私营安全行业状况调查的编辑,该调查已经发表了 17 年[1]。在可能的范围内,它报告了法国、美国和世界范围内所有 25 个行业的情况。这是一个相当可靠的来源,它以前和现在的估计与其他研究结果是一致的。作为一份行业出版物,哈斯[2]特别关注了私营安全公司,这些公司是按名称识别的。在法国,2006 年企业营业额增幅最大的是反恐和国土安全领域(包括边境安全系统在内的各种安全设备的营销)。除了保镖和人群控制外,保安部门几乎没有增加[3]。

在英国,贸易和工业部(现为商业、企业和监管改革部)每年出版一份关于英国安全设备能力的指南[4]。1995 年,行业总营业额估计为 27 亿英镑[5]。"911"袭击后,2003 年安全行业营业额攀升至 48.61 亿英镑[6],引用同一时期 54.15 亿英镑的数字。根据 DTI[7] 的说法,这一增长"在很大程度上是由于英国公司开发的解决方案的有效性,范围从闭路电视和门禁设备到物理安全和人群管理系统"。2003 年底,仅闭路电视市场就价值 5.09 亿英镑[8]。

坎宁安等人[9]预计美国安防市场将价值 1031.5 亿美元。2000 年,当时还没能预见到"911"袭击对开拓市场的重大影响。哈斯[10]估计,仅国土安全和反恐部门就占美国市场的 20%。他提供了对美国私营安全四个主要市场中每个市场的十大领先公司 2006 年营业额的估计(他的估计是基于专业私营安全公司的营业额)。哈斯[11]无法评估专有安全部门(proprietary security segment)。他的估计如下:国土安全——122.91 亿美元;电子监控——168.79 亿美元;警卫公司——115.34 亿美元;消防安全——113.84 亿美元[12]。即使我们在安保公司的营业额中

---

[1] Haas,2007,给出了 2006 年的数据。

[2] 2007。

[3] Haas,2007:18。

[4] 贸易和工业部(以下简称 DTI),2006。

[5] DTI,2006:3;Jones and Newburn,1998:60,引用 1993 年 26 亿英镑的类似数字。

[6] Jones and Newburn(2006c:41)。

[7] 2006:3。

[8] DTI,2006:4。

[9] 1990:175。

[10] 2007:246。

[11] 2007。

[12] Haas,2007:246-247。

加上等额的专有保安费用,保安设备和产品的制造仍然拥有最大的市场占有率。

有另外两个事实值得一提。电子监控和消防安全领域的许多领先公司都是一样的:泰科消防和安全公司、UTC、霍尼韦尔、通用电气安全公司和库珀工业公司。这表明了行业内的高度整合。在私营安全研究中很早就提到了消防安全①,但从未明确考虑过预防犯罪损失和消防安全相结合的实践和理论后果。此外,国土安全部门由军事防务公司主导:DynCorp、波音国土安全公司、诺斯罗普·格鲁曼公司、洛克希德·马丁公司和通用动力公司都在十大领先公司之列。最后,哈斯②列出了全球营业额最大的 100 家私营安全公司。以最大的 20 家公司计算,当中有 16 家是安保设备制造公司(营业额共计 423.7 亿元),其中 4 家是以合约形式提供安保服务,还有很多其他活动(营业额共计 166.21 亿元)。

无论多么粗略,这份纲要倾向于确认安全产品和技术的开发和营销是私营安全行业的最大组成部分,其市场份额肯定会因为优越的增长速度而增加。认真考虑制造业会得出额外的结论。安保领域呈现出相当大的多样性,并不局限于狭隘的警务领域。在收入最高的 20 家公司中,人们会发现像泰科消防和安全公司、装甲控股公司、DynCorp 这样的巨型公司。装甲控股公司是 BAE 系统公司的一部分,BAE 系统公司自称是全球首屈一指的国防和航空航天公司。DynCorp 由航空、应急、物流、安全、基础设施和海事部门组成。这种多样化对于试图阐明安全治理的概念具有预示性的影响。安全产业的一些领域可能形成一个相对同质的领域,如消防安全和损失预防,并允许有一个综合的理论或范式。然而,在关键部门,如国土安全,军事防御、基础设施保护系统、安全技术和多元警务都可能相互作用,概念上的异质性可能会挑战任何严格的理论秩序。换句话说,为了知识建设的目的,用警务换取安全治理可能是一种弄巧成拙的举动。

最后,上文曾争辩说,人数的突然增加可以有不同的解释。这一保留意见也适用于技术。关于英国闭路电视的指数增长,已经做了很多研究,麦卡希尔和诺里斯③估计英国有 420 万台闭路电视摄像机,也就是说,每 14 个人就有一台闭路

---

① 例如,Shearing et al.,1980:188。

② 2007:260 - 264。

③ 2003。

电视摄像机。然而,新苏格兰场在2008年5月发出警告,大意是闭路电视摄像头没有预期的威慑作用,因为许多人不相信它们实际上正在运行,而且只有3%的街头抢劫案是通过闭路电视图像破获的①。尽管这些数字令人印象深刻,但就像所有的数字一样,闭路电视的数字本身并不意味着警务的转变。

提供的各种服务

许多研究人员提出了对私营安全的主要领域进行分类②。这些分类中的大多数将人工安防部门与设备和技术部门混为一谈。它们还在一定程度上反映了用于研究公共警察的框架,该框架基于对穿制服的人员和便衣人员的区分。基本分类由私营安全特别工作组③阐明,并由坎宁安等人进一步发展④。它包括以下类别:专有(内部)保安、警卫和设备巡逻(人工合同保安)、私人调查、顾问、警报服务、装甲车服务、锁匠以及安保设备制造和分销。最大的一类是最后一类(安全设备),再加上维修。服务和制造部门还包括26个额外的服务部门,它们与上面列出的前8个主要类别是分开的⑤。坎宁安和他的同事们制定的分类相对过时,自1990年以来,服务和设备部门一直在增长,并进一步多样化。然而,这种分类的基本类别仍然为旨在规范该行业的立法提供了框架,例如加拿大魁北克省2006年颁布的第88号法律。

着眼于私营安保,我比较了各种活动清单,并依靠自己的实证研究得出了以下分类。

1. 守卫和监视(各种物质和智力财产)。

2. 调查(所有类型,包括对辩护律师的刑事调查⑥)。

3. 专业知识(研究、咨询、工程等)。

4. 维修(一个非常大的类别,包括警报响应、远程监视以及各种技术安全和消

---

① Bowcott,2008。

② 例如,Shearing et al.,1980:188;Cunningham et al.,1990:127;Jones and Newburn,1995:227;Forst and Manning,1999:29;Manning 1999:103-107;Wakefield,2003:166;Haas,2007:6。

③ 美国,1977。

④ 1990:127。

⑤ Cunningham et al.,1990:190。

⑥ Gill and Hart,1997a and1997b。

防系统的人员配备)。

5. 运送贵重物品。

6. 准警务(公共警务活动,如刑事执法,在特别法律授权下进行①)。

7. 与安全无关的活动(生活质量、监管和管理)。

8. 准军事活动(在危险情况下提供保镖和其他类型的保护)。

贯穿这些活动的主线是防止损失,而不是保护人员免受人身伤害和调查暴力犯罪(前面提到的准军事活动除外)。后者大部分仍由公共警察执行,尽管私家侦探的活动不集中。然而,没有什么公共警察职责不能委派私营代理执行。金赛②列举了至少 60 家提供私营军事和安全服务的公司的样本,特别是在保护公职人员、公司高管和其他类型的贵宾方面。媒体对黑水公司及其在伊拉克的活动报道表明,美国司法部授权黑水公司使用最致命的暴力③。这些活动的分类并不像在空间、正规化和许可领域划出三个关键区别那么重要,这些区别提供了执行这些活动的背景,并塑造了这些活动的性质,无论是从允许私营代理做什么和他们实际在做什么两个方面来看,这三个区别都提供了执行这些活动的背景,并塑造了这些活动的性质。

空间

有三种类型的空间:公共空间、私人空间和中间空间。中间空间最好的例子是大众私有财产,但它不是唯一的。存在私有财产光环效应,即私有空间侵占公共空间。紧邻饮酒场所和其他夜生活场所的市中心公共场所成为这些企业事实上的附属品,在那里排队等候的顾客由保镖来监管④。与大公司大楼相邻的街道也成为其地盘的一部分,特别是在商业区。

事实上,很难知道专职保安和合同保安人员在私营公司的范围内做些什么。人们普遍认为,他们在公共空间中的实际权力大于公共警察在公共空间行使的法定权力。当他们在中间或公共空间(如公园)运行时,私营安全人员可以做的范围更有限,随着我们从中间空间转向完全公共空间,范围变得更窄。根据我自己的

---

① 见 Forst and Manning,1999:29;Rigakos,2002。

② 2006:5 - 6。

③ Scahill,2007;另见 Singer,2003。

④ Hobbs et al.,2003。

研究,允许私营安全人员在公共空间做什么是公共警察工会和公共当局激烈谈判的主题,公共警察热衷于保持他们对公共空间安全所谓的垄断。

规范化

私营安全人员正式或非正式地履行职责。例如,正式的控制是由穿制服私营安全人员实施的。便衣保安人员可以从事更加非正式、更不显眼的控制活动。更明显的是,正式的控制类型更容易监管,而非正式的控制更具自由裁量性和潜在的强制性。正式控制和非正式控制之间的区别与研究私营安全人员使用武力有直接关系。公共警察采用两个标准来维护其警务垄断的核心:任何需要使用武力并与执行刑法有关的东西都完全属于公共警察领域。由于更加隐蔽,非正式控制可能会在公共警察的领地上潜入而不被注意。例如,霍布斯等人[1]展示了保镖在暴力支持下诉诸恐吓的程度。在私营公司内部,通常会秘密决定撤销对严重违法员工的刑事指控[2]。

许可证

非正式胁迫可以秘密实施,但缺乏合法性。国家保留对私人活动发放许可证的最终特权,这些活动最初是在其控制之外扩散的,目的是使这些活动符合最低标准,从而重新获得一定程度的控制。发放正式的国家许可证不仅使私营安全合法化,而且潜在地将其范围扩大到与公共警务的覆盖范围相匹配的程度。因此,私营警务的重生可能会导致"特别警察"在更长期的基础上重新制度化。

安防设备的种类

私营安防制造业提供了大量的安保设备。不仅市场上的产品种类繁多,而且它们的数量也在成倍增长,特别是在"911"之后的时代。因此,试图列出所有产品的试探性清单并将其分类是相对徒劳的,因为它们的性质是不断演变的。过去对安全产品和技术进行分类的一个有用框架是五种感官:听觉(各种语言通信的拦截);视觉(机场的视频技术和 X 光机);触觉(从粗制滥造的设备,如铁丝网(razor wire),到精密的身体传感器);嗅觉(使用经过训练的动物);味觉(呼吸分析仪)。

---

① 2003:2。

② Ocqueteau and Pottier,1995:190。

然而,识别技术和信息通信技术(ICT)目前远远超出了我们的直接感官能力。因此,我不会建议暂定类别,而是将一如既往地处理保安问题,并强调与此密切相关的关键点。

复杂性。我们生活在高科技时代,不断受到新技术发展的冲击,一些ICT设备的使用非常复杂。因此,我们往往忽略了一个事实,那就是很多安保设备最初并不是高科技的。这些设备包括物理设备(障碍物、防弹材料)、机械设备(装甲车)和电子设备。由于高科技的加入,即使是最基本的设备现在也得到了极大的改进。例如,以色列在巴勒斯坦土地周围修建的围墙布满了高科技传感器,使其成为比柏林墙更可怕的障碍。

维修。从前面的区别可以看出,设备的维修需求在种类上各不相同。通常只需要安装物理设备,并且只需要最少的维护。其他类型的安全设备被明确设计为有人操作,例如某些形式的远程监视,其中监视设备和操作员共同提供客户订阅的服务。闭路电视可能会以这种预防性的方式运行。摄像机还可以用作无人值守的记录工具,以便在犯罪发生后识别潜在的犯罪者。

培训。使用和维修复杂的设备需要培训。此外,在用户友好性方面,技术差异很大。如果警务人员——无论是公共的还是私营的——没有接受过如何使用特定技术的适当培训,并因此看不到这些技术如何能够提高他们的绩效,他们要么放弃使用,要么使用不当。曼宁在很多年前[1]就提出,"警务领域的计算机革命……还没有发生"。在很大程度上,这一评估在今天仍然适用。此外,自从戈尔茨坦[2]呼吁人们注意手段优先于目的的警察综合征以来,我们已经了解到,技术可能从根本上改变警务的执行方式,而不会显著改变其外部效率[3]。关键的一点是不要忽视,组织受技术变革影响的程度并不能保证它将在相应程度上实现其外部目标。毫无疑问,汽车巡逻改变了警务,尽管不能确定这一变化是否使其更接近实现其使命。

攻击性。虽然警方被批评为对事件做出反应,而不是防止事件发生,但有一

---

[1] 1992:390。

[2] 1979:238-242;1990:3。

[3] Manning,1992:389。

种感觉是,所有警务都必须是被动的,才能保持其民主性质。内部安全是通过对掠夺性行为采取防御措施而达到的一种集体存在状态。在民主法律传统中,预防和实际防御之间不存在矛盾。为了防止犯罪,警方可以搜查嫌疑人,但他们必须在法律要求下采取行动,即"可能的原因"。这一要求意味着警方提供回应,而不是进行先发制人的攻击,它约束了整个低层警务领域。与武装团伙、军队和高层警务组织相比,警察被禁止从事没有防御目的的明目张胆的攻击行为(例如,随意镇压和围捕公民)。在任何情况下,警方都不能采用"犯法是最好的防御"的原则。然而,在装备方面,特别是在武器方面,进攻和防守之间的界限要难得多。有一些安全设备是无可争辩的防御性的,例如,警报系统或计算机防火墙。然而,武器既可以用于进攻,也可以用于防御。在自动枪械的使用刺激火力大幅增加的情况下,或者在引发疼痛的中间型武器的情况下,辩称这些装置只用于防御目的是有问题的。

正如前面强调的那样,可以说,新的安全设备和技术改变警务的潜力比警务队伍及其治理的变化更大。近年来,监控技术的这种影响备受关注。为了完善这幅图景,一项关于电击枪(泰瑟枪)、橡皮子弹和胡椒喷雾等中间型武器对民主警务的潜在影响的案例研究将提出以下问题,即中间型武器是否促进了警察的攻击策略,而不是防御措施。

疼痛诱导技术的案例研究

目前,关于技术监视的文献令人印象深刻,而且还在不断增加[1]。本案例研究考察了另一种技术——中间型武器——特别关注传导能武器(CEW),也就是众所周知的泰瑟公司(Tasers),这是一家非常积极地营销这些武器的私人公司的名字。2007年10月14日,波兰建筑工人罗伯特·齐肯斯基移民到加拿大不列颠哥伦比亚省与母亲一起生活,在温哥华国际机场被加拿大皇家骑警警察用CEW至少两枪击中后不久死亡——目击者称他被加拿大皇家骑警开枪打了四枪。齐肯斯基只会说波兰语,他已经等了大约12个小时,等母亲来接他。他手无寸铁,没有受

---

① Lyon,2006。

到酒精的影响,并试图与被派往机场的加拿大皇家骑警沟通,而他们开枪打死了他。一名目击者(他必须获得法院命令才能从加拿大皇家骑警取回他的视频)拍摄了整个情节。当这部录像片后来在加拿大和世界各地的电视上反复播放时,引起了轩然大波。齐肯斯基去世三天后,另一名男子因交通违规在蒙特利尔停车,显然是喝醉了,被 CEW 击中,也死了。由退休的不列颠哥伦比亚省上诉法院法官托马斯·布雷德伍德领导的对罗伯特·齐肯斯基之死和使用 CEW 的公开调查目前正在进行中。布雷德伍德调查于 2009 年 6 月发布了第一阶段报告①。虽然布雷德伍德第一阶段报告在发布后的结论中存在争议,但它代表了迄今为止对泰瑟枪及其用途、效果和风险最全面的分析。在加拿大,与该事件有关的其他官方调查已启动不少于 8 项。马尼托巴省和新斯科舍省也在审查 CEW 的使用情况。调查罗伯特·齐肯斯基之死的机构之一发布了一份临时报告②。

CEW(电击枪)发明于 1969 年,并于 20 世纪 80 年代初由杰科尔(Jaycor)公司销售。泰瑟国际成立于 1993 年,目前生产和销售大部分 CEW。这个市场估计超过 1 亿美元。纽约警察局是最早采取行动的警察局。1986 年 7 月,两名前纽约警察局警官因 1985 年在皇后区警察局用电击枪折磨一名十几岁的毒品嫌疑人而被判处 2—6 年监禁③。这一事件部分解释了纽约警察局随后不愿像其他美国警察部门那样部署泰瑟枪的原因④。根据加拿大广播公司 2008 年 6 月的一项调查,在加拿大,泰瑟枪有时仍然被用来折磨嫌疑人,其中一人被电击 23 次。这项调查还声称,加拿大皇家骑警习惯于在一个对象上重复使用泰瑟枪。2009 年 4 月 8 日,加拿大广播公司的大卫·麦基报道说,加拿大皇家骑警在 2008 年对 16 个人进行了 5 次或更多的电击(McKie,2009)。

现在大多数警察部门使用的 CEW 是旧的泰瑟枪 M26 和新的泰瑟枪 X26。这两种设备都可以在触摸击晕或探测模式下使用。在触摸击晕模式下,将被激活的泰瑟枪压在受试者身体的指定区域上,以产生疼痛。在探测模式下,泰瑟枪在 10.6 米的距离内发射有线飞镖;在撞击时,电流脉冲通过飞镖,除了产生身体疼痛

---

① Braidwood,2009。
② 针对加拿大皇家骑警的公众投诉委员会,2007,以下简称 CPC/RMCP,2007。
③ Fry,2008。
④ Baker,2008。

外,还会造成肌肉无力。CEW 的攻击性和防御性一样强。正如之前所见,它们可以被用来折磨嫌疑人,它们还被非法用作威胁武器,实施住宅抢劫。

泰瑟枪至少在 28 个国家使用(Amnesty International,2004:第 4.3 节,附录 3),可能多达 44 个(泰瑟枪国际公布的数据)。泰瑟国际声称,超过 12800 个执法、惩戒和军事组织在 44 个国家使用其 CEW(CBC 新闻,2008)。在加拿大,73 个警察部门使用 CEW。大赦国际发布了一份报告,调查了 74 人(大部分在美国)的死亡情况,这些死亡发生在他们被"电击"之后(Amnesty International,2004)。总体而言,大赦国际估计,自 2001 年以来,北美已有 290 人在被电击后死亡。在加拿大,已有 17 人在与电击枪有关的事件中死亡。2009 年 10 月,魁北克私人诊所被发现使用泰瑟枪制服精神病患者,当时警方被叫来进行干预。

泰瑟枪只是正在使用的几种电子设备中的一种。这些技术包括远程电子激活控制技术(囚犯佩戴的反应腰带)、粘性子弹(撞击时产生电击的非致命性投射物)、电动水炮,以及可由猎枪在 100 米距离内发射的 xRep(增程电动肌肉投射物)。

CEW 和其他所谓的中间型武器,如橡皮子弹和胡椒喷雾,引发的问题超出了有关使用它们的基本事实。

扩散。加拿大皇家骑警在 2001 年底采用了泰瑟枪,随后在 2002 年购买了 549 架 M26。第二年,这个数字几乎翻了三番,加拿大皇家骑警拥有 1427 架 M26 泰瑟枪。2003 年,加拿大皇家骑警开始购买更先进的 X26:2003 年有 5 架,到 2007 年大约有 1131 架。截至 2007 年底,加拿大皇家骑警的 9132 名成员,约 1.5 万名正规警察的一部分,接受了使用 CEW 的培训(所有数据均取自 CPC/RCMP,2007:2 和 13)。理论上,加拿大皇家骑警成员每次使用 CEW 都必须提交一份报告。这些报告从 2002 年的 84 份增加到 2007 年的 4025 份(11 月底;CPC/RCMP,2007:38,图 8)。布雷德伍德对罗伯特·杰肯斯基之死的调查于 2009 年 2 月开始。在调查开始的同时,加拿大警察局长协会和加拿大警察工会发出呼吁,要求所有加拿大警察接受使用 CEW 的培训,并最终配备 CEW。这些机构否认使用 CEW 与任何被电击者死亡之间有任何已证实的联系。

区别使用。CEW 也在魁北克省使用。在魁北克省,CEW 的所有使用也必须报告。根据蒙特利尔警察局的年度报告,2006 年使用 CEW 32 次,2007 年使用 28 次。魁北克大约有 1.5 万名警察。回顾魁北克所有使用 CEW 的警察部门的年度报告,每年使用 CEW 的次数略高于 50 次。据安大略省警方消息,多伦多警察服务紧急部队每年使用 CEW 约 80 次。正如我们刚才看到的,加拿大皇家骑警有 4025 份关于使用 CEW 的报告,其中 804 份表明 CEW 从枪套中取出但没有开火。减去这个数字,我们得到了 6 年内 CEW 的实际使用次数为 3271 次,年平均使用次数超过 500 次。虽然这一数字相当高——是魁北克所有警察的十倍——但 CPC/RCMP(2007:18)估计"这种武器的使用被低估了"。加拿大皇家骑警与魁北克部队——事实上,所有其他加拿大警察部队——之间的这种差异是由政策解释的:泰瑟枪只向其他加拿大警察部队的特殊突击单位发放,而泰瑟枪在加拿大皇家骑警中要普遍得多。

不受控制的倍增。CPC/RCMP 在其关于皇家骑警使用 CEW 的临时报告 (2007:2)中指出,尽管使用了 3000 多次,但"没有编制一份年度报告,在制定现行 CEW 政策时没有彻底检查或利用传导能量武器使用表上收集的信息"。

范围扩大。泰瑟国际的所有宣传都围绕一个基本信息:电击枪通过减少警察和嫌疑人的伤亡来保护生命(网络徽标)。根据 2007 年 CPC/RCMP 的报告,据称 CEW 提出了"在否则会考虑使用致命武力的情况下的一种选择"[1]。这种说法显然是虚假的。有记录的 CEW 的使用远远超过了罕见的致命武力的使用。根据佛罗里达州奥兰治县警长办公室的武力使用细目,1999 年至 2001 年间,警方使用枪支的人数从 5 人下降到 4 人。在同一时期,泰瑟枪的使用量从 0 上升到 228[2]。根据加拿大皇家骑警关于其 CEW 使用情况的报告,在接触击晕模式下比在探测模式下使用 CEW 更频繁(1698 次对 1167 次部署[3])。由于触摸击晕模式要求泰瑟枪与受试者身体的一部分进行接触,因此必须得出结论:"CEW 的使用范围已经扩大到包括那些构成严重身体伤害或死亡威胁的抵抗力较强的受试者,以及不会使用致命武力的受试者。"[4]还有一些研究表明,使用杀伤力较小的武器(CEW 和

---

① p.1。

② 引自 Amnesty International,2004:1.9 节。

③ CPC/RCMP,2007:38。

④ CPC/RCMP,2007:1。

辣椒油树脂)可以降低警察和犯罪嫌疑人受伤的发生率[1]。这些研究充满了方法论上的困难：不仅没有明确说明"伤害"是什么意思，而且使用电诱导疼痛几乎没有留下身体上的痕迹。后一个特征解释了为什么电——被称为"清洁酷刑"——从20世纪60年代到今天一直被系统地用来折磨受试者。第一阶段的布雷德伍德报告广泛回顾了这些研究，得出结论说："到目前为止，结果还没有定论——众所周知，在这么多变量起作用的情况下，很难分离出一种特定武器对伤亡的影响。"[2]

一种方便的(convenient)疾病。泰瑟国际和其他CEW的倡导者声称，被泰瑟枪击晕后死亡，不是由放电造成的，而是由一种名为"兴奋性精神错乱"的疾病引起的。加拿大仅有的一项关于"兴奋性精神错乱"的研究是由维多利亚州警察局的达伦·劳尔中士进行的文献回顾，他没有专业医学资格。根据劳尔[3]的说法，兴奋性精神错乱的第一个"身体自主系统"(症状)是"难以置信的力量"，具有"不受疼痛影响"和"在较长时间内有效抵抗多名警察"的能力。无论多么惊人，这些症状都具有误导性。受试者真正遭受的是"生理疲惫"[4]。后一种情况解释了受试者在被电击后意外死亡的原因。受试者死于未被检测到的消耗前提条件，这与接收到的电脉冲无关。总而言之：兴奋性精神错乱为警方使用CEW提供了正当理由，并免除了他们对潜在致命后果的责任。第一阶段的布雷德伍德报告毫不奇怪地得出结论，将导致的死亡归咎于"兴奋性精神错乱"是"无益的"[5]。该报告还声称，CEW可能导致心律失常，这可能导致心动过速或除颤，并导致死亡[6]。

潜在推广使用杀伤性武器和其他理论上的非致命性影响技术对警务的影响不亚于监视手段的蔓延，因为它们可能会破坏民主警务的基石，如最低限度胁迫和必要武力的双重概念。如前所述，CEW只是正在开发的与中间型武器有关的众多产品中的一种。还有另一种控制装置，最初由复合安全系统公司在英国销售，现在正在传播。这就是所谓的"蚊子"，这是一种发出刺耳尖叫声的小装置，只

---

① MacDonald et al.,2009。

② Braidwood,2009:15 - 16。

③ 2004:18。

④ Laur,2004:19。

⑤ Braidwood,2009:15。

⑥ Braidwood,2009:16。

有年轻人(25岁以下)才能听到。这种设备的发明者——工程师霍华德·斯台普顿——因开发和营销该产品而在2006年被授予IG诺贝尔奖。

IG诺贝尔奖授予那些从事"先让你发笑,然后让你思考"的研究的人。这里是让人思考的部分:蚊子是被称为"驱避剂"的系列产品的一部分。在法国,一家专门生产清洁产品的化学公司(费尔奇姆,Firchim)开发出一种气味难闻的液体物质,可以在某个地点(如消防逃生通道)附近蒸发,以防止无家可归的人聚集在附近。驱避剂被各种公司定义为旨在阻止某些动物和人类进入的物质或设备,例如年轻人和无家可归者(法语维基百科上明确提到了这一点)。将人和动物归为一类有毒生物的概念有非常邪恶的历史先例。阿里克①描述了一系列可怕的"不太致命"的人群控制设备,包括引起恶心的"呕吐射线"、产生不舒服听觉感觉的无声音频微波(MEDUSA),以及压垮神经系统的"脉冲能量射弹"。

在理论层面上,市场推动的CEW和其他类型的疼痛诱导设备的扩张可能会让我们质疑在市场经济中建立有效的安全治理的可能性。正如我们将讨论的,安全技术的传播可能会逃脱有关当局的控制,就像泰瑟枪在加拿大的传播一样,这在很大程度上是由销售中间型武器的私营公司咄咄逼人的行动推动的。尽管关于罗伯特·齐肯斯基和其他人死亡的报告提出了所有警告和保留意见,但加拿大警察局长协会2009年呼吁在购买泰瑟枪方面投入大量资金,并无视布雷德伍德专员的警告,即他"支持使用这些武器,条件是在武器部署的时间和方式上做出重大改变"②。

私营高层警务

在第七章中已经看到,高层警务和私营安全是相关的概念,特别是考虑到它们都是面向机构受害者的"正义"品牌的实例。高层警务和私营安全的另一个共同特征是对秘密的崇拜,这源于他们试图保护的利益。国家和公司分别大量利用传播和宣传,但它们反对与其他各方分享核心信息。还必须强调的是,高层警务

---

① 2010:39。

② Braidwood,2009:16。

私营化与低层警务私营化一样是一条双行道。参与国防的私营企业进行的研究和开发受到私营和公共高层警务网络的共同保护。私营部门参与高层警务在警务史上有着坚实的基础。这一章之前已经表明,高层警务,被理解为监督劳工和劳资关系中的暴力冲突,主要是由私营安全机构执行的。

在第七章中,我们看到高层警务有九个核心特征。我们已经说过,其中两个特征——保密性和机构受害者导向——直接适用于私营高层警务。高层警务的其他特点,现在将根据它们与私营高层警务的相关性进行审查。我的主要论点是,高层警务的大部分特点不单适用于私营高层警务,而且从整体来看,亦适用于私营安全。

保护政治政权

这是高层警务的定义功能。欧赖利和埃里森[①]认为,"虽然公共高层警务可以防止国家的颠覆,但私营高层警务可以防止客户的颠覆"。这个论点在很大程度上是正确的。私营安全保护企业客户免受内部颠覆(例如,劳资关系中的暴力或信息泄露)和外部攻击(如工业间谍活动)的伤害。越来越明显的是,在跨国背景下,保护民族国家、超国家和非政府组织的利益越来越需要私营高层警务[②]。与私营企业一样,国家也可以成为私营高层警务的客户。然而,国家和私营公司之间存在着重要的差异,这表明客户关系概念不能统一适用于这两个实体。

国家地位和客户关系这两个概念的用法不同。当使用单数形式谈论"国家"时,通常理解为所指的对象是说话者所在国家的政府(或公共机构)。不过,如果我们用单数形式谈论"客户",很可能会被问到我们在谈论哪个客户。根据逻辑推定,"国家"概念是指一个单一的综合实体(尽管联合国承认有 192 个国家),而"客户"概念涉及多个客户(虽然特定的提供者可以指一个特定的客户)。因此,一家私营高层警务机构可以公开拥有几个不同客户,只要这些客户是私人公司,而不是直接竞争对手。然而,同一私营高层警务机构是否可以公开从事保护不同国家的国家安全,这是值得怀疑的,因为这等同于官方批准的间谍活动。换句话说,国

---

① 2006:647。

② O'Reilly and Ellison,2006:647;见 Singer,2003;Kinsey,2006;以及 Jäger 和 Kümmel,2007。

家可以允许的唯一一种高层警务是专有类型的警务,即安全提供商专门致力于保护一个国家客户的利益。同一家提供高层警务的私人机构可能会与存在潜在冲突的不同国家签订合同,但这些做法必须是隐蔽的。

国家和私营企业之间还有另一个显著的不同之处。从理论上讲,国家地位和公共利益的概念是同时存在的。正如上一章所指出的,政治制度和公民之间的利益冲突是导致国家自我私有化的政治病理。不过,无论在理论上或实际上,都没有规定私营机构业主(及其经理)的利益必须与员工的利益一致。工会实际上是因为这些利益冲突而创建的。私营高层警务最初被公司管理层用来对抗工会的行动,现在仍然是这样。

吸收性警务

高层警务的这一特点是指囤积情报,以及推迟根据收集到的情报采取行动。高层警务机构似乎在等待使用他们积累的情报的理想情况。私营高层警务在很大程度上参与了情报收集。这种参与很难进行任何程度的精确评估,因为私营情报单位往往嵌入到大公司中,涉及安全的各个方面,从武器系统的制造到情报系统的管理(如雷神公司),因此都很低调。情报部门还嵌入了提供咨询服务的大型会计和法律公司,如德勤(Deloitte)和克罗尔(Kroll)。

这样收集和处理的情报可以用两组相对的类别进行粗略的分类。首先,它可以特定于业务(金融和经济情报),也可以针对客户的其他需求(政府或非政府客户)量身定做。第二,收集到的情报既可以用于攻击性目的(例如工业间谍活动),也可以用于防御性目的。在后一种情况下,与其说是情报本身,不如说是防御性技术系统。最后,有一种包罗万象的情报横跨这两个类别:这就是风险评估,这为私营高层警务创造了巨大的市场。政府声称已经取消的美国全面信息感知(Total Information Awareness,TIA)项目表明,反恐领域的高层警务倡议在很大程度上可以外包,私营部门是实现该倡议的主要贡献者[1]。TIA 并没有取消,而是现在被分配给了不同的公共和私营高层警务机构。

---

[1] Brodeur and Leman-Langlois,2006:180。

私营安全本身具有吸收性,这一基本特征自然延伸到私营高层警务。目前有人认为,私营警务只是整个私营司法系统的一个组成部分。尽管这种观点在理论上是正确的,但在很大程度上是一厢情愿的想法。正如美国私营安全特别工作组(1977)早些时候指出的那样,很大一部分私人逮捕没有向公共警察报告,是否应该报告还有待商榷,因为"完整的报告和因犯转移将无可救药地淹没国家的刑事司法系统"。① 在法国研究私营安全时,奥克托和波蒂埃②还报告说,在购物中心由私营安全人员处理的盗窃案件中,71%是在没有指控("隐藏")的情况下清除的,有时是在警察自己的煽动下进行的。在大多数这类案件中,被盗物品要么被退还,要么被支付(通常是由年轻商店扒手的父母支付),犯罪者书面承认罪行。在其余案件中(29%),档案被移交给警方。因此,看起来私营司法要么接受案件而不做进一步处理,以换取一些赔偿,要么将其移交给警方进行进一步的刑事司法处理。琼斯和纽伯恩(1998:185 – 186)报告说,在伦敦地区的公共市场和购物中心,也有类似的不愿报警的情况。

使用线人与普通罪犯

渗透劳工组织是美国私营高层警务的最初要求③。专门从事罢工破坏的私人机构,如贝高福(Berghoff),雇用了普通的犯罪暴徒。这些做法经久不衰。施洛瑟④在《纽约时报》上报道,惠普、沃尔玛和汉堡王等大公司利用私营调查公司监视记者、活动人士(绿色和平组织)以及维护工资过低的移民工人利益的组织。汉堡王的情况尤其令人不安。它雇用了外交战术服务公司,这是一家可疑的私营安全机构,根据其网站的说法,该机构声称在"刑事/经济犯罪"和"劳资关系"(秘密监视和卧底行动)方面拥有专业知识。为了汉堡王的利益,公司老板试图渗透进学生/农民工联盟⑤。2007 年,她在佛罗里达州被剥夺了私家侦探执照。她的前分包商之一,武装保安吉列尔莫·扎拉博佐,被控在 2007 年 9 月强行夺取了一艘船

---

① United States,1977:viii。

② 1995:190。

③ 关于法国的类似做法,见 Ocqueteau,1997:54。

④ 2008。

⑤ Bennett Williams,2008。

的控制权,绑架并谋杀了四人①。

这个案例远不是一个孤立的案例。吉梅内斯–萨利纳斯(2001)表明,在西班牙和其他欧盟国家,监管私营安全的立法是应大型私营安全公司的要求颁布的,以补救参与非法活动的小型私人调查机构造成的负面新闻。在加拿大,2008 年 5 月披露,一家与有组织犯罪有关联的私营安全机构获得了一份合同,在囚犯需要被送往医院时对其进行监视②。

欺骗性与法外合法性

与公共警务不同,私营安全并没有在所有需要的情况下都使用武力的全面授权,尽管它有权在特定情况下使用武力。因此,弄虚作假是私营警务的普遍特征,而不仅仅是私营高层警务的特征。从"诚实的购物者"到伪装成顾客来检查收银员是否参与盗窃,到秘密监视、卧底行动和渗透,欺骗的范围很广。正如刚才所看到的,使用告密者和雇用暴力特工意味着私营高层警务与公共警察一样从事法外活动。

私营特工还参与转包做法,目的是保护更应负起责任的公共警察免受潜在的滥用权力的指控。举例来说,我在研究警方调查时,曾遇到一些个案,警方在不能提出司法授权的情况下,便会聘请私家侦探替他们进行窃听。个别运营商也被卑鄙的骗子利用,最臭名昭著的案例是水门事件。最近,两家私营安全公司——CACI 国际和泰坦——在阿布格莱布监狱和"美军直接指挥和监督"的伊拉克地点进行审讯③。CACI 承认,其 60 名员工在伊拉克就是以这种身份行事的,并对美军调查人员提到的为该公司工作的三个人在伊拉克可能虐待囚犯感到"沮丧","这些人在 2004 年离开了公司"。

在高层警务的九个特点中,有两个较为突出:保护政治政权和警务、司法、惩戒权力的融合。这些特征中的第一个已经讨论过了。第二个特征指出了公共和私营高层警务之间的主要区别。一方面,似乎是私营部门高层警务典型的不同权

---

① Schlosser,2008;SourceWatch,2008。

② Chouinard and Noël,2008。

③ http://www.caci.com/iraq_faqs.shtml。

力的融合,因为在大多数案件中,私营警察充当决定撤销刑事指控的检察机关,他们在一定程度上实施公司制裁,因此也充当了量刑法官的角色。另一方面,在私营部门并不存在一个集权主义者将所有强制权力和针对犯罪、持不同政见者的做法聚集在一起。只有在当地经济殖民的极端情况下(例如中美洲的联合果品),才能找到这种等价物。

前面的讨论几乎完全指的是人力私营高层安全。与私营安全的其他领域一样,设备制造和技术走在了前列。这方面的情况发展得如此之快,以至于任何详细的描述都势必在几年后就过时了。然而,应该提出两点一般性意见。首先,数据挖掘技术正在改变信息处理的性质,因为它正在产生任何以前的分析手段(无论多么系统)都无法实现的结果。其次,技术正在推动一种信号情报(SIGINT 及其各种变体)趋势,这最终将损害传统的高层警务人力情报。录音技术的这种趋势所产生的后果以前已经被暗示过:它正在从国家是主要守望者的不对称"监视社会"倒退到一种新的自然状态,每个人都通过不同的镜头观察其他人。

理论问题

在最后一节中,将简要讨论私营安全人员的权力、公共和私营安全领域的关系以及私营安全对警务的影响等理论问题。

私营警察的权力

私营安全概念是一个抽象的概念,它只是为讨论权力提供了一个笨拙的基础。"N 的幂是多少?"这个问题最好在与人及其所属组织类型有关的情况下被问及。提出私营警察的权力分配问题还有一个额外的好处,那就是有利于比较私营警察和公共警察的权力[1]。这是一个非常复杂的问题,文献中对它的回复实际上是精神分裂症。一方面,几乎所有研究过私营警务的人都习惯性地断言,它的发展使国家对暴力的垄断受到质疑[2]。另一方面,任何对私营警察法律权力的详细

---

① Stenning,2000:326;Gans,2000。

② 有关早期和实质性的讨论,见 Johnston,1992:188 及以后。

讨论都会发现,它们与授予普通公民的最低逮捕权没有什么不同①。为了减少对该问题的二分法处理,我们必须区分私营警察的正式/法律权力和他们在实践中行使的非正式/有效权力。

埃贡·比特纳是支持使用武力来界定公共警察的最常被引用的权威,他几乎从未使用过韦伯式的垄断使用武力的概念。例如,在大多数国家,父母对其子女使用胁迫的权利得到明确承认。更重要的是,比特纳和其他关注警察使用暴力的研究人员②都没有从法律的角度表达其观点。那么,私营警察和公共警察在使用武力方面的主要区别是什么呢? 这种不同并不在于使用武力本身。斯滕宁③正确地强调,几乎不可能确定在某些情况下没有被私营警察履行的公共警察的任何职能。当私营警察执行的任务需要使用武力时,会由国家授予他们(例如,负责运送货币的装甲车的警卫一般都有武器)。就像狱警(比特纳最喜欢的例子)一样,私营警察被允许使用武力,但他们被授权诉诸暴力的情况总是有限的。撇开司法管辖权的技术考虑不谈,公共警察"普遍"有权在有理由进行胁迫的任何情况下在某一特定地区(无论是公共的还是私人的)使用武力。这项授权规则不适用于私营警察,因为在一般授权下,他们不能在私人空间之外行动。因此,私营警察和公共警察之间的区别不在于其任务的性质,也不在于允许执行任务的手段,而在于其适用范围。就公共警察而言,任务范围可能包罗万象,而私营警察则严格受具体规定的背景约束。

在建立了这个基本对比之后,我们现在可以更详细地审查私营警察的权力,重点放在加拿大的背景下。斯滕宁和希林(1979)仍然对这些权力进行了最广泛的讨论。斯滕宁(2000)更新了对私营警察权力的初步审查。不用说,这些权力可能会因国而异,尽管民主国家之间有很大的相似之处。

正式权力

私营警察和保安人员可以被正式"委派"或被授予特别警员的地位。在这些情况下,他们的权力在一段时间内与公共警察的权力相同。例如,在伊拉克负责

---

① Stenning and Sears,1979。

② Westley,1970;Muir,1977;Klockars,1985。

③ 2000:328。

美国国务院官员安全的黑水公司员工可以使用致命武力。除了这些具体个案外,私营警察的法定权力乍一看比公共警察窄得多。

根据加拿大刑法,私营警察有两项基本权力。首先,当他们目睹有人触犯可公诉罪行时,或者当他们有理由相信刚刚犯罪的人正试图逃避有合法权利对其逮捕的官员时,他们可以履行公民的逮捕权。第二,他们可作为物业业主的获授权代理人,在没有逮捕令的情况下逮捕被发现在该物业或与该物业有关的地方触犯刑事罪行的人。私营警察作为财产所有者的代理人,以及就公司所有权而言,作为管理部门的代表,其地位被赋予了相当大的权力。他们作为财产所有者代理人的权威得到了各种地方法律的进一步支持,例如加拿大各省和美国各州现行的《非法侵入财产法》。除了一般财产法之外,还有其他一些立法,如合同法、雇佣和劳动关系法、房东和租户法以及管理教育机构的法律,私营警察可以从这些法律中获得实质性的胁迫和侵扰权力。最后,加拿大市政当局有权发布有关安全的市政条例。违反这些规定,其范围从交通规则到涵盖生活质量各方面的市政规章制度,通常都会受到罚款的惩罚。在越来越多的城市,私营警察的任务是执行这些市政规定,因此被授予开具罚金的权力,并通过威胁开具罚金来确保潜在违规者的遵守。

所有这些法律加在一起,构成一个重要的武器库。然而,真正重要的不是拥有这些法律权力,而是通过私营安全机构的组织精神和意愿来扩大它们,以其确实拥有的权力来挑战极限①。里加科斯②描述了一次 Intelligarde 公司新警的培训课程,由一名教官"穿着黑色的智能制服,配上通用腰带、手铐、皮套和 9 毫米半自动手枪"来授课。教官("D")使用了所有常见的男性灌输技巧。他一度宣称:"我们对待(安大略省)《非法侵占财产法》的态度就像警方对待《刑法》一样严肃。《非法侵占财产法》是你最好的朋友——要尊重它。"当时正在参加培训的里加科斯说:"我们都开始了解安全人员享有的非凡的逮捕权。根据《非法侵占财产法》第 2 条第(1)(a)(ii)款,任何人都可以因任何被禁止的活动而被逮捕。D 列出了联

---

① Rigakos,2002:49。

② 2002:75。

邦、省和市级法律下的所有可能性。"①这些权力的总和,以及促进其使用的咄咄逼人的亚文化,现在对隐私和自由的威胁可能比国家更大②。

非正式权力

私营警察的非正式权力部分来源于他们的正式法律权力,但并不局限于这些。例如,毒品测试、测谎仪测试和各种搜查,这些在特定情况下正式授予私营警察的合法警察权力,如果有的话,其基础都不稳固。这些事实上的权力是在扩大私营警察职权范围的情况下行使的。这种情况的第一个特点是可见性低,有时近乎保密:我们实际上对公司专有(内部)安全的范围内发生的事情知之甚少。然而,我们确实知道,保密会滋生滥用和有罪不罚现象。更具体地说,低能见度会削弱控制和责任,并在一定程度上增加权力。第二种情境权力放大是对私营警察权力相对缺乏法律约束。在 2008 年 4 月 25 日的一项判决中,加拿大最高法院裁定,公共警察使用嗅探犬在学校内随机搜查毒品是非法的,因为他们不尊重对学生进行个别搜查的可能原因要求(Q. v. A. M.,2008 年 SCC 第 19 号)。学校管理层根据广泛的"直觉"报了警,认为校舍内正在进行毒品交易。这项裁决公布后,法律专家辩称,如果这种搜查是由私营警察在学校管理层的授权下按合同进行的,其合法性就不会受到质疑。

确保遵守的最为非正式的手段包括私营警察在充当财产所有者或管理层代表时所享有的杠杆作用。最强大的杠杆之一是,如果一个人不服从搜查和其他监管措施,就可以拒绝其进入某个地点或获取想要的商品和服务③。另一个同样强大的杠杆可以用来对付私营公司的员工:他们必须同意接受监视和其他安全程序,作为招聘、继续雇用和潜在晋升的条件。

外表的力量(The Power of Appearances)

莫帕斯和斯滕宁(2001)的研究得出结论,私营警察的象征性权力并不像人们认为的那样重要。象征性权力是在不实施强迫服从的公开行为的情况下确保遵从的能力。这种能力在很大程度上取决于外表(physical appearances)。在前述有

---

① Rigakos,2002:77。

② Stenning,2000:332。

③ Stenning,2000:334。

关公共和私营警察关系的研究过程中,我发现其实公共警察对私营警察最多的投诉之一,正是与外表有关:公共警察抱怨穿着制服的私营警察冒充他们,并从这种身体冒充中获取合规利益。这种抱怨不是没有根据的。Intelligarde 公司雇用的警卫的照片①显示,他们的工作服是各种公共警察制服的拼凑。例如,他们在警帽上戴着黑白格子帽带,这是对英国警察的公然模仿。该机构还拥有一支小型骑兵部队,可能会被认为是加拿大皇家骑警的标志性骑手。考虑到制服在警务中的重要性(见第五章),魁北克政府于 2006 年成立的私营安全监管机构编制了关于穿制服的私营警察应该是什么样子的指导方针,以免被误认为是公共警察。

赋予私营警察的不同权力,根据部署地点的不同而有不同的行使方式。警力部署的空间共有五种:公共空间、受限公共空间(如军事基地)、私人空间、混合空间(一般公众可以进入的私人所有的场地)和城市无人区(如贫民窟和红灯区)。越是私密的地方,私营警察越是可以行使不受挑战的权力。相反,当私营警察部署在公共场所时,他们对警务权力的使用更容易引起争议。然而,即使是最低限度的私营警务也不例外,正如我们所建议的,警务是指行使其他市民所不能行使的权力。市民开具停车罚单或在某些情况下拖走汽车将是非法的。此外,无论是私营或公共机构,负责执行泊车规定的代理人为了履行职责,在禁区或双人停车场泊车,都显示出他们对泊车规定的不尊重。

公共和私营警察之间的关系

关于公共和私营警察之间的关系这一话题已经说了很多②。自从卡卡利克和维尔德霍恩(1972)的开创性报告以来,私营警察是否是公共警察的初级合作伙伴或他们的关系是否平等的问题受到了密切关注。关系可以从两个角度考察。首先是关系的强弱。那么问题就是,是否存在工作伙伴关系。二是关系的定位。问题就是,是否所有的合作伙伴都是平等的,或者权力是否主要来自一个来源——根据背景会有所不同——流向其他合作伙伴的方向。

"网络"一词含义广泛。它可以由松散联系的机构拼凑而成,以执行定义不明

---

① 见 Rigakos,2002 和这个私营机构的网站。
② Shearing and Stenning,1981;Shearing,1992。

确的任务,也可以指朝着共同目标努力的综合伙伴关系。人们可以在标注名字的小圆圈之间画线,这一事实本身并不意味着网络的存在。正如对 2002 年盐湖城冬奥会和 2004 年波士顿全国民主大会安保安排的两个案例研究所表明的那样,协调参与其中的许多公共警务机构——私营部门在这两个活动中都没有扮演任何角色——是一项艰巨的挑战[1]。曼宁的结论是"一个连贯的安全领域或网络的想法无助于理解奥运会的组织间关系"[2]。如果公共警务机构的协调是一项艰巨的任务,那么让公共、私营和社区部门的机构作为一个团队工作将需要比我们目前拥有更多的技术诀窍。到目前为止,在这方面进行的实地研究为数不多,而且这些研究的重点是警务的日常事务,而不是需要高度安全的特殊活动。

我担任主席的私营警务专责小组的调查结果已做过总结。我会简单回顾一下,集中讨论公共和私营警察的关系问题。魁北克(2008)对 62 个社区的调查结果与韦克尔菲尔德(2002)的调查结果相似:不同社区的私营警察和公共警察之间的关系差别很大。更具体地说,我们的发现重复了琼斯和纽伯恩[3]在旺兹沃斯的发现:公共和私营警察在很大程度上在不同的领域运作,彼此共存,几乎没有接触,也缺乏有组织的协调。这些关系在富裕的城市社区是最好的,这些社区已经建立了自己永久的私营安全部队。这些准警察地方单位传统上是由一名人脉深厚的前警察领导的,他来自公共部队,负责维持这座城市的治安,这些富裕的行政区是这座城市的一部分。该事实在一定程度上解释了公共力量和量身定做的私营单位之间的生产性工作关系。在所调查的大多数社区中,要么关系紧张,公共警察认为私营警卫在公共领土上的活动是一种入侵[4],要么私营和公共警察基本上互不理睬,很少联系。

魁北克社区对私营安全的部分依赖是一个已经悄悄进行了 30 多年并将继续发展的过程。这些问题不是由对私营警察的长期依赖引发的,而是由时而意识到他们的存在而引发的,例如,当公共警察部门和市政当局之间的劳动合同正在重新谈判时。公共警察向其私营同事施压,以便从市里得到更好的交易。塑造双方

---

[1] Manning,2006b。

[2] Manning,2006b:79。

[3] 1998:179 - 181。

[4] Quebec,2008;Noaks,2000。

关系的另一个重要因素是公共警察的职业文化。公共警察仍然是军国主义的(militaristic),有强烈的等级意识。当几个公共机构被要求提供安全保障时,它们通常最终会相互竞争,决定谁将成为同等机构中的第一名。对他们来说,要向私营合作伙伴的权威低头就更难了。因此,琼斯和纽伯恩[1]得出的结论是,尽管在他们调查的伦敦区,私营安全和其他形式警务的作用越来越大,但他们的活动"部分是由大都会警察担保的"。

警察文化也是由内部群体和外部群体之间的二分法构成的。坎宁安等人[2]引用的一项对警察局长的调查显示,对他们来说,最需要优先做出反应的情况是"有麻烦的警察",而"有麻烦的保安"在12个选项中只排在第5位。有趣的是,私营安全的具体任务之一——遏制商店行窃和员工盗窃——的响应优先级最低(而且,对入室盗窃警报的响应排名较低,排在第7位)。总而言之,尽管公共和私营警察之间的关系从生产性到冲突性不等,这取决于具体的背景变量,但最常见的特征是它们的弱点。公共机构和私人机构通常在彼此相对不了解的情况下从事各自的业务。

公共警察的职业文化还从另一个方面解释了他们与私营安全人员关系薄弱的原因。不管我们是否同意"知识工作者"的概念,埃里克森和哈格蒂(1997)强调信息在警务中的作用越来越大是正确的。依靠信息是一回事,有动力、有能力从事信息或知识工作是另一回事。警察文化是以行动为导向的:新警加入警察队伍的原因有很多,但寻求知识工作的职业并不是其中之一。我们在刑事调查和高层警务的章节中看到,知识工作,特别是情报分析工作,既没有得到重视,也没有得到奖励。大多数警务机构的情报分析员都是平民,他们的地位比警察低。因此,在公共警察组织中,有一种趋势是将需要专业知识的知识工作外包出去,如法务会计、数据挖掘和网络空间研究。外包不是联网的同义词。警察传统上尊重专业知识,但他们认为这是真正警察工作的辅助。私营专家被视为助理,而不是合作伙伴。

以上有关专业知识的评论,可能有助于我们为私营警务的增长提出另一种解

[1] 1998:181。

[2] 1990:119。

释。这一解释建立在琼斯和纽伯恩关于社会控制正规化的论证之上。正如我们看到的,琼斯和纽伯恩[①]认为,社会控制的低水平间接来源的减少,与公众对更正式、更明显的控制的呼声相一致。非正式的"二级"控制资源枯竭留下的真空被私营警察填补了。消防民营化也为这一观点提供了支持。虽然有限得多,但美国的消防私有化为社会控制的日益正规化提供了一些有趣的启示。1989 年,43.5%的美国人口受到 1799 个"全职"消防部门的保护,而 42%的人口受到大约 2.7 万个"主要是志愿者"或"全志愿者"消防部门的保护。在消防私有化的有限程度上,它基本上影响了由志愿者组成的农村或小镇消防部门[②]。在消防方面,民营化也与正规化不谋而合。私营部门介入了社会控制光谱的两端。在较低端,它正式接管了非专业人士没有充分履行、公共机构对执行这些职责持谨慎态度的低层警务或消防职责:固定监视、提供信息、控制商店扒窃和员工盗窃、在公共交通上逃票、对警报做出反应,以及农村消防。在更高端的领域,它越来越多地提供知识密集型领域的正式专业知识,在这些领域,公共警察表现不佳或根本无法表现。在这个社会控制的更高端,预计会有很大的发展。

治理

公共和私营警察关系的定位提出了一个治理问题:当几方参与提供公共空间的安全时,谁来负责? 根据上面进行的第一个案例研究,答案相当简单。私营和公共合资企业还很少,当它们被开创时,公共警察将领导这种伙伴关系。魁北克(2008)建议省政府正式赋予公共警察在联合安全项目中的最终责任。鉴于加拿大目前的情况,意味着缩减公共警察权力的其他解决方案仍处于试探性阶段。

有人提议用共同安全治理的概念取代被认为过于强调国家至高无上的警务概念[③]。然而,目前尚不清楚我们是否在从警务转向治理的过程中进一步偏离国家。正如我们在警察史章节中看到的那样,塞缪尔·约翰逊在他 1806 年的《英语词典》中将"警察"一词定义为"就居民而言,一个城市或国家的管理和政府"。那

---

① 2002:141。

② Guardiano, Haarmeyer and Poole, 1992。

③ Johnston and Sears, 2003。

么,我们是不是简单地向过去进发,重新发明了警务和治理之间的同义词呢?

用"治安治理"代替"警务"还会出现第二个问题。这个问题本质上是经验性的。"治理"来源于一个词,指的是船的舵手,一般是指上级决策。因此,它可以适当地应用于高级管理人员的工作。然而,使用这个词来描述基层警察的活动,无论是公共的还是私营的,穿着制服还是便衣,似乎是违反直觉的。巡逻、守卫、向公民提供信息、监视可疑人员、处理情报和执行逮捕在什么意义上属于安全治理行为?将"警务"改为"安全治理",将会遗漏90%以上警察实际在做的事情。尽管如此,安全治理仍然是一个新兴的研究领域,可能会引起越来越多的兴趣。这一概念的使用带来了几个困难,如果在早期阶段加以确定,这些困难将更好地得到解决。

语义学。克劳福德(1997)、约翰斯顿和希林(2003)写了一些书,探讨了一个类似的主题:通过当地社区伙伴关系预防犯罪,尽管侧重点不同。然而,这些书中的第一本名为《犯罪的地方治理》,另一本名为《管理安全》(强调是后加的)。克劳福德(1997:3)将治理定义为政府含义的改变,治理涉及地方与社区的伙伴关系,而政府是由专业人士集中拥有的。根据帕克和布雷斯韦特(2003)的说法,对于伍德和西尔斯(2007:6)来说,治理首先被定义为旨在塑造"事件流"的有意活动。然而,他们接着将治理定义为"管理我们世界的业务",明确指出我们的世界包括"但当然不限于人"(2007:6)。麦考利(1986:446)在其颇具影响力的关于私人政府的著作中将私人政府定义为"一个正式定义的组织,它制定规则,在具体案例的背景下解释规则,并对违反规则的行为实施制裁"。根据这个显然是指人民治理的定义,私营政府和公共政府之间并没有太大的结构性差异。除了私人政府,麦考利(1986:454)还使用了网络和社会领域的概念。定义的波动性影响了事实论断:伍德和希林(2007:2)提到了私人政府"广泛而快速的增长",而麦考利则指出,私人政府的概念至少可以追溯到1913年,他自己的分析"并不是新的观察结果"(Macaulay,1986:446)。事实上,教堂是麦考利(1986:471)提供的许多关于私人政府的历史解释(illustrations)之一。然而,最近的事件表明,对于一些教会来说,他们对受其照顾的儿童的安全管理有时令人沮丧。

信息。没有共享的信息和规则,就不可能有治理。公共警务组织显然不愿分享信息。同样的评论也适用于私营安全机构之间的关系。当所有这些结合在一起时，信息共享可能会变得非常有问题。还有一个不应低估的额外困难。关于某些警务行动，如反恐，安全许可水平发挥着重要作用，并从法律上阻碍不具有相同安全许可水平的公共伙伴之间共享信息。作为缺乏训练的局外人，私营警察不太可能拥有与其公共部门的同事一样的安全许可水平。

混淆。前面的困难相对来说是技术性的。下面是更具实质性的反对意见。正如我们在第五章试图证明的那样，制服警察只花了一部分时间来提供安全和执法。如果说关于警方在做什么的实证研究中有一个反复出现的发现，那就是他们正在执行各种不同的职责。此外，执法和提供安全并不是完全一致的职责。例如，赌博在很长一段时间内都是非法的，警方打击了各种赌场。各国现在已经在合法化的赌博中找到了新的收入来源，他们（相当令人厌恶地）将其宣传为一项可能会让你梦想成真的愉快活动。与警方"刑警队（vice squads）"的其他行动一样，打击非法赌博几乎与安全无关。在这方面应该指出的是，里加科斯（2002）调查的安全机构经常充当刑警队的私人代理人。

以安全治理取代警务的问题具有进退两难的结构。要么假设这两个概念重合，要么不重合。如果假设它们是一致的，安全的概念可能会变成一个毯子（blanket），使任意的和潜在的有害的警察活动合法化，就像过去经常做的那样。由于它们没有重叠，建立一个完整的警务知识体系这一众所周知的困难将变得更加尖锐，这是大可不必的。

警察-工业综合体（The Police-Industrial Complex）

与安全治理有关的还有一个更加实质性的困难。不管人们赋予治理什么含义，它指的是人（和生物）的治理，而不是事物的治理。同样的话也适用于私有化的概念。一个多世纪以来，军方一直依赖私营部门提供的武器，但直到最近私营雇佣兵数量激增，才明确提到军队的私有化。然而，正如本章前面部分所述，安全设备制造和技术在市场中的份额比人力安全更大，并且技术部门的增长速度比人力安全更快。还有人认为，技术对警务的影响大于安保人员组成和私营警察与公共警察比例的变化。然后可以推断，从治理的角度研究安全必然会错过其关键的技术组成部分。

尽管人力安全和制造业是截然不同的,但没有理由将它们一分为二。人员配备的警务服务和安全设备的制造在关键点上相交。安全设备经常被用来替代人力安全。例如,在公共交通中,特别是在地铁中,监控摄像头已经取代了看守员;票务控制也是由机器而不是人来执行的。增长最快的市场之一是私营人工技术,如远程监控系统。个人和公司不是购买和安装监控设备,而是订购监控系统,其中包括闭路电视摄像头、不断监视屏幕的操作员以及被派来检查潜在安全漏洞的干预小组。

安防技术对私营人力安全也有重要的反馈作用。警报系统是最早的安全设备之一。制造警报系统的公司的营业额在安全行业中仍然是最大的之一。警报系统的普遍普及,主要由保险公司维持,给公共警察带来了越来越多的问题。超过90％的触发警报是虚假警报,公共警察在这上面花费的时间本可以用于更有成效的任务。例如,加拿大审计长施加了越来越大的压力,要求将响应警报系统的任务移交给私营警察。在市场营销方面,这是一个完美的循环:第一,从出售私人制造的安保设备获利开始;第二,使用这些设备会产生问题,使公共警察有限的资源负担过重;第三,然后要求私营人力安全来解决问题,并获得更多好处。这种自我维持的循环还有其他例子。公共交通的不安全感助长了公众的呼声,要求员工回来执行打票等卑微的工作,这些员工曾经被机器取代,没有人意识到他们正在发挥重要的安抚(reassurance)作用。然后,私营警察被雇佣来响应公众的呼声,而原本应该取代人的机器仍在提供服务。

尽管这些私营设备和私营人力相结合,但安全技术本身就具有改变警务的潜力。在这方面,应该特别提及中间型武器(intermediate weapons)和闭路电视的传播。中间型武器的广泛分布对警察使用武力和低层警务本身产生了直接影响,因为胁迫是低层警务的核心特征。闭路电视的指数增长正在改变监视,并最终改变高层警务,后者是以行使监视为前提的。人们还可以证明,从长远来看,直升机的使用将产生与汽车问世相匹敌的影响。考虑到所有的后果,私营部门制造的新技术和新设备可能是警务转型的驱动力,如果这样的事情真的发生的话。

能否对安全行业市场进行治理? 毫无疑问,制造业可以从其他有影响力的企业行为者,甚至国家那里得到强有力的指导。在武装冲突时期,经济处于战争状态,可以指导其进行所需产品的研究和开发。大公司也可以要求分包商开发特定的产品。然而,经济学中有一个颇具影响力的传统,可以追溯到亚当·斯密的"看不见的手",他声称,在资本主义经济体中,市场是不可预测的,其行为主要取决于自治和外部环境的混合。在一次著名演讲中,美国总统艾森豪威尔创造了"军工复合体"这个词来指代这种内外利益的相互关系。为军队开发的一些技术已被警察采用,效果很好(如装甲车和直升机)。

正如之前看到的,不列颠哥伦比亚省的一名警察写了一份报告,证明使用泰瑟枪是正当的,并否认泰瑟枪是导致死亡的工具[①]。他甚至推测,当地一位"医学遗传学家"在某个特定的加拿大裔美国印第安人家庭中发现了一种罕见的基因,使这个家庭的成员"更容易受到兴奋性精神错乱的负面影响"。不用说,加拿大裔美国印第安人经常被"电击"。2008 年,还有消息称,一名魁北克警察部队的活跃成员正在加勒比海国家推广泰瑟枪,他还在那里担任制造泰瑟枪公司的指导员。这些例子说明了警务部门和公司机构可以彼此提供的相互支持。

劳尔的报告不能被视为仅仅是坊间证据。它由加拿大警察研究中心赞助,受到广泛传播,在转移可能导致暂停使用 CEW(加拿大在罗伯特·齐肯斯基去世后呼吁这样做)的批评方面具有影响力。劳尔的观点(2004)在针对加拿大皇家骑警的公众投诉委员会的报告(2007:19)中得到了有效引用。它为警方提供了免除责任的理由,并否认了 CEW 与猝死之间的任何联系:"涉及警方的不明原因的突然死亡,似乎往往与兴奋性精神错乱、极度疲惫(通常是在拒捕时,在此期间可能使用 CEW)以及随后的克制有关。"正如我们已经说过的,警察局长和工会 2009 年叫嚣着要求每位警察接受使用 CEW 的培训,并可能携带泰瑟枪。尽管布雷德伍德专员在他的第一阶段报告中说,"总的来说,(他)得出的结论是,如果在使用这些武器方面做出重大改变,我们的社会会变得更好"[②],泰瑟国际已经在质疑他的结论了。看来,除非社会无条件地向其产品投降,否则没有什么能让泰瑟枪制造商满意。

[①] Laur,2004:26。

[②] Braidwood,2009:16。

有一种假设，即存在一个建立在军工复合体基础上的警察-工业复合体，并且正在更深更快地扎根，这一假设值得考虑。该假设将提供一个更加全面的框架，以便将公共和私营警察与安全产品的私人开发和营销之间的复杂关系概念化。与解释安保设备的扩散及其对警务的影响相比，安全治理的视角更有利于理解人力安全的某些方面。然而，"多元警务"等概念在一定程度上是在安全治理的背景下发展起来的，是反思警务未来的重要工具。

结论

图8.1完成了上一章中关于高层警务的图表并且整合了私营部门。警察-工业综合体有意没有包括在这个图表中。这个概念仍然太过假设，最重要的是为了刺激进一步的研究。它最终可能被视为提供了菱形图像的基础。更重要的是，图8.1试图综合前面几章进行的分析。这些分析是基于我自己的实证研究，也是基于之前关于警务的学术研究。除了信息技术和监视方面的开创性工作[1]外，技术问题在警察研究中是一个相当新的问题[2]。对技术的研究在一定程度上受到闭路电视在英国崛起的启发[3]。此外，警察研究的方法论基础是社会学、人种学和政治学。对警察-工业复合体的研究需要更多地关注经济学及其方法。总体而言，警察和安全技术的系统研究才刚刚开始，现在就试图评估其对当前警务概念的影响还为时过早。

公共警务和私营警务最基本的区别在于它们与司法的关系。法院排除证据的特权对执法具有控制作用，尽管它受到辩诉谈判的限制。正如图7.2曾经表明的那样，现在图8.1的上半部分显示了高层和低层警务与刑事司法系统之间关系的不同强度，黑色矩形表示较强的机构关系，白色矩形表示较弱的联系。私营警务和私营司法之间的关系被用虚线描绘出来，以表明它仍然弱于公共警务和刑事司法系统之间的关系。除了为数不多的试点项目外，私营司法在很大程度上是默认的正义：要么出于权宜之计而撤销指控，要么司法变得公司化（定制），并由保护

---

① Manning,1992 and 2003；Marx,1985,2001a and b。

② Savona,2004；Haggerty and Ericson,2006；Lyon 2006。

③ McCahill,2002；Gill,2003。

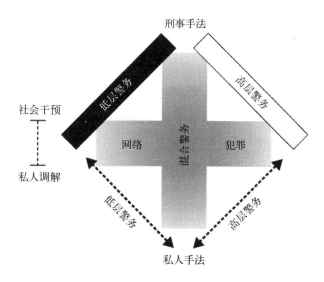

图 8.1　集成的警务模式

公司形象和财务利益驱动。私营司法的残余性是它出现在图的底部的原因。虚线应该被视为具有朝向图表顶部和底部的双向方向。当私营部门做出起诉罪犯的决定时,案件就移交给公共警察(图 8.1 的上半部分)。琼斯和纽伯恩也注意到了私营司法的两面性,即减少对非正式制裁的依赖和日益正规化的司法(1998:193)。

防止损失与私营安全密切相关,主要是通过安全设备和技术手段实现的[①]。着眼于人力安全,公共警察和私营警察实际在做什么的区别并不明显,不足以用压制和预防之间的对立这样的极端术语来确定。关于私营安全机构的少数实证研究之一得出结论,现代私营警察的作用"反映了当代公共警察的抱负和职能"[②]。图 8.1 使用"干预(intervention)"和"调解"两个词来分别描述公共警务和私营警务。这些词不应该用它们的规范意义来解释,调解被认为是解决问题的更好方式。实际上,这两个词在意义上几乎没有区别,它们都有一个共同特点,即指发生在某个中间层面的实践。《牛津英语词典》甚至通过干预的概念来定义调解。然而,干预本身被定义为"干扰(interference)"。这种对潜在破坏性行为的强调

[①] Bottom and Kostanoski,1990。

[②] Rigakos,2002:148。

抓住了公共警务与私营警务之间仍然存在的区别。由于其法律权力和象征性权力,公共警察可以公开实施各种形式的社会干预主义。虽然私营警察实际上被赋予了很大的权力,但他们的行动通常基于"观望"态度,而不是基于社会激进主义。这种差异是程度上的差异,而不是性质上的差异。不过,它也可以作为矩阵来生成进一步的对比。流动性和停滞性之间的对比具有特别重要的意义。由于成本效益的原因,公共警察组织中几乎没有留下静态防护(static guards)。提供执行各种功能(如门禁)的静态防护仍然是私营安全的重要市场。

在图8.1的菱形图表中,有一个十字形状的区域,以灰色阴影显示。这些交叉线的用意是提醒人们,高层和低层警务之间以及公共和私营警务之间存在着界面。所有类型的网络偏差(有组织犯罪、街头帮派和恐怖主义)都有很大程度的重叠。图8.1没有重复图7.2中列出的高层警务和低层警务之间的区别。虽然当我们从公共部门转向私营机构时,高层警务和低层警务之间的差异并不完全一致,但它们在某种程度上是相似的。列出私营高层警务和低层警务之间的区别会给图表带来不必要的负担。这些差异是本章上一节详细讨论的主题。然而,有一个基本的区别怎么强调都不为过。无论是建立在高层警务还是低层警务的背景下,警务与司法之间的联系在公共领域中都要正式得多。美国在2001年9月恐怖袭击后发展的平行高层警务司法系统在私营领域没有类似的系统,在其他国家有几个历史先例。麦考利(1986:447)承认,私营政府(Private Government)通常"只模仿公共法律体系的一部分"。虽然在制度层面没有太多反映,但另一个显著区别是这样的:公共警察的首要任务是暴力犯罪,无论是个人、组织还是大批示威人群所犯下的罪行;私营警察专注于经济犯罪,尽管保镖保护贵宾的业务正在增长。

本章曾经指出,我们用警察公开从事被禁止的行为的能力来定义警察的矩阵也适用于私营警察。虽然在冲突各方之间进行强制性干预和通过谈判进行调解所需的权力不同,但这些差异在实践中只是程度问题,而不是性质问题。一方面,公共警察的大部分时间都花在非强制性调解上。另一方面,私营警察经常强行将自己的解决方案强加给冲突各方,特别是在他们拥有相当大影响力的情况下。关于公认的法定角色,夜间经济中的保镖和类似的行为者可以说至少是最低意义上的"警察"。然而,即便这种极简主义的警务也是基于一种潜在的身体胁迫手段,这一点得到了公共当局的有效支持。无论是以书面形式得以正式,还是经实践批准,合法化或者在法律之外运作的隐性许可,都是所有警务工作的源泉。

虽然这种情况最终可能会改变,但公共和私营警察在各自的象征性权力和上演引人注目的社交剧的能力上面仍然存在着明显的差异。这种象征性权力的对比反映在一条规则上:提供安全的利害关系越高,那么委托公共警察提供安全任务的呼声就越强烈。这条规定导致"911"事件后加拿大机场安全的去私有化,并且在某些安全领域遏制了私有化,如调查暴力犯罪和有组织的越轨行为。

第九章 警务的边缘

前面各章已经涵盖了公共警务,如制服警察、刑事侦查员、高级和低层警务,以及私营警务的各方面,包括私营高层警务。不过,警务机构的数目远比目前为止已评论的机构要多。许多政府部门和服务机构,如海关、移民局、国税局、邮政和公园等,都有自己的警察[1]。公共侦探羡慕国税局调查人员行使广泛的调查权。在大多数西方国家,边境由海岸警卫队和边境巡逻组织等专门机构保护。还有一大批混合警务组织,它们融合了公共和私营警务机构的特点[2]。例如,在加拿大,登机前搜查航空乘客及其手提行李,长期以来由私营安保机构承担;"911"事件发生后,加拿大政府决定他们应该接受加拿大航空运输安全局(CATSA)这个政府机构的培训和认证。除了这些正式活动之外,还应增加一些做法,这些做法在各国之间及其正规化程度都不相同,这些做法被称为自助[3]。

不用说,回顾整个警察机构和自助的全部特点,是任何一本书都无法完成的。然而,也许可以对构成警务边缘的两端进行说明:一端是军事警务,另一端是法外警务。所有其他警务工作都介于这两个范畴之间,并在不同程度上拥有一些共同之处。

在实施普通法的盎格鲁-撒克逊国家,军队在正常情况下不履行警务职责;只

---

① Nalla and Newman,1990:45 – 46;Nalla and Newman,1991;Jones and Newburn,1998:122。

② Johnston,1992:114。

③ Black and Baumgartner,1987。

有在特殊危机情况下才需要他们。美国的《治安官动员法》(*Posse Comitatus Act*)等立法极大地限制了使用军队维持治安的目的,除海岸警卫队之外。有人争辩说,军事文化与最小使用武力的警务要求并不相关[1]。正如第一章所说,正式的警务职责最初是由欧洲大陆的军队执行的。非法控制的法外警务,将在警务边缘的另一端找到。因此,本章分为两个部分。第一部分涉及各种军事警务,第二部分讨论甘贝塔的假设,即犯罪组织(如意大利黑手党、俄罗斯黑手党和日本黑手党,仅举几例)至少部分致力于为客户提供保护(Gambetta,1993),这些保护方式近似于警务服务。

军事警务

"军事警务"这个称谓有两个主要含义。狭义上,它指的是军队的督察,由其他军队负责。从更广泛的意义上说,它是指由军事人员或军事化人员来维持社会治安。在第一种意义上,我们通常指的是宪兵(MP);在第二种意义上,我们使用军事化或准军事警务这个词[2]。在本章的第一部分,重点放在军事化警务上,对宪兵只是片语提及。

尽管几乎所有警察机构都在某种程度上军事化,但至少有两种军事化警务组织模式。第一种军事化警察模式在欧洲大陆和加拿大等其他国家能找到。它指的是结构类似军事实体的组织,可能向国防部负责,而不是向负责国土安全的部门负责。在法国,国家宪兵队在其历史上的大部分时间都向国防部长报告,而在加拿大,加拿大皇家骑警向国土安全部部长报告。这两个机构的共同之处是,它们基本上都是配备军事化人员的警察组织。他们是刑事司法系统的一部分,他们使用胁迫手段是以最小使用武力的警察精神为指导的,而不是以军事交战规则为指导。第二种军事化警察模式在许多南美国家都可以找到,比如巴西。这种模式指的是从事警务工作的士兵,他们的行动就像一支军队一样与内部敌人战斗。用"准军事"一词来指称这类警务机构更为恰当。

---

[1] Dunlap,2001:35。

[2] Waddington,1991:123 - 124。

在对狭义的宪兵做非常简短的讨论之后,我们将对刚才提到的两种军事化警务模式进行考察,第一种是法国模式,第二种是巴西模式。对这两个国家的关注,旨在提供一个讨论框架,不可避免地不提及其他国家。从狭义上讲,对宪兵的讨论是以1993年加拿大一起军事失职案件为基础的。

宪兵

尽管在民主背景下,军队最终要向文官当局负责,但在几乎所有方面,军队都形成了一个独立于文官社会的系统,服从于自己的治理模式。军队的分离性也体现在军事司法上,它遵循自己的法律法规,由宪兵、法院和惩戒机构组成的自成一体的系统实施。例如,在加拿大,从刑事司法角度,死刑已废除很久,但死刑仍然是加拿大军事司法的一部分。

1993年1月至6月,加拿大空降团作为美国领导的国际联盟成员被部署到索马里。这一不幸的任务被命名为"拯救行动",但最终失败了,并引发了加拿大军事史上的最大丑闻。加拿大军队严重虐待被拘留者,殴打并折磨16岁的索马里少年希丹·阿隆,他曾试图从贝莱特胡恩的加拿大营地窃取物资。折磨阿隆的两名列兵拍下自己的照片,照片显示他们在将年轻人殴打致死时露出灿烂的笑容。他们并不是唯一这样做的士兵。比利时士兵还拍摄了自己折磨在押人员并在他们身上撒尿的照片。

当这些照片出现在加拿大媒体时,引发了极大的震动。1995年,加拿大驻索马里部队调查委员会成立,由吉勒斯·莱图罗法官(Canada,1997)担任主席。该委员会仅完成1/3的任务,于1997年被政府提前终止。我为该委员会准备了一份关于军队中种族偏见的研究报告(Brodeur,1997a)。虽然该委员会未能履行其职权范围,但其程序和报告揭示了宪兵和军事司法的情况。

缺乏独立性。希丹·阿隆死后,宪兵对这起事件中涉及的军事人员进行了调查和审问。这次宪兵调查被认为是不完整的。因此,加拿大军队任命了一个由T. F.德费耶少将领导的内部调查委员会来调查这一事件。国防参谋长让·博伊尔将军在莱图尔诺调查中作证说,宪兵的报告与德费耶内部调查委员会的报告之间存在着重大差异①。实际上,在加拿大军队任命的内部委员会提交的希丹·阿隆之死的官方版本中,宪兵的报告几乎被丢弃了。还有人声称,宪兵调查员不能尽职调查。与阿隆之死直接相关的两名列兵之一马奇下士,在被宪兵拘留后试图在牢房里上吊自杀。他遭受了严重的脑损伤,无法接受审讯,被发现不适合受审。这项调查的早期阶段提出的一般问题是,宪兵在调查和使用调查结果方面是否独立。根据我为莱图尔诺委员会进行的研究,我的答案是,宪兵和武装部队中的其他一切一样,受到军事指挥链的约束,并不享有进行公正调查所需要的独立性。

　　监督普通官兵。宪兵调查之后,几个人被军事法庭审判。该团指挥官因玩忽职守受到两次审判,两次都被无罪释放。下达命令"虐待囚犯"的少校②被判玩忽职守罪,并受到"严厉谴责"。直接对希丹·阿隆之死负责的中士被判玩忽职守罪,入狱 90 天,并被降职。在描述希丹·阿隆痛苦经历的照片中出现的两名男子中,只有一人可以出庭受审。他被判有罪,并被判处 5 年监禁。因此,对指挥链中最低级别的惩罚力度加大了。最后,领导整个加拿大驻索马里战斗小组的上校没有被正式追究责任,并于 2008 年被提升为准将(追溯到 2000 年)。宪兵似乎最初是为了控制普通士兵而设立的,其职权范围并不延伸到军官。在其报告中,莱图尔诺调查在军事司法问题上采取了截然相反的立场,严厉指责索马里特派团的指挥官,并建议将勋章授予参与维持和平任务的普通士兵。

　　无论多么简短,这一分析表明,按照极为不同的正式等级结构构建的组织在监管自身方面并不成功。这一观点既适用于军队,也适用于警察。鉴于后来在所谓的反恐战争中发生的事件,玷污索马里维和特派团的事件不能被视为没有普遍意义的例外事件。

军事化警务

　　欧洲大陆国家的警察人数远远少于北美,甚至少于英国。例如,瑞典只有一支警察部队(Rikspolis)。欧洲大陆公共警察的基本结构一般是双重的:有两种主要的国家警察力量,一种是通常意义上的警察部队,另一种是军事化组织。这两

---

① Brodeur,1997a:212。

② Brodeur,1997a:184。

类警察部队在国家或相对独立的区域基础上运作。在法国,这两支部队是由内政部长领导的国家警察部队和国家宪兵(GN),后者是该国武装部队的一个军事组织,目前由法国国防部负责。虽然法国政府颁布了新的立法,从 2009 年 1 月起将国家宪兵置于内政部的管辖之下,但该部队仍将保持其军事性质。

警察部队是否隶属于警察或武装部队,并不是决定这支部队是否军事化(或准军事)的主要因素。在法国,共和国安全部队(CRS)是国家警察的一部分,由内政部管辖。他们成立于 1944 年,作为一支控制暴乱和潜在政治风险的机动力量,除了要向警察部长负责这一事实,他们也是军事化警务在各方面的缩影。西班牙、意大利和荷兰都有类似的警察结构,包括一支警察队伍和一支军事化警察部队。比利时在 2001 年警察和宪兵合并之前也有这样的双重结构。法国宪兵队是在 1791 年法国大革命期间正式成立的,它取代了历史可以追溯到 13 世纪的马雷夏塞(Maréchaussée)。拿破仑征服后,法国模式扩展到欧洲大陆。

欧洲以外还有军事化警察机构,尤其是加拿大。加拿大皇家骑警于 1873 年以西北步枪骑兵队(North West Mounted Rifles)的名义成立,明确仿照爱尔兰皇家警察[1]。今天,加拿大皇家骑警是加拿大最大的警察部队,有超过 2.6 万名雇员,包括正规警察和文职人员。

法国为欧洲警察的双重结构提供了模板[2]。1903 年的政府法令规定了国家宪兵的使命,声明"宪兵是一支为维护公共安全、维持秩序和执法而创建的部队"[3]。该法令第 148 节规定,国家宪兵负责监督军队以及司法和行政。上文讨论了宪兵。法国是少数几个由同一组织同时监管武装部队和国家领土的国家之一。所谓的"司法警察"相当于其他国家的刑事侦查部门。

行政警务的含义就不那么简单明了了。它指的是广泛的职责,从整个法国领土的交通警务到紧急情况下的危机干预。哈内尔等人(1996:16)列举了不少于十种职责,不包括各部委的特殊要求,例如保护核电站。在所有这些任务中,有两项基本任务是欧洲大陆所有军事化警察的标志。首先,他们在农村社区中履行制服

---

① Macleod,1976:8。

② Emsley,1999,2002:477;Luc,2002;Merriman,2006。

③ 引自 Dieu,1993:51。

警察履行的所有惯例职责,包括执法。这也是加拿大皇家骑警的主要任务。这一特征在主流警察理论中既独特又相对难以解释,因为主流警察理论几乎只关注城市警察。其次,军事化警察专门负责维护公共秩序,即维持所有群体性事件的治安,更具体地说,是控制暴乱①。在法国大城市,共和国安全部队也专门从事防暴警务,并与国家宪兵联手。然而,在法国海外领土上,国家宪兵专门负责维持公共秩序。不管有没有这样军事化警察部队,欧洲大陆各国都有专门控制人群的军事化警察单位。与其说军方有更大的使用武力(这是使用军事化或准军事警务的原因所在)的权限(Waddington,1991),不如说他们具有纪律严明的机动能力,这是避免肆意暴行的专业人群控制的关键要求(Dieu,1993:162)。

军事化警务的这两个基本特征并不能完全说明其特殊性。下面将简要讨论它的一些更重要的特点。

以军队为原型。由大量制服人员组成的警务组织都是借鉴军方的,并且在不同程度上仍然是军事化的,因为军队历来是第一批负责维护公共秩序的机构。在很长一段时间里,军队的存在一直是国家的决定性特征,因此,军队提供了后来所有公共组织的初始原型。军事模式的主导地位延伸到私营安全部门,后者仍然模仿了公共警察部队的一些残余军事特征。

多元化。正如上一章所见,多元警务似乎是当务之急。在法国,将警察和军队整合在一起的双重公共秩序结构被视为警务多元化的表现和民主的保障(Dieu,1993:26)。这种看法强调了一个关键的理论观点:警务多元化不是由一国境内警察部队的数量决定的,而是由这些部队所属的组织类型的多样性决定的。与拥有数千个警察组织、每个警察组织都体现了相同的警务模式的国家相比,只有三个警察组织、每个警务组织代表不同警务类型的国家,其警务的多元化可能更可信。

可见性。制服在军队中扮演着重要角色。1872 年,也就是加拿大皇家骑警成立的前一年,加拿大西北部的首席联邦代表亚历山大·莫里斯法官写信给麦克唐纳总理,建议即将建立的警察部队"也应该遵守军事纪律,如果可能的话,还应该

---

① Dieu,1993:155;Fillieule and Della Porta,2006。

穿红色外衣,因为在这里,50 个穿红色外衣的人比 100 个穿其他颜色的人要好"①。然而,制服对军事化警务的意义远远超出了警察可见性的威慑作用。1903 年法令的第 96 条以现代形式建立了法国国家宪兵,规定在执行所有职责(包括刑事调查)时必须穿着制服,以保护该部队不会因执行"神秘任务"而声名狼藉。在军事化警务的最初概念中,穿制服是警察的识别标志,它保证了组织的责任感,可以说每次行动都是签约的。根据这一模式,军事化警察仅限于执行低层警务职责。

情报。要求在任何时候都能清楚地识别身份,这意味着军事化警察在理论上不能从事秘密警务。法国国家宪兵部署在农村社区,依靠公民而不是线人来收集情报。弗朗索瓦·迪厄(1993:389)指出,可见性的风气最终与国家宪兵日益增加的调查职能相冲突,必须做出特别的法律豁免,以允许宪兵担任便衣调查员。农村和城市社区之间的界限逐渐模糊,导致宪兵和警察之间的相似性增加。这一发展被认为是冲淡了国家宪兵的法律高标准。

隔离。组织内部与外部之间的差异从来没有比军队中的更大。军事化警务具有这种隔离特征,根据这种特征,对组织的无条件忠诚、团队精神和男性价值观等特征根深蒂固地存在于职业文化中。军事化警察组织的内生性在西班牙国民警卫队的招募做法中得到了惊人的体现,甚至在佛朗哥将军 1975 年离任之后也是如此。从 1979 年到 1989 年,这支部队的所有新兵中,超过 40% 要么是其成员的儿子(Hijos Del Cuerpo),要么与其成员(或前成员)有密切的家庭关系。1983 年,从 1208 名申请者中挑选了 1000 名新兵;75% 的新兵是部队成员的儿子。这一百分比在 1992 年降至 21%,并继续下降。尽管如此,1979 年至 1992 年所有新兵中与部队成员有密切家庭关系的比例仍高达 37.5%②。

还有另一个因素贯穿于所有军事化警察部队,这也是他们隔离的原因所在。他们没有成立工会,这一禁令通常是由法律规定的。虽然警察工会因其社团主义而受到批评,但它对警察组织的开放做出了重大贡献。在欧洲,警察工会通常是更大的劳工组织的一部分,这些组织将不同行业的从业者联系在一起。更广泛地

---

① 引自 Macleod,1976:14。

② Morales Villanueva,1994:276。

说，警察工会将他们的许多不满带到一个公开论坛上，无论是组织要求还是个体成员的投诉。在这样做的过程中，他们有时在不知不觉中触发了一个进程，提高了关于公共安全辩论的公开性，并使警务组织更容易受到外部影响。

指挥链。武装部队有一个基本的组织特征，除英国警察外，这一特征传递给了欧洲所有的警察部队。应征入伍人员和委任军官之间的区别构成了军队结构的支柱。普通官兵与其军官之间的这种差别很大程度上传递给了欧洲警察部队。在欧洲警察部队中，军官部分是通过横向入伍直接招募的，就像军队一样，部分是通过考试在普通警察中选拔的。在盎格鲁-撒克逊的警务传统中，所有警官都是从普通警察晋升的，警官和他们所指挥的人之间的区别不那么严格。然而，这种差异在军事化警察部队中是显而易见的，甚至在盎格鲁-撒克逊传统中也是如此。加拿大皇家骑警是一个军事化警察组织，尽管其成员多次尝试，但它始终抵制任何形式的工会。加拿大皇家骑警的一个治理和文化变革工作队对其决策过程进行了调查，该工作队发布了一份题为"重建信任"的报告。工作组成员说："我们观察到，加拿大皇家骑警中影响决策方式的一些态度和价值观，例如，我们不止一次听说，这种文化是一种恐惧和恐吓的文化，一些处于指挥地位的人利用他们的权力恐吓其他人。"[1]

上述特点适用于所有军事化警察部队，但侧重点各不相同。它们之中没有一个与民主警务相矛盾，其中一些实际上增强了透明度和可见性（Fontaine，2007）。军事化警务高度集中的性质可能导致组织僵化，确实经常如此。然而，它并不是在所有方面都与变化不相容。一旦一个威权组织决定改变，新的政策就会迅速而有力地实施，正是因为这种类型的组织纪律严明。例如，法国国家宪兵在大约20年前决定向研究和外部输入（input）开放自己。因此，国家宪兵已经成为一个比法国国家警察更开放创新的警务组织，而法国国家警察仍然反对研究。然而，还有第二种军事化警务模式，我们马上就会看到，这与民主价值观是不相容的。

准军事警务

要考察的第二种军事化警务在非洲、亚洲和拉丁美洲的许多国家都有。这里

---

[1] Canada，2007：41。

称其为准军事警务,是为了强调军事成分取代警察成分这一事实。不足为奇的是,准军事警务在军事独裁政权中主导着所有其他形式的警务。它的一些最恶劣的暴行发生在 1960 年至 1970 年间,在几个南美国家对政治对手发动的"肮脏战争"期间。我们将以准军事警务仍然盛行的巴西为例,介绍这种警务的特点。

正如皮涅罗(1991)和霍洛韦(1993)表明的那样,准军事警务在巴西有着悠久的历史,并且在不同的城市和州同时发展。目前,巴西各州由两个不同的组织维持治安,一个是民警(Policia Civil),另一个是军事警察(Policia Militar)。准军事警察可以追溯到巴西历史上很久以前,1831 年名为常设城市警卫队(Corpo de Guardas Municipais Permanentes),在里约热内卢成立。从一开始,这支部队就参与了打击政治叛乱分子的军事行动(Holloway,1993:97)。它在 1866 年成为军事法庭警察总队(Corpo Militar de Policia da Corte),并在 1920 年采用了现在的名称:军事警察。1906 年,一个法国军事使团受命在圣保罗训练国家警察(Força Publica)。这个警务组织当时与武装部队联系在一起,其成员被称为士兵。根据皮涅罗(1991:168)的说法,巴西政府当时因打算将所有巴西警察部队军事化而受到批评。1969 年 7 月,随着第 667 号法令的颁布,最终实现了巴西所有警察部队的军事化,该法令将国家警察集中在军人指挥之下;准军事部队由一名现役陆军准将领导。这种情况在 1974 年城市游击队被军方镇压后发生了变化。

霍洛韦(1993:280)强调,里约热内卢首先建立的准军事警察为全国各地的类似组织提供了模式。他还提供了来自里约国家档案馆的早期逮捕统计数据(1831年 5 月 30 日至 6 月 17 日)①。这些统计数据表明,只有不到 20% 的逮捕是由刑事犯罪引发的,在全部 224 次逮捕中,有 80% 是针对违反公共秩序(扰乱和公开侮辱、持有武器、违反宵禁和流浪)的行为。有趣的是,这些数字还显示,在因违反公共秩序而被捕的人中,奴隶和水手占了 50%。准军事部队对奴隶和水手等契约人员履行惩戒职能,给予他们所认为的被捕者应该得到的惩罚。因此,他们充当奴隶主的代理人,同时又充当警察、法官和惩罚者。霍洛韦(1993:283)指出,警察作为针对奴隶和穷人的惩戒代理人的早期作用,在警察技能和警察与那些首当其冲感受到其行动的社会阶层之间的相互敌视态度方面留下了持久的遗产。在他对

---

① Holloway,1993:78。

巴西准军事警务和警察义务警员的广泛审查中，皮涅罗还强调，工人、抗议者和被剥夺财产者即使不是唯一的目标，也是准军事的主要目标。两位作者一致认为，巴西准军事警察与其19世纪的欧洲同行（法国宪兵、意大利宪兵和西班牙国民警卫队）之间的相似之处是巧合的，巴西准军事模式是对当地界定问题的独到回应（Holloway，1993：280）。

用这本书的术语来说，准军事警务可以具有高层警务最基本的特征：就是把警务、司法和惩罚职能结合在一起，在欧洲军事化警务模式中是分开的。为了探索准军事警务在多大程度上符合高层警务范式，我们将以保罗·塞尔吉奥·皮涅罗（1991）的权威著作为指导。

1965年，军方夺取了巴西的政权。1968年12月，军政府无限期暂停所有文官立法机构，实行行政法令统治，国家实行戒严。正如所说的那样，1969年7月，所有巴西州警察都集中在军事指挥之下，以打击出于政治动机的武装异见。由于1969年的法令，准军事警察被允许在战役中使用与军队一样多的实际武力，因此实际上被允许对恐怖分子发动战争而不受惩罚。机动警察突击部队在各个城市建立，比如圣保罗的龙达斯·奥斯滕西瓦斯·托比亚斯·德·阿吉亚尔（Rondas Ostensivas Tobias de Aguiar），令人恐惧的ROTA。这场"肮脏的战争"从1968年持续到1974年，政府成功地消灭了城市游击队。"肮脏的战争"的后遗症仍然遍布巴西警方。

尽管对"内敌"的战争打赢了，但准军事突击队并没有解散，而是转而打击常规犯罪。他们在"肮脏的战争"期间事实上享有的有罪不罚现象，甚至在1977年对1969年《军事宪法》的修正案中获得了合法地位，该修正案将准军事警察置于军事司法的独立权力之下，并将他们制定规则的权利载入法律。用皮涅罗（1991：172）的话说："军事警察角色合并成为一个功能实体，政治镇压（维持政治秩序）和控制普通犯罪。"从而，将刑事执法与政治警务分开的传统界限抹去了。不仅这条线被抹去，准军事突击警务也污染了民事警务。与准军事警察无情的效率相比，民事警察被指责无能，他们的声誉下降了。民事警察采取准军事的方法努力挽回失去的威信，并开始通过使用敢死队来实际消灭罪犯，这已成为巴西警务的一个永久性特征。根据皮涅罗的说法，1981年的前9个月，一支由720人组成的RO-

TA 在圣保罗杀害了 129 人;相比之下,里约热内卢的敢死队在 1969 年至 1972 年期间平均每年杀害 200 人[1]。

尽管如此,准军事警务和敢死队之间还是有区别的。首先,尽管军事警察对大量死亡事件负有责任,但他们设法保持了体面的外表,假装受害者是在警察自卫中被杀的。敢死队是隐蔽的义务警员,他们并没有声称自己是受人尊敬的,尽管他们得到了大量有产阶级的支持。第二,准军事警察在平民司法之外完全不受惩罚地运作。相比之下,"对敢死队的活动进行了一些调查"[2]。第三,警方的行动规模不同。由于他们的行动是公开的,准军事警察通过广泛的拉网围捕了大量嫌疑人,他们既关注个人,也关注群体。敢死队是针对个人的秘密行动。哈金斯等人研究了巴西准军事部队对民事警务最戏剧性的污染(2002),这就是绑架、酷刑和人的"消失"的手段。在他们对巴西警察"暴力工作者"的研究中,哈金斯和她的同事采访的来自民事警察和军事警察的成员大约一样多。他们不能说暴行在民事警察和准军事警察中哪个更普遍。

虽然巴西在 1985 年重新建立了文官政府,并在 1988 年颁布了新宪法,但准军事警察的暴力行为并没有减少。1983 年至 1992 年间,准军事警察在圣保罗州杀害了 6053 名平民,年均 605 名平民[3]。伤亡人数在 1991 年(1074 人,市区有 898 名平民死亡)和 1992 年(1470 人)达到高峰。

南希·卡迪亚[4]提供了最准确的数字,她仔细查看了圣保罗州公共安全秘书处提供的统计数据。卡迪亚比较了民事警察和准军事警察行动造成的伤亡。1996 年至 2002 年间,有 1911 人在与军事警察的冲突中丧生,伤亡人数从 1996 年的 128 人增加到 2002 年的 435 人。在同一时期,143 名军事警察在行动中丧生。被民事警察杀害的人数为 226 人,从 1996 年的 22 人增加到 2002 年的 43 人。有 82 名民事警察在行动中丧生。被军事警察杀害的平民人数不仅是民事警察受害者人数的近 9 倍,而且准军事部队的平民伤亡与在行动中丧生的警察的比率(13.3∶1)远远高于民事警察的情况(2.7∶1)。有趣的是,准军事警察在行动中

---

① Pinheiro,1991:176。

② Pinheiro,1991:177。

③ Chevigny,1995:148。

④ 2005:293。

受伤的人数是民事警察的 8 倍(2134 人对 265 人),这可能是因为民事警察对伤害的定义较窄。

皮涅罗在一个颇具启发性的比较中强调了这些关于巴西准军事警察杀戮的数字的重要性①。皮涅罗说,1978 年,南非执行的 132 项正式死刑被国际社会谴责为数额巨大。相比之下,1981 年,在巴西的一个城市(圣保罗),129 名平民在 9 个月的时间里被一支 ROTA 部队杀害。皮涅罗(1991:179)还提供了任意逮捕和预防性拘留的数字。1977 年,准军事警察在里约热内卢逮捕了 16 万人,其中只有 20795 人进入了法庭程序。1981 年 1 月至 9 月,圣保罗市的准军事组织拘留了 5327 人"进行调查",其中只有 71 人被判有罪。1981 年上半年,62220 人被预防性拘留以做进一步调查。诚然,这些数据都是陈旧的,在巴西很难获得预防性拘留的统计数据。尽管如此,上述所有关于警察杀人的最新统计数据都表明,自 1985 年军方交出权力以来,镇压的程度不断上升。

总而言之,人们可能会问,准军事警务和高层警务之间的关系是什么。前面讨论的高层警务的特点可以分为两大类:实质和手段。高层警务的手段,保密、收集情报、渗透、利用线人和普通罪犯以及法外合法性,与其说适用于准军事警务本身,不如说适用于其极端的副产品、敢死队和使用酷刑②。然而,高层警务的核心特征很容易在准军事警务中找到。根据高层警务来理解,巴西和其他地方准军事警务的基本目标是维护政治制度和界定社会和经济秩序的权力关系。立法、司法和行政权力的融合是高层警务的具体标志:从巴西历史上开始,这就是准军事警务的一个根深蒂固的特征,今天仍然如此。准军事警务是由军方自己制定的专制规则来管理的。军事自治使任何意义上的合法性和法外合法性之间的区别变得空洞。所有可能严重违反法治的暴力升级,都可以被违反规则的组织合法化。准军事警察是自己的法律,可以在光天化日之下充当警察、法官、狱卒和刽子手。高层警务的这些特点首先体现了准军事部队最初对恐怖主义和出于政治动机的越轨行为的关注。在 1974 年将准军事警务重新用于镇压常规犯罪之后,它们几乎适用于所有巴西警务。

---

① Pinheiro,1991:182。

② Huggins et al.,2002:7。

从上面讨论的统计数字中看到的情况是,准军事警察与民间社会暴力分子之间的不对称冲突。鉴于准军事部队的行动造成大量平民和警察伤亡,人们可能会问,这种行动是否算得上是维持治安。为了给这个问题提供一个试探性的答案,我们必须在通常意义上的警察和军队之间划出基本的区别。他们主要在火力和精神(ethos)方面存在差异。军队的火力比警察机构的火力大得多,因为它依赖于炮兵、坦克和海空力量。警察使用手枪、泰瑟枪和胡椒喷雾等中间型武器,特警部队使用精密步枪和冲锋枪。军队和警察使用火力和武力分别基于不同的原则。正如前面强调的那样,警察精神是建立在解决威胁局势所需的最小使用武力的基础上的。军方没有限制使用武力的承诺。事实上,可以想象的最大武力可能会被用来迫使战败的敌人无条件投降,就像第二次世界大战结束时对日本使用的那样。就这些区别而言,准军事警务是一种混合模式:它将肆意使用武力的军事精神与(增强的)警察火力结合在一起。首先也是最重要的,作为士兵,准军事警察并不局限于使用传统的警察武器库,尽管他们的火力比全套军事装备造成的破坏小得多。

在民主背景下运作的军事化警务部队与传统警察部队没有明显不同:他们遵循最小武力的精神,火力也没有大大增强。不过,它们与刚才描述的混合准军事模式基本不同。在这方面,皮涅罗(1991:182)简要比较了一些巴西ROTA准军事部队与意大利宪兵队(意大利的统计数据由内政部提供)。在1974年至1980年意大利警方与恐怖分子红色旅(Red Brigades)斗争的动乱时期,有17名恐怖分子在与民事警察或军事化警察的对抗中被击毙。然而,1975年至1981年间,56名意大利民事警察和宪兵在与恐怖分子的枪战中死亡或被暗杀。重复之前给出的数字:1981年前9个月,一支在圣保罗市行动的巴西ROTA杀害了129名平民,没有损失任何一名士兵。因此,很明显,欧洲大陆和其他国家(如加拿大)实行的军事化警务与巴西和类似国家的准军事警察所体现的警务模式不同。只有后者与民主价值观不相容。

法外保护

拉丁美洲正在发生的军事警务类型可以作为对警务的另一种边界或边缘的

介绍，即法外警务。在一项具有挑战性的工作中，迭戈·甘贝塔(1993)认为，像西西里黑手党这样的犯罪组织是由一系列在法律之外运作的"公司"组成的，并使用暴力向广泛的客户提供保护服务。从整体上看，这些公司构成了甘贝塔所说的私营保护行业或业务。甘贝塔的有组织犯罪模式被他的弟子们应用于俄罗斯黑手党(Varese，2001)和日本雅库萨(Hill，2003)研究。甘贝塔的观点受到了保罗(2003：19)的批评，他强调意大利黑手党在追求不同目的的过程中发挥的职能千差万别，不能将某一特定职能作为黑手党活动的关键。

由于这本书的主题是警务而不是有组织犯罪，所以它不会关注类似黑手党的组织是执行单一的保护功能，还是多功能的企业。可归因于犯罪企业组织层次这一由来已久的问题也不会得到解决(Reuter，1983b)。然而，犯罪组织在很大程度上参与了私营保护业务，这一点是毋庸置疑的。无论甘贝塔和他的追随者是否提供了类似黑手党的犯罪组织的完整图景，他们提出的问题都是任何全面警务理论的核心。

有两个问题值得追问。首先，甘贝塔和他的追随者对私营保护业务进行了详细的探索，尽管他们没有解决安全问题，"安全"这个词甚至没有出现在甘贝塔(1993)、瓦雷塞(2001)或希尔(2003)的主题索引中，也没有出现在保利(2003)的主题索引中，这是否意味着这两个概念可以互换使用，还是它们真的有不同的意义和含义？其次，在(公共)警务的定义中使用的核心概念，如使用武力和管理信任(或缺乏信任)，也非常直接地适用于私营保护业务，因为它是由类似黑手党的组织实施的。这种概念上的可转移性提出了一个在警务研究中通常不会涉及的问题：除了一个明显的制度性事实，即一个是合法发生的，另一个是在法律之外发生的，合法/合法化的警务与法外保护有什么区别？这两个问题都会得到解决。

保护

安全和保护的概念虽然最初属于不同的语义场，即主观语义场和客观语义场，但它们是紧密交织在一起的。从词源上看，安全这个词指的是一种特殊的情绪，即心灵的平静(securitas：无忧)。从斯多葛学派到现代笛卡尔哲学，这个概念就是这样使用的。这个词在杰里米·边沁的作品中具有客观意义，现在同时指没有风险的外部条件和与处于这种情况相对应的感觉。然而,最近关于安全的实证研究表明,安全条件和安全感之间并不是自动匹配的(Skogan,1990a)。例如,犯罪率的地方差异不会自动转化为社区内安全感的相应变化。旨在减少犯罪的警务战略与旨在提高安全感的战略不同,社区警务方案的效果评估一再表明了这一点。总而言之,安全是一个双重概念,指的是相互独立发展的两个现象领域,精神和外部现象领域。

保护是一个更直截了当的单向度概念。它来自拉丁语,意思是庇护所,指的是旨在保护某人或公司实体免受财产损失或人身伤害的各种活动。在这方面,它的含义类似于安全的客观含义。保护有好几种。在基本层面上,正如这个词的含义所示,向人及其财产提供保护。然而,甘贝塔和他的同事们通过区分五个问题加深了对保护的理解:(1)过程:提供什么保护?(2)提供者:谁提供保护?(3)客户:向谁提供保护?(4)对象:保护什么?(5)威胁:保护客户免遭谁的威胁? 对这些重要问题提供的详细答案无法在本章范围内充分讨论。尽管如此,我们仍会研究每一个问题,以期找出与警务理论有关的要点。

过程。保护可以是内部保护,也可以是外部保护。内部保护由组织为其自身活动提供。无论客户是否提出要求,都会向他们提供外部保护。瓦雷斯[①]对黑手党性质的组织提供的三种外部"保护"进行了区分:掠夺性保护,价格过高,通常导致客户破产;敲诈勒索保护,即为了虚假保护而收取保费;真实("保护性")保护,为客户提供真正的服务,以合理的费用换取回报。甘贝塔的批评者声称,他和他的弟子低估了敲诈勒索在犯罪组织提供的"保护"中的作用(Lupo,1996)。实际上,甘贝塔(1993:2)指的是查尔斯·蒂利关于保护的模糊性的言论[②]。保护用两种截然不同的语调来表达,一种是安慰的语调(安全),另一种是不祥的语调(依赖)。在他的演讲中,甘贝塔承认黑手党的保护倾向于敲诈勒索。

提供者。根据这一观点,私人保护的提供者是类似黑手党的组织。甘贝塔和他的追随者(如希尔,2003)有一个关键点没有直接说出来。在一本副标题为"私营保护业务"的书中,甘贝塔对合法的私营安全机构只字不提。很有说服力的是,

---

① 1996:133-134。

② Tilly,1985:170。

他写道,在他的视角下,将西西里黑手党与"普通企业——如汽车、保险和广告业——进行比较成为可能"①。在这个潜在比较条件的快速列举中,有一个明显的遗漏,那就是传统意义上的私营保安行业。虽然瓦雷斯(2001:8)提到合法的私营保护公司是俄罗斯私营保护市场的重要参与者,但他也认为合法的保安公司准备提供的服务超出了西方同行合法提供的服务,而且其中一些公司"与老牌犯罪集团有密切联系"②。

甘贝塔忽视合法的私营保安部门,可能是因为它在意大利和其他地中海国家的重要性相对较小。然而,可能会有更深层次的解释。一方面,公共/私营保护的二分法似乎与法律保护和法外保护的区别是一致的,所有的私人保护都服从于不受约束的盈利需求。另一方面,尽管他偶尔提到非法交易③,但甘贝塔在他的书的序言中写道,在他开发的模型中,"合法和非法市场之间的共同区别失去了分析意义"(1993:10)。因此,法律保护和法外保护之间的区别似乎并不适用于私营保护业务。尽管我们可能不同意甘贝塔的观点,但他的立场强烈表明,在不求助于正式的法律标准的情况下,很难区分私营合法警务和法外警务。

客户。如果合法与非法市场之间的区别对私人保护没有什么分析意义,我们可以推测其客户的范围非常广泛,跨越法律鸿沟的两边。根据之前对私营高层警务的分析,重要的问题不是寻求保护的客户属于合法还是非法企业,而是他们要求的是合法服务还是法外服务。例如,合法企业为免受工会和(有时)罢工工人伤害,可能会寻求承包伪装成合法安全机构的罪犯的服务或保护,或者直接求助于类似黑手党的组织。

对象。可以保护的对象分为两类:实体和实体之间的关系。人和财产是实体。然而,交易是将人和物联系起来并使其相互接触的过程。在甘贝塔和他的追随者提供的模型中,当三个因素汇聚在一起时,黑手党就成了保护行业:交易数量显著增加;国家未能保护这些交易;提供人力(黑手党)来保护日益增多的交易。在什么情况下需要保护交易?答案很简单。交易基本上建立在缔约双方之间的

① Gambetta,1993:10。

② 2001:64-65。

③ Gambetta,1993:42。

信任之上;因此,当缺乏信任时,需要额外的保护性担保。虽然黑手党组织也保护个人及其财产免遭暴力和盗窃,但通过为互不信任的各方之间的交易提供担保,黑手党组织真正介入了私营保护行业[①]。

威胁。黑手党保护他们的客户免受三种威胁:犯罪掠夺、执法和竞争对手。第一种威胁是所有保护的存在理由,无论是合法的还是法外的。另外两种威胁更多针对法外保护。没有必要详细说明针对执法的保护,因为公共警察有权阻止非法交易。然而,对竞争的保护需要进一步研究。在合法市场中,企业可能需要从狭义上保护自己免受竞争对手的伤害,即免受经济间谍活动和类似的威胁。然而,击败竞争对手并最终将其赶出行业的合法方式,是提供比他们更好的产品或服务,而不是通过谋杀和暴力恐吓来消除竞争。非法市场的情况则不同,在那里,地盘和垄断市场的问题比提供的产品和服务的质量更重要。因此,从肉体上消灭竞争者是凶残的保护者乐意考虑的一种选择。这种选择不仅总是开放的,而且也是刑事保护者青睐的,即使他们的客户没有选择它。在从事掠夺性谋杀时,类似黑手党的组织制造了不安全,并满足了对其保护性服务的需求。越是不安全,对保护的需求就越大。提供的保护越暴力、越具掠夺性,就越不安全。

对保护各方面的简要回顾得出了一个一般性结论:法外保护导致保护与安全相分离。如上所述,当提供的保护要么是掠夺性的,要么是敲诈勒索的,这一结论是显而易见的。奥维德关于谁应该保护我们免受保护者伤害的著名质询,主要是针对这些变态的保护。即使在提供真正保护的情况下,也不能说会让受保护的人安心。正如我们刚刚看到的,法外保护必须比维持非法保护服务市场所需的暴力程度更高。因此,正是同一个组织产生了问题及其解决办法,这些问题和解决办法在犯罪组织的利润螺旋上升中相互反馈。这一困境是法外保护的独特特征。此外,在不支付所提供保护费用的情况下,采取的制裁措施是严厉的,并助长了一种在合法私人保护市场中无与伦比的恐吓气氛。

警务

上一节专门介绍了保护的各个方面。在没有对合法保护和法外保护进行系

---

① Gambetta,1993:24 and 234 - 244;Lupo,1996:29。

统比较的情况下,强调了黑手党性质的组织与合法机构提供的保护种类之间的差异。虽然警务的概念比提供保护更为广泛,但保护活动是警务的核心,提供保护的组织可以被称为警务机构。现在将从警务的角度审查黑手党性质的组织,并在本章的结论中提出合法警务和法外警务之间的区别。对类似黑手党的组织的审查(就像他们是警务机构一样)基本上将建立在研究人员对各种类型的黑手党进行具体类比的基础上。这些研究人员无意阐明各种规则执行组织之间的全面对比关系。

可逆性(Reversibility)。我们已经看到,公共保护和私人保护之间的区别取代了合法保护和法外保护之间的区别,甘贝塔也说过,这在分析上几乎没有意义。在这方面,有一个古老的意大利法律传统,甘贝塔对此进行过讨论(1993:6-7)。根据法律学者桑蒂·罗马诺的说法,西西里黑手党这样的组织"像国家及其法律机构一样,创建了自己的秩序"[1]。吉塞佩·吉多·罗·夏沃[2]和众所周知的科拉多·卡内维尔等意大利高等法院法官采纳了黑手党是一种特殊的司法秩序的概念。这导致他们有系统地做出有利于黑手党的裁决,后者会对他们的判决提出上诉。这些法官认为类似黑手党的组织是独立的私人政府,在比国家规模更小的范围内仁慈地运作,由于这一点,可能看起来像谋杀的行为应该被视为死刑[3]。因此,意大利政府的外部干预被看作是对这种自成一体的法律秩序的侵犯,在这种秩序下,谋杀可以被归为死刑。根据这种可逆性,掠夺性行为将转化为治理行为:盗窃财产变成了扣押货物,个人暴力相当于惩罚,敲诈勒索只是所得税的一种形式。

大多数研究大规模犯罪组织的人在给暴力行为贴上标签时,都不同程度地受到这种可逆性的影响。甘贝塔(1993:7)理所当然地驳斥了黑手党是一种私人政府的说法。尽管如此,当我们讨论警务的性质时,概念之间的这种可逆性似乎表面上是适用的。比特纳将警察定义为根据感知需求分配强制力量的机制,这一定义既适用于法外警务,也适用于合法警务。彼得·曼宁(2003:3)认为:"警务是一

---

① Romano,1918,引自 Gambetta,1993:5。

② Lupo,1996:46。

③ Gambetta,1993:7。

种正式组织起来的控制机构,有可能在信任和相互依赖出现问题的情况下进行干预。"这正是用来解释黑社会性质组织产生和发展的论据。

最后一种可逆性适用于警务人员,而不是警务实践。公共警察和私营安全机构都以不同身份利用普通罪犯,特别是作为告密者和渗透者。在高级和准军事警务领域尤其如此。合法和法外警务人员之间的这种关系也是可逆的。瓦雷塞(2001:4 and 59)表明,在苏联政权的最后几天和其垮台后的几年里,大量国家安全雇员被遣散,并在俄罗斯黑手党中被使用。

类比。从逻辑上讲,谋杀与死刑之间的可逆转性是由一个对等的概念支撑的,根据这一概念,所有形式的杀戮都是等价的,与谁在杀人无关。应进一步探讨各种自成一体的"司法命令",以便在发生类似做法时能够识别它们,例如在发生类似行为时,使用暴力或交换担保来取代缺乏信任。这种做法可能会产生揭穿事实的效果,尤其是在公共和私营警务部门进行时。如果私营保护行业在这一过程中成为焦点,甘贝塔关于所有私人保护基本上都是相同的这一假设将受到考验。目前,只能提出初步的意见。所有私营安全都存在四个交叉点。

私营安全是非国家保护。虽然这似乎是一种同义反复,但该主张实际上涉及一种复杂的情况,需要有几种保留意见。正如我们已经看到的,有一种跨越公共和私有领域的混合部门。国家也开始通过法规参与私人安全。虽然现在国家控制的程度有很大的多样性,但可以预见,在所有民主国家,国家的控制将会增加。最后,从定义上讲,国家控制不能延伸到法外的私营保护行业。然而,正如对某些行业(比如卖淫)有一种非正式的容忍形式,国家也可以容忍法律外的私营保护,只要符合其目的。

私营保安代理向客户提供服务以换取报酬。这一点适用于所有私营保安公司,无论它们是否合法经营。不同私营机构的报酬种类和程度可能有很大不同,法外保护的费用高得不成比例。

私营安全与法律的关系是模棱两可的。合法保护和法外保护之间的二分法过于简单化。公共警务和私营警务的最大区别之一是,前者发生在一个结构较强的法律环境中,而后者发生在一个结构较弱的法律环境中。公共警察的许多权力都受到授权令要求、证据可采性限制和法理裁决的明确规定。相比之下,私营安全在法律悬而未决的状态下运作，过时的立法并不是为了规范私营警务，对公民逮捕、非法入侵提供法律基准。在这种环境下，私营安全可以搭警务的便车，秘密、事实上、无须负责地行使法律赋予公共警察的权力。

私营高层警务和法外保护往往是一致的。在劳动关系、经济情报、一般监视和贴身个人保护（保镖）等领域，很难区分合法和法外警务。

在私营安全领域，私营警务一直被称为私人治理，甚至被视为私人政府的体现。在被设想为私营保护行业时，黑手党是私人政府的概念正在经历最严峻的考验。不仅没有就区分恶意政府和善意的私人政府的标准达成一致意见，而且在仔细审查时，私人政府的概念是否被揭示出来不仅仅是一个隐喻，这一点也是值得怀疑的。

结论

在本章的第一部分，我们对两种军事警察进行了对比：军事化警察，他们在西欧大陆以及加拿大等国和英联邦其他国家合法活动；准军事警察，部署在拉丁美洲和其他地方，他们在那里，既在法律范围内，也在法律之外开展活动。我们试图表明，第一种军事警务模式与非军事警务一样符合民主价值观，而第二种模式是对民主的破坏。

本章的第二部分是法外警务，主要讨论迭戈·甘贝塔等研究意大利黑社会和类似黑社会组织的学者在俄罗斯、日本等国所做的工作。结果发现，这些组织至少部分参与了提供保护，就像公共警察和私营安全机构一样。我们的讨论集中在保护和安全之间的区别上，强调了这样一个事实，即类似黑手党的组织故意制造不安全，以增加对它们能够提供的那种保护的需求。还发现，提供保护的组织有几个共同特点，甚至在其活动的某些方面是彼此的镜像，无论它们是否合法运作。合法与法外警务之间的界限已经变得如此模糊，需要重新划定。

公共警务

必须从一开始就承认，关于合法的公共警务与法外保护之间并无区别的主张本身就是矛盾的，不用说，这是违反直觉的（甚至是令人震惊的）。事实上，什么是合法的,什么是法外的,两者之间存在巨大的规范差异。然而,我们提出的问题是,在剥离了国家贴上的合法标签后,区别是否依然存在? 毕竟,历史上有一些臭名昭著的例子,契卡、盖世太保、安全国(The Securate)和史塔西,仅举几例,一旦合法的外衣不存在了,分歧就消失了。

差异问题可以通过两种方式解决。我们可以寻找在任何情况下都能区分合法警务与非法警务的本质特征。我们还可以尽可能多地寻找标准,并且争辩说正是这些标准的加入提供了所要寻求的差异。第二种方式要了解的是,在合法性与非法性问题上,很难描述高层警务的特征。将不会再审查用于形成高层警务与低层警务对比的标准。下面的讨论主要涉及大众公共警务。

目的。合法的公共警务旨在平等地向社会所有成员提供保护和其他服务。在非法保护的情况下甚至没有这样的借口。关于警务的目的,应该提出两点。首先,比特纳和他的追随者认为,在他们对警务的定义中,从来没有必要提到警察出于合法目的而使用武力。医学界(尤其是外科)为比特纳提供了关键参考。正如他没有必要提及外科医生为人们做手术是为了自己的利益一样,警察出于公共利益使用暴力也是不言而喻的。可以反驳的是,比特纳被医学类比误导了,实际上提出了具体明确警务合法目的这一问题。抛开合法堕胎这一爆炸性问题不谈,罗伯特·杰伊·利夫顿(1986)等研究人员提供了充分的证据证明,医疗机构可以像警察一样,被引导去追求犯罪目的。其次,目的标准解释了非本质方法(nonessentialist approach)的必要性。它清楚区分了合法与不正当形式的公共警务,但不能完全依赖它作为评估私营警务合法性的基准。事实上,私营安全是一项只向付得起钱的顾客提供的服务,这一事实并不足以宣布它是非法的。

手段。手段的标准非常明确:合法警务受到最小使用武力来解决危机这一规则的约束。非法警务不受这样的规则约束,就像我们在准军事警务的情况下看到的那样。

运行。这个标准与前一个标准密切相关。正如所见,公共警务的标志是其可见性。可见性既是合法警务的工具,也是其合法性的部分保障。这种保障只是部分的,在非民主国家,滥用职权可能会在光天化日下发生,以最大限度地产生恐吓效果。然而,即使在后一种情况下,最严重的滥用权力行为(如法外处决和酷刑)

仍然笼罩在秘密之中。违反保密规定对非法警务的后果要比合法警务严重得多。所有公共警察都必须尊重他们所掌握的一些情报的保密性。然而,违反保密规定会受到各种制裁,从谴责到解雇,在极端情况下,还包括法庭诉讼。对于使用极端非法暴力的组织,违反保密规定可被处以死刑。

组织。虽然这条标准缺乏规范性的关联,但它是区分公共警务机构与黑手党性质的组织和准军事警务的有力标准。公共警察部队的组织结构层次远高于犯罪组织。到目前为止,还没有任何犯罪组织受到足够仔细的审查,以区分其组织严密性的神话与现实。我们拥有的所有描述都倾向于表明,与约瑟夫·瓦拉奇(Maas,1968)通过使用伪军事语言让我们相信的那种结构相比,犯罪团伙的组织结构要松散得多。组织标准在准军事警务部队中的适用则相反。与传统的警察部队相比,这些部队的正式结构要发达和专制。威权体制比灵活的体制更有利于大规模滥用权力。

精神。如果有一个标准接近于在合法与非法警务之间进行必要的划分,那可能就是这个标准。许多警察部队的官方座右铭是"保护和服务"。虽然警察往往达不到这一理想,但它概括了一个基本见解。动词"服务"来自一个拉丁词,最初指的是奴隶的工作,后来演变成表示奉献(如"献给上帝")。保护可以被视为占统治地位的保护者任意给予地位较低和更容易受到伤害的人的恩惠。这些人要求保护的事实被视为他们单方面依赖的证据。军事保护者、军阀和黑手党头目为他们提供了这样的保护。保护也可以被认为是生活在法治社会中的自由人的权利。根据这一概念,保护是在平等的社会中以不同方式相互提供的一种服务。对求助电话的接听是公共服务精神最明显的标志。

私营安全

区分合法与非法私营保安公司的标准与前面的标准相似,尽管它们的适用重点不同。

目的。公共警务以公共利益为目标,而私营保护行业无论合法与否都是以合同为基础向客户提供服务。公共警务和任何形式的私营保护之间的这一区别是不可否认的。然而,这个问题远比人们以不加批判的眼光所看到的还要多。首先,合法的私营保安公司经常受雇于公共政府为公众提供服务,他们做得非常称职。这种情况不会发生在非法的保安公司上,除非存在对公共治理的扭曲。其次,私营企业的公共方面在民主国家中是独一无二的。只有对独裁政权了解有限的人才会相信,在这样的专制政权下,私营企业的产品和服务是提供给任何负担得起的人的。事实上,在大多数情况下,在独裁统治下,普通公民接触私营市场的机会受到极大的限制。有一些产品和服务是私下提供的,只对选定的少数人开放(如"要职人员")。换句话说,公开开放私人市场是一项迟来的民主发明。例如,自由社区的居民可以雇佣任何最能满足他们需求的私营保安公司。如果相信西西里岛的村民可以把他们的生意交给黑手党组织,而黑手党组织为其提供最好的保护条件,那就大错特错了。

手段。私营安全可能已经削弱了公共警察对使用武力的所谓的垄断。然而,合法的私营安全在这方面与公共警务和非法的私人保护有着很大的不同。与公共警察一样,他们必须遵守将武力的使用降至最低的要求。与公共警察不同的是,私营制服人员通常没有资格携带枪支,除非涉及运送金钱和其他贵重物品等专门任务。在大多数国家,私家侦探必须申请携带枪支的许可证,尽管他们通常比普通公民更有可能获得许可证。不用说,对合法私营机构使用暴力的限制远远大于这方面对非法保护"公司"的限制,后者只遵循权宜之计(例如,避免"过于激动")。还有另一个将私营安全与公共警察和刑事保护者区分开来的关键。正如在第八章中反复论证的那样,私营保安公司深深参与安全技术的制造和销售,并在很大程度上将其用于自己的目的。

运行。合法私营安全的最大部分是穿制服的警卫。在这方面,私营保安的运作方式与公共警察相同,并在很大程度上依赖于可见性战略。尽管媒体刻板印象深刻,但违法的私营保护行业仍然以一种隐蔽的方式运作。对于便衣("侦探")机构来说,合法与非法机构之间的区别就不那么明确了。当国家制定监管私营保安的立法时,一般会迫使它采取行动,以遏制私营调查机构的滥权行为,这些机构的工作人员往往是以前被判犯有刑事罪行的人。

组织。由此可见,公共警察队伍的组织化程度与犯罪集团的组织化程度有着很大的不同。这种差异在私营保安机构方面也很明显,而且随着我们将研究视角从小企业转向大公司,这种差异也在增加。正如保罗①所强调的,"很明显,黑手党家族不能被视为公司"。

精神。上文强调,公共服务精神与黑社会性质组织的掠夺性文化之间的对比是一个决定性因素。虽然可能不是那么生动,但私营合法企业向公众提供服务的承诺与类似黑手党的组织的敲诈勒索做法之间也形成了鲜明的对比,特别是在涉及更脆弱的客户方面。

我们刚才讨论的这些差异是仿照公共警察与有犯罪倾向的警务之间的不同。还有一个专门针对合法企业的不同之处:在正常情况下,他们不会通过使用暴力来处置竞争对手。犯罪组织的情况正好相反,尽管据称他们努力通过谈判协议来解决冲突。

我想重复一开始说过的话:正是这些不同之处的结果加在一起,形成了无可争辩的对比。话虽如此,人们可以争辩说,在精神和诉诸暴力的意愿方面,可以发现在公共和私营合法警务与非法保护之间存在的关键区别。准军事警务和在法律之外运作的组织所提供的保护都不尊重公众,并且使用不受约束的暴力。

对合法警务与非法警务之间区别的彻底讨论,最终归结为试图确定什么是民主警务的具体内容。这个讨论远远超出了本章相对狭窄的焦点之外,必须就其本身进行讨论,就像曼宁(2010)所做的那样。

---

① 2003:225。

结　论

　　这本书涵盖的主题广泛。它没有一个在每章中逐渐形成、在书的最后可以总结出来的论点。虽然提出了将低层警务和高层警务以及公共部门和私营部门纳入最终模式的两个图表(见图7.2和8.1),但九章中的每一章也自成一体,阐述了与讨论的主题相关的具体结论。回顾所有这些具体结论,会使总的结论冗长乏味。取而代之的是,将强调各章中的主要观点,以帮助形成警务一般理论。

　　有几个区别广泛跨越整个警务领域,如制服警察和便衣警察、高层警务和低层警务,以及公共警察和私营警察。所有这些区别在本书各个章节都有详细阐述。然而,第一章得出了一个重要区别,值得重新考虑。这是一般或通用警察部队(无论是公共的还是私营的)与任务具体但通常范围狭窄的警务组织之间的区别,任务范围到底有多狭窄,实际上可能差别很大。联邦调查局是一支专门在美国执行联邦刑法的警察部队。由于联邦刑法涵盖了多种多样的犯罪,联邦调查局的任务范围相当广泛,尽管比一般城市警察部门的任务范围要窄。任务最具体的警务单位,是代表特定政府部门负责行政警务的单位(如所得税)。

　　到目前为止,警务理论基本上侧重于一般和通用警察部队,并从中挑出了制服警察,他们是处理各种情况的警务人员。这种关注具有重大的理论意义。按照在警务领域同样有效的推理,马克斯·韦伯认为,国家只能通过其武力手段来定义,因为用目的来定义国家将是一项弄巧成拙的任务。根据韦伯的说法,国家可以追求任何它想要实现的目标,也可以根据新的情况无限期地增加这些目标。赫尔曼·戈尔茨坦和埃贡·比特纳等警察学者也认为,要求警察处理的情况如此之多,以至于将统一性概念引入警务理论的唯一途径,是通过警察的手段(武力)而不是通过他们的目的来描述警察。只要我们考虑多用途的警察机构,或事实上,整个警务工作,似乎赞成以其手段界定警务的论据必须占上风,即使所确定的手段并不局限于使用武力。然而,如果我们把重点放在职权范围较窄的警察机构,特别是行政警察单位,执法的概念就会越来越突出。在这个狭义上,警务是一项旨在发现违法者和阻止潜在违法者的活动。

关于警察的历史,也可以提出类似的观点。正如在第二章中看到的那样,关于警察的早期文本之一可以在孟德斯鸠《论法的精神》中找到。孟德斯鸠写道:"因此,不能把严重的违法行为和警察的简单违法行为混为一谈。"严重的违法行为是严重罪行,犯罪者在作为刑事法院的当地议会面前受到起诉。违背"警察"就是违反了在法国君主制下管理各行各业行为的各种规则。违反警察规定的行为很快被警察处理,他们既是侦查违规行为的警察和调查员,也是施加惩罚的法官(警察首领也有立法权)。这种将所有权力集中在警察手中的模式,后来被 19 世纪初发生在英国的警务改革所取代。英国的改革在警务观念上引入了两个关键变量。首先,警务不再被认为是所有事物的内部治理的同义词,而是被定义为与预防和镇压犯罪和混乱有关。其次,大力支持行政权、司法权、立法权分权,警察被限于行使行政权。

虽然这些变化被誉为警察领域的一场革命,但它们在现实中的反映并没有达到人们的预期。如第五章所示,现在人们普遍承认,在实践中通用警察组织继续履行许多其他职能,而不仅仅是预防和镇压犯罪。行政和司法权力的分离并不像英国警察改革者希望的那样明确。界限的模糊并没有引起太多关注,因为它主要涉及被定义为协助警察的人员,而不是警察本身。由于各种原因,其中经济考虑是最重要的,因此,经常被指定为"看守(wardens)"的警务协助人员成倍增加。其中一些看守,如猎物管理员,已经工作了很长时间。其他人,如交通督导员、警察社区支持官员和环境保护督导员,都是最近部署的。他们都有权发出英国所谓的"定额罚款通知书"。不用说,公共警察人员很久以前就可以对交通违法行为进行处罚,现在仍然可以,但通过设立交通督导员,他们已经部分解除了这些职责。法院可以对这些看守施加惩罚的准司法权提出质疑,不应该被夸大为意味着回到警察权力集中的状态。然而,看守及相关人员的设置具有重要的理论意义。它表明,国家的三权分立一直是脆弱的,作为解决问题的一种方式,警察更多地受时间和环境要求的限制,而不是受到正当法律程序的限制。它还表明,规则的执行在警务中扮演着重要角色,而且一些警察机构并没有从事只能通过其手段来界定的各种职责,正如马克斯·韦伯批评任何试图通过目标定义国家的做法那样。虽然罚款是一种强制形式,但从直觉上看,罚款并不是一种使用身体约束的行为。最后,警察看守当然和私人保安一样有资格担任警务人员。然而,在比较公共警察和私营警察的数量时,他们几乎从来没有被考虑在内。这是另一个倾向于低估参与警务工作公职人员数量的例子。

第一章引入了"强度量"的概念,随后在第三章使用了这一概念,该概念集中于警察工作在犯罪小说和媒体中的呈现。强度量是单个事件因具有很高的潜力被一种或另一种媒体介质(书面媒体、电子媒体、互联网)复制。这些被媒体复制的压倒性数量,导致了低清晰度环境的建立。这个混合的环境是由我们生活和行动的现实世界和我们无法控制的过度戏剧化的伪现实组成的。这两个组成部分既相互竞争又相互融合,从而造成感知上的不确定性,我们的现实感受到了破坏。几个例子将突出这一过程的本质。

美国司法部和教育部的报告估计,每年在学校发生的暴力犯罪约为 74 万起,涉及约 770 万名学生(据讨论"美国学校的暴力"的大英百科全书博客报道)。尽管有这些令人印象深刻的数字,但由美国多个政府部门联合出版的《学校犯罪与安全调查指标》[①]中给出的所有数据显示,从 1993 年到 2005 年,除了霸凌行为这一少数例外,美国学校的暴力犯罪一直在减少。然而公众仍然相信,自 20 世纪 90 年代以来,美国等地校园暴力一直在无情地上升。例如,发生在科伦拜和弗吉尼亚理工大学的校园枪击事件对公众舆论的影响,以及德国和芬兰等其他国家的校园枪击事件对公众舆论的影响,在公众持有的强烈信念中占了不小的比例。有 39 个互联网页面列出了与弗吉尼亚理工大学枪击案有关的各种视频,这些视频发布在 YouTube 网站上。特定视频的观看次数显示在其标题下。把前 15 页列出的

---

① 2007;http://nces.ed.gov。

视频的观看次数加起来，我得出的数字是大约 500 万次，并进一步估计，与整个 39 页相对应的材料的观看次数超过 1200 万次。

正如第五章所述，想要移民到加拿大的波兰公民罗伯特·杰肯斯基在温哥华机场被警察用泰瑟枪射击 4 枪后死亡。他的痛苦经历被一名目击者用手机拍摄下来。其他手机视频也与这一事件相关，并且被发布到 YouTube 上。当我查看（2009 年）时，YouTube 上大约有 888 个关于罗伯特·杰肯斯基之死的视频，其中第一个视频已经有 8.5 万人观看。将 888 个视频的平均观看次数设定为非常保守的 1000 次，得出的数字是 90 万次。

到目前为止，21 世纪最具决定性的犯罪事件是"911"。网上有无数的帖子展示了这场悲剧的图片。我随机选择了 9 部可以在互联网网站上观看并被视频列表置顶的电影；这个很小的选择被观看了 550 万次。

所有前面的例子都集中在视觉呈现上，在互联网等媒体中视觉呈现正逐渐取代书写世界。从与现实不符的意义上讲，从这些例子中得出如下关键教训：由电子媒体和互联网产生的图像世界并不是虚构的；相反，它是由真实描述了记录的事实事件的图像组成的。他们的虚构人物源于现实中暴力事件的有限发生与数百万人观看的图像被无限复制之间的不成比例。视觉呈现的图像世界充斥着暴力，暴力在先进的民主国家中相对罕见。强度量在有害的同时也产生令人敬畏的力量，它们抵消了仔细收集和分析的统计数据对舆论和政策制定的影响。面对描述校园枪击事件的图像不受控制的扩散，辩称美国校园暴力实际上正在稳步减少几乎是毫无意义的。图像威力最有力的证明是"911"袭击。在"911"之后的 7 年里，美国整个政府都在为反恐战争做准备，尽管人们担心的那种恐怖袭击没有一起发生在美国领土上。

虽然并没有专门集中于警察使用的手段，但关于警察历史和警察呈现的章节提供了作为第四章中提出的警察定义的背景要素。警察的历史表明，时间压力不断地刺激警察通过忽视正当法律程序的正式要求来解决他们所面临的问题。孟德斯鸠认为，在警务中"几乎不需要任何手续"，警察有"规则而不是法律"，这些规则具有内部形成的自律性质。警察是自我约束的违法行为（self-regulated lawlessness）概念，在高层警务中被推到终极结论。它在犯罪小说中也有很强的反响,这在第三章中有所讨论。撇开粗俗电视剧中出现的善良的行凶者和寻求正义的连环杀手不谈,流氓警察和铁石心肠的私家侦探,他们执行着自己正义的品牌,是警察小说中备受推崇的人物,在某种程度上也是马克斯·韦伯所使用的理想类型,他们体现了警察的普遍特征。

在第四章中,警务人员的定义是,他们有权使用在正常情况下禁止所有其他公民使用的手段。总结在整本书中涉及这一定义的各方面讨论,可以得出结论,这一警察权力的基础融合了来自法律、习俗和实践的要素。它包括以下几个要素:前五个要素来自法律以及法院的解释;后四个要素来自习惯和惯例。

保护警察履行职责的法律条款。其中最广为人知的保护性条款是关于使用"必要的武力"来管理和执行法律。围绕这些法律保护有一系列法律概念,如"合理理由""可能的原因"等。

界定警察在何种情况下有正当理由实施本应会构成犯罪的行为或不作为的法规。这些情况通常包括对犯罪活动的调查。加拿大刑法还允许警察指示某人(例如受其授权的警方线人)实施构成潜在犯罪的作为或不作为[CCC 25.1(8)]。

允许警方根据获得各种司法授权(逮捕令)的情况下,实施本应会构成犯罪的行为的法规。必须强调的是,司法机构对警方的监督非常薄弱,他们在申请逮捕令时很少遭到拒绝,特别是在电子监控领域。

民事、州和省级法律以及其他地方法规中的各种其他立法,对私营安全机构起着授权作用。在第八章中强调了私营警察在很大程度上依赖安大略省的非法侵入法,在他们所管理的住房开发项目中行使强制性权力。

法律判例,特别是来自一国最高法院的法律判例,也是赋予警察权力的来源。然而,法律判例既是赋权的源泉,也是限制警察权力的源泉。不过,限制警方权力的判例,可以由制定与判例背道而驰的新立法取代。当加拿大最高法院对警方缉毒行动的合法性表示怀疑时,政府的反应是通过了一项法律,正式授权他们。

人民对权威人物的传统尊重是警察在某些情况下享有无视法律的特权的现实来源之一,公共警察是权威的典型。公共警察的魅力很大一部分是从警察群体的下层开始的。例如,几乎任何与警车相似的车辆的司机都可能不遵守交通规则而相对不会受到惩罚。

人们对自己权利的无知是他们向警察的恐吓低头,并明确同意放弃自己的权利,这些是警察权力的另一个放大来源。后一种行为在私营企业环境中很常见,它增强了私人内部安全的权力,以至于超过公共警察的权力。

强制性执法权力的授权,一种非官方的,尽管相当真实的做法,构成了实际赋权的第三个来源。在夜间经济中,保镖和此类保安人员往往是事实上的警察副手。在历史上,有组织犯罪分子也是非官方的警察副手,比如第二次世界大战期间,卢西亚诺·黑手党家族同意在纽约码头维持治安,以保护美国免受敌人的渗透。

人们不愿意挑战警察,这增强了警察对法律的藐视态度。几乎没有对警务人员滥用职权的起诉。即使司法机构也不愿与警方对抗,他们变得愤世嫉俗,因为他们不得不在法庭上承受警察的伪证,却无能为力。

在总结时,对提出的警务定义有几点澄清。

首先,该定义是否废除了任何警察越轨的概念?既然警方拥有使用违禁手段的权力,可以说他们所做的一切都是合法的。然而,同样地,以使用武力来定义警察并不意味着他们有权使用不分青红皂白的暴力,以他们的权力来定义他们使用其他被禁止的手段并不意味着他们已经获得了随意违法的许可证。在这方面应该提出四点。(1)虽然令人印象深刻,但其使用违禁手段的权限范围相对于违禁行为的数量来说是有限的。例如,巡警不能就这样走进一家商店,然后带着一堆货物离开,否则将以盗窃罪被起诉。(2)警察滥用权力的概念在本书的定义中和在比特纳的定义中一样重要,而且控制它的机制仍然有效。(3)警方可以两种身份行事。他们一方面可以担任宣誓警察或各类被认可的警务人员,另一方面亦可以担任私人身份。当他们滥用权力,试图实现所属组织的目标时,就犯了警察组织越轨罪。警察纪律机构和法院通常会宽大处理警察组织的越轨行为,他们倾向于将其视为过度热心的警察行为。当一些警察为个人谋取私利而篡夺权力时,例如实施"敲诈勒索"、窃取法庭证物、勒索性工作者时,他们的行为就像普通罪犯,在被起诉时通常会受到更严厉的判决。(4)虽然刚才已说过这些话,但无可否认,拟议的警察定义提请注意禁止手段的合法使用与滥用手段之间的界线非常细微。事实上,拟议的定义就是为了提出这个问题。正如第七章所述,高层警务在某些方面非常接近于完全摒弃警察越轨的概念。

要提出的第二个问题是,如上所述,当警务手段的概念扩大到包括法律、习俗和惯例实际上授权的所有禁止手段时,最小使用武力的要求是否同样适用? 答案是有条件的"是"。对使用"必要武力"的限制与比特纳模式中的设定相同。不过,这项最小使用武力的规定,在诸如管制身份以及在恐怖威胁等特定情况下使用搜查令等做法上,可能是虚假的。

第三,如果赋予警方这么大的权力,可以使用违禁手段,又是什么原因令他们不能建立警察国家呢? 这个问题至少有两个答案。第一个是由民主固有的传统制衡机制提供的。用以使用武力来定义警察并不意味着他们会被驱使去制造一个暴力的国家。阻碍建立暴力国家的同样的制约力量也阻碍了一般警察国家的建立,因为在特殊情况下的国家机构,原本允许有其他非法的行为类型。在更深层面上,警察形成了一个几乎完全附属于国家的机构。是国家塑造他们,而不是他们塑造国家。这与军方的情况形成鲜明对比。在整个历史上,即使有警察政变,也极少发生。另一方面,有相当数量的军事政变,这样的政变甚至是许多不稳定国家的规则。据推测,一个国家被其指挥下的机构颠覆的风险,对于军队来说是严重的,对于警察来说几乎可以忽略不计。高层警务可能是一个例外。

最后,提出的定义在知识和实践中都获得了什么? 答案是,至少有两个具体收获。首先,定义打破了警察暴力给我们带来的魔咒,这在很大程度上是媒体炒作的产物。在警务方面,我们面对许多重要问题,例如监视、情报、高层警务和技术等问题,这些问题与使用武力有很大关系。第二,提出了以下激进的问题:即使法律被理解为机会主义意义上的合法化,是否有可能将警务完全置于法律的范围内? 这本书的大意是,这个问题的答案应该是否定的。

这本书的第五章至第九章专门研究了警察集合中最重要的部分。由于这些章节的目的是在一章的限制范围内尽可能地详尽,所以如果不能避免重复,就不能对它们进行进一步的总结。然而,在这些章节中提出的一些主要论点将被简要回顾。

第五章讲述了制服警察。警察女性化目前主要影响制服警察,是警察最重要的新发展之一。不过,鉴于事件是最近发生的,我们还无法评估其对警务工作的影响。一个应该密切关注的问题是,招募女性是否会加速目前向中间型非致命性武器的转变,使警方不必为了制服嫌疑人而不得不与嫌疑人进行身体接触。目前尝试回答这个问题还为时过早。

正如第四章所强调的那样,比特纳通过观察制服警察的工作,形成了他对使用武力的警察的定义,这个定义最容易适用于警察。在所有情况下使用武力的能力被认为是正当的,是为了挑出警察工作中的具体内容。事实上,第五章的分析得出结论,制服警察工作具有双重特殊性。一方面,警方使用其他方面被禁止的手段,其中最明显的是使用武力。从描述性的角度来看,暴力是身体能量爆炸性的集中。因此,它可以被认为是行动的精髓,也就是具有明显影响的一种外部行为。当警察这样做时,他们有特定的权力,可以说他们的行为是最"积极"的。不过,警察本身也普遍同意,他们在日常工作中很少使用武力和其他权力。

第五章的大部分篇幅致力于研究关于制服警察实际上做了什么的研究结果。这些调查结果对比了(1)用于打击犯罪的时间和用于做其他事情的时间,(2)积极主动做事的时间与等待回应正在发生的事件和来电的时间,(3)用于实地工作的时间和用于警署的时间,(4)用于从事特定活动的时间和用于随机巡逻、最大限度地提高见警率以安抚社区的时间,(5)用于与公民接触的时间和独处的时间。在所有这5组对比中,制服警察在与第一项有关的活动上所花的时间较少,而在与第二项有关的行动上所花的时间较多。唯一可能的例外,是与待在警察局的时间相比。虽然有些地方在室外的时间比警察局的时间长,但后者总是明显高于预期。这类活动的特点是做与核心职能无关的杂事,等待电话并对其做出反应,在警察局待上一段时间,进行随机巡逻,最大限度地提高见警率,而且不与人接触,它们根本算不上是行动。这样的活动与那些以使用武力为特征的活动有很大的不同,它们会出现在强度谱的另一端。然而,它们可能是警务活动的一个具体特征,就像使用武力一样。

除了他们所做的事情,制服警察也具有象征性意义。由于他们是秩序的物理象征,只要将他们部署到某个地区就会让该地区看起来更加安全,并最终成为一个自我实现的预言,该地区实际上也变得更安全。正如第四章反复强调的那样,警察使用武力的可能性大于实际发生率。他们提供了实实在在的"例外情况",大多数人不敢体验除了服从警察之外还有什么选择。换言之,警方的出现会被视为即将采取行动的迹象,他们并不总是必须采取行动才能产生阻吓作用。

最后,警察部队的存在是常态的象征,而不是军事力量的部署,后者象征着紧急状态和例外状态。在低强度冲突的情况下,对想要破坏国家稳定的游击队和恐怖分子而言,警察成为其首要目标。这里建议的是,警方并不总是必须采取行动才能产生影响。此外,事实上,警方可能通过威胁而不是实施这种威胁来产生更大的影响,这种威胁比其(可能不令人印象深刻的)实现能够给人们留下更多想象。不用说,为了保持可信度,这种威胁必须在必要时强行实现。正是这种强力(有时被推到极致)和不作为的组合,才是警方行动的具体特征。如果能找出是否有其他职业也具有这种特点,那将是一件很有趣的事。军队是一个有问题的例子,因为他们的行为是两分的,这取决于他们是在和平背景下行动还是在战争状态下行动。他们平时比较不活跃,在战争中比较活跃。

刑事侦查是低层警务中研究较少的部分。这应该是对这种假设的检验,即警察工作是信息处理和知识工作。检验知识工作假设的结果好坏参半。在警务研究中,"知识"一词的使用没有确切的定义,既包括真实的陈述,也包括不确定的信念,而这些信念的真实价值没有被考虑在内。认识论根据各自的来源和科学价值来区分三种知识:传闻知识、归纳—经验知识和理论—演绎知识。传闻或二手知识被评为最低级的知识形式(许多认识论根本不承认传闻是知识)。虽然传闻是最低层的知识,但我们在第六章中看到,这是破案的最有力的因素。传统上,刑事侦查被理解为识别和定位(逮捕)犯罪行为人。识别和定位嫌疑人几乎总是证人或线人作证的结果,从警方侦查员的立场来看,这在技术上是道听途说和二手知识。由于目击者往往是错误的,警方非常努力地试图让嫌疑人招供,该过程更多地与心理敏锐度而不是信息处理有关。由于已结案件在几个小时内就能破案,侦探们没有机会启动信息过程。信息最密集的调查是未解决的调查,引用了大量不确定的信息。

然而,还有第三个调查部分,它比前两个部分(识别和定位)吸引的注意力更少。这就是所谓的"定罪调查",侦探们汇集了所有的证据要素,以确保法庭定罪或认罪。让嫌疑人认罪是一个谈判过程,而不是信息收集过程。然而,在备受瞩目的审判(杀人案、有组织犯罪、恐怖主义)中,为检方准备一个胜诉案件是一个艰苦的过程。在当今高度技术化的法庭环境中,该过程可能会变得非常复杂,需要处理信息的经验和技能。因此,在刑事审判期间,知识工作假设最符合事实。然而,这种说法必须加以限定。正如许多法学家所指出的那样,司法程序中盛行的那种逻辑与科学的逻辑是截然不同的。

私家侦探是一个研究甚少的课题,甚至比公共侦探还要少。然而,在这个阶段可以得出两个结论。除了一个例外,公共和私家侦探之间的合作似乎确实非常有限。在我自己的凶杀案调查研究中找不到它的痕迹。关于侦查的研究文献几乎没有提及这一问题。然而,刚才提到的例外情况相当引人注目,涉及经济犯罪。公共警察欣然承认,他们在法务会计方面的能力几乎是不存在的。德勤、途易、克罗尔等私营公司被称为填补了这一缺口。目前似乎还没有太多的积极合作;私人和公共调查人员很少对可疑的会计进行联合调查。私人调查人员着手检查涉嫌不当行为的个人或公司的账簿,然后将检查结果移交公共警察,以便进行可能的起诉。

虽然公共和私家侦探之间的实际合作很少,但制服警察和侦探之间有大量的接触。管理他们联系的规则如下:案件越快解决,穿制服的巡逻人员的作用就越大。正如所见,该规则甚至适用于凶杀案调查,在这类案件中,侦探常常将其作用限制在接送在犯罪现场的巡警逮捕的嫌疑人。在第五章中,我们反复遇到这样的困难,即要在一定程度上准确地确定制服警察做了什么。当问到制服警察和调查人员的联合行动时,至少可以给出一个部分答案:他们供养着刑事法庭,间接填满了监狱。对于像美国这样人口不到世界5%、囚犯不到世界25%的国家来说,这可不是一件小事。对警方与刑事司法系统其他组成部分之间的联系研究很少。

向高层警务与其他类型的警务,比如低层公共警务和私营警务之间的联系投入了大量的努力。高层警务不仅指一种组织,还是一种警务方式,所有大型警务机构,无论是公共的还是私营的,都不同程度地实行这种方式。有一些组织,如安全和情报部门,完全致力于高层警务。也有传统的城市警察部门,如纽约警察局,它已经建立了一个大型情报单位,"911"袭击后在其他多个国家派驻警察。这样的市政单位可能和致力于保护美国国家安全的联邦调查局特别部门一样高效。

在本书中列出的高层警务的九个特点中,有两个值得进一步讨论。定期使用渗透和警方线人是高层警务最古老的策略之一。所有的警务组织都使用线人,并在一定程度上实行高层警务。然而,利用线人的做法可能远远超出警务组织的范畴。在高调的举报案件之后,政府机构和私营公司正在实施若干机制,通过这些机制告密者将能够举报组织内的非法或应受谴责的做法。这种社会制度化告密是否会比在不民主政治制度下鼓励告发非正统行为产生的好处更大,现在评估还为时过早。鉴于这些国家过去每况愈下的经验,需要密切监测民主国家将高层警务延伸到市民社会的做法。

第二个应该进一步考虑的高层警务的特征是以前所说的行政权、司法权和立法权的融合。这种权力融合的形式通常是将所有权力集中到行政部门手中。权力集中在行政机构手中,远非只对专制和极权政治政权的历史研究具有重要意义的学术建构,而是预示着一条通向黑暗面的通道,就像乔治·W·布什政府所经历的那样。关塔那摩、阿布格莱布等地,以及嫌犯在"引渡"后失踪的窝点,都是由高层警务官员(如中央情报局,在一些有用的法律顾问的支持下)创建和管理的,他们披着秘密的面纱行事,充当警察、狱卒、施虐者、法官和秘密立法者,运营着一个行政法令工厂。

高层警务提出的更广泛的问题是,形成一套完善的警务理论离不开政治科学资源。目前针对恐怖主义和有组织犯罪等网络犯罪采取的措施不能简化为一套工具包和最佳做法,例如通过情景预防。带着一定的固执,人们仍有可能会争辩说,以色列正在修建的隔离墙,据称是为了抵御自杀式炸弹袭击者,只是另一种情境预防装置,尽管它是大规模修建的。把它看作一种将我们带回前种族隔离时代和隔离墙分隔国家的政治措施,更具有启发意义。

我们对私营保安的研究文献和实地工作进行了广泛的回顾,得出了以下结论。实证研究的现状并不能保证得出如此庞大的结论。在很大程度上,实证研究仍然集中在讨论基础数字的重要性,例如估计私营保安行业雇用的人数、提供的产品和服务的种类以及该行业的营业额,这些数字通常与不同的生产部门有关。对私营保安人员的估计不一致,表现出高估私营保安人员规模和低估公共警察人数的明显倾向。此外,对正在统计的内容几乎没有使用批判性判断。例如,前东方集团国家的大型国家民兵在很短的时间内被私有化,在新的私人政权下的行动与他们担任国家民兵时没有什么不同,他们被算作私人保安人员,就像他们是平克顿、富国银行和伯恩斯社的成员一样。对该行业营业额的研究充其量是推测性的,因为它依赖于行业公布的数据。

很少有实证研究集中探讨私营制服保安人员的实际行为,这方面的研究结论是,他们的运作方式与公共警察的运作方式没有显著差异。这一结论应该谨慎看待,因为研究的数量很少。根据第八章提出的一个论点(图8.1),公共警察和私营保安之间最大的区别是,前者与刑事司法系统的联系要强得多。虽然在不同的国家中到处都有私人司法倡议,但目前还没有什么可以与公共刑事司法系统相提并论,能够以任何重大方式弥补目前的大规模监禁浪潮。总体而言,私人司法基本上是在默认情况下发挥作用,即撤销了对大量可能因轻微罪行而被起诉的人的指控,从而进一步阻碍了公共法院运作,因为它们必须处理的案件数量已经太多了。

从某种程度上说,警务不是一项独立于刑事司法系统其他组成部分的活动,私营保安人员的增加对刑事司法影响甚微。正如刚才所说的那样,大规模监禁不断增加,刑罚系统由公共警察供给,私营保安对此几乎没有提供任何帮助,无论是供给系统还是转移人们的注意力。保安技术的发展比私营保安人员的增加更具预兆性。以预防火灾、自然灾害和犯罪为核心的综合风险管理体系正在快速推进。例如,9-1-1呼叫系统处理各种紧急情况。这种技术集成并没有伴随着参与风险管理的各种人员的协调。除了少数例外,通常发生在小型社区,消防员、警察和救护车都是单独的人员。

不用说,本书中提出的警察-工业复合体存在的假设需要大量的经验证实。第八章原本可以把重点放在监视技术上,而不是像泰瑟枪这样的中间型武器上。作为一个比监视技术小得多的发展中市场,泰瑟枪的销售以更明显的方式展示了警察-工业复合体的运作方式。除了第八章中给出的插图,泰瑟国际公司对警察局长和警察工会领导人的毫不掩饰地游说,包括对其年度大会的财政捐助,显示了公共从业者和私营技术提供商之间结盟的所有迹象。关注安全技术的最后一个原因是,它展示了警务最基本的特征之一,它总是以不受控制的("不受管制的")方式发展,带来不可预见的副作用。

大卫·马扎创造了"邪恶导致邪恶谬误"的说法,以抨击这样一种信念,即所有犯罪原因都必然像它们产生的犯罪后果一样邪恶。同样,"善良产生善良谬误"这句话也可能被创造出来,用来驳斥这样一种信念,即有益的效果只能产生于有道德的人的行为。无论我们如何批评甘贝塔及其弟子的工作,都必须承认,犯罪组织实际上参与了私人保护业务,他们提供的保护并不都等同于刑事敲诈勒索。换句话说,他们可以提供真正的保护。这是本书最后一章提出的观点之一。还提出了另一个问题,这个问题更加接近警务的核心,应该得到强调。这是一个有争议的问题,即"同意警务"(policing by consent)。

正如第九章所讨论的那样,军事警务在这个问题上提供了一些启示。对两种军事(或军事化)警务进行了对比。首先,讨论了在欧洲大陆运作的大型警务组织所实行的军事警务,其对这些国家的民主生活做出了重大贡献。第二,还考虑了在许多新兴国家,特别是拉丁美洲国家实行的准军事警务。后者不仅对民主贡献不大,而且往往是废除民主的产物。军事警务和准军事警务除了是否符合民主之外,还有许多不同之处。最明显的是准军事警务和随行敢死队造成非常高的伤亡人数。就我们的目的而言,更重要的问题是,准军事部队本身造成了相当多的伤亡。准军事警察部队所遭受的伤亡人数相对较多,这使我们触及同意警务这个问题的核心。

关于同意警务有两种不同的概念。第一个嵌入到神话英国警务的历史中,罗伯特·莱纳、克莱夫·埃姆斯利和许多其他英国学者正确批评了这一点。这种同意警务概念的主要因素是警察的权力有限(例如,他们没有携带枪支),他们确定的身份是公民而不是专业警察,最重要的是,他们在 20 世纪 50 年代和随后 10 年一直享有很高的支持率。就像加拿大皇家骑警现在仍然是国家认同的一部分那样,英国警察是英国国家认同的一部分。所有这些在英国据称在很大程度上都消失了。至少有一件事是无可争议的:英国对警察的支持率大幅下降,特别是在被剥夺权利的年轻人和少数民族中。

同意警务的第二个概念要深入得多。它的基础是公民普遍同意用暴力抵制。警察只能在先前通常已被军方平息的地方行动。它们不是安抚的工具,而是维持和平的工具。这就是为什么我们描述的准军事警务模式已经滑入一场战争,而不是一种警务模式。警务机构失败的最坏征兆是,第一,遇到有系统的武装抵抗;第二,警察在进攻的背景下遭到袭击,而不是犯罪分子为了避免被捕而采取的防御性行动。在其第二种意义上,是社区同意接受警察维持治安的必要条件。

在许多问题中,有一个问题仍然存在。这本书的重点是警务机构各个组成部分之间的协调程度如何,可以用不同种类的词汇来指代这个机构。第一种由"集合""马赛克"或"被子"等词组成,并不预先判断协调问题。另一种词汇表是以"网络"(主词)、"系统"或"链接"等词为前提的。毋庸置疑的是,警察集合的一些不同部分有时充当当地的综合网络,在那里,公共警察几乎总是履行协调职能。然而,针对使用一体化(integration)词汇而不是更中性的聚合(aggregation)词汇来谈论警务的主要反对意见是,前者假设警务协调问题已经解决,我们已经进入警察融合的时代。这是一个严重的错误。所有关于警察集合中某些组成部分联合表现的研究都认为,其严重缺乏信息共享和行动协调。公平地说,必须指出这些研究都集中在失控的危机上。警方可能成功地进行了大规模干预,在自然灾害情况下或在防止恐怖袭击方面取得了不为人知的成功,但这些干预没有充分记录或没有公之于众。无论如何,建立有效的警务网是摆在我们面前而不是身后的一项任务。

附录　政策含义示例

　　这本书的目的是增加警务知识,而不是提出政策建议。用班顿(1964)最初提出的一个众所周知的区别来说,它更多的是一部关于警察的作品,而不是一部为警察撰写的作品。正如在导言和第五章中强调的那样,以目前的形式撰写这本书的动机之一,是认识到大多数关于警务的研究都集中在制服警察身上。另一个关切也起了重要作用。改革警察的愿望,刺激了社区警务和志同道合的倡议的推动,也在政策导向研究和追求知识的研究之间产生了相当大的不平衡。以政策为导向的研究在数量上越来越多地超过了理论出版物。然而,由于只知道什么是有效的,而不知道为什么,对警务的评估性研究最终以寻求成功的实验告终,最终只能提供一系列广泛的模棱两可的建议,增加了警察行动的分散性。许多拟议的改革都是自上而下地实施的,建立在狭隘的知识基础上。例如,注重行动而不是沟通的警察文化是否会欢迎旨在促进警民对话的政策,对此没有以任何系统的方式进行审查。经过大约 20 年的社区警务工作,赵和瑟曼(1997)表明,警务人员认为具有优先权的职责类型远远没有反映出社区警务和问题导向警务的优先事项,打击犯罪和执法对警察的吸引力一如既往地强烈。这本书的目的是为纠正实践和理论之间的不平衡做出贡献,到目前为止,实践和理论之间的不平衡在很大程度上偏向于更实际的问题。

　　必须强调的是,关于警察的研究和为警察开展的研究之间、理论和实践之间不存在冲突。它们不仅完全兼容,而且相互补充。我认为没有必要在大量文献中再增加一项以政策为导向的研究，或是回顾这些文献，因为这些文献一直在不断地进行自我审查。然而，我确信从这本书中可以看出许多政策含义。为了支持这一主张，我将简要概述一些可以从本书每一章中得出的实际建议。

第一章绘制了一张目前多样化警察图表。这是一张理论图表，因为它试图将所有类似西方国家的警察作为一个整体来考虑。不用说，没有一个国家展示了整个警务体系。各国对在其领土上活动的警察组织的了解差异很大。美国司法部收集了全国统计数据，并对州和地方公共警察部队的数量进行了准确估计：2004年的数量为17876个。加拿大没有关于公共警察部队数量的国家估计，但综合各种来源，我们可以估计大约有220支加拿大警察部队；关于私营警察的数据过于粗略，无法使用。随着参与警务的各类机构越来越多，各国迫切需要弄清楚谁在各自领域从事警务活动，政府应该采取措施来满足这一需要。这是"安全治理"应遵循的基准。例如，某些领域的内部私人安全仍是知之不多的，应该深入探讨。在此之前，大公司出于实际目的都在自我监管。

第二章概述了警察的历史。从政策制定的角度看，公共警察的历史可以分为两个时期。第一次大约从1667年法国警察的成立到1829年英国警察的重塑。对法国和整个欧洲大陆来说，警察将以一种可察觉的、持续不断的方式体现公共治理的抽象概念，这一概念得到了全面的考虑。1829年，英国人将警察作为内部治理主要代理人的概念缩小到提供安全，定义为防止犯罪和骚乱以及执法。后来，包括法国在内的几乎所有西方国家，都采纳了这一缩减警察任务的做法，这产生了一个自相矛盾的局面。在法律和公众陈述中，警察被认为是执法和打击犯罪的组织。事实上，外勤警察仍被要求担任治理总代理人，需要应对千差万别的情况。

当代的警务改革，如问题导向警务，力求弥合警察任务的单一法律定义与社会上实际发生的多重警务活动之间的差距。改革派几乎没有考虑警察的历史。然而，不断演变的警察历史背景塑造了人们对警察的集体期望和态度，从而决定了改革警察的"机会之窗"到底有多大。尽管多次努力，关于打击犯罪不应是警察组织的唯一优先事项，当代改革者从未成功地说服普通警察或公众。这一讨论的实际意义是，与警务有关的政策制定应基于对整个警务背景更全面的认识。这种以背景为导向的政策制定应该评估可能制约推动警务组织持久变革的各种因素。

历史背景和传统影响不是唯一的制约因素,但它肯定是其中之一。今天影响警察的大多数问题都起源于它的早期历史。

第三章重点论述了警察形象和警务呈现的内容,以及它们对舆论的压倒性影响。在制定相关政策时,当然应该考虑到这些警务呈现的性质,以及历史因素。应该指出的是,在 19 世纪英格兰重新将警察的任务重点放在犯罪问题上之后,警察立法和警察文献对刑事事项的过分关注是同时发展的。有两个迫在眉睫的问题源于对警务工作的过度重视。

第一个问题涉及警察组织本身。尽管较大的警察机构已经制定了与媒体打交道的指导方针,但这些努力仍处于初级阶段。大多数警察组织在这方面没有明确的政策,也没有专门人员处理与新闻界和公众的沟通。即使他们已经培训了适应媒体准则的人员,在危急事件中警察与媒体的关系似乎还是以不提供信息为指导,与有时间上演的操纵性公关行动(例如,仔细展示警察缴获的武器和毒品的媒体镜头)相混淆。警察机构应避免将警察形象管理的所有方面视为杂耍,制定既明确又专注于提供有效知识而不是自私自利(DIS)信息的指导方针。

第二个问题的范围较广,涉及刑事立法的制定。政策制定的祸害是基于单一的夸大其词的案例制定立法,这类案例构成了第一章中所谓的强度量。无论 1993 年詹姆斯·巴尔杰、2002 年霍莉·威尔斯和杰西卡·查普曼被谋杀有多么悲惨,都是不成比例措施的催化剂,这些措施正在让英国更接近一个令人畏惧的奥威尔式的"监视社会"。在詹姆斯·巴尔杰被两个 10 岁男孩绑架并谋杀后,该州失去了对公共场所监控摄像头倍增的控制,目前公共场所的监控摄像头数量约为 1400 万个。两名女学生威尔斯和查普曼被伊恩·凯文·亨特利谋杀,凶手系当地学校聘请为看门人,此事引发了一项立法,导致建立一份关于所有参与某种形式儿童照看人员的安全档案。据估计,他们的人数超过了 1100 万人。不用说,在制定刑法政策时,强度量应该与可靠的统计数据相平衡。

第四章通过警察有权使用其他社会成员被禁止的合法手段来定义警察。该定义所暗示的直接政策建议是,警察机构及其工作人员应该对其使用这些权力负责。这样的建议对于公共警察机构来说可能显得微不足道,因为自创建以来,已经要求这些警察机构遵守多项问责制要求。例如,在类似西方的民主国家,大多数公职人员必须对配发武器的使用做出解释。然而,本书提出的一个关键点是,警务的范围远远超出公共警察机构,并包括越来越多的机构。当这一点实现时,问责就会变得更有问题。例如,我们对高层警务组织在从事保护国家安全和反恐时的问责程度知之甚少。我们目前不了解的原因很简单:几乎所有与高层警务机构有关的事情,包括它们如何对自己解释,以及他们向有法律权力监督其活动的人披露什么,都受到国家机密的保护。私营保安提供了一个更广泛的例子,说明问责制是薄弱和有问题的。虽然私营保安人员行使事实上广泛的警务权力,但对他们问责方面的运作近乎真空。一些州已经开始以最低限度的方式监督合同安全机构,方法是创建官方委员会,其中大部分成员来自私营安全行业本身。因此,迫切需要调整警务问责的结构,以适应目前警务机构的激增。

第五章在一定程度上致力于展示穿制服的巡逻人员在可见范围内的活动。他们通过自己的可见度增加了安全性和安全感;当他们积极主动时,会通过感知视觉标志(例如在街上奔跑的人)来采取行动,这些迹象表明可能正在发生一起危险事件。为此,提出了一些建议。

首先,在广泛阅读有关警方实际工作的文献后,得出的结论是,制服警察将三分之一至一半的时间用于控制犯罪和执法。然而,人们几乎从未提出过一个问题,那就是这些数字是否反映了警方和报警市民所能看到的实际情况。巡逻人员较少参与刑事案件办理,是因为他们忽略了对已发生刑事案件做出明确应对,还是案件隐藏在警方视线之外?大多数在街头巡逻过程中公开可见的事件都是骚乱和破坏治安的事件,而不是犯罪事件。我们应该审查警方在巡逻时可以察觉到哪些类型的事件,并重新评估巡逻工作的优先次序,以确定警方根据其对环境的观察感知可以识别哪些类型的威胁事件。

其次,对可见线索的反应基本上是从习惯性感知的环境中挑出一些突出的东西(例如,一个孤零零的孩子在商场里哭泣)。雷达在屏幕上只反映出与众不同的东西。因此,与大多数人的着装和举止形成视觉对比的群体,更容易受到警方的重视,在加拿大,少数族裔实际上被称为"看得见的少数群体"。正如雷纳[1]所说,种族歧视有多种形式,这些形式结合在一起,渗透到所有警务工作中。同样,本书

---

[1] Reiner,2000a。

认为,根据人们的可见外表对人进行分析是维护街道治安工作的一个内在特征,即观察环境以寻找可疑的东西。因此,针对种族定性的政策应该依赖于对警察实际如何履行职责的更深入的理解,而不应该局限于在(良好的)犯罪定性和(糟糕的)种族定性之间划出抽象的界限,却没有解决警务实践中到底该如何划分这种界限。

第三,罪犯在实施暴力犯罪过程中被抓获时拒捕,实际上是对警方对其威胁的反应。如果警队没有干预其犯罪行为,警方和他们碰巧当场抓获的罪犯之间就不会有公开的冲突。这就是为什么拒捕和其他针对警察的反应性暴力行为本身并不能表明社会同意接受警察监管的崩溃(除非这些行为成倍增加并成为一般规则,巴西和墨西哥这类国家似乎是这样的)。然而,由个人或团体发起的针对警察的袭击,就像他们与秩序部队开战一样,确实表明人们对警察的接受程度(开始)出现了崩溃。应密切关注此类事件的发生情况。由于记录袭警事件的统计数字明显不可靠,我们提议的监测应该是警方和市民共同努力的结果。

最后,关于警察女性化的研究集中在崇尚男性价值观的文化中女性被平等对待的能力。警察管理者已经意识到这个问题。然而,有许多更具体的问题,如警察之间通婚、育儿假、性骚扰、处理涉及使用暴力的情况、装备中间型武器的压力,迫切需要政策答案。很少有警察组织在这方面制定了全面的必要政策;他们应该彻底研究招募大量女性担任和平官员的影响,以便就该问题阐明适当的政策。

第六章介绍了刑事侦查的类型;强调侦查人员在收集需要在法庭上提交证据方面的作用;它提供的数据显示,通过巡逻人员介入逮捕嫌疑人并将其移交给被派往现场的刑事侦查员,大多数凶杀案在非常短的时间内被告破。格林伍德等人(1975—1977)和后来的研究人员对刑事侦查员的工作进行了严格评估,他们提出了大量政策建议。这里提出的建议遵循第六章的分析。在提出这些建议之前,应该强调的是,在大量警察部队中,所有新警都是从穿制服开始职业生涯的;他们中的一部分后来晋升为侦探,只接受了最低限度的调查培训。

第一项建议承认,尽管巡逻人员在侦破案件方面发挥了作用,但制服警务人员与刑事侦查部门(CID)之间的沟通渠道可能会更具成效。由社区警务引发的警务改革,实际上拉大了巡逻人员与刑事侦查人员之间的距离,警察部队应发展灵活的机制,向各侦查小队提供街头巡逻人员的有关资料。CID 指挥官也应该让整个部队了解他们的信息需求。

其次,在"疑难案件调查"(whodunit investigation)和"证据调查(what-is-it investigation)"之间进行了基本区分。前者的目的是找到所举报犯罪的嫌疑人。相比之下,"证据调查"始于已查明的犯罪嫌疑人,该嫌疑人在特定情况下的行为值得怀疑,旨在确定该嫌疑人是否应该受到刑事起诉。大多数调查被公众和政策制定者视为肇事者调查。然而,最近的发展,如网络越轨、对环境有害的企业行为,以及备受瞩目的经济犯罪,将导致证据调查的增加,特别是在白领犯罪领域。在欧洲大陆,这种类型的调查通常是由治安法官进行的,他们拥有成功追查这类案件的专业知识(这一司法职能显然将在未来几年内被废除)。一切都表明,警方在证据调查中的影响将会增加。他们需要接受适当的培训,并与私人专家合作——例如,法务会计师。目前,新的犯罪类型远远超出大多数侦探的认知范围。这种专业知识的缺乏导致他们不断要求新的立法"工具",使他们能够履行职责,而他们感到困难的真正原因是无法使用现有的法律工具。

最后,还有一个领域侦探需要更多的培训。根据我们的调查结果,凶杀案侦探可以被描述为刑事证据管理人,以确保合法定罪。这一描述也适用于负责对有组织犯罪进行广泛调查的侦探。管理法庭证据的复杂性呈指数级增长。在一些涉及多名被告的案件中,证据存储在包含数百万页的 CD 上。如果一个人认真对待侦探作为刑事证据管理人的角色,他们需要接受使用所有新工具来整理和提供信息方面的培训。

第七章致力于高层警务。本章的内容很难概括,因为它试图在引入和讨论高层警务的概念方面开辟新天地。第四章已经提出了一项建议,将已经提交的低层公共警务的问责要求扩大到整个警务网络。第七章通过高层(政治)警务的具体特征对其进行了定义。

在这些特征中,有一个是至关重要的。这就是我们所说的行政、司法和立法权力的融合,以便高层警务机构在与特定类型的威胁(如恐怖主义和政治异见)的斗争中受益。这样的权力融合有时是大规模实现的,例如在纳粹德国,并导致了持久的警察国家的建立,其结果是血腥的。"911"事件后,乔治·W·布什政府阐述的一些反恐政策的范围要小得多,但规模仍然很大,似乎依赖于不同权力的融合:被捕者被赋予了捏造的法律地位——"非法的敌方战斗人员"——剥夺了他们的权利,为域外引渡和其他过度镇压措施提供了正当理由;行政命令可以未经审判就判处被逮捕的嫌疑人无限期监禁;总统的法律顾问起草了一项关于酷刑定义及其使用的神秘准立法,授权秘密地将酷刑重新制度化。所有民主警务的支持者都应该警惕试图将行政、司法和立法权力结合在一起的企图(通过行政法令的政府)。如果已经嵌入政府的制衡机制未能阻止这种权力集中,应该建立一个特别的监督机构,发出信号,并在必要时将威胁民主价值观的行为提交法院。

其次,高层警务的具体标志是诉诸预防性拘留。各民主国家经常提议通过一项针对恐怖分子的预防性拘留法规①。这些建议表明,这样的法规已经存在,可以无限期地监禁有暴力行为倾向的性犯罪者。在高层警务领域通过这些法规,与将这些法规适用于普通罪犯几乎没有任何共同之处。在屡次犯罪的基础上表现出暴力性行为的倾向,与在没有任何犯罪记录的个人中表现出恐怖主义倾向是完全不同的,因为警方要阻止这些人实施第一次袭击。因此,将预防性拘留制度化所需满足的条件应与延长对普通罪犯的刑事拘留所需的理由分开。

最后,正如警方不断提醒我们的那样,防止恐怖主义的关键是线人和警察卧底人员对恐怖组织的渗透。回顾过去据称阻止了恐怖行为的案例发现,警方渗透人员往往在准备袭击中发挥积极作用,有时招募潜在的恐怖分子,刺激他们采取行动,甚至向他们提供假炸药。在这种情况下,诱捕和预防之间的界限很狭窄,应该为警方线人和卧底特工制定指导方针,防止他们越过这条界限。

第八章试图涵盖私营安全广泛的领域。除了极少数例外,大多数关于私营安全的研究都是从外部进行的,基本上是试图评估私营安全机构的增长和范围,并为其增长提供解释。这种外部立场,使改革方案难以制定。

关于私营安全的建议已经在前几章提出。有人建议,政府应该大大增进对该国有多少私营保安机构以及在哪些类型的私营安全机构开展业务情况的了解,特别是关于内部机构的情况。还有人声称,迫切需要调整警务问责结构,以适应目前警务机构激增的状况。这一建议尤其适用于私营安全机构,它们是警务网络中

---

① 美国最近的一个例子,见 Farmer,2009。

发展最快的组成部分之一。在私营安全机构中,小型机构,特别是小型调查机构,应该接受更多的问责。

然而,在我们应该承认多元警务的所有影响这一事实的同时,也应该质疑这样一种假设,即问责本质上是对警察行为的监督。与技术最有可能改变警务的主张一致,所有警务组织都应该公开说明他们在获取技术方面的政策。警务和监视技术改变警务性质的潜力是如此之大,以至于应该设立专门的政府委员会,以批准或拒绝授权获取此类技术。在获取所谓的"中间型武器"和致痛技术的情况下,这一要求应该更加严格。出售这些有害装置的私营公司采用了极其激进的营销策略。如果警方没有义务在公共论坛上为其工作人员配备此类设备的决定做出解释,那么致痛技术就会悄悄渗入,就像监控摄像头的指数级激增一样不受限制。

最后,有一项建议将由私营安全机构在内部实施,尽管承认实施起来存在困难,但需要提出这项建议。私营安全机构不是普通的企业,因为它们行使的权力可能会侵犯公民的基本权利。就像某些职业的成员宣誓保密或承担其他义务一样,私营安全机构的所有成员都应该宣誓尊重公民的宪法权利,这些权利在他们开展业务的国家得以表达,比如宪法、宪章或人权法案等。这项建议的实际障碍之一是,被招聘来履行警卫和巡逻职责的人员的更替率很高。事实上,有人可能会争辩说,一个机构将不得不继续为新来的人员举行宣誓就职仪式。如果员工流失率不是太高,这个障碍是可以绕过的。如果流失率过高,这一发现本身就证明试图实施宣誓程序是合理的。

第九章探讨了警务的边缘,如军事和准军事警务以及犯罪的社会控制。巴西和其他新兴国家正在实施的那种暴力的军事和准军事警务往往源于警察腐败,而后者被认为是一种替代方案。避免诉诸如此激烈的解决办法之一,是制定打击警察腐败政策,将压制性方法与制度性措施相结合,比如给警察提供体面的薪水。

犯罪的社会控制填补了国家未能在警察触及不到的地区提供安全和秩序所留下的真空,其解决办法是收回这些被遗弃的领土。在目前大规模重建合法和非法移民聚集的少数民族聚居区的背景下,收回这些日益被禁止进入的领土是一项复杂的事业,涉及的内容远不止偶尔的饱和警务(saturation policing),还应该包括在社会和经济层面采取的行动。

附录部分介绍了本书通篇所做分析的一些政策含义,旨在回应对声称前几章没有政策含义的批评。需要强调的是,上面提出的建议只是这本书具体可以做到的一个样本,这些建议也表明这个样本可以很容易地加以扩展。